U0037531

大旗出版
BANNER PUBLISHING

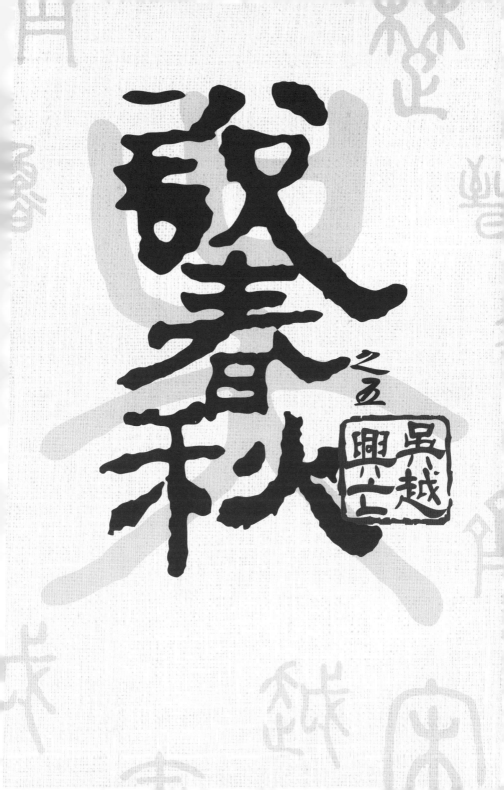

說春秋

之五

吳越興亡

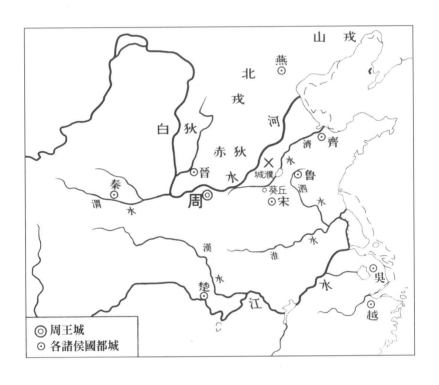

山戎

燕⊙

北戎

白　狄

河

赤狄

齊⊙

濟

晉⊙

水

周◎

城濮

魯⊙

泗

秦⊙

葵丘

宋⊙

水

渭

水

漢

淮

水

楚

水

江

吳⊙

水

越⊙

◎周王城
⊙各諸侯國都城

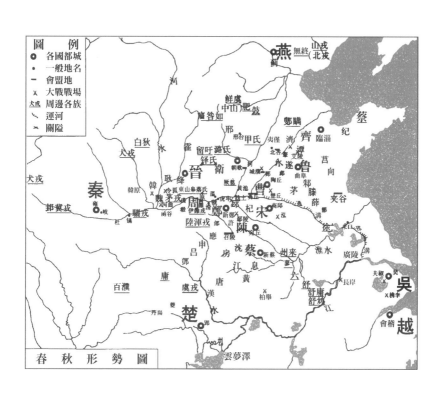

圖　例
◎　各國都城
・　一般地名
—　會盟地
✕　大戰戰場
犬戎　周邊各族
＼　運河
⌐　關隘

燕
薊
戎（北戎）
山戎
無終

河

蔡

犬戎

白狄
犬戎

秦
岐
邽冀戎
驪戎
杜
鎬
韓原
韓
冷狐
魏
茅戎
函谷
晉
耿
絳
曲沃
東山皋落氏
溫
留吁
潞氏
甲氏
邢丘
邢
滑

鮮虞（中山）
肥
鼓

鄭購
齊
臨淄
紀
夷儀
北杏
莒
向
濟
譚
水
魯
曲阜
邾
茅
滕
薛
夾谷

衛
朝歌
城濮
陶丘
宋
郎
郳
邳
徐

周
鄭
新鄭
虎牢
杞
陸渾戎
伊闕
郟
應
許
州來
汝
鄢陵
陳
溝
淮水
廣陵
邗

申
呂
鄧
房
沈
蔡
新蔡
江
息
六
舒庸
舒蓼
舒鳩
長岸
夫椒
吳
闔閭
越
會稽

庸
虞戎
唐
黃
柏舉
漢水

百濮

楚
郢
丹陽

雲夢澤

春　秋　形　勢　圖

序

歷史留給人們的絕不僅僅是感慨和傷懷，歷史需要學習，更需要反思。

歷史上有很多傳奇，但是，我們所應看到的絕不僅僅是傳奇，而是傳奇背後的故事。有些故事令人感動，但是感動的背後往往就是荒唐。

歷史人物，絕不應該用好人和壞人來劃分。一種更合理的劃分是：適應環境的人和不適應環境的人。

有時候我們會問，是什麼構成了歷史？是什麼在推動歷史的發展？愛情還是仇恨？利益還是欲望？感情還是理智？

仇恨，是歷史的一個重要組成部分；仇恨，也是歷史發展的動力之一。

所以，復仇也就構成了歷史故事的重要題材。

吳國和越國，當時世界東南的兩個蠻夷國家，短時間內崛起，但是很快消亡。這兩個國家的崛起，就是仇恨發酵的結果。當仇恨遠去，泡沫隨之破裂，一切歸於寂靜。

中國歷史上最著名的兩個復仇人物先後登場，伍子胥和越王勾踐，一個家仇，一個國恨。他們報仇的過程絕對是一個傳奇接著一個傳奇，他們的堅忍不拔和忍辱負重令人歎為觀止，因而也就必然貢獻給我們許多耳熟能詳的成語故事，至今令我們感傷或者激勵著我們前行，譬如伍子胥的日暮途窮和越王勾踐的臥薪嘗膽。

伍子胥和伯嚭是中國歷史上最著名的一對人物，一個忠臣，一個奸臣。可是，歷史的真實不要簡單用忠或者奸來定義。

伍子胥和伯嚭具有相似的身世，從深仇大恨的角度來說，伯嚭比伍子胥有過之而無不及。從伯宗到伯郤宛，從晉國到楚國，伯嚭的先輩已經連續三代冤死。對於伯嚭來說，或者對於每一個連續三代為國

盡忠卻慘遭橫死的人來說，除了報仇，還需要什麼？需要反思。當悲劇總是光臨同一家人的時候，如何適應這個世界就是這一家人最迫切想要知道的答案了。

從人生的角度來看，伯嚭是成功的，他不僅為自己的父輩報了仇，而且成功地完成了轉型，避免了父輩的悲劇在自己這一代人身上重演。只是遺憾的是，伍子胥重蹈了父親的覆轍。所以，伍子胥的人生只成功了一半，那就是報仇的部分。當然，伍子胥在他失敗的一半中做了一件正確的事，那就是把自己的兒子移民到了國外。

歷史，往往存在大量的虛構和篡改。虛構，往往出於人們的美好願望，這是筆者願意將之保留的原因；篡改，則一定是出於蒙蔽大眾的目的，這才是筆者一定要還原真相的理由。

中國歷史上第一美女西施被夾在國仇家恨之間，就如同鮮血中的一朵玫瑰，怎樣去形容她是每個人自己的事情；而范蠡是個集中了伍子胥和伯嚭兩個人的優點的人，權力、金錢、美女，他樣樣俱全。帥哥美女的愛情故事儘管傳奇多於真實，我們還是應該成全他們。

人生的範本毫無疑問應當是范帥哥，可是，伍子胥這個悲劇人物被抬到了至高的地位，而伯嚭成了他的反面。於是，一段歷史毫不留情地遭到篡改。

伯嚭並沒有死，奸臣並沒有被誅殺，被誅殺的只是歷史真相。

伯嚭在越國的地位甚至並不低於他在吳國的地位，他從吳國太宰搖身一變成了越國太宰，照樣貪污，繼續受賄，過著幸福的生活。可能某些正義之士會感到憤懣，可能普羅大眾會感到失落。可是，歷史真相就是如此，千百年來都是如此。

學習歷史不是為了逃避現實，因為，真實的歷史就是現實的一部分。

歷史不是夢想，歷史就在眼前，歷史就在每個人的手中或者腳下。

就像體制改革，晉國的內閣制和楚國的王權制都已經走向了末路，下一步是走向分裂，還是邁向改革，歷史的選擇不是每時每刻都在進行中嗎？

目錄

第一六一章
吳國

水是眼波橫，山是眉峰聚。欲問行人去哪邊？眉眼盈盈處。

才始送春歸，又送君歸去。若到江南趕上春，千萬和春住。

——卜運算元（宋・王觀）

　　按照《史記》的體例，帝王為「本紀」，諸侯為「世家」。

　　而「世家」排第一位的不是輩分最高的姜太公建立的齊國，也不是地位最高的周公創立的魯國，也不是爵位最高的商人後裔創立的宋國，而是吳國。為什麼？司馬遷的姥姥是吳國人？

　　答案錯誤。

　　真正的原因是：周朝原本應該是吳國的。

離家出走的男人

　　商朝末年，周國國君是古公亶（音沾）父。周國在古公亶父的時候已經是西部實力最強的國家了，因此商王任命古公亶父為周公。古公亶父有三個嫡子，大兒子叫太伯（又作泰伯），二兒子叫仲雍，又叫吳仲，小兒子叫季曆。

　　按照周的宗法制度，太伯是君位的繼承人。可是，有一個問題擺在面前：太伯沒有兒子。那麼太伯之後，誰來繼位？從前還沒有遇上過這樣的事情。

　　小兒子季曆的嫡長子叫做姬昌，聰明能幹，用《史記》的說法叫「有聖瑞」。古公亶父於是有個想法：太伯之後，姬昌繼位。

　　可是，問題又來了。如果姬昌繼位，他父親季曆怎麼辦？那麼，是不是季曆先繼位？

　　可是，問題又來了。如果季曆繼位，他哥哥仲雍怎麼擺？按理，

仲雍排在季曆的前面。那麼，仲雍繼位之後再傳給季曆，季曆再傳給姬昌？

可是，問題又來了，仲雍有兒子，那麼仲雍之後就應該傳給兒子，而不是弟弟。

那麼，乾脆廢了太伯和仲雍，直接讓季曆繼位？可是這也不行，一來這是破壞規矩，二來，太伯和仲雍本身也很賢能，沒有理由廢他們。

古公亶父為了這個問題，想得頭都痛了，也沒有想出什麼好辦法來。

父親愁眉苦臉、心緒不寧，太伯和仲雍都看在眼裏，怎麼辦？太伯和仲雍於是去找父親，提出願意讓弟弟接任國君，可是古公亶父沒有同意，他知道兩個兒子都很孝順，不想讓他們受委屈。

儘管拒絕了太伯和仲雍的請求，古公亶父心結未去，依然情緒不佳。不多久，古公亶父病倒了。

「兄弟，機會來了。」太伯對仲雍說。

「什麼機會？大哥，你可不要亂來啊。」仲雍擔心哥哥要對父親不利。

「兄弟，你想到哪裡去了？」太伯瞪了弟弟一眼，有些不滿意：「我說的機會是咱們兩人可以藉口去衡山為父親採藥，趁機出走，那麼，國君的位置自然就留給季曆了。」

「原來如此。」仲雍恍然大悟。

於是，兄弟二人去見父親，說是傳說中南嶽衡山有仙草包治百病，兩人想去採藥，為父親治病。

古公亶父其實猜到了兩個兒子的意圖，不過他沒有阻攔，他覺得這樣也許是最好的解決辦法。

於是，太伯和仲雍離開了家鄉，一路東行，來到衡山。那時的南嶽衡山是哪裡？不是現在的湖南衡山，而是現在安徽霍山縣境內的天

柱山，那時叫做衡山。直到漢朝，南嶽衡山都是這裏。

兄弟兩個曉行夜宿，一路奔波，終於到了衡山，那時候這裏都是荒山野嶺，人跡罕至。太伯和仲雍於是繼續向東走，也不知道走了多少天，終於再次見到了平原。

越向東走，江河湖泊就越多。這一天，兄弟倆來到了現在的江蘇無錫一帶。

江南水鄉，這裏就是傳說中的江南水鄉了。

那麼，那時的江南水鄉是怎樣的呢？

脫掉衣服的男人

且看歷史記載。

《論衡》：吳為裸國，斷髮紋身。

《列子》：南國之人，祝髮而裸。

《孔叢子》中孔子曰：夫吳越之俗，男女無別，同川而浴。

那時的江南，還是荒蠻之地。男女相悅，出於天然，純潔率真，與淫蕩毫不相干。

這裏的人都是裸體，男女都是裸體，頂多在腰間繫上些樹葉。天熱的時候裸體可以，天冷的時候呢？找一塊獸皮一裹，腰間繫一根草繩。此外，沒有城堡，甚至沒有像樣的房子，所有的房子都是草房，風來欲倒那種。人民散居，沒有國家部族的概念。

沒有人戴帽子，前面的頭髮被剪短，在前額留下劉海。後面的頭髮盤起來，做成髮髻，用一個棍子固定住。或者用草繩綁住頭髮，讓頭髮披到腦後。

紋身，無論男女，身上都刺著很多花樣。

用《左傳》的話說：斷髮紋身，裸以為飾。

「野蠻啊。」兄弟兩個感歎。好在，野蠻人還算友好，還算大方，兄弟兩個受到尊敬。語言雖說不通，比劃比劃也還能交流。時間長了，溝通都不是問題。

感歎歸感歎，兄弟兩個決定住下來，不走了。

住哪裡？自然也只能住草房。吃什麼？主要吃魚，因為四處是水。兄弟兩個很快學會了游泳，學會了打魚。

所有人都是裸體，只有兄弟兩個人穿著衣服，他們成了另類，他們看別人不順眼，別人看他們更不順眼。漸漸地，他們也覺得自己不順眼了。除了不順眼，還有不方便。別人下水捉魚，隨時跳下去，而兄弟兩個要脫了衣服才能跳，捉了魚上來還要再穿上。天熱的時候，真是不想穿衣服，何況，這裏雨水也多，衣服總是濕的。

「嗯，看來，裸體是有道理的。」兄弟兩個說，於是也開始裸體。

既然裸體是有道理的，斷髮自然也是有道理的，而帽子根本就是累贅。

紋身的好處很快也看出來了，因為這一帶有鱷魚，紋身可以用來嚇住鱷魚。

兄弟兩個對於這裏人沒有房子始終不理解，終於，他們決定建一座房子。可是，剛剛開工，他們就發現為什麼這裏人沒有房子了。按照周人的方式，一般是建窯洞和用土石蓋房。可是在這裏，沒有合適的山來建窯洞，而雨水太多，土石結構根本無法成立。

「唉，看來草房也是有道理的。」兄弟兩個說。

於是，兄弟兩個斷髮、裸體、紋身，住草房。

江南大地，就這樣多了兩個野蠻人。

不過，這兩個野蠻人畢竟與當地的野蠻人不一樣。

除了打魚維持生計，他們開始種地。當地有水稻，但是當地人對於種水稻並不熱衷。兄弟兩個來自周國，是種麥子的高手，種水稻自然不在話下。

江南一帶的土壤和氣候條件都很好，兄弟兩個的水稻也越種越好。短短幾年，兄弟兩個成了當地富豪，而且他們非常慷慨，總是周濟周圍的人。周濟周濟，就是從周國來的兩個人救濟大家。

兄弟兩個生活越來越幸福，生活水準基本上從初級階段奔向小

康了。

隨後，娶妻，生子。

江南大地，又多了兩戶人家。

信念堅定的男人

也不知道過了多少年，這一天，來了兩個人，兩個什麼人？老熟人。

「你們怎麼找到我們的？」看著兩個從老家周國來的人，太伯和仲雍有些詫異。

「你們不是說去衡山嗎？我們就到衡山去找。可是找不到你們，正要回去。恰好有人從東面過去，說是有兩個從周國來的人在東面教人種地，深受擁戴。我們一聽，估計是你們，就這麼找過來了。」

「那，找我們什麼事？」

「你們的父親病危了，吩咐要找你們回去見最後一面。」來人說。

「啊！？爹病危了？」太伯和仲雍一下子緊張起來。

兄弟兩個略略打點了一下行裝，告辭了老婆孩子，起程回國了。

一路奔波，兄弟兩人總算是回到了周國。

晚了三秋了。

「兄弟，爹呢？」兩個野蠻人一把抓住季曆，高聲問，好像要殺人的樣子。

季曆嚇了一跳，這兩個野蠻人真野蠻，真沒禮貌。可是仔細一看，敢情這兩個野蠻人是自己的兩個哥哥。

「大哥二哥，總算把你們盼回來了。爹，爹他，他已經走了，嗚嗚嗚嗚……」季曆說完，抱著兩個哥哥放聲大哭。

兄弟三人相擁，痛哭一場。

原來，派去找太伯和仲雍的人剛走沒幾天，古公亶父就去世了。可是，季曆一直不肯為父親下葬，一定要等到兩個哥哥回來。

古公亶父終於下葬了，這個時候，距離他去世已經是七個月了。

後來周公制禮，天子死後七個月下葬，想必就是參照了古公亶父的先例。

　　父親已經下葬，誰來繼位就是個現實的問題了。

　　「大哥，該你當國君了。」季曆提出來要太伯繼位。

　　「不可以，父親的意思，是應該你繼位的。」太伯拒絕。

　　「不，大哥，應該是你。」

　　「三弟，周國的興盛一定是要靠姬昌的，你不要辜負了父親的厚望。」

　　「大哥，我怎麼可以做你的君主呢？」季曆還堅持。

　　「三弟，你看我和你二哥這個樣子，我們現在是野蠻人啊，怎麼能做君主呢？我們已經習慣了野蠻人的生活了，在那邊也有家了。這次回來就是給爹下葬，之後我們還要回到那裏去。」

　　從最早向父親提出讓位到出奔江南避讓，再到現在讓位，太伯已經是三讓君位了。

　　後來孔子在《論語》中說道：「太伯，其可謂至德也已矣，三以天下讓，民無得而稱焉。」

　　孔子認為，太伯具有無上的德行。

　　太伯和仲雍終於還是離開了周，回到了荒蠻的江南。不過這一次，他們並不是只有兩個人，除了家人，他們還帶走了一批工匠。

　　「我，我不想去。」一位建築工匠不願意去。

　　太伯一把將他扯過來，悄悄地對他說了兩句話，於是他笑呵呵地跟著太伯走了。

　　太伯對他說了什麼？

　　「美女遍地跑，而且是裸體。」

　　回到江南，太伯和仲雍帶領工匠們開始創業。周人的先進文化結合當地的氣候地理條件，在入鄉隨俗的大政策下，對當地文化進行了有限改造，太伯和仲雍在荒蠻之地的事業越做越大，當地人都願意接受他

們領導，用《史記》的話說，就是「從而歸之者千餘家」。於是，一個新的國家出現了，太伯把這個國家命名為「勾吳」，為什麼這樣命名？太伯說了：「我是個沒有兒女的人，這個國家應當是我弟弟吳仲的，所以就叫勾吳。」

太伯就是這個國家的第一任國君——吳太伯。

為了抵禦周邊國家的侵擾，太伯按照周國的方式，修建城池，這座城被稱為「故吳」。後來太伯去世，就葬在梅里（今江蘇無錫梅里）。

太伯去世，仲雍繼位。

到仲雍三傳到周章的時候，周武王滅了商朝。隨後，周武王按照父親的遺囑，尋找太伯和仲雍的後人，結果發現他們已經建立了吳國。於是，周武王把周章的弟弟虞仲封在了虞國。春秋初年，虞國為晉國所滅。（見第二部第五十二章）

第一六二章

壽夢的夢想

　　吳國的周邊都是蠻夷國家，因此吳國與周朝幾乎沒有往來，而是不斷地與周邊蠻夷國家交戰。到春秋時期，吳國的疆界已經非常大，基本占據了江蘇的大部、安徽和浙江的小部，成了一個東方大國。也不知道從哪一代，吳國開始稱王。

　　國家強大了，想法就多了。就如同有錢了，就想混上流社會一樣。

　　轉眼間到了晉景公十五年（前 585 年），這時候晉國正好是欒書執政。這一年，吳國傳到了吳王壽夢。

　　「我有一個夢想。」吳王壽夢說。什麼夢想？到中原去轉轉，看看上流社會怎麼個玩法，看看傳說中的周禮是個什麼東西。

　　吳國是周朝的同族，不懂周禮？當然不懂，因為「周公制禮」，周公已經是太伯的孫子輩了。

野蠻人的追求

　　壽夢上路了，帶著六歲多的小兒子季札。

　　壽夢的夫人一共為他生了四個兒子，大兒子諸樊、二兒子餘祭、三兒子餘昧，四兒子季札。四個兒子中，壽夢最喜歡的就是季札。所以這次出去見世面，就帶著小兒子去了。

　　先去哪裡？壽夢決定溯江而上。為什麼這樣呢？因為順著江水常常有些看上去很文明的東西漂下來。溯什麼江？長江。

　　溯江而上的結果就是壽夢來到了楚國，這時候楚國恰好是楚共王時期，楚國在與晉國的角逐中占據上風，楚共王正以華夏正統自居。

　　吳王壽夢到了楚國首都郢，請求會見楚王。

　　楚共王的眼睛瞄著北方，對於這個來自東面的蠻夷國家完全沒有興趣。

「吳國？吳國是什麼國？蠻夷小國，邊上涼快去。」楚共王拒絕接見吳王壽夢，他覺得跟蠻夷為伍是一件讓人恥辱的事情。

吳王壽夢興沖沖而來，卻吃了個閉門羹，灰溜溜而去，自尊心大受打擊。

「咦—狗皮倒灶（吳方言，意為吝嗇，小氣），瞧不起我？老子還瞧不起你呢！」吳王壽夢大罵起來，好在楚國人聽不懂。

離開楚國，吳王壽夢決定向北走。於是，一行來到了雒邑。在這裏，受到的接待又不一樣。

「哎呦，伯父來了，快請快請。」這一年，恰好是周簡王元年。周簡王想不到自己剛上任，吳國國君就來朝拜。雖然是個幾百年沒打交道的親戚，可是越是這樣的親戚就越難得啊。

吳王壽夢很高興，看見沒有，周王都要叫我伯父。他不知道，周王看見哪個諸侯都是伯父伯舅這麼叫著。說起來，吳王倒是最正宗的伯父了。

周簡王非常熱烈地接見了吳王，說起來，同宗同源，分外親熱。雙方就共同關心的問題進行了交談。為什麼不是廣泛的交談呢？因為雙方確實沒有多少共同關心的問題，而且交流上有障礙。想想看，一洛陽人和一無錫人交流起來有多麼費勁？

不管怎麼說，吳王壽夢在周朝王室受到了熱情的接待。

「大侄子，一刮兩響，爽快，不像楚國那些人狗皮倒灶。」吳王壽夢誇獎周簡王，周簡王轉轉眼珠子，沒聽懂，不過還是客氣地點點頭，壽夢不管那些，接著說：「我有一個夢想，我知道我們家跟你們家原來是兄弟，你們這裏有很多好東西，還有周禮。所以，我想來看看，有用的話，也學學。」

這一回，周簡王聽懂了。

按理說，這年頭有人願意來學周禮，周簡王應該非常高興。事實上他也確實有些高興。不過呢，他不想答應吳王壽夢的請求，原因很簡單：這裏都是天子之禮，給這蠻夷國家學去了，到處亂用，豈不是

要鬧出笑話來？

再者說了，教給他們天子之禮，不就等於承認他們也是王了？

所以，周簡王說了：「伯父，說來慚愧，自從我們從西邊搬過來之後，周禮就不全了。伯父要看，我們當然很高興，可是怕伯父看不全。這樣好吧，周禮最全的都在魯國，伯父不如再走幾步，去魯國看看。」

周簡王把吳王壽夢推到魯國去了。

吳王壽夢以為周簡王是好心好意，也沒多想。第二天，吳王壽夢前往魯國。

野蠻人的煩惱

魯國這時候正是魯成公在位，見吳王壽夢來了，也非常歡迎。

兩國國君親切會見，連比劃帶說，勉強也能溝通。

「我有一個夢想。」吳王壽夢的夢想又來了，把自己想看看周禮的想法說了一遍。

「咳，你已經看到周禮了啊。」魯成公心說你這土包子什麼都不懂啊，周禮是隨處都在的啊。「我們接待你，包括現在吃飯等等，都是遵循周禮來的。等一會兒還有音樂、舞蹈，也都是按照周禮來的。周禮，就是貫穿在每時每刻的行為規矩啊。」

「噢。」吳王壽夢恍然大悟，看看周圍，井井有序，再回想這一路，人們都很有禮貌，很有規矩。「周禮真好，看看我們吳國，沒什麼規矩，簡直就是一幫烏合之眾，盲流。」

吳王壽夢喜歡上了周禮，於是，魯成公安排季文子全程陪同吳王壽夢，詳細介紹周禮並進行演示。

「孤在夷蠻，徒以椎髻為俗，豈有斯之服哉。」（《吳越春秋》）壽夢感慨。他已經迷上了周朝的東西。

壽夢非常高興，提出派人來魯國學習周禮的請求，魯成公當即答應，心說這年頭中原正宗都他媽不把周禮當盤菜了，還就是楚國感點興趣，現在吳國這個野蠻國家自己送上門來，真是太好了。

野蠻國家嚮往文明，文明國家糟蹋文明。

歷來都是這樣。

雙方就這樣達成了一致，吳王壽夢得到了他夢想中的東西，而魯成公得到了現實中的實惠：吳國將會向魯國贈送大量禮品作為學費。

「大兄弟，我還有一件事情想要問問你。我單知道我祖上是從周朝過去的，可是傳了這麼多代，當時究竟是怎麼回事，我真弄不清楚，你給我說說？」吳王壽夢又提出一個要求，吳國沒有史官，他弄不清自己的祖先是怎麼從西邊跑到了東邊。

魯成公也不太明白，於是把季文子找來。好在季文子學問比較深，把事情的來龍去脈介紹了一遍。

「這麼說，我們吳國是正宗華夏？哈哈，狗日的楚國人真牌潮（吳語，意為丟人），還說我們是蠻夷，想不到老子才是正宗文明人啊，哈哈哈哈……」吳王壽夢哈哈大笑，滿嘴髒話，聽得季文子直皺眉。

魯成公倒不覺得什麼，反而覺得這個八竿子才能打得到的親戚直爽得可愛。

罵完了楚國人，吳王壽夢突然想起一件事情來。

「大兄弟，聽你們剛才這麼一說啊，我就知道我們吳國嫡長子繼位的規矩是怎麼來的了。不瞞你們說，我有一件事情正發愁呢。」吳國人直性子，說話不帶轉彎的，吳王壽夢剛才還挺高興，轉眼之間竟然開始發愁。

「有什麼發愁的事情？」魯成公問。

「我遇上咱們老祖宗同樣的問題了，我現在有四個兒子，都不錯，可是這個小兒子我最喜歡，也最看好，我想讓他繼位，可是又不好改規矩，你們替我想想辦法。」吳王壽夢說。原來，他也想把王位傳給小兒子。

吳王壽夢一說，魯成公和季文子想起來了。吳王壽夢是帶著小兒子季札來的，大家都見過，對那個小孩的感覺就是乖巧得人見人愛，小孩不僅皓齒明眸、聰穎機靈，更難得的是彬彬有禮，舉止得體，完全不像是一個來自野蠻國家的人。

「嗯，你家小王子真的招人喜愛。」季文子忍不住說了。他不喜歡吳王壽夢的粗魯，但是真的喜歡季札。

儘管大家都喜歡季札，可是說到正題，卻沒有人支持吳王壽夢的想法。

「唉，我的兒子要是我祖宗就好了。」末了，吳王壽夢蹦出來這麼一句，大家都笑了。大家知道他想要說的是什麼意思，就是想三個大兒子能主動讓位給小兒子。

野蠻人的客人

吳王壽夢回到了吳國，很快派出一個「留學團」前往魯國學習周禮，同時帶去了大量的禮物，包括一座銅鼎。這座銅鼎後來被魯襄公拿來賄賂了荀偃，這是後話（見第四部一四八章）。這也說明，魯國人對吳國人不過是虛情假意。否則，豈能把吳王的禮物隨便送人？

壽夢把自己在魯國學習到的知識講給自己的兒子們聽，說到老祖宗當初讓位的事情，總是深情地說：「看看老祖宗，說讓位就讓位了，殺殺辣辣（吳語，意為爽快）。」

兒子們一開始聽得稀里糊塗，聽得多了，幾個大的就聽出話外音了。哥幾個對老爹都很崇拜，覺得老爹去了一趟中原回來，變得特有學問，特有修養。

「留學團」很快從魯國學成歸來，按照吳王壽夢最初的想法，就要全盤周化。可是真的把周禮學回來之後，吳王壽夢就發現這套東西太複雜、太煩瑣。

「周禮好是好，可是結葛縷兜（吳語，意為多而亂），太麻煩。」最終，吳王壽夢放棄了全面周化，只是選擇了一些簡便易行的並且適合於吳國國情的內容進行推廣。

不管怎樣，從吳王壽夢開始，吳國重新回到了祖國的大家庭，文化上開始與周朝接軌。

除了派出留學人員之外，吳王壽夢修建了都亭，用來接待各國前

來吳國的人才。如今,蘇州還有都亭橋。

在吳王壽夢訪問魯國之後的第二年,北方來客人了。說起來,這是北方第一次來客。誰來了?巫臣。

巫臣幹什麼來了?

原來,巫臣拐帶夏姬逃往晉國(事見第三部第一一五章)之後,子重、子反非常惱火,於是把巫臣整個家族都給滅了,並且瓜分了財產。

巫臣萬萬沒有想到,為了這個老婆竟然犧牲了整個家族。

「老婆啊,為了你,我整個家族都完蛋了。」巫臣對夏姬說,他哭了。

「老公啊,別傷心,想想那些為了女人把國家都輸掉的人吧,你這算不了什麼,想開點吧。花這麼大代價得到我,以後更要好好愛我哦。」夏姬安慰他說,順便提升自己的地位。

巫臣想想也是,總的說來,還是很值的。不過,他咽不下這口氣,他要找子重、子反報仇。於是,巫臣寫了一封信讓人帶給子重、子反,信是這麼寫的:「爾以讒慝(音特,意為邪惡)貪婪事君,而多殺不辜,餘必使爾罷(通疲)於奔命以死。」

什麼意思?你們邪惡貪婪,濫殺無辜,我一定要讓你們疲於奔命而死。

疲(罷)於奔命,這個成語源於這裏。

巫臣是什麼人?有理想、有志氣、有辦法、有能力的人。

在聽說吳王壽夢訪問魯國的事情之後,巫臣就去找晉景公了,請求出使吳國,聯絡吳國夾擊楚國。晉景公當即同意,於是派巫臣為晉國特使,出使吳國。

巫臣帶了三十乘戰車,帶上兒子巫狐庸上路了。為了防備路上被楚國人截擊,巫臣沒有取道宋國,而是向東取道齊國和莒國,沿海岸南下。

巫臣的來到,給了吳王壽夢意外之喜,他萬萬沒有想到中原老大

會主動派人出使吳國。

吳王壽夢給了巫臣隆重的歡迎儀式，巫臣是個走南闖北、見多識廣的人物，見什麼人說什麼話是他的特長，三言兩語之後，就摸清了吳王的底牌。

「土老鱉，容易忽悠。」巫臣為吳王壽夢作了定位，他知道吳王壽夢很急於與中原諸侯交往，很渴望獲得承認。

巫臣首先代表晉景公問候了吳王壽夢，然後說了一堆兩國歷史上血濃於水的兄弟情誼的故事，說到聽說吳王最近訪問了魯國，非常關注吳國的發展，希望能夠盡一點綿薄之力為大哥國家的繁榮強盛作出貢獻。

隨後，雙方就國際事務進行了交流，說著說著，說到了楚國。

「狗日的楚國太傲慢了，蠻夷。」吳王壽夢提起楚國就是一肚子火，嘴上也就不乾不淨起來。

「大王，您說得太對了，楚國就是蠻夷。不瞞您說，根據我們最近的情報，楚國正準備吞併吳國呢。而我家主公這次派我來，就是為了提醒您要提高警惕。」巫臣先把自己的祖國罵了一通，然後把話引到了正題上。

「不怕，吳楚之間山水相隔，怕他們個球。」吳王壽夢沒當回事。

「話不是這麼說，楚國滅了這麼多國家，哪個不是山水相隔的？何況，吳國腹地都是平原，萬一被楚國攻破了屏障，豈不是無險可守？」

「那，那我們也不怕，頂多跟他們拼了。」

「大王，別這樣，有我們晉國在，怎麼能坐視大哥國家的危險於不顧呢？這不，我帶來了三十乘戰車，我家主公說了，只要您一聲令下，我們願意幫助你們建立軍隊，教授戰法。您也知道，晉國的戰術打法是全世界最先進的，只要我們幫助你們建立起軍隊來，加上大王您的英明領導和吳國人民的尚武精神，還怕楚國人麼？」巫臣提出了建議，順便拍了一通馬屁。

吳王壽夢被感動了，血濃於水啊，儘管血的濃度已經稀釋到跟水差不多了，可是還是濃於水啊。

「晉國兄弟的恩情，我們沒齒不忘啊。」吳王壽夢表示。他沒有想到的是，晉國人來幫他並不是因為他也姓姬，而是想利用他對付楚國人。

不管怎樣，現在巫臣成了吳國的總軍事顧問。

野蠻人的行動

吳國人此前打仗是不用馬也不用車的，自然也就沒有戰車，甚至連盔甲也沒有。打仗的時候就是大家手持刀叉棍棒，一邊吼一邊衝殺，直到消滅對手或者被對手消滅。

不過，吳國人對死看得不重，打仗十分勇猛。

巫臣把吳國的貴族們集中起來，進行軍事訓練，教給他們怎麼駕車，怎麼在車上射箭，怎麼在車上格鬥。此外，還教給他們怎麼佈陣，怎麼進攻和怎麼防守。巫臣還帶來了戰鼓和戰旗，告訴吳國人怎麼統一指揮。

巫臣還給大家講晉楚大戰，講一鼓作氣。

吳國人這下算是開了眼了，這不就是傳說的先進文化嗎？

對於車戰的應用，其實巫臣比純粹的晉國人更有心得，因為南方山多，巫臣具有各種地形下使用戰車作戰的經驗。

在巫臣的悉心指導下，吳國人迅速學會了車戰，學會了排兵佈陣。

巫臣知道，這幫不要命的蠻子一旦掌握了先進的戰法，其戰鬥力將是令人恐怖的。

「蠻子不可怕，就怕蠻子有文化。」巫臣暗自感慨。

三個月時間過去，巫臣決定回到晉國覆命了。

臨行前，巫臣留下了十五乘戰車以及戰車上的乘員給吳國，作為晉國軍事顧問。此外，他把兒子巫狐庸也留給了吳王壽夢。

「大王，為了表達吳晉兩國之間的兄弟之情，我把兒子留下來為大王效力。」巫臣說。

「好，好，你放心，你兒子就是我兒子，我會好好待他。」吳王壽夢再一次感動了。

巫臣走了，因為夏姬盼著他回去。時間長了，要是夏姬再跟別人跑了，那不是虧大了？巫狐庸留下來了，他成為吳國的外交官，專門負責與北方諸侯之間的聯絡。

巫臣走後，按照巫臣臨行前的建議，吳王壽夢出兵攻打楚國的附庸國巢國（在安徽境內巢湖一帶）。一來演練先進打法，二來配合中原諸侯的抗楚戰爭。巢國一開始並沒有把蠻夷小國吳國放在眼裏，看著吳國人駕車的技術都很二五眼，以為這就是一支烏合之眾。誰知道一旦交鋒，吳國士兵都是些不要命的，巢國哪裡見過這樣的，慘敗而歸，立即向楚國求救。

於是，子重、子反急忙率軍來救巢國，等他們到了，吳國人已經撤了。屁股一歪，攻打楚國的另一個附庸國徐國（今徐州境內）去了，沒辦法，子重、子反領兵支援徐國去了。

等到楚軍到了徐國，吳國人又轉而攻打楚國的州來（今安徽鳳台）了。於是子重和子反又去救州來，可是吳國人又撤了。

一年當中，吳國人七次入侵徐國、巢國以及州來，子重、子反也奔波了七次，真的是疲於奔命了。

現在，楚國人真的麻煩了。北面有強大而狡猾的晉國人，東面有蠻橫而不要命的吳國人。最糟糕的是，吳國人現在和晉國人勾結在了一起。

關於州來，順便說說。

州來原本是個小國，春秋時被楚國吞併。後來被吳國占領，後來又被楚國奪回，後來又被吳國奪去。後來吳王夫差把蔡國遷到州來，因此州來改名為下蔡。再後來，吳國滅亡之後，州來又成了楚國的地盤。再後來，在秦的打擊下，楚國東遷，這裏又成了秦楚必爭之地。早晨，秦兵打過來了，百姓們便說自己是秦國的良民，把秦國的門牌翻過來，晚上楚軍攻過來了，百姓們便說自己是楚國的順民，把楚國的門牌翻過來，以此保護自己的生命財產。這也是「朝秦暮楚」這個成語的來源之一。

第一六三章

吳國人的原生態

敵進我退，敵駐我擾，敵疲我打，敵退我追。

這是毛澤東的戰略戰術，但是，這不是他的發明，誰的發明？吳國人。

吳國人儘管不夠文明，但是他們很聰明。他們知道自己不是楚國人的對手，但是，他們知道該怎樣對付楚國人。

再回想國共內戰時期毛澤東的戰略戰術「各個擊破，集中優勢兵力打殲滅戰」來自先軫，我們現在可以知道，毛澤東的戰略戰術都來源於《春秋》。

現在我們知道了，為什麼古人愛讀《春秋》。

戰敗楚國

吳國人與魯國人的交往比較頻繁，一來吳王壽夢對魯國的印象非常好，二來兩國之間的距離比較近，三來，魯國不是強國，吳國在與他們交往中心理上不會有負擔。

吳王壽夢十六年（前 570 年），也就是晉悼公三年，晉國又開始強大起來，在中原與楚國爭奪霸主。楚國令尹子重決定對吳國進行一次「外科手術式」的打擊，以便讓吳國停止侵擾，從而讓楚國可以集中精力對付晉國人。

春天，楚國人出兵了，子重親自掛帥，還專門挑選了擅長山地作戰的精兵。此前，吳楚雙方並沒有實質性的交手，而這一次，子重是下了決心要給吳國人一點顏色看看。

楚國大軍進入吳國境內，第一目標為鳩茲（今安徽蕪湖市東南）。楚國人的實力沒得說，一舉拿下鳩茲。隨後，楚軍進逼衡山（今安徽當塗縣橫山）。

吳軍主力並沒有出現，只有小股部隊在楚軍側翼騷擾。吳軍都是輕裝，再加上周圍地形不是山就是湖泊，吳國人來去如風。這麼說吧，就是抗楚遊擊隊。而楚國人行動遲滯，感到應付起來非常費力。

「令尹，此地地形複雜，我們大軍行動不便，再加上雨季就要到來，這樣下去不是辦法，不如讓我率領小股精兵插入吳國腹地，掃平道路。」子重手下悍將鄧廖提了這麼個建議。

於是，子重給了鄧廖一百乘戰車、三千步卒，讓他率先出發。子重率領大軍就駐紮在衡山之外，等待消息。

三天之後，消息來了。不是一個消息，是一群消息，因為殘兵敗將逃回來一群。原來，楚軍在山水之間盤旋前進，道路十分艱難，不是高低不平就是泥濘不堪，不說走路，就是推車都把大家搞得筋疲力盡。等到大家累得半死的時候，吳國人殺到了。本來吳國人就是以逸待勞，再加上其兇狠程度遠遠超過楚國人，這仗還怎麼打？鄧廖被活捉，楚軍幾乎全軍覆沒，只有不到三十乘戰車和三百名步兵逃回。

子重現在傻眼了，鄧廖算得上自己手下第一戰將了，又勇猛又有智謀，如今鄧廖被俘，軍心震動。而眼前非山即水，又開始下雨，自己車多人多也沒有用。進攻沒有把握，留守則缺乏意義。

「撤！」子重下令撤軍了。

回到楚國，子重不敢說這次出兵損兵折將。

「我們一舉拿下了吳國的鳩茲，打得蠻子們抱頭鼠竄，心驚膽戰，再也不敢來犯了。」回到朝廷，子重這樣自我表揚。

為了顯示這一次的勝利貨真價實，子重設慶功宴，宴請高級將領。

按照子重的計畫，慶功宴將一連進行十天。可是實際上只進行了三天，因為第三天的時候東面傳來消息：吳國人攻打楚國，奪取了駕。駕是哪裡？今天安徽無為縣境內。

子重雖然臉皮夠厚，可是到這個時候也掛不住了。

「算了，慶功宴結束了，該回哪兒回哪兒吧。」子重撤銷了慶功宴。

第二天開始，整個楚國都在流傳子重的故事：大將被捉，重要城

市被占，還要開慶功宴。

「你這人真子重。」楚國人罵人不要臉的時候，都這麼說。

子重受不了了，終於在一個沒有月亮的晚上，突發心肌梗塞而死。

爽約晉國

吳國大勝楚國並且氣死子重的消息很快傳遍了全世界，晉悼公非常高興，於是決定當年在雞澤（今河北邯鄲）舉行盟會，特邀吳王壽夢參加，並派荀會到淮河北岸迎候吳王。（事見第四部第一三八章）

晉國特使把邀請函送到了吳王壽夢手中，壽夢非常高興，當即應允。晉國特使高高興興回去覆命，那一邊晉國人開始籌備會議。

送走了晉國特使，吳王壽夢盤算著這一次帶誰去見世面，想來想去，覺得該把老大帶去。要不怎麼說吳國人沒文化呢，按照中原的規矩，國君出國，國家留給太子監守，國君絕不與太子同時出動，怕的就是發生意外的時候被全窩端了。如今美國總統和副總統從來不同時出現在同一場合，也就是這個意思。

可是吳王壽夢不懂這些，準備帶著太子諸樊前往雞澤。

「爹爹，我覺得咱們還是小心點，我聽說越文明越促掐（吳語，意為奸詐），這麼大老遠的，咱們又沒有跟晉國打過交道，別稀里糊塗去了，被人家算計了。」諸樊提出一點反對意見來，他聽說過不少晉國人的故事，感覺晉國人不太靠譜。

吳王壽夢一聽，覺得有道理，於是他把巫狐庸找來了。雖說名義上是在吳國和晉國之間行走，巫狐庸實際上基本就待在吳國了，因為父親巫臣發現晉國的權力鬥爭比楚國還要激烈，所以留個後手，等於是把兒子安置在了吳國。

「阿巫，有件事情我拿不定主意，晉國在雞澤召開盟會，請我參加，我也答應了，你看看，我是該去還是不該去？」吳王壽夢問巫狐庸。

巫狐庸一聽，笑了。從前，吳王壽夢有點一根筋，現在看來有進步了。

「大王，該不該去，問您自己啊，您要是去，想幹什麼？」巫狐庸反問了一句。

「哎，對啊，你等等，我想想。」吳王壽夢還真沒有想過這個問題，當時想了想，說：「其實也不想幹什麼，就想看看盟會是怎麼回事。」

「那我告訴您盟會是怎麼回事，盟會，就是所有國家都到一起，其中一個國家是老大，其餘國家都要跟著老大混。雖然都是國君參加，但是老大的國君才算國君，其餘國家的國君只能拍馬屁，說好聽的。大王，我再問您，您能當老大嗎？」巫狐庸繼續提問。

「我，我當不了。」

「那，您會拍馬屁嗎？」

「我，我不會。」

「那您去幹什麼？」

巫狐庸最後這個問題把吳王壽夢給問得愣住了，他想了又想，實在想不出答案，只好反問：「那，那別的國家為什麼要去？」

「但凡去的國家，要麼臨近晉國，不敢不去；要麼是需要晉國的保護，也不敢不去。咱們吳國既不臨近晉國，也不需要他們保護，為什麼要去拍他們的馬屁呢？」

吳王壽夢聽著有道理，他開始猶豫了。

「再說了，大王，中原諸侯自以為正統，亂七八糟的規矩多了去了，周禮就不說了，還要對詩，您行嗎？恕我直言，到時候顯出咱們是土包子，是蠻子了，那豈不是自找丟人？您要不去，您就始終是個神秘人物，誰也不敢小看您。您要去了，基本上就是見光死。」巫狐庸的話說得夠直接，但是也切中要害。

吳王壽夢聽到還要對詩的時候，就已經下定決心不去了。

「嗯，阿巫，不愧是走南闖北的人，老掐辣（吳語，意為有見識的人），我聽你的，不去了。」吳王壽夢決定爽約。

說去又不去，找什麼藉口？

蠻子國家，不去就不去，不找藉口，沒有文明國家那麼虛偽。

到期，荀會沒有等到吳王壽夢。

接班人問題

吳王壽夢沒有去參加雞澤盟會，他覺得這是巫狐庸的功勞，所以他決定重用這個楚國裔晉國人。

「阿巫，來吳國一轉眼十五年了啊，生活上還適應吧。」吳王壽夢請巫狐庸吃飯，隨便問起來。

「適應，適應。」巫狐庸不知道吳王壽夢找自己來是什麼意思，很小心地說。

「不想回晉國了？」

「不想了。」

「真不想了？」

「真不想了。」

「為什麼啊？」

「不瞞大王，這裏美女多啊，我不想走。」

「那，為了女人，拋棄國家？」

「咳，這有什麼？我爹就是這樣的啊，為了我後娘，把什麼都拋棄了。」

「嗯，直爽。」吳王壽夢讚賞起來，他最不喜歡中原的就是他們的虛偽，所以聽到巫狐庸說實話，非常高興。「阿巫，我喜歡你。我再問你，我要找一個人幫我管理國家，這個人應該叫什麼？」

「這個，在楚國呢，叫令尹；在晉國呢，叫中軍元帥；在魯國呢，叫上卿。」巫狐庸解釋說。吳國是個沒有官制的國家，因此沒有相對應的職位。

「好了，不管叫什麼，今天我就任命你擔任這個職務了，你想叫什麼叫什麼。」吳王壽夢就這麼下達了任命。

《吳越春秋》記載：壽夢以巫臣子狐庸為相，任以國政。

之所以叫相，是因為巫狐庸都不知道自己算是個什麼職位。

轉眼間，到了吳王壽夢二十五年（前 561 年），吳王壽夢鞠躬盡瘁了。此前，晉國又來邀請過兩次，吳王壽夢都沒有賞臉，只是派巫狐庸前去應付。

　　吳王死了，誰來繼位？

　　臨死之前，吳王壽夢把小兒子季札叫來了，要把王位傳給他。

　　「爹爹，不可以。按照周禮，嫡長子繼位，不可以壞了規矩。」季札拒絕了。

　　「可是，咱們是蠻夷啊。」

　　「不，咱們是周人。」

　　吳王壽夢沒有堅持，他喜歡小兒子，也就喜歡他的決定。他知道自己無法說服小兒子，因為小兒子是個周禮迷，對周禮非常癡迷。

　　於是，吳王壽夢又把大兒子諸樊叫來。

　　「兒啊，我想把王位傳給季札，可是他拒絕了。我想著，今後你就把王位傳給弟弟吧，我看好他，他能讓吳國變得文明強大起來的。」吳王壽夢叮囑諸樊，之後，閉上了眼睛。

　　辦完了父親的喪事，諸樊把弟弟季札請來了。

　　「兄弟，父親的意思是讓你當國君，哥哥我也是這個意思。」哥哥要讓位，而且態度很誠懇。沒辦法，老爹幾十年來就教育幾個兒子要學習老祖宗主動讓賢的精神。

　　「大哥，不能這樣。我聽說曹宣公去世的時候，國人都想立子臧，結果子臧跑了，大家只好立了曹成公，因為曹成公才是太子。大哥，你才是太子，我對國君沒有興趣，請讓我學習子臧吧。」季札推辭。

　　諸樊一聽，你這意思不是說大家都不歡迎我嗎？

　　「兄弟，你就讓我做子臧吧。」諸樊還要讓。

　　「不。」季札繼續拒絕。

　　這樣，兄弟兩個一個非要讓，一個非不接受。

　　到最後，季札告辭出來，回到家裏收拾收拾，跑郊區找了個房子，種地去了。

到這個時候，諸樊知道再讓也沒用了，只好自己登基了。

吳國，一個淳樸的國家，一個有禮讓傳統的國家。

乘人之危

吳王諸樊登基的第二年，楚共王薨了。

諸樊把巫狐庸和弟弟餘祭找來，商討一件事情。

「阿巫，老弟，去年這個時候，你們知道我最擔心什麼嗎？」諸樊提出了個問題。

巫狐庸和餘祭大眼瞪小眼，心說是不是擔心季札會接受你的讓位啊？雖然這麼想，不敢這麼說。

「擔心，擔心收成不好？」巫狐庸試探著問。

諸樊沒有回答他，問餘祭：「你呢？」

「是，是擔心咱娘的身體？」餘祭也試探著問。

「你們都說錯了，去年這時候我最擔心楚國人趁我們的國喪來進攻我們。」諸樊對兩個人的回答有些失望。

為什麼事情過去了一年，諸樊又突然想起來了呢？巫狐庸和餘祭迅速地猜測著，而諸樊用銳利的眼光掃視著他們，卻不說話。

餘祭想不出所以然，於是訕訕地說：「大王，今年不用擔心了。」

諸樊咂了咂嘴，意思是你這都是廢話。然後，去看巫狐庸。

巫狐庸猛地回過神來。

「大王，我知道您的意思，您去年擔心的事情，就是楚國人現在擔心的事情，我沒有說錯吧？」巫狐庸說。從諸樊的笑容中，他知道自己說對了。

「楚國人擔心的事，就是我們應該做的事，對不對？」諸樊說，這是他今天叫這兩位來的主要意圖。

「大哥高明。」餘祭立馬贊同。

「好主意，打楚國。」巫狐庸略顯遲緩但是很堅決地表示。

諸樊很高興，他決定派黨去打楚國，黨是誰？公子黨，諸樊的異母弟弟。

就在吳國軍隊出發的前一天，季札來了。

「大哥，你不能攻打楚國。」季札開門見山對諸樊說。

「為什麼？」諸樊有些驚訝，他沒有想到季札會來管這件事情。

「因為這不合周禮啊，不可以乘別國國君之死發動攻擊的。」季札搬出來周禮。

「咳，我們是蠻夷，管他周禮不周禮的。」

「不然啊，我們是正宗周人啊。」季札不同意諸樊的說法。

「那，那，那楚國人是蠻夷啊，跟他們講什麼周禮？」

「不對啊，人家楚國人已經不做蠻夷好多年了。去年，人家不也沒有來攻擊我們？」季札堅持。

正在這個時候，巫狐庸來了。看見他，諸樊高興了。

「阿巫，來得正好，我弟弟正在說咱們現在打楚國不合周禮呢，你怎麼看？」諸樊急忙說，要讓巫狐庸說服季札。

巫狐庸笑了，他就知道季札會來阻止，所以他早就想好了怎樣對付季札。他也知道這個時候攻打楚國是違背周禮的，可是，對楚國的深仇大恨讓他無條件支持諸樊的決定。

「公子，我知道你說得對。可是，楚國人是不講什麼道義的，當初他們怎麼對人家宋襄公的？怎麼對我們家的？怎麼對咱們先王的？對他們，就不能客氣。楚國人有句話：不管黑貓白貓，抓住老鼠就是好貓。去年他們沒有趁火打劫我們，那不是因為他們講周禮，而是他們正在北面欺負鄭國人，顧不上這邊。咱們要是不打他們，他們才不會說咱們是講周禮，而是笑話咱們新鮮活死人（吳語，形容知覺遲鈍的人）。」巫狐庸滔滔不絕，口若懸河。

「唉。」季札搖了搖頭，他知道自己說不過巫狐庸，轉身走了。

吳國軍隊浩浩蕩蕩，討伐楚國，直逼楚國的庸浦（今安徽無為縣境內）。

楚國令尹子囊得到消息。由於楚共王去世不久，子囊不便親自出動。

「養將軍，麻煩你走一趟。」子囊派誰？養由基，著名的養一箭。

養由基此時官居宮廄尹，屬於楚國的卿，儘管歲數大了一些，好在經驗豐富，尤其箭法還在，派他去，子囊非常放心。

養由基點了兵馬，前往庸浦。

養由基走後，子囊覺得還不放心，因此，又派司馬子庚率領大軍隨後出發，接應養由基。

養由基的隊伍先到，離庸浦三十里安營紮寨，並不急於與吳國人交手。第二天，子庚的大隊人馬來到，兩軍合為一軍。

與吳國人作戰，楚國人都感到很頭痛，為什麼頭痛？

首先，吳國人打仗非常勇猛，個個都不怕死。本身，楚軍與中原國家的軍隊相比已經是非常強悍了，可是跟吳國人相比，就顯得太斯文了。因此，楚軍對吳軍都有些忌憚。

其次，就算是楚軍占了上風，吳國人見勢不妙就會逃跑，跑得又快，上山下水都是好手，追都追不上。消滅不了他們也還罷了，討厭的是，他們會來糾纏你，趁你不注意打你一下。

怎麼對付吳國人？

第一六四章
晉國人的真面目

　　公子黨，諸樊的弟弟，不過是庶弟。在所有的兄弟當中，公子黨算是最勇猛的。不僅如此，公子黨還是正兒八經的「海龜」，他曾經前往齊國學習現代戰爭。

　　公子黨與楚國人交手的次數不算少了，多半是率領「遊擊隊」與楚國人打遊擊。上次攔擊楚軍，活捉鄧廖，就是他的功勞。在他看來，楚國人膽小怕死，行動遲緩，打仗完全仗著人多。

　　「嘿嘿，楚國人嘛，繡花枕頭一包草，中看不中用的。這一次，讓他們有來無回。」公子黨說。他根本沒有把楚國人放在眼裏。

　　吳國人攻城能力一般，畢竟從前沒有攻過，連用什麼工具都沒搞懂，所以攻城多日沒有進展，公子黨正惱火呢。如今楚國援軍來了，雙方可以放開手腳大戰一場了，他非常高興。

養一箭的第二箭

　　吳楚兩軍對陣，這是吳國軍隊有史以來第一次打正規戰。

　　楚軍陣地一面大旗，旗上一個大字：養。

　　「養由基？」公子黨脫口而出。養由基他自然是知道的，他也知道即便是晉國人也對養由基敬畏三分。

　　「公子，養由基都老掉牙了，怕他幹什麼？」虎兒是吳國的勇士，現在是公子黨的車右。一邊說，一邊指指點點，把養由基指給公子黨看。

　　公子黨順著虎兒的手指看過去，只見養由基鬍子眉毛都已經白了，確實是老了。

　　養由基看見對面有人對自己指指點點，猜到了就是公子黨，於是拈弓搭箭，非常吃力地拉開弓，一箭射來，只見那支箭在空中晃晃悠悠，畫出一道並不美麗的弧線，墜落在了公子黨的戰車前。

「哈哈哈哈……」虎兒大笑起來，他覺得很好笑。

公子黨的表情輕鬆了一些，但是他還是有些緊張，畢竟這是自己第一次獨立指揮這樣的戰鬥，手忙腳亂是可以想像的。

「那什麼，鼓掌。」公子黨下令。

「鼓掌？」虎兒沒聽明白，要打仗了，這時候鼓掌幹什麼？給誰鼓掌？難道齊國人衝鋒之前要先鼓掌？

「啊，那什麼，錯了，掌鼓。」原來，公子黨剛才太緊張，下錯令了。

吳軍開始擂鼓，準備衝鋒。

按著規矩，楚軍隨後擂鼓。

吳軍衝鋒了。

公子黨的戰車衝在最前面，吳軍一陣齜牙咧嘴地亂叫，亡命一般衝殺過去。

楚軍看上去有些驚恐，他們並沒有按照常規衝鋒，而是在猶豫了一下之後，掉轉車頭向後逃去。好在後面的步兵逃得更快，楚軍的戰車並沒有衝撞到自己的隊伍。

按照《左傳》的標準寫法，楚軍在「奔」，吳軍在「馳」，一個沒命地跑，一個捨命地追。

公子黨是學過兵法的，他有些擔心狡猾的楚國人會佈下埋伏。

事實證明，他的擔心是有道理的。追了一程，楚軍果然設計了埋伏，埋伏的楚軍讓過了養由基的逃兵，然後截擊吳軍。可是，吳軍勢頭正猛，直接將楚軍的伏兵衝得七零八落。

「哈哈哈哈，楚國人真是不懂兵法，連埋伏也不會。」公子黨笑了，吳軍繼續追擊。

過不多遠，又是一處埋伏，又被吳軍衝散。

現在，公子黨算是徹底看清了楚國人貪生怕死的嘴臉了。吳軍已經不僅是「馳」，而是「奔馳」了，隊伍拉得很開，跑得快的到了很前面，其餘人遠遠地落後，隊形已經完全不是隊形了。

當「馳」變成了奔馳，問題就來了。

楚軍的第三處埋伏終於出現了。

與前兩處不同的是，這一處埋伏並沒有從正面阻擊吳軍，而是從側面攔腰殺來，將原本就已經鬆鬆垮垮的吳軍攔腰截成兩段。更加不同的是，這一隊楚軍由子庚親自率領，十分勇猛，並不遜色於吳軍。

隨後，原先被擊潰的兩路楚軍伏兵從後面殺來，而養由基的隊伍掉轉身來，從前面夾擊吳軍。

這個場景，令人想起城濮大戰中先軫為楚軍佈置的口袋陣。

「公子，不要怕。」到了這個時候，虎兒依然不懼怕楚國人。可是，話音剛落，他就看見一支利箭帶著風聲向自己飛來，他來不及躲，只來得及用最後一眼看養由基有些得意的笑，隨後便感到脖子一陣冰涼，栽下了戰車。

戰鬥很快結束，吳軍全軍被殲，公子黨被楚軍活捉。

這一仗，是吳楚交戰以來楚國的第一場大勝，由司馬子庚指揮。

晉國人的真面目

吳軍大敗，整個吳國震動，好在楚軍並沒有乘勝追擊。

吳王諸樊非常害怕，於是找來巫狐庸商量對策。

「大王，我錯了，我單知道要找楚國人報仇了，疏忽了楚國人的實力。」巫狐庸上來先認了錯，倒不是為了求得原諒，而是確實反思了。

「算了，老巫，這不怪你。現在我們大敗，如果楚國人來進攻，形勢就不太妙了。所以我想，我們要向晉國人求援了，請求他們的幫助。」諸樊是真的害怕了，想到了這樣一個主意。

原本，諸樊以為晉國人巫狐庸會支持這個想法，可是，這一次他又想錯了。

「大王，大國都是沒有什麼信用的，他們只會利用別人，不會幫助別人。我看，咱們還是靠自己吧，晉國人靠不住。」出乎意料的是，巫狐庸表示了反對。

「不會吧？他們不是很希望跟我們合作嗎？而且我們一直也在配合他們攻打楚國啊，他們會見死不救？不會，他們是文明人，跟楚國蠻

子不同的。」

諸樊終究還是沒有聽巫狐庸的，派人前往晉國通報戰敗以及請求支援。

晉國人很爽快地答應了，並且決定在第二年的春天在宋國的向召開聯合國大會，商討怎樣幫助吳國。

「嘿嘿，看來，組織還是靠得住的。」諸樊很高興。

原本是準備派巫狐庸去參加這次會議的，巫狐庸以痔瘡發作，受不了舟車之苦為由拒絕了。於是，諸樊派自己的弟弟餘祭前往參加聯合國大會。

魯襄公十四年（前 559 年）春天，也就是晉悼公十四年，這時候，晉國中軍帥和中軍佐是荀偃和范匄。

聯合國大會如期舉行。

餘祭提前一天來到，他有些緊張，因為他從來沒有參加過這樣的會議，他怕自己會出醜。臨行之前，他跟弟弟季札學了些周禮，但是心裏還是沒有底。

不過讓他略微放心一點的是，晉悼公沒有來，甚至晉國的中軍帥荀偃也沒有來，這次主持會議的是范匄。相應地，各國都是上卿或者公子來參加會議。

其實，這樣的會議規格已經決定了不可能產生什麼有意義的決議。從另一個角度來說，如果餘祭是一個職業外交家，他就應當明白，晉國人根本沒有誠意幫助他們。問題是，這裏的所有人都比他職業，每個國家的代表都看出來了，只有餘祭沒有看出來。

餘祭安頓好了之後，范匄派人來請，說是要提前溝通，以便在明天的會議上有的放矢。餘祭非常高興，覺得還是晉國人想得周到。

「范元帥，真是感激不盡啊。」餘祭首先表達了感謝。

「咳，一方有難，八方支援，這是我們華夏人的傳統美德嘛。再說了，我們還是盟主呢。」范匄假惺惺地說。

兩人寒暄之後，開始進入正題，就晉國以什麼方式支援吳國進行

了深入探討。最後雙方達成一致，晉國向吳國提供一百乘戰車，並且派出軍事顧問團。同時，晉國在宋國南部駐軍，隨時支援吳國。

「對於晉國無私的幫助，我們沒齒難忘啊。真是血濃於水啊，那什麼，我走了。」餘祭激動得一塌糊塗，說完這些，覺得事情既然都辦好了，可以走了，於是起身告辭。

「哎，慢著慢著。」范匄急忙攔住了，心說這蠻子就是蠻子，親戚幫忙就不要報酬了？再者說了，普天之下，誰跟誰不是親戚啊？這門子親戚算個屁。

餘祭有點激動，他以為范匄要留他吃飯。

「公子，咱們明人不說暗話吧。你也知道，晉國的事情就是荀偃元帥和我說了算，支援吳國呢，也就是我們兩人一句話的事。臨出來的時候荀元帥交代過了，說是聽說吳國有許多寶物，托我帶幾件給他，嘿嘿，不知道公子帶來沒有？」范匄倒挺直爽，也沒有拐彎抹角。

「這？」餘祭一愣，弄來弄去，世上沒有免費的午餐啊。「范元帥，還真沒帶，我，我不知道還要帶這個啊。」

「嘿，我們晉國雖然是盟主，也不能無緣無故為別人幹活啊。其他國家都要向我們進貢的，知道不？」范匄的臉色一沉，很不高興地說。

餘祭本來就有點失望，見范匄這麼說，忍不住脫口而出：「元帥，話不能這麼說吧？心勿拉肝浪（吳語，形容忘性大的人）。你們晉國讓我們吳國在東面打擊楚國人，我們就三天兩頭跟楚國人幹，什麼時候朝你們要過報酬？如今為了你們，我們被楚國人打敗了，請你們幫忙，你們就這要那，你，你，你壽頭碼子（吳語，意為不知好歹的人）。」

這一番話，范匄沒有聽太明白，不過猜也能猜出來對方說的不是好話。眼看再這樣下去要吵起來，沒辦法只好忍住火，擠出一點笑容來：「嘿嘿，公子，你再回去好好考慮下，明天會上見。」

餘祭氣哄哄地走了，他不知道該用什麼詞來形容晉國人。後來他知道，這就叫腐敗，而范匄叫腐敗頭子。

第二天會議舉行之前，范匄又派人來找餘祭索要賄賂。

「去你的，沒門。」餘祭直接把來人罵了回去，還豎了中指。昨晚上他想了一個晚上，越想越想不通，正憋著火呢。

會議開始了。

一通簡短的開場白之後，范匄簡單介紹了召開這次聯合國大會的目的。

「這次我們要討論的，就是吳國被楚國擊敗，我們要不要救援吳國的問題。大家說，救，還是不救？」范匄提出問題。

沒有人說話，因為大家都聽說了昨天發生的事情，也都看到范匄臉上的怒氣。而且，原本通知大家的議題是「怎樣救援吳國」，可是現在成了「該不該救」。大家都是老油條，大家都看在眼裏，所以大家都不說話。

文明人就是這樣，心裏明白，就是不說。

「救，怎麼不救？不救叫我來幹什麼？外香骨頭臭啊（吳語，意為暗地搞鬼）。」見大家都不說話，餘祭有點急了，高聲吼了起來。

大家都看看他，然後嘆一口氣，不知道是覺得他很野蠻還是覺得他很可憐。

沒有人應聲。

范匄清了清嗓子，說話了。

「吳國被楚國擊敗了，按理說，吳國是我們的盟友，我們責無旁貸，應當救他們。可是，吳國人為什麼被楚國人擊敗呢？因為吳國人在楚國人的國喪期間進攻楚國，這是不道義的。《詩經》說得好：『不吊昊天，亂靡有定。』如果上天認為你不善，你的動亂就不會停止。對於這樣不道義的行為，我們身為文明國家，難道要幫助他們嗎？我們晉國，歷來是以道義服人的。」范匄說得慷慨激昂、大義凜然，唾沫星子橫飛，說到這裏，伸手指指餘祭，大聲說道：「公子餘祭，請你回去轉告你家大王，凡事繞不過一個理字，儘管咱們是兄弟，儘管我們很想幫你們，可是，不合道義的事情我們晉國絕不會做，在座的國家也都不會做。現在，請你離開。」

餘祭聽得目瞪口呆，半天才反應過來，回了一句：「我們吳國雖然

野蠻，可是我們也沒有你這麼不要臉啊，你個暗毒老虎（吳語，意為陰險狡詐的人），幫你們打楚國你們不給報酬，求你們幫忙就索要好處，當我們民工啊，老子走，不靠你們了行嗎？」

盛怒之下，餘祭轉身走了，頭也不回。

兩個出氣筒

趕走了吳國人，范匄也是憋了一肚子的火，好處沒撈到，還被罵了一頓。回晉國之後，還不知道怎麼去向荀偃交差，怎麼向晉悼公彙報呢。

「嘿嘿……」有人笑出聲來，隨後大家都忍不住笑了出來。

事情確實很好笑，原本來商量怎樣救援吳國，結果會議一開始就先把吳國人趕跑了，這會還怎麼開？

范匄惱羞成怒了。

「務婁，你笑什麼？」范匄大聲呵斥，他看見莒國的公子務婁在笑，決定拿他出氣：「告訴你，不要以為你們私通楚國人的事情沒人知道。來人，把他給我拉下去，關起來。」

這一回，輪到公子務婁瞠目結舌了。

是辯解，還是不辯解？

辯解也沒用。

公子務婁明白，性命無憂，只是又得破財了。

公子務婁老老實實地被押了下去，他相信，自己絕不是唯一的一個倒楣蛋。

公子務婁猜對了。

范匄的火氣還沒有消，而這種情況下是不可能無緣無故拿齊魯這樣的國家尋開心的，怎麼辦？范匄掃視一圈，最後把眼睛停留在了戎子駒支身上。

「你過來，野蠻人。」范匄說話一點沒有客氣，駒支是一支戎人部

落的首領，居住在晉國南部的荒山野嶺中，有的時候也來參加晉國的會議。「從前你們祖先吾離被秦國人從瓜州趕出來，身穿蓑衣、頭戴草帽來投奔我們的先君。那時候我們是惠公，結果我們惠公可憐你們，把南部的土地給你們居住。如今，諸侯們侍奉我們不像從前那麼小心了，肯定是有人在暗中挑撥，不用說了，肯定是你們。你呀，明天不要來參加會議了，否則把你也抓起來。」

駒支一聽，心說你這不是擺明瞭欺負老實人嗎？該賄賂你的也賄賂了，還拿我們開刀？駒支憤憤不平，也不去想後果了，直接開始反駁。

「祖先的事情就不說了，我們始終心懷感激。我們現在那塊地方，豺狼出沒，鳥不拉屎，可是我們直到現在也沒有二心。范元帥你摸著良心想想，但凡用得上我們的地方，什麼時候我們落在後面了？如果諸侯離心離德，恐怕是貴國自己出了問題，怎麼賴到我們頭上呢？我們戎人的衣食語言都跟中原各國不同，平素也沒有往來，我們能做什麼壞事呢？我們怎麼可能挑撥離間呢？即便不讓我們參加會議，我們也問心無愧。」駒支一口氣說完這些話，還念了一首《詩經》裏的「青蠅」。

「青蠅」原詩不錄，是什麼主題呢？就是說讒佞小人像蒼蠅一樣到處嗡嗡亂飛，挑撥離間，用來奉勸范匄不要聽信讒言。

駒支背完了詩，大家忍不住又笑了，因為這個挑撥離間的人不是別人，就是范匄。再說了，連野蠻人都會背《詩經》了，說明這世界上人不太容易被忽悠了。

笑聲讓范匄十分尷尬，因為這代表大家都已經看得清清楚楚。

「你，你說得有道理。壞人的讒言確實不能相信，好了，沒事了，明天你繼續參加會議吧。」范匄作出一副有過則改的樣子來。

「范元帥真是胸懷廣闊啊。」有人拍起馬屁來，於是，大家紛紛開始拍馬屁。

聯合國大會在祥和的氣氛中結束，只不過沒有任何成果。當然，范匄的收穫不少。

餘祭回到了吳國，把事情經過講了一遍，諸樊這才知道巫狐庸是對的。

「老巫，你是對的。狗日的晉國人，忽悠我們。」諸樊說起來，很是氣憤。

「不奇怪啊，國家之間，只有永遠的利益，沒有永遠的親戚啊。大國都這樣，別看他們人模狗樣衣冠楚楚，動不動還念首詩。用得著你的時候，你就是朋友；用不著你的時候，你就是狗屎。」

「可是，現在晉國人指望不上了，怎麼辦？」

「沒什麼啊，別說晉國人靠不住，就算能靠住，我們也不能永遠靠他們啊，任何時候，我們都要靠自己。」巫狐庸並沒有得意，一切都在他的意料之中。

「那，怎麼靠自己？」

「雖說庸浦一戰我們損失慘重，但是也並沒有傷筋動骨，眼下，我們一面派遣精兵準備迎擊楚國人，一面訓練新兵。據我推算，一旦楚共王下葬，楚國人就會來攻擊我們。陣地戰我們不是楚國人的對手，還是用遊擊戰來對付他們吧。」

「你說楚國人會來打我們？」

「一定會。」

「什麼時候？」

「秋天，秋收之後。」

巫狐庸猜對了，秋天的時候，楚康王命令令尹子囊討伐吳國。

這一次，戰爭會怎樣？

第一六五章
忽悠害死人

　　子囊率領楚軍，浩浩蕩蕩，討伐吳國。在子囊看來，吳軍主力已經被殲滅，眼下元氣大傷，一定沒有什麼戰鬥力。

　　果然，楚軍挺進到了吳國的棠（今江蘇六合縣西），吳軍不敢出戰，據險自守。

　　「令尹，我們還是引蛇出洞吧。」養由基建議。

　　引蛇出洞的結果是蛇不出洞，怎麼引也不出洞。

　　楚軍人多，人多固然力量大，可是也吃得多、拉得多。轉眼十天過去，眼看吳軍不出戰，而楚軍又無法前進，子囊決定撤軍。

氣死子囊

　　俗話說：伏虎容易縱虎難。

　　跟吳國人打仗，進攻容易撤退難，因為吳國人最喜歡的就是「敵退我追」。

　　「令尹，要當心吳國人從後掩襲啊。」子庚提醒子囊，對付吳國人，他算有經驗。

　　「不礙事，吳國人已經被我們嚇破了膽，不用怕他們。你領軍先撤，我殿後。」子囊的心裏，有些瞧不起吳國人。不過，他還是決定率領精兵在後掩護大隊人馬撤退。

　　子庚和養由基率領大隊人馬先撤，子囊率領精兵在後。

　　果然不出意料，吳軍尾隨而來，不過看見楚軍保持警惕，吳軍始終不敢接近楚軍。

　　前面的楚軍擔心吳軍追上來，因此撤得快；而後面的楚軍因為時刻準備迎擊吳軍，所以走得慢。漸漸，楚軍前後兩軍拉開了距離。

　　子囊率領殿後的精兵小心翼翼地走著，不久來到了皋州。此處是

一處山隘，兩山之間夾著一個隘口，只能容一乘戰車通過。

「好了，過了這裏，砍伐些草木來，就在隘口點一把火，吳國人就沒辦法追了。」子囊盤算，主意是個好主意。

確實是個好主意。

天上開始掉草木了，子囊吃了一驚，難道老天爺聽見自己的自言自語了？

不僅掉草木，而且掉火把了。

很快，隘口一片火光。

山上的吶喊聲傳來，子囊這個時候知道掉草木、火把的不是老天爺，而是吳國人。

吳國人封鎖了隘口，並且從山上衝了下來。後面，尾隨的吳軍也怪叫著，撲了上來。

子囊現在知道了，吳國人不僅僅會玩「敵退我追」，也會玩攔腰截擊、包圍聚殲了。

「狗日的吳國人，聰明！」子囊感慨一聲，他知道自己低估了吳國人。

到了這個時候，除了逃命，還能有什麼辦法？

楚軍冒著大火和吳軍的箭雨，保護著子囊從隘口向外衝，公子宜穀（音夠）斷後，拼死抵抗吳軍。

子囊棄車而行，在部下的保護之下，雖說免不了火燎眉毛、灰頭土臉，總算是出了隘口，落荒而逃。而公子宜穀被吳國人團團包圍，生擒活捉。

此戰，子囊所率斷後的楚國精兵損折過半。

子囊逃出去數里，才遇上率領楚軍回來救援的子庚，算是又坐上了車。

連驚帶怕帶惱火，回到郢都之後，子囊就病倒了，而且病情急劇惡化。僅僅一個多月，就已經病入膏肓。

臨死之前，子囊找來了子庚，他有話要交代他。

「子庚，當今世界，雖然晉國比我們強，可是那個國家已經腐敗了，沒有人願意為國家出力，所以晉國並不可怕。可怕的是吳國這樣的國家，他們狡猾而殘忍。我死之後，你要加固首都的城牆，因為吳國人遲早會打過來的。」子囊吩咐，說完，咽了氣。

《左傳》評價說：「子囊忠。君薨不忘增其名，將死不忘為社稷，可不為忠乎？」

如果不知道古人說的「忠」是什麼意思，參照子囊。

晉國人又來忽悠

基本上，吳國和楚國現在算是打成平手了。

此後一連九年，兩國再也沒有發生過戰事。對於楚國來說，主要敵人是晉國，而且楚國內部也很腐敗；對於吳國來說，自從看清晉國人真面目之後，打楚國人的熱情就降低了很多。

直到諸樊登基十一年（前550年），這時候晉國已經是晉平公，而中軍元帥是范匄。那一年，范家陷害欒家，欒盈出逃，晉國陡然感覺實力大損。

晉國六卿會議，除了欒盈，其餘五卿出席，晉平公也親自參加。

「各位，如今欒盈出奔到楚國邊境，而欒家的實力龐大，如果欒盈投奔楚國，到時候裏應外合，晉國就將陷入危險。今天我們特地請來主公，商討對策。」范匄這樣開場白。

沒人發言，因為沒人真正關心這個事情，大家都關心自己家族的利益。

晉平公有點不高興了。

「那什麼，趙武，你先說說。」范匄見冷了場，指定趙武發言。

「那，那什麼，老韓，你先說說吧。」趙武沒主意，索性推給韓起。

韓起一看，好嘛，推給我了，我哪知道啊？

「那，那什麼，中行，中行有什麼看法？」韓起推給了中行吳。

中行吳一看，你們會推，我也會啊。

「那，那什麼，魏舒，你點子多，你說說。」中行吳又推給了魏舒。

魏舒左右看看，這裏就自己級別最低了，沒得推了。

「那，那什麼，我，我年齡小、資歷淺，我，我還是聽范元帥的。」魏舒沒辦法，硬著頭皮，把球踢回給了范匃。

除了晉平公，大家都想笑。

現在沒辦法了，只好范匃先發言了。其實，他早就想好了辦法。

「各位，從前悼公的時候咱們能夠讓楚國人服軟，除了咱們自己的實力之外，很重要的是吳國人在東面牽制楚國人。可是，最近這些年，吳國人言而無信，背信棄義，不去騷擾楚國人了，簡直就是個流氓國家。」范匃說到這裏，掃視眾人一眼。

大家都想笑，可是都忍著，大家都在想到底誰是流氓國家。

「我們晉國是個大國，是講信用、有度量的國家。我看，咱們再給他們一個改正錯誤的機會，聯絡吳國人，讓他們在東面繼續威脅楚國，楚國人就不敢來對付我們了。」范匃的主意，就是要再利用吳國。

又說人家是流氓國家，又要利用人家。

「好主意，好主意。」大家都說是好主意，不是拍馬屁，確實認為是好主意。

好主意雖然是好主意，可是會不會有難度呢？

「范元帥，當年咱們可是忽悠過人家啊，人家還會幹嗎？」趙武提出一點顧慮來。

「咳，蠻夷國家，不就是用來忽悠的嗎？繼續忽悠啊。」

「怎麼忽悠？」

「對付蠻子，派人去說幾句好話就能讓他們分不清東西南北了。」范匃說。

好主意還是好主意，可是沒人願意去。

沒辦法，范匃最後決定派自己的兒子范鞅前往吳國，忽悠吳國人。

「狗日的，好像這個國家是我們家的一樣。」范匃暗罵，不過想想，如果這個國家真是自己家的，倒也不錯。

范匄說對了。

諸樊這些年其實也挺懷念晉國人，畢竟那也是門親戚。剛接見范鞅的時候，還拿腔拿調，說幾句風涼話。可是范鞅搞了幾首《詩經》，狠狠地拍了一頓馬屁，又說了些血濃於水之類的話之後，諸樊就有點感動了，有點雲裏霧裏了。

「嗯，嗯，對，那叫什麼？非、非我族類，其心必異，我們還要聯手對付楚國人。」諸樊表態了。

范鞅很高興，心說蠻子就是好忽悠。

諸樊好忽悠，可是巫狐庸就沒有那麼好忽悠了。

「且慢啊，范鞅，十年前我們王子餘祭向你們晉國求援，結果被你爹一頓臭罵回來。你說，我們怎麼還能相信你們？」巫狐庸也沒客氣，哪壺不開提哪壺。

范鞅笑了，這個時候，除了笑，也沒有別的辦法。

「老巫，那是一場誤會。其實，我爹是無辜的，都是荀偃在後面操縱啊，這你爹最清楚啊。再說了，彼一時，此一時，難道對抗楚國不是我們共同的利益嗎？」范鞅說得很明白，大家都是為了利益，就不要糾纏於過去的事情了。之所以要提到巫狐庸的爹，畫外音就是你不要忘了自己全家都在我們手裏，小心點。

巫狐庸當然明白這個道理，但是他知道，既然是你們自己找上門來的，不敲詐你一下，你們會更加瞧不起我們。

「那這樣，為了表達你們的誠意，也為了吳晉兩國更加親近。這樣，我家大王的長子公子光已經到了娶親的年紀，就向貴國求親，請你轉達。」巫狐庸給范鞅出了一個難題，因為晉吳兩國同姓，按周禮不能通婚。

諸樊瞪了巫狐庸一眼，心說你這不是要讓人家笑話咱們嗎？晉國人肯定不同意。

出乎巫狐庸的意料，也出乎諸樊的意料，范鞅竟然毫不猶豫地答應了：「親上加親，好啊，我代表我家主公應承了。」

巫狐庸和諸樊大眼瞪小眼了。

「看來，為了利益，文明人也不講文明了。」范鞅走後，諸樊和巫狐庸相顧感慨。

晉國人繼續忽悠

對於這椿婚事，晉平公表示反對。

「范元帥，同姓不婚啊。」晉平公有些不願意。

「主公，說起來，同姓不婚。可是，想想看，當初文公的娘也姓姬啊，不是挺好嗎？再說了，看看人家宋國，不都是同姓通婚，又怎麼樣了？退一步說，就算有什麼問題，今後生個弱智什麼的出來，那也是吳國人倒楣啊，我們怕什麼？」范匄早就想好了說辭，吳國讓兒子忽悠了，晉國這邊，就是自己來忽悠。

「這個。」晉平公還是有點猶豫，畢竟現在跟從前不一樣了，現在晉國是盟主，要以身作則才好啊。

「主公，捨不得孩子套不住狼啊。」范匄又說。

在晉國人的眼裏，吳國根本就不是兄弟，而是狼。

「那，好吧。那就悄悄地送過去，別讓人家知道了笑話。」晉平公被說服了。

「別介，要大張旗鼓地嫁過去啊。」

「為什麼？」

范匄是什麼人？著名腐敗分子啊。

腐敗分子的最大特點是什麼？他的是他的，別人的也是他的。所以，他是絕對不會吃虧的。

范匄派人去齊國和宋國求媵，請兩國派公主陪嫁。隨後大張旗鼓，將公主送去了吳國。於是，地球人都知道晉國和吳國通婚了。同時，范匄放出風聲，說是晉吳聯姻之後，吳國將從東面發起猛烈進攻，與晉國前後夾擊楚國。

楚國駐晉國的地下辦事處很快得到情報，說是吳國將重新開始進

攻楚國，於是急忙回國報告。

「令尹，吳國人又要來攻打我們了，怎麼辦？」楚康王請來令尹蒍子馮緊急商討這件事。

「這，吳國人呢，說聰明他們很聰明，跟我們打仗一套一套的；說傻他們很傻，總是讓晉國人忽悠，這事情，還真難辦。」蒍子馮也撓頭，這幾年國家搞廉政風暴，總算過了幾年安生日子，這下又不得安生了。

「你看，咱們是不是先發制人，索性先給他們點兒顏色看看？」楚康王有點沉不住氣，畢竟，他的國際鬥爭經驗不足。

「那，好吧。」蒍子馮沒有更好的辦法，同意了。

不過，蒍子馮還是有些懷疑，於是，一面點兵攻打吳國，一面分別派人前往吳國和晉國，繼續打探消息。

儘管很多年不跟吳國打仗，楚軍在這些年裏也沒有閒著，他們操練了一支水師，專門用來對付吳國。這次，蒍子馮率領水師順水而下，直抵楚吳邊境。

吳國人還是死守不戰，蒍子馮也命令不許冒進，等候消息。

不久，派往吳國和晉國的密探先後回來，報告了情況。

吳國方面的情況是，吳國人根本沒有進攻楚國的打算，因此對於楚國的討伐非常意外。

晉國方面的情況是，在他們得知楚國進攻吳國的消息後，非常高興，中軍佐范匄宴請六卿，在宴席上說：「喝我們的酒，讓楚國人和吳國人狗咬狗去吧。」

「唉。」蒍子馮嘆了一口氣，自言自語道：「說吳國人傻，其實我們也夠傻的，防著防著，還是被晉國人忽悠了，防不勝防啊。」

蒍子馮沒猶豫，楚軍立馬撤軍。

《左傳》記載：楚子為舟師以伐吳，不為軍政，無功而還。

成語無功而還、無功而返，都出於此處。

不過，楚軍無功而還不是因為「不為軍政」，而是因為被晉國人忽悠了。而之所以有「不為軍政」的記載，那是因為楚國人不願意承認

自己被忽悠了。

　　從士、荀息到陽處父、趙盾，再到范家父子，晉國真是個忽悠大國。

　　蔿子馮及時撤軍，避免了一場戰爭。

　　在楚國，楚康王鬆了一口氣。

　　在吳國，吳王諸樊也舒了一口氣。

　　在晉國，范匄歎了一口氣：「這年頭，忽悠人越來越難了。」

　　「爹，那怎麼辦？」范鞅也有點失望。

　　「怎麼辦？接著忽悠，你再去趟吳國。」

忽悠害死人

　　范鞅又到了吳國。

　　吳王諸樊正納悶呢，正想不通楚國為什麼無緣無故來攻打自己。

　　「大王，知道楚國人為什麼攻打你們嗎？」范鞅似乎知道諸樊的困惑。

　　「為什麼？」

　　「就因為你們十年前打敗了他們，氣死了子囊，他們憋著氣要來報仇啊。」

　　「可是，這口氣怎麼憋了十年？」諸樊將信將疑。

　　「那是因為我們一直在北面牽制他們啊，最近聽說我們兩國聯姻了，楚國才忍不住來打吳國啊。」

　　「嗯，有道理。」

　　「大王，你知道楚國人為什麼自己又撤回去了嗎？」

　　「為什麼？」

　　「因為我們出兵了，我們聽說楚國進攻吳國，我們是兄弟加親家，親上加親啊，我們能坐視不管嗎？吳國的事情就是我們晉國的事情啊。所以，沒等你們求援，我們就出兵了。要不是楚國人撤得快，我們就

打到楚國國內去了。」范鞅一通忽悠，其實晉國根本沒有出兵，根本就沒有打算出兵。

「是嗎？真夠兄弟啊。」諸樊感慨，覺得范家父子真是不錯。

「那什麼，楚國是我們的共同敵人。我們覺得吧，幫人幫到底，既然楚國悍然挑起了戰爭，我們相信吳國也不會就這麼忍氣吞聲，所以，我們支持吳國反抗侵略的正義鬥爭。那什麼，如果吳國發動反擊，我們晉國就陳兵晉楚邊境，隨時加入戰爭。」看著忽悠的效果不錯，范鞅繼續。

「想不到你們真夠意思啊，我們吳國肯定咽不下這口氣，我們一定要向他們討回公道。那什麼，你幫我出出主意，怎麼收拾楚國人？」

基本上，到這個程度上，諸樊就已經被忽悠得差不多了。

「大王，辦法呢，我路上就已經想好了。在楚國境內，有一個蠻夷小國叫做舒鳩，一向是楚國的附庸，根據我們的諜報，這個國家對楚國那幫腐敗分子非常不滿。如今，只要大王您拿出些財寶去賄賂他們，他們一定跟你們共同對付楚國。這個主意，您看怎麼樣？」范鞅這個主意，不是路上想的，而是在家裏跟他爹商量好的。

「好，就這麼定了。」諸樊不假思索，大聲叫好。

落後國家的一大特徵就是：輕易相信別人，很容易被忽悠。

儘管總體上是在忽悠吳國，可是范鞅的情報還是準確的，舒鳩人確實對楚國人很不滿。

諸樊按照范鞅的指點，派人暗中聯絡舒鳩，承諾保護他們，並且拿了些財寶賄賂他們，果然舒鳩就背叛了楚國，也不進貢了，也不賄賂了。總之，不尿楚國這一壺了。

到楚國進攻吳國之後的第二年，楚國又出兵了，不過這一次不是進攻吳國，而是攻打舒鳩。舒鳩在哪裡？在現在湖北武漢的黃陂區。

吳王諸樊說話算數，立即派餘祭率領吳軍馳援舒鳩。

吳楚兩軍在舒鳩再次碰面。

這一次，餘祭犯了當年公子黨同樣的錯誤，中了楚國人的誘敵之

計，結果再次慘敗，餘祭棄車而逃，翻山越嶺逃回吳國。

隨後，楚國大軍滅掉了舒鳩國。

諸樊很惱火，現在他發現，每次進攻楚國，最終結果都是大敗。
而戰勝楚國，每次都是靠遊擊戰術。

「難道我們天生就是要防守的？難道我們就不配進攻？」諸樊決
定，要親自統軍進攻楚國，看看楚國人有什麼能耐。

在秋天被楚國人擊敗兩個月後，諸樊親領大軍，進攻楚國。

楚國人根本沒有料到吳國人在被擊敗之後這麼快就再次來了，因
此楚國大軍來不及出動，吳國軍隊就已經攻打到了楚國的巢（今安徽
巢縣）。

吳軍這次來勢洶洶，諸樊下了決心要跟楚國人決一死戰。巢地只
有楚國的邊防軍守衛，當然不是吳軍對手，只得全軍退守巢城。

「奶奶的，說我們吳國人不會攻城，我要讓你們看看吳國人怎麼攻
城。」諸樊下令攻城。

三天時間，吳軍沒有拿下巢城，反而死傷累累。

儘管守住了城池，楚國守軍知道，以吳軍這樣的架勢，守是守不
了多久的。

巢城守將名叫牛臣，他知道目前擺在自己面前的其實就是兩條
路。第一條，投降，不過投降吳國蠻子既沒有面子，而且很可能還是
要死；第二條，死守，直到被攻破，也是個死。

算來算去，死路兩條。

當一個人只有死路可走的時候，他會想什麼？拉一個墊背的。

「反正都要死，老子死，也要讓你死。」牛臣下定了決心。

第二天，吳軍準備攻城，卻看見巢城城門大開。

「狗日的，守不住了，要逃跑？快，攻進城門。」諸樊命令自己的
御者向城門衝去，他一向就這樣，打仗都是衝在最前面。

諸樊的戰車衝了過去，身後是吳國的大部隊。

戰車衝進了城門，一根圓木橫躺在路中間，戰車不得不停了下來。諸樊在車上沒有動，他在等著後面的步兵上來搬走圓木。

就在這個時候，不遠處的矮牆悄悄地露出了一個人頭，然後是一把弓和一枝箭，箭瞄準了諸樊，然後有力地射了出來。

這麼近的距離，不用養由基，牛臣就夠了。

箭，從諸樊的脖子穿了過去。

已經很長時間沒有諸侯死在戰場了，現在，終於有了一個。

吳王諸樊就這樣倒下了。吳軍蜂擁而入，牛臣被砍成了肉醬。

諸樊死了，死在楚國人的箭下，更是死在晉國人的忽悠之下。

第一六六章

崔家滅門案

諸樊就這麼死了。

好在，吳國人對於生死不是太在意。

「兄弟，大哥沒了，你來當國君。」餘祭把季札給找來了，二話不說，要讓他當吳王。

「二哥，大哥沒了，就該你了，輪不到我啊。」季札拒絕了。

「不行，爹的意思，就該讓你當。」

「不行，我不當。」

「你真不當？」

「我真不當。」

「你別後悔。」

「我不後悔。」

「好，你不當，我就當了。」

這就是兄弟兩個的對話，一點也不矯情。吳國人，直爽得厲害。

齊國來客

吳王餘祭登基，立即加強了吳楚邊境的防守。

「當初我們趁他們喪期攻擊他們，如今他們一定也會趁我們喪期來攻擊我們。」餘祭斷言。

果然，第二年（前547年）夏天，楚軍聯合秦軍前來攻打吳國，見吳軍早有防備，於是撤軍。

餘祭與諸樊不同，他對晉國人沒有一點好感，經常痛罵晉國人是大忽悠，自己的哥哥就是被晉國人忽悠死的。

「我們跟楚國有什麼仇恨？我們缺心眼啊？我們再也不跟文明國家打交道了。」餘祭決定不再跟晉國人來往，也不再攻打楚國，他把眼光

移向南面的越國。

　　沒有了吳國這個替死鬼，似乎晉國和楚國之間也覺得沒什麼意思了。於是，第二年，晉楚實現和平（見第四部第一五六章）。

　　樹欲靜而風不止。

　　吳王餘祭三年（前545年），中原來人了。哪個國家的？

　　「不要跟我說是晉國的。」餘祭說，他討厭晉國人。

　　好在，不是晉國人。

　　「不要跟我說是楚國的。」餘祭又說，他憎恨楚國人。

　　好在，也不是楚國人。

　　「也不要跟我說是魯國人。」餘祭又說，他也不喜歡魯國人。

　　好在，也不是魯國人。

　　那麼是哪國人？齊國人。

　　餘祭喜歡齊國人，他覺得齊國跟吳國有很多相似的地方，譬如都被晉國人忽悠得很慘。

　　那麼，齊國的什麼人呢？

　　慶封。

　　慶封來幹什麼？移民，不是一個人移民，而是全家移民。

　　慶封不是在齊國過得好好的？怎麼移民了？

　　看來，要說說齊國最近發生的事情了。

崔家兄弟

　　自從崔杼娶了棠姜回家，又為了棠姜殺了齊莊公，立了齊景公之後，崔杼和慶封強強聯手，崔杼出任右相，慶封出任左相，崔、慶成了齊國勢力最強大的兩個家族。（事見第四部第一五二章）

　　崔杼和慶封私下裏盟誓，要像從前國家和高家一樣，互相提攜、互相幫助，永遠雄霸齊國政壇。

　　崔杼過得很幸福，因為棠姜讓他很滿足。棠姜也很爭氣，改嫁崔

杼不到一年，就為崔家生了個兒子，名叫崔明。

崔杼的前妻為他生了兩個兒子，大的叫崔成，小的叫崔強，都已經成人。崔成的身體一向不太好，崔強也有些腦子不太好使，所以齊國人戲稱「崔成不成，崔強不強」。

相反，小兒子崔明看上去十分機靈，就連吃奶都是吃一個握著一個，崔杼越看越愛，戲稱崔明為「奶霸」。

後面的橋段就可以想像了，就在「奶霸」還吃奶的時候，崔杼就廢了大兒子，把「奶霸」立為繼承人。

棠姜改嫁崔杼的時候，把跟前夫生的兒子棠無咎也給帶來了，根據愛屋及烏的原理，棠無咎在崔家也混得有模有樣，後爹對他也不錯。而棠姜的哥哥東郭偃不用說了，他以大舅哥的身份就任了崔家的大管家，在崔家呼風喚雨，連崔成、崔強也要讓他三分。

崔成、崔強眼看著後娘那一邊得勢，乾著急沒辦法，怎麼辦呢？崔成決定，退休算了。

於是，齊景公二年，也就是吳王餘祭二年，崔成向父親提出請求，想要把崔地要過來，從此之後自己就去崔地養老。崔杼沒有多考慮，當時就同意了，然後讓大管家東郭偃和棠無咎去辦理這件事情。

「不行，不能給他，崔地是崔家的宗廟所在，一定要給繼承人啊。」東郭偃和棠無咎強烈反對，也是，他們自然要向著崔明。

崔杼想想，覺得也有道理，實際上確實有道理。於是，崔杼拒絕了崔成的請求。

崔成很鬱悶，崔強也很鬱悶。兩兄弟本來就對棠姜那幾個人不滿意，如今好事又平白被東郭偃和棠無咎給破壞了，換了誰都會鬱悶。

「怎麼辦？」兄弟兩個大眼瞪小眼，不知道該到哪裡講理去。

商量來商量去，兄弟兩個覺得一定要把東郭偃和棠無咎給除掉，否則今後的日子更難過。可是，怎麼除掉他們，兄弟兩個沒有主意。

商量去商量來，兩兄弟覺得應該去找慶封幫忙，看看慶封有什麼辦法。

於是，兄弟兩個來找慶封。

「慶叔啊，評評理，評評理啊。」崔成、崔強哭哭啼啼，添油加醋，把自己在崔家所受到的非人待遇講述了一番，說是自從棠姜來當後媽之後，兄弟兩個就算成了後娘養的，地位越來越低，待遇越來越差。相反，棠姜的哥哥和大兒子雞犬升天，在兄弟兩人的頭上拉屎。如今，「奶霸」不僅霸占了奶，什麼都要被他霸去。「叔啊，再這麼下去，我們兄弟兩個受點委屈無所謂啊，就怕他們找機會害了我爹，霸占了崔家的財產啊。」

對於崔家的事情，慶封自然知道得清清楚楚。其實，早在崔杼強娶棠姜的時候，慶封就知道遲早會有這麼一天。

「兩位大侄子，清官難斷家務事啊，這事情，你們要我怎麼做？」慶封問。

「我們就是不知道，才來請教您啊。」崔成說的倒是實話。

「那，那你們先回去，讓我想想。」慶封打發了崔家兩兄弟，倒不是托詞，他確實需要想一想。

對於慶封來說，眼前是兩條路可以走。第一條，幫助崔家維持穩定，勸說崔家兩兄弟認命，找個不算太好但是能夠養活自己的地方養老算了；第二條，支持崔家兄弟，引發崔家內亂，趁機摧毀崔家，自己獨攬大權。

慶封有些拿不定主意，因為他曾經與崔杼盟誓過要互相幫助，兩家共榮共損，如果崔家倒了，慶家有好處嗎？

想來想去，慶封也沒想明白。於是，他也找人去了。找誰？他的朋友盧蒲嫳（音敝）。

「好機會啊，崔杼本來就是弒君的人，名聲不好，遲早要倒楣的。趁這個機會幹掉崔家，一來算是替民除害，免受連累；二來，崔家沒落了，慶家不就是齊國第一家了？」盧蒲嫳不假思索，建議慶封落井下石，趁機滅掉崔家。

「可是，要是沒有了崔家，慶家也就失去了支援啊。」慶封有顧慮。

「咳，沒有崔家，還有我們盧蒲家啊，我們盧蒲家緊密團結在慶家

周圍不就行了？」盧蒲嫳一邊說，一邊笑了。

慶封也笑了，他就知道盧蒲嫳打的是這個算盤，崔家完蛋了，盧蒲家就能替補上來。想想看，現在雖然是崔慶兩家執掌齊國大權，可是崔前慶後，聽起來就不爽。如果今後成了慶盧兩家掌權，感覺不是更好？

幾天之後，崔成和崔強兩兄弟又來找慶封了。

「慶叔，那什麼，替我們想好主意了嗎？」崔成問。

「按理說呢，家務事我不好管。不過呢，這事情確實關乎你爹的性命，我還不能不管。俗話說：一不做，二不休。你們要是只趕走東郭偃和棠無咎，等以後崔明長大了，他們不是照樣回來？我看啊，幹掉他們。啊，主意我就這個主意了，你們自己掂量著辦吧。」慶封作出一副深思熟慮的樣子，緩緩地說。

「這，慶叔，這就鬧大了吧？」崔成和崔強對視一眼，弱弱地問。

「唉，我不是說了嗎？我出主意，你們拿主意，隨便你們啊。」慶封喝了一口水，站了起來，轉身要走，一邊轉身，一邊自言自語：「唉，崔成不成，崔強不強啊。」

崔成和崔強這輩子最不愛聽的就是這句話，放在別人嘴裏說出來，早就翻臉了，可是今天這樣的場合被慶封說出來，卻是正戳在他們的軟肋上。

兄弟二人在一瞬間下定了決心。

「我們窩囊了一輩子，這回要做件大事。」兄弟兩個急忙拉住了慶封。

「去吧，放手幹，叔就是你們的後盾。」慶封忍住了笑，抬頭向遠處看去，似乎看到了光明的未來。

崔家覆滅

得到了慶封的支持，崔成和崔強開始準備了。

「以後，我要改名叫崔有成。」崔成說。

「那，我就崔大強。」崔強也表示。

兄弟兩個在崔家的勢力還是不差的，畢竟長了這麼多年。而東郭偃和棠無咎怎麼說也是外來戶，再加上過於囂張，得罪了不少人。因此，當崔家兄弟準備動手的時候，應者如雲。

用《水滸傳》的話說叫「話休絮煩」。

兄弟二人準備停當，就在崔家的議事大廳佈下埋伏，請東郭偃和棠無咎來商量家事。舅甥二人稀里糊塗而來，稀里糊塗而死。

殺了東郭偃和棠無咎，兄弟二人還不甘休，還要掃蕩東郭偃和棠無咎的黨羽。這下熱鬧了，東郭偃和棠無咎被殺，大快人心；又聽說要掃蕩東郭偃和棠無咎的黨羽，整個家族群情激奮，拎著傢伙都出來了。一開始還好，是殺東郭偃和棠無咎的黨羽，但是隨後有人趁火打劫，借機報私仇。

崔家成了戰場，是個男人都拎著刀到處找人殺。

崔杼到了這個時候才發現家裏已經成了戰場，一打聽，說是兩個兒子作亂。

「別打了，別打了。」崔杼急忙出來叫停，可是到了這個時候，誰聽他的？

怎麼辦？危急關頭，崔杼想起一個人來，誰？慶封。

「套車套車。」崔杼要去找慶封來調解。

可是，御者都不見了，都殺人去了或者被殺了。最後，一個養馬的人駕車，送著崔杼去了慶封家裏。

「老慶，了不得了，家裏鬧翻天了。」來到慶封家，崔杼開口就說，說得眼淚都快下來了。

「老崔，別急，看把你急的，來來，喝口水，坐下慢慢說。」慶封假裝驚訝，心裏樂開了花。

崔杼哪裏還有心思喝水，就站著把家裏的事情說了一遍，最後說：「老慶啊，幫幫忙去調解一下啊。唉，我老了，無所謂了，可是別讓孩

子們遭罪啊。」

「老崔，崔家和慶家是一家啊，崔家的事就是慶家的事啊，你坐著，我這就派人去，一定給你調解好了。」慶封說得好聽，讓人安排酒水招待崔杼，然後自己悄悄地出來，派盧蒲嫳率軍前往崔家。

盧蒲嫳早已經調集了臨淄守軍，單等慶封下令。此時得到命令，更不遲疑，立馬殺奔崔家。

崔家正在收拾戰場，就聽說外面來了軍隊。

「嗯，慶叔說話算數，幫我們來了。」崔有成高興地說。他現在已經叫崔有成了。「那什麼，大強，你去迎接下。」

崔大強高高興興，出去迎接。盧蒲嫳也沒客氣，當場拿下、砍頭。

「奉國君之命，討伐叛賊崔成、崔強。」盧蒲嫳率領軍隊把崔家團團包圍，宣告罪名。

到這個時候，崔成還不知道自己被慶封給忽悠了。

那麼，盧蒲嫳分明可以趁亂進攻，捉拿崔家兄弟，為什麼不呢？因為他要徹底摧毀崔家。

崔成急忙佈置防守，一面緊急派人去找慶封求救。

看看火候差不多，盧蒲嫳開始進攻，不過都是佯攻，做做樣子而已。另一邊，派人滿世界宣揚崔家內亂，有仇報仇，有冤抱冤，沒冤沒仇的也可以湊湊熱鬧。

「窩囊了一輩子，難道不想去殺個人放個火？」盧蒲嫳的手下竟然這樣煽動老百姓。

百姓的情緒被點燃了，於是一傳十，十傳百，牆倒眾人推，全臨淄的老百姓都拿著武器殺到了崔家。

「攻門。」盧蒲嫳一聲令下，兩根大圓木就撞向了崔家的大門，就一下，大門被撞開了。

後面的故事不用多說，回想一下當年華父嘉怎樣被滅門的吧。

整個都城的人們衝進了崔家，等到人群散去的時候，就像蝗蟲散去一樣。崔家剩下的除了屍體之外，能搬走的全都搬走了，能砸爛的全都砸爛了。

「老崔，我幫你把事情都搞定了，讓人送你回家吧。」慶封對崔杼說，然後派人送他回家。

「老慶，夠意思，有情後補啊。」崔杼滿口的感激。

可憐的崔家父子。

崔杼急急忙忙回到了家，可是，眼前的一切讓他目瞪口呆。

「崔成。」崔杼喊，他看到了崔成的屍體。

「東郭偃。」他又看到了東郭偃的屍體。

「崔強。」崔強沒有屍體，只有一個腦袋。

崔杼欲哭無淚。

走一路，叫了一路，不過沒有一個活人。

「崔明，崔明。」崔杼高聲叫著，他沒有看到崔明的屍體，不知道小兒子是生是死。不過看這架勢，估計是九死一生了。

「我，我不想活了。」崔杼自言自語。

不過，他還沒有下定決心，直到他喊出最後一個名字。

「夫人，夫人，嗚嗚嗚嗚……」崔杼失聲喊道，他看見棠姜了，棠姜沒有躺在地上，但是這不代表她還活著，因為她掛在房樑上，她上吊自殺了。

崔杼的淚水奪眶而出，他再也忍不住了，他上前抱住棠姜的腿，失聲痛哭。

夕陽、破敗的家園、絕望的哭泣聲、掛在樑上的屍首，和一個佝僂著不斷顫抖的身軀。

絕望，痛徹心扉的絕望，這樣的場景，只能這樣來形容了。

到淩晨的時候，第一縷陽光發現房樑上多了一具屍體。

那麼，崔明去了哪裡？

早在崔成、崔強殺東郭偃和棠無咎的時候，棠姜就安排了心腹，抱著只有兩歲的崔明躲到了崔家的墓地裏。還好，由於躲得早，所以躲得隱秘，崔明竟然逃過一劫。

乘著夜色，棠姜的心腹抱著崔明逃走了。後來，崔明逃到了魯

國，崔家從此在齊國消失，在魯國發芽了。

按照政治避難國際準則，崔明在魯國享受大夫待遇。

回顧崔家被滅，與當年華父嘉家被滅竟是如此相似。

撥亂不反正

崔家被滅，大快人心。

可是，問題隨即而來。

崔家為什麼被滅？崔家的罪名是什麼？如果這個問題不解決，那麼，崔明就有權力回到齊國來繼承崔家的權力。

所以，慶封和盧蒲嫳要想瓜分崔家的財產和土地，首先就要解決這個問題。

看上去，這是一個簡單的問題，因為崔杼曾經殺了齊莊公，可以定罪名為「弒君」。並且，事實上，齊莊公是個不錯的君主，齊國人很懷念他，此時為齊莊公平反，似乎是水到渠成的事情。

可是，事情遠遠沒有這麼簡單。為什麼？

因為在崔杼殺齊莊公之後，慶封聲援崔杼，因此算得上是崔杼的同謀；此外，慶家是崔杼殺齊莊公的直接受益者。

如果為齊莊公平反，如果崔杼算弒君，也就等於慶封承認自己有罪。

「崔杼家教不嚴，導致幾個兒子骨肉相殘，驚擾首都，惑亂百姓，死有餘辜。」慶封給崔杼安排了這樣一個罪名，算是蒙混過關。

此後的中國歷史上常常有這樣的事情，即便首惡已死，即便是內訌而死，掌權的人也絕不會撥亂反正，因為他們原本就是一夥。

當年崔杼之亂，許多人流亡在外，其中包括齊莊公的幾個兒子。原本他們都以為現在可以回國了，可是慶封沒有為齊莊公平反，因此誰也不敢回國。

有人提出這個問題，希望能夠讓流亡在外的人回來。

慶封會讓他們回來嗎?當然不會,因為崔杼的敵人,就是慶封的敵人。不過,慶封找了一個很冠冕的理由拒絕讓他們回來。

「崔杼雖然死了,他的餘黨還很多。這樣,如果當年逃亡出去的人能夠捉到崔杼的餘黨,就可以將功抵罪,回到齊國。」這就是慶封提出的條件,一個基本沒有可能完成的條件。

不過,還是有一個人回來了,誰?盧蒲癸,因為他是盧蒲嫳的哥哥。盧蒲癸是齊莊公的近侍,當年因為拉肚子請假逃過了齊莊公之難,隨後逃往莒國。

第一六七章
兩隻雞引發的血案

慶封現在是齊國的老大，實際的老大。

可是慶封對當老大興趣不是太大，他覺得人活著應該享受生活。於是，他把管理齊國的任務給了自己的兒子慶舍，自己專門打獵和喝酒，因為這是他的兩大愛好。

問題是，自己玩總歸沒啥意思，於是慶封索性搬到了盧蒲嫳的家裏去住，一塊打獵，一塊喝酒。

慶封的日子過得很爽，直到有一天發生了一件時髦的事情。

換妻遊戲

這一天，打獵很爽，然後喝酒，就用新鮮的獵物下酒。什麼獵物？鹿，雄鹿，鹿血和鹿鞭都做成了菜。

酒下肚，鹿血下肚，鹿鞭下肚。

這三樣中，酒是用來壯膽的，用《水滸傳》的話說，就是「酒壯色膽」。而鹿血和鹿鞭都是起性的，也就是「性藥」。這三樣東西在一起食用，一定會有故事發生。

酒足鞭飽。

「小，小盧，你老婆真、真騷啊。」慶封說話了，他早就覺得盧蒲嫳的老婆溫柔漂亮。

「老，老慶，嫂、嫂子才是國色天香啊。」盧蒲嫳也喝得不少，跟慶封稱兄道弟起來。

「你，你騙我。你嫂子那麼老了，什麼狗屁國色天香？」

「我，我沒騙你，我，我戀母情結。」

慶封的元配是慶舍的母親，早已經去世，現在這個夫人也已經四十多歲，而盧蒲嫳二十多歲的年紀，所以要說戀母情結了。不過說起

來，盧蒲嫳母親去世得早，倒真有戀母情結。

「那，那咱們換換？」慶封說。

「換，換就換。」盧蒲嫳欣然同意。

「那，我上你屋？」

「好，我，我上你屋。」

兩人說到做到，換了臥房。他兩個換了，可是兩人的老婆沒換。當天晚上，算是顛鸞倒鳳，各逞英雄。

這，就是中國歷史上有記載的最早的「換妻遊戲」。

從那之後，兩人覺得「換妻遊戲」其樂無窮，於是索性把小老婆也都拿來換。

「交換產生價值，信夫？」慶封作了一個偉大的結論。

慶封和盧蒲嫳，換妻遊戲的祖師爺。

慶封在盧蒲嫳家裏過得很開心，按他的說法，這是這輩子最開心的一段日子。就因為這樣，慶封就住在盧蒲嫳家不回去了。

慶封不回去了，朝中的大臣們就麻煩了，畢竟有些大事是慶舍決定不了的，於是大夫們常常要到盧蒲嫳家來請示慶封。

這一天，慶封和盧蒲嫳正玩得高興，一位叫做析歸父的大夫來了。

「我要彙報一下關於公務用餐的事情」，析歸父敘了禮，就進入了正題，「是這樣的，公務用餐原本應該有兩隻雞，可是最近被主管伙食的給換成兩隻鴨了。」

原來，按規定，朝廷每天中午要為上朝的大夫提供免費午餐，按慣例有兩隻雞。一般來說，多數人住在都城，上午上朝沒事，早早回家了，也就不吃這個免費午餐了。而這段時間慶封在盧蒲嫳家換妻兼辦公，基本上就沒什麼人上朝了。

「換就換吧，雞和鴨有什麼區別嗎？雞鴨雞鴨，本是一家，啊，換換口味不是挺好？交換產生價值啊，你看看我跟盧蒲嫳，啊，那什麼。」慶封說得口順，差點把換妻的事說出來了。他覺得雞換鴨這樣的小事也來找自己，有些不高興。

「可是事情沒這麼簡單啊，那送飯的把鴨肉都給貪污了，只剩下肉湯了。」

「這有什麼？沒聽說營養都在湯裏嗎？」慶封說話更沒好氣了。

「可是，喝湯喝不飽啊。」

「哎，餓不著就行了，晚上回家再吃不就行了？再說了，現在還有誰上朝啊？」慶封這火不打一處來，要不是析歸父一向主動巴結自己，直接把他趕走了。

「別人是不上朝了，可是子雅、子尾天天中午準時去啊，一開始一人一隻雞，現在成了一人一碗湯，這兩位氣得半死，直罵您祖宗呢。」

「這兩個王八蛋，真會過日子。」慶封脫口而出，他一向就瞧不起這兩個人，只要有公款吃喝，這兩人千山萬水都要趕來，免費午餐當然不會放過。

子雅和子尾是什麼人？這兩位是堂兄弟，都是齊惠公的孫子，現在是大夫。

說起來呢，慶封、盧蒲嫳、子尾、子雅以及析歸父都是齊桓公的後代，大家本應該親近一些。問題是，同是齊桓公的後人，貴賤不同，地位不同，自然就有人不滿了，譬如子尾和子雅，自認為是正兒八經的公孫，反而不如慶封混得好，難免有些憤憤然。

「別理他們，有免費鴨湯喝就不錯了。」慶封接著說。

盧蒲嫳跟子雅、子尾一向不和，如今聽說這兩個不滿，當時大怒：「就他們還想吃雞肉？老子還想吃他們的肉呢。大哥，咱們收拾他們吧。」

現在，盧蒲嫳叫慶封大哥。

「為了兩隻雞就收拾他們？」慶封有點猶豫。

「沒錯啊，為了兩隻雞他們就怨恨你，那要是更大的利益呢？豈不是要來殺了你？別猶豫了，動手吧。」

「有道理啊。」慶封點頭了。

「那什麼，你去聯絡其他的大夫，讓他們跟我們聯合出兵，討伐子雅、子尾。」慶封給析歸父佈置了任務。

析歸父走了，慶封和盧蒲嫳繼續去玩換妻遊戲了。

先下手為強

析歸父看到了升官發財的希望。

可是，令析歸父失望的是，他所找的人沒有一個願意加入討伐子尾和子雅的隊伍。

任務完成得很差，析歸父不敢去找慶封覆命，不僅不敢覆命，他還要擔心慶封會來找自己。謝天謝地，慶封竟然沒有找過自己。到這個時候，析歸父才明白，慶封要討伐子尾、子雅不過是一時心血來潮，說過了就過了，全副精力都用在換妻遊戲上呢。

於是，析歸父總算鬆了一口氣。

析歸父鬆了一口氣，可是有人不敢鬆氣，誰？子尾和子雅。

析歸父滿世界找人討伐子尾和子雅，這哥倆也不是傻瓜，早就聽到了風聲。一開始挺害怕，後來見沒什麼動靜，總算把心放下來一點。可是，既然慶封放了話，保不定什麼時候動手啊。

怎麼辦？先下手為強。

自古以來，都是先下手為強。

那麼，對誰下手？

慶家父子中，慶封權力雖然大，卻沉迷於換妻遊戲；而慶舍目前實際執掌慶家，並且慶舍本人就是個大力士。綜合來看，對慶舍下手更好。

問題是，怎麼幹掉慶舍？

「我有兩個朋友，找他們幫忙，一定成功。」子雅說。

子雅的兩個朋友是誰？盧蒲癸和王何。

自從盧蒲癸從晉國回來，仗著盧蒲嫳的關係，做了慶舍的家臣。盧蒲癸從前做過齊莊公的近侍，身高體壯，又會察言觀色，所以做了慶舍的家臣之後，深得慶舍的歡心。後來慶舍一高興，把盧蒲癸招為

自己的上門女婿了。

你看這事情，聽起來有些亂了。

盧蒲癸是盧蒲嫳的哥哥，慶舍是慶封的兒子，盧蒲癸做了慶舍的女婿，可是慶舍跟盧蒲嫳玩換妻，兩人稱兄道弟。從輩分上說，算是哥哥跟孫女上床，弟弟跟奶奶睡覺。

不僅輩分亂了，盧蒲癸跟慶舍還是同宗，同姓都不婚，同宗就更不能婚了。可是，慶舍不管這些，盧蒲癸就更不管這些。

「哎，你們是同宗，不避諱下？」有人問盧蒲癸。

「咳，有什麼好避諱的？他不避諱，我吃飽了撐的去避諱？這就像讀《詩經》一樣，需要哪一段就讀哪一段，我不過是取我所需而已。」盧蒲癸回答，典型的實用主義者。

最後兩句，《左傳》的原話是「賦詩斷章，餘取所求焉」。

斷章取義，這個成語出自這裏。

做了慶舍的女婿，盧蒲癸更得信任。盧蒲癸有一個做侍衛的同事名叫王何，當初也因為崔杼之亂而逃到了莒國，盧蒲癸請求慶舍讓王何也回來，於是王何也回到齊國，再次成為盧蒲癸的同事，兩人充當了慶舍的貼身侍衛。

有兩名大內侍衛的貼身保護，慶舍覺得自己的安全不成問題，可以高枕無憂了。

可是慶舍萬萬沒有想到，這兩個人，竟然是兩個臥底。

可怕的老婆

盧蒲癸和子雅本來就是朋友，現在他們則是同謀。

子雅和子尾要殺慶舍，是因為自己的安全受到威脅。

盧蒲癸和王何要殺慶舍，則是要為齊莊公報仇。

裏應外合，典型的裏應外合。

動手的時間定在了十一月七日，這一天將是齊國冬祭姜太公的日子，四人決定就在太公廟下手。由於這一天是乙亥，因此命名為乙亥

事變。

有趣的是，這四人為乙亥事變占了一卜，然後把占卜的龜兆拿去給慶舍看，盧蒲癸說這是準備攻打仇人，請老丈人幫著看看。

「嗯，好卦啊，一定能成，仇人必死。」慶舍倒是個占卜的高手。

現在，盧蒲癸們更有信心了。

準備工作緊鑼密鼓進行中，轉眼間就到了十一月六日。

盧蒲癸準備刺殺老丈人的行動儘管進行得非常詭秘，瞞過了幾乎所有人，可是，有一個人他是無論如何瞞不過去的，誰？老婆。

女人，對自己的老公一向就有一種特殊的敏感，自古以來都是這樣。所以，偷情的男人最終都會敗露。

盧蒲癸老婆名叫盧蒲姜，就是慶舍的女兒，眼看老公整天神神秘秘，盧蒲姜就看出一點苗頭來了。

「老公，你們在籌畫什麼大事吧？」盧蒲姜問，看得很準。

「沒，沒有。」盧蒲癸急忙否認。

「老公，別騙我了，我都是你的人了，你幹什麼我都支持啊。告訴我吧，要是不告訴我，肯定不能成功的。」

想當年雍糾要害老丈人祭足，就是因為告訴了老婆，反而被老丈人殺了。如今盧蒲癸面臨當初雍糾同樣的境地，他會汲取雍糾的教訓，還是走雍糾的老路？

「好，我告訴你。」盧蒲癸選擇了學習雍糾好榜樣。

到這裏其實我們可以看出，春秋時期女人在家裏的地位是很高的，怕老婆是比較常見的現象。

盧蒲姜聽盧蒲癸把乙亥事變的計畫大略講了一遍，沉思了一陣，然後說：「你們男人就是沒大腦，你們的計畫看上去挺好，實際上根本就行不通。」

「啊？為什麼？」盧蒲癸吃了一驚。

「我爹這人，最討厭的就是參加祭祀活動，這麼多年，一次也沒去過，所以，這次也不會去。我爹不去，你們殺誰去？」

盧蒲癸一聽，有點傻眼，回想一下，似乎還真是這樣。所有的意

外都想到了，可是獨獨這最重要的一點沒有想到。

「那，那怎麼辦？」盧蒲癸問。

「我爹這人很好強，很要面子，如果有人阻止他去參加祭祀，他反而一定會去。不如這樣，我回娘家去阻止我爹，那他一定就會去了。」盧蒲姜說。

「好主意。」盧蒲癸大聲叫好。

當晚，兩人好好地親熱了一番。

該發生的終究要發生

十一月七日。

慶舍準備去太公廟參加祭祀，他從前沒有去過，不過這次要去，因為這次是自己擔任主持。

不過，他還是有些猶豫，因為他討厭這一類的活動。

就在他猶豫的時候，女兒盧蒲姜回來了。

「爹，你要去參加祭祀嗎？」盧蒲姜問。

「對，對啊。」

「千萬別去，有人要害你。」盧蒲姜急忙阻止父親，但是不好直接說要害老爹的就是自己老公。

「害我？誰敢害我？啊？本來我還不太想去，既然有人想害我，我倒要看看誰有這麼大膽量。」慶舍說。別說，還真被盧蒲姜說對了。

「爹，是真的。」盧蒲姜急了。

「我也是真的，來人，走。」慶舍不管女兒說什麼，登車走了。

盧蒲姜目瞪口呆。

這件事情後來就成了懸案，也不知道盧蒲姜是真想幫自己的親爹，還是想幫自己的老公。

也許，就連盧蒲姜也不知道該幫自己的老爹，還是該幫自己的老公。

慶舍帶著慶家的精兵到了太公廟，在文公廟的周遭都佈置下人馬，自己的身前身後是盧蒲癸和王何。

在慶舍來之前，子雅、子尾，陳家和鮑家的人都已經到了，其他家族都沒有來，因為大家都知道這不是一個好日子。陳家、鮑家為什麼來？因為他們與子尾、子雅已經串通好了。

慶舍一看，這幾家來的人不少，不過都是穿著便服，所以並不害怕。

齊景公也已經等在了廟裏，慶舍不來，他也不能開始。

慶舍在太公廟裏主持祭祀，外面，陳家和鮑家的藝人們開始表演，戴著面具穿著虎皮，結果慶舍手下的馬都有些受驚。於是，慶舍的手下紛紛脫下皮甲，然後把馬解下來，遠遠地拴住。

「兄弟們，來喝酒喝酒。」有人專門招待慶家的手下，端上酒肉。

於是，大家喝酒吃肉。

酒過三巡，又有人說話了。

「兄弟們，看這個表演多沒勁？附近的魚里正表演胡人歌舞呢，胡妞露肚皮露屁股的，扭一扭，迷死人哪。」整個就是一色情表演。

大家一聽，這麼好的事情，還等啥啊？

於是，大家一哄而起，去魚里看色情表演去了。

所以，自古以來，色情表演害死人。

慶家的人走了。

皮甲、大戟扔了一地。

子雅、子尾，陳家、鮑家的人紛紛走了過來，地上有現成的皮甲和大戟。

現在，四家的人都不再是便服了。

一切準備就緒。

太公廟裏，慶舍在主持祭祀，身邊，只有盧蒲癸和王何手握大戟保護著。

子尾輕輕地扣了三下廟門。

這就是暗號。

盧蒲癸舉起了大戟，向慶舍前胸刺來。

慶舍已經本能地感到危險就在身邊，看見盧蒲癸舉戟，他在一瞬間想起了女兒的話。所以，當盧蒲癸的大戟刺來，慶舍一個閃身躲過了。

躲過了盧蒲癸的胸襲，慶舍沒有能夠躲過王何的劈肩，王何的大戟砍在慶舍的左肩上，左肩被砍落在地。

慶舍險些摔倒，不過他用右手牢牢地抓住了廟裏的椽子，發出了怒吼：「狗日的們，你們敢害我！」

整個太公廟被震撼了，盧蒲癸和王何嚇個半死，急忙退後。此時，四家的家兵衝了進來，慶舍用盛肉的器具和酒器向他們扔去，但終究寡不敵眾，慘遭殺害。

齊景公嚇得半死，趕緊脫下祭服，回宮壓驚去了。

慶封逃難

慶封還在玩換妻遊戲，直到有人來報告慶舍被殺的消息。

「不好，我要趕緊走，老婆們，趕緊跟我走。」慶封知道事情不妙，趕緊上路。

老婆們都沒有動。

「大哥，是你老婆還是我老婆啊？」盧蒲嫳忙問。現在他們兩人的老婆不分彼此，所以他也弄不明白誰跟慶封走。

「咱老婆啊。」慶封脫口而出。

「咱老婆？那究竟是你老婆還是我老婆啊？」

「我老婆。」慶封吼了起來，這時候，他已經沒心思玩換妻遊戲了。

帶著自己的老婆和小老婆，慶封火速趕回了自己的封地。

十二天之後，也就是十一月十九日，慶封率領著慶家的家兵攻擊齊國首都臨淄。

慶家的戰鬥力不弱，一舉攻克臨淄的北門，隨後開始進攻內宮。

內宮的防守明顯要強很多，慶封拿不下內宮，又聽說大夫們正在整頓軍隊，準備討伐自己，於是，慶封落荒而逃，一路逃到了魯國。

在魯國沒待幾天，齊國向魯國發出外交照會，希望魯國按照聯合國有關罪犯引渡條例，將慶封遣送回齊國。

魯國人當然不會遣送慶封，不過慶封也不能再在魯國待下去了。

就這樣，慶封繼續南下，來到了吳國。

「奶奶的，中原人不講義氣，我們吳國人講義氣。慶封落難來投，別人不敢收留，我們收留，看看誰敢動我們？」吳王餘祭毫不猶豫地收留了慶封，將他安置在了朱方（今江蘇鎮江）。

在吳國站住腳之後，慶封將自己的家族都招到了朱方。這裏四通八達，是南來北往的交通要道，而齊國人善於經商，因此沒有多長時間，慶封家族在吳國成為首富，重新過上了酒足飯飽的生活。

到這裏，順便交代一下「換妻遊戲」的另一位男主角盧蒲嫳。在盧蒲癸的力保之下，盧蒲嫳總算是保住了身家性命，不過在齊國不能待了，被驅逐到了莒國。

第一六八章
楚王好細腰

人人盡說江南好，遊人只合江南老。春水碧於天，畫船聽雨眠。
壚邊人似月，皓腕凝霜雪。未老莫還鄉，還鄉須斷腸。

——菩薩蠻（唐・韋莊）

　　慶封在吳國過上了幸福生活，同時也是性福生活，因為吳王餘祭竟然把自己的女兒嫁給了他。

　　此前，儘管也有些亂七八糟的人才從中原來到吳國，可是慶封畢竟是大國上卿，屬於大號人才，餘祭對他相當看重，經常請他到宮裏議事。但逢祭祀，餘祭一定會請慶封進行現場指導。

　　「哈哈哈哈……此間樂，不思齊。」慶封在吳國過得充實而快樂，再也不想回齊國了。

　　可是，好日子總是很容易到頭的，就如同壞日子總是望不到頭。

　　終於有一天，慶封的好日子到頭了。

楚靈王伐吳

　　吳王餘祭十年（前538年）八月，也就是慶封逃到吳國的第八年。楚靈王為了在諸侯面前炫耀武力，在召開了和平大會之後，率領楚軍攻擊吳國，包圍了朱方。

　　由於多年沒有與楚軍交手，吳國措手不及，在出兵增援之前，楚軍就拿下了朱方，慶封被楚軍活捉。（見第四部第一六零章）

　　按理，捉住了其他國家的叛臣，要麼釋放，要麼交給這個國家以表示尊重。可是，楚靈王不這樣，他要顯示自己的霸主地位，於是決定替齊國處置慶封。

　　「滅族。」楚靈王下令，於是慶封全族被殺。所以，如今姓慶姓賀

第
一
六
八
章

楚
王
好
細
腰

075

的，當年都是從朱方城裏僥倖逃生的，建議以上兩姓在今天的鎮江丹徒建一座家族遇難紀念館。

滅了慶封全族，楚靈王還不過癮，命令把慶封五花大綁，背上插上大斧去遊街示眾，一邊示眾，還要一邊大聲說：「大家不要像慶封那樣殺死國君，欺負幼君，私自跟大夫結盟。否則，就是這個下場。」

慶封被推上了車，遊街示眾，不過慶封可沒有按楚靈王的臺詞去說話，而是這麼說：「大家不要像楚共王的庶子公子圍那樣殺死他的國君，然後又和諸侯訂立盟約。」

滿大街的人都笑了。

說來說去，楚靈王和慶封屬於一類貨色。

楚靈王聽說之後，趕緊下令：「快砍了，快砍了，別讓他喊了。」

就這樣，慶封被殺。

朱方被毀，慶封被殺，吳王餘祭十分惱火。

當年，吳國進攻楚國，奪取楚國兩座城邑。第二年，楚軍進攻吳國，卻被吳國的「敵進我退」戰術擊敗。

從那之後，吳楚之間戰事再起，楚國勝少負多，好在吳國沒有晉國的支持，也不敢深入楚國。

現在的世界形勢是這樣的：晉國和楚國之間實現了和平，中原諸國暫時沒有戰事，而吳國與楚國之間偶有戰爭，與晉國之間完全沒有往來。

轉過頭來，看看楚靈王在幹什麼。

楚靈王滅陳

在拿下吳國朱方之後四年，楚靈王滅了陳國，並且封穿封戍為陳公。（見第四部第一六零章）為什麼楚靈王要滅陳國？晉國有什麼反應？

說起來，陳國也算是自取滅亡。

陳哀公這人身體不好，屬於那種活著不如死了舒服的人。陳哀公有三個兒子，夫人鄭姬生了大兒子偃師，多難聽的名字，聽起來跟醃屍一樣，另外兩個小妾生了公子留和公子勝，陳哀公不喜歡太子偃師，喜歡公子留，因此就安排自己的兩個弟弟公子招和公子過輔佐公子留。

公子招和公子過一點也沒客氣，找個機會把大姪子偃師給變成「醃屍」了，立公子留為太子。陳哀公對大兒子心存愧疚，病情加重，乾脆自掛東南枝，上吊自殺了。

現在，公子留就成了陳國國君。

老國君死了，新國君登基，陳國就派大夫干征師去楚國報告，干征師，聽起來就像乾蒸屍一樣。一聽這名字，就不會有什麼好結果。

干征師來到楚國，向楚靈王報告了陳國發生的事情。原本呢，一切順利，就可以回家了。可是就在干征師準備回家的時候，公子勝來到了楚國，見到楚王之後是痛哭流涕，把大哥如何被害，父親怎樣被逼上吊的事情添油加醋地說了一通。

「大王，您是盟主，主持公道啊。」公子勝希望楚靈王能夠討伐陳國，然後扶立大哥偃師的兒子公孫吳為陳國國君。

「我答應你，反正閒著也是閒著。」楚靈王高高興興地答應了，這麼多年沒出去打仗了，正憋得慌呢。「那什麼，把干征師先給蒸了。」

干征師就這麼成了「乾蒸屍」。

所以，取名字是個學問，自古以來都是。

聽說楚國人要來討伐，公子留叫了一聲「媽呀」，連夜逃到了鄭國。

公子招第二天才發現公子留跑了，怎麼辦？公子招想了一個辦法，他把公子過給殺了，然後把人頭送去了楚國，說當初害死偃師的是公子過，如今已經懲治了兇手，歡迎公孫吳回國繼位。

楚靈王直接把人頭扔出去了，說了句：「忽悠誰啊？找替罪羊這樣的活兒誰沒幹過？」

楚靈王派自己的弟弟公子棄疾率領楚軍討伐陳國，陳國自然不是

對手，被楚國大軍三下五除二拿下，公子招被殺。

這個時候，就該公孫吳做國君了？

「奉大王之命，陳國君弱臣亂，無法管理好自己的國家，為了陳國人民的安寧，大王特決定，陳國從此併入楚國，為楚國的陳縣。」公子棄疾宣佈滅掉陳國。

得，什麼叫引狼入室？

此後，楚靈王封穿封戍為陳公。

楚靈王以鎮壓亂臣的名義吞併了陳國，等於是忽悠了全世界。

作為另一個霸主，晉國什麼反應？

晉國這個時候的六卿分佈是這樣的：中軍帥韓起、中軍佐趙成（趙武之子）、上軍帥中行吳、上軍佐魏舒、下軍帥范鞅、下軍佐智盈。

晉國早就知道楚靈王要討伐陳國，但是直到楚國滅了陳國，他們才恍然大悟。於是，召開六卿會議。

到會人員只有四名，范鞅因為女兒出嫁請假，智盈說是拉肚子而沒有來。

韓起一看，三分之一缺席，怎麼辦？照常開會。實際上最近幾年的六卿會議就沒有湊齊過人，不是你有事就是他不來。

「各位，楚國人滅掉了陳國，作為盟主，我們應該怎麼應對？」韓起提出問題。

大家你看看我，我看看你，沒人接詞。過了半天，趙成終於說話了。

「狗日的楚國人，一點面子也不給我們留。」趙成的意思是，楚國人有點過分了。

「就是，太不夠意思了。」中行吳說。

魏舒還是沒有說話。

韓起想了想，說了：「我想，陳國本來就是楚國的屬國，楚國滅自己的國家，好像跟我們也沒有什麼關係。」

「就是就是，他們這樣做，不得人心，只能讓自己眾叛親離。」趙

成接口說。

「是啊，那就讓他們多行不義必自斃吧，哈哈哈哈……」中行吳說，笑了起來。

「哈哈哈哈……」大家都笑了。

散會。

「今天晚上到底吃什麼呢？」魏舒一邊起身，一邊自言自語，開會的時候，他就在想這個問題。

楚靈王滅蔡

楚靈王滅了陳國，原本以為晉國至少會提個抗議什麼的，因此準備好了派人去晉國解釋。可是他沒想到的是，晉國人竟然連個屁也沒放，倒弄得楚靈王覺得很沒趣。

轉眼間過了三年，這一天，蔡國派了兩名使者前來進貢，這兩名使者的名字叫王堅、師強。

「王堅、師強？這名字巨牛啊，太堅強了。來人，立即召見，按大國上卿的規格。」楚靈王很高興，他喜歡這兩個名字。

王堅、師強來了，楚靈王一看之下，大失所望，什麼王堅、師強？最多是兩個豬堅強。只見這兩個人外形猥瑣、言語卑微、目光游離，楚靈王當時就有一種上當受騙的感覺。想想中原諸國的使者，韓起、叔向自不必說，就是齊國、魯國、鄭國、宋國的使節也都是氣宇軒昂，進退自如的，哪裡見過這麼兩個齷齪鼠輩。

正是：聞名勝似見面，見面不如聞名。

打發走了王堅、師強，楚靈王越想越生氣，越想越窩火。

「奶奶的，蔡國沒有人了嗎？那這個國家還有什麼存在的意義？如果還有人，故意派這麼兩個東西來，豈不是羞辱我？那是不是也應該滅掉他們？」楚靈王自言自語，雖說以貌取人不應該，但是楚靈王的邏輯思路很清晰。

所以，自古以來，外交官一定要注意形象氣質，王堅、師強之流

就別到處逛遊了。

同時這也再次說明，取名字一定要認真，要緊貼自己的實際情況。

問題是，就因為人家的名字和長相就討伐人家，好像有點說不過去。不過這難不倒楚靈王，他有辦法。

第二天上朝，面對著大夫們，楚靈王突然冒了一句話出來：「妹妹啊，妹妹啊，哥哥想你啦。」

乍一聽，好像楚靈王懷春了。

其實，不是。

十三年前，蔡國國君蔡景公為他的兒子太子般來求親，楚康王就把自己的小女兒嫁了過去，就是楚靈王的妹妹。誰知道老故事又發生了，蔡景公一看兒媳婦長得芙蓉出水一樣，於是據為己有了。太子般可不是晉國的申生，他也沒客氣，找個機會把老爹給弄死了，自己當了國君，就是蔡靈公。

原本，於公於私，蔡靈公都該把原本屬於自己的女人給搶回來。可是蔡靈公缺心眼，竟然讓後媽守活寡，一守就是十多年，大好青春都守掉了。

「狗日的蔡國人，虐待我妹妹，該死的。」楚靈王就是這麼個想妹妹的想法。

於是，楚靈王派人前往蔡國，請蔡靈公前往楚國敘一敘「舅甥之情」。

蔡靈公不想去，可是又不敢不去，於是硬著頭皮到了楚國，結果被楚靈王設宴灌醉之後，一刀砍了，七十多個隨從也都一併被殺。

殺了蔡靈公，又是公子棄疾率領楚軍，浩浩蕩蕩討伐蔡國。

晉國再次召開六卿緊急會議，這一次，趙成和魏舒請假。

「各位各位，楚國人太不給面子了，又要滅蔡國，怎麼辦？」韓起有點急了，畢竟自己是中軍元帥，從前就聽說過趙盾和荀林父比較肉，再這麼下去，自己就要創新紀錄了。

「元帥，讓他們狗咬狗去吧。」范鞅滿不在乎地說。

「小智，你怎麼看？」韓起沒接范鞅的詞，他問下軍佐智躒。

智躒是智盈的兒子，智盈在兩年前去世，智躒就接任了下軍佐，還不到二十歲。

「那，那什麼，叔，你看呢？」智躒支支吾吾，沒有主意，所以去問中行吳。

「元帥，我們當初沒有救援陳國，現在又不救援蔡國，我們這個盟主當的還有什麼用呢？這事兒，我看要管。」中行吳察言觀色，投韓起所好。

「好，立即召集聯合國大會。」韓起決定了，不過他實在沒有膽量率領晉軍救援蔡國，準備忽悠大傢伙兒並肩上。

在此前一年，晉平公薨了，現在，晉國的國君是晉平公的兒子晉昭公。

楚軍六月包圍蔡國，晉國八月就在衛國召集了聯合國大會，速度倒不慢。

參加聯合國大會的照例是齊、鄭、宋、衛、魯等國的卿，主持會議的則是晉國中軍元帥韓起，會議議題是救援蔡國。

韓起把楚國攻擊蔡國的情況簡要介紹了一下，隨後請大家發言，看看怎樣救援蔡國。

「噢。」大家都假裝恍然大悟，其實都等著看笑話。

齊國的國弱第一個發言：「韓元帥，我覺得我們可以採用當年城濮大戰的策略，我們只要攻擊楚國的盟國，楚國就不得不從蔡國撤退。」

國弱話音剛落，哄堂大笑，因為楚國的盟國現在就只剩下蔡國了。

韓起的臉憋得通紅，國弱分明就是在諷刺自己不敢跟楚國人正面交鋒，他笑也不是，不笑也不是。

隨後，大家踴躍發言。

有人建議向楚國發最後通牒，威脅楚國人；有人建議派范鞅去忽悠吳國人，讓吳國人出兵；有人建議晉國直接攻擊楚國，給楚國人一

點顏色看看。

基本上，每個建議都是在諷刺晉國不敢對抗楚國。

「散會，散會。」韓起宣佈散會，原本想掙點面子回來，反而更丟面子了。

諸侯的大夫們嘻嘻哈哈走了，他們覺得這是自有聯合國以來最爽的一次會議。

萬般無奈之下，韓起決定派大夫狐父前往楚國，為蔡國求情。

昔日分庭抗禮甚至稍占上風的晉國，如今竟然到了要去向楚國求情的地步。

晉國的特使在楚靈王面前很沒有面子，因為楚靈王沒有給他面子。

「不好意思，蔡國國君殺了親生父親，這樣的國家難道不該討伐嗎？」楚靈王直接拒絕了狐父。

十一月，楚軍攻破蔡國，楚靈王將蔡國太子殺了祭祀岡山之神，同時任命弟弟公子棄疾為蔡公。之後，楚靈王命令在蔡、陳和不羹（今河南襄城縣）修建大城，以便今後抵禦可能來自北面的攻擊。

對於任命公子棄疾為蔡公這件事情，楚靈王徵求過申無宇的意見。

在楚國，姓申的人通常都很聰明，前面說過的申叔時、申叔豫就都是聰明人，這個申無宇也是個聰明人。

「擇子莫如父，擇臣莫如君。大王，您是最瞭解您弟弟的啊。當年鄭莊公修建了櫟城給公子突，結果是鄭國因此而兄弟相殘；齊桓公加固了小谷城給管仲，結果管仲遺德一直到現在還在造福齊國。我聽說五種人不宜外派，就是太子、母弟、貴寵公子、公孫和幾代正卿；五種人不適合留在朝廷，即卑賤、年少、疏遠、弱小及新人。所謂親不在外，羈不在內。現在讓公子棄疾在外鎮守蔡，讓鄭國來的子革在內擔任右尹，恐怕不太合適。」申無宇講了一通，就是反對讓公子棄疾擔任蔡公。

楚靈王想想，申無宇的話有理，但是也無理，邊疆重鎮不給自己親近的人鎮守，難道給外人來守？

「我不能使中原各國歸附，他們只侍奉晉國，是什麼原因呢？只是因為晉國離他們近而我國離他們遠。現在我修築三處的城牆，各派一千乘戰車鎮守，合共三千乘，也相當於晉國了。再加上楚國國內的兵力，諸侯們該來歸附了吧？」楚靈王換了一個話題，等於否定了申無宇的意見。

「不好，俗話說：末大必折，尾大不掉。樹枝太大了，就會折斷；動物尾巴太大了，就不能靈活搖擺。都城之外修建大城歷來都不是好事，以前鄭國有京城、櫟城，衛國有蒲城、戚城，宋國有蕭城、亳城，齊國有渠丘城。而這些大城，最終都成了動亂的根源。」申無宇說道。

尾大不掉，這個成語的貢獻者就是申無宇，後來通常用來比喻部下實力太強，不聽從指揮調動。

「嘿嘿。」楚靈王不置可否。

最終，楚靈王任命公子棄疾為蔡公。同時，按照自己的設想，在這三個地方駐大城，各派戰車一千乘。不久，陳公穿封戍病逝，楚靈王乾脆將陳蔡合併，任命公子棄疾為陳蔡公。這樣，公子棄疾麾下的軍力已經占有楚國的一半。

楚王好細腰

楚靈王這個人，雖說有些暴虐，有些貪得無厭。但是，說起來還有可愛的地方，譬如胸懷。楚靈王是著名的吃硬不吃軟，不喜歡別人拍馬屁。

當初穿封戍的故事說過了，穿封戍追殺他，當面罵他，他喜歡，還給他升官晉爵。

楚靈王有個非常信任的人名叫倚相，職位是左史，這人很有學問。有一天，楚靈王愁眉苦臉對倚相說：「白公子張這人很討厭，總是來勸諫我，怎麼才能讓他閉嘴呢？」

楚靈王其實很喜歡子張敢說實話，不過不喜歡他總是說。

「接受勸諫很難，讓他閉嘴很容易啊。如果他再勸諫你，你就說你

左手握著鬼的身子，右手抓著鬼的家，所有的什麼警告勸誡，你都早就聽到了。所以啊，別勸了，有這工夫，講幾個段子吧。」倚相確實有學問，想了這麼個主意。

過了兩天，子張又來進諫，楚靈王按照倚相的話說了，然後看子張還有什麼話說。

子張一聽，你這不是忽悠我嗎？於是，子張講了一通商朝時候高宗武丁的事蹟，最後說了：「現在您還趕不上武丁，卻討厭規諫您的人，要治理好國家不是太難了嗎？」

「那，那你愛說就說吧，反正就是那些車軲轆話，我都記住了，可是我就是不照你說的做，你自己看著辦吧。」楚靈王被子張說得沒脾氣了，乾脆開始耍無賴了。

「唉。」子張嘆了一口氣，走了，從此再也不來勸諫楚靈王了。

雖然楚靈王不喜歡拍馬屁的人，可是拍馬屁的人還是主動會來拍。

在中國歷史上最著名的拍馬屁的故事，叫做「楚王好細腰」，就是說楚靈王了。

楚靈王生得身高馬大，膀大腰圓，可是他偏偏喜歡細腰，喜歡自己的部下和後宮的妻妾們把腰束起來，越細越好。

楚靈王的這個愛好很快流傳了出去，於是大夫們紛紛主動向這個方向發展。

於是，楚國的上流社會掀起了一股減肥熱潮。一般來說，大夫們每天就吃一頓飯，而且絕對綠色食品，決不吃肉。一段時間之後，全國性減肥大獲成功，基本上，大夫們的腰都很細了，誇張一點說，細到從席子上站起來要扶著牆，從馬車上站起來要扶著軾。看見好吃的，要忍住不吃。就算餓死，也絕不多吃一點。

《戰國策》上如此寫道：靈王好小腰，楚士約食，馮而能立，式而能起。食之可欲，忍而不入；死之可惡，然而不避。

第一六九章

楚國四兄弟

> 祈招之愔愔（音因），式昭德音。思我王度，式如玉，式如金。形民之力，而無醉飽之心。
>
> ——《祈招》

這首詩，是當年祭公謀父寫給周穆王的，勸他不要再無限制地公費出國旅遊了。詩的大意是這樣的：《祈招》的聲音和諧安詳，周朝的美德萬眾敬仰；大王的風度如金似玉，沒日沒夜散放光芒。公費旅遊啊浪擲公帑，百姓負擔啊無法估量；就如吃喝需要節制，撐壞肚皮自己遭殃。

磨礪以須

滅掉蔡國的第二年，也就是楚靈王十一年（前530年），這一年冬天，楚靈王前往州來打獵，同時下令楚軍在蕩侯、潘子、司馬睿、囂尹午和陵尹喜的率領下進攻徐國，楚靈王隨後率領衛隊趕到乾溪作為後援。

現在看看楚國的軍隊部署情況。

陳，一千乘戰車；蔡，一千乘戰車；不羹，一千乘戰車；攻打徐國，一千乘戰車。

四千乘戰車在邊境地區，楚國國內成了空城。

四千乘戰車，按照標準配置，就是三十萬將士。

冬天，雪花飄飄，看上去很美。可是，三十萬將士們的心情很不美，將士們的家屬的心情很不美。怨聲載道，這個成語不是這裏出的，但是卻很適合這裏。

　　楚靈王的心情很美，他戴著晉國生產的裘皮帽子，穿著秦國進口的鵝絨大衣，披著齊國薦來的翠羽披肩，腳踏燕國進貢的豹皮靴子，手提著越國贈送的皮鞭，站在雪地裏欣賞著這場大雪。

　　楚靈王詩興大發，高聲吟誦詩歌，還拖著尾音。

　　正在這個時候，右尹子革前來朝見。

　　「子革來了？」楚靈王看見子革，非常高興，他很喜歡這個鄭國人，覺得他很有學問而且很正直。所以楚靈王摘下帽子，脫下披肩，放下鞭子，以表示對子革的尊重，然後說：「我正有事要請教你呢。」

　　「大王請說。」子革連忙說，就站在雪地裏，與楚靈王說話。

　　「當年我們的先王熊繹曾經和齊國、魯國、衛國和晉國的先君一道在周朝輔佐周康王，當時這四個國家都被賜予寶物，可是我們的先王什麼都沒有。那如果我現在派人去周王室，要求周王把荊州的寶鼎賜給我們，他們會給嗎？」楚靈王又想要周朝的鼎了，當年楚莊王沒要到，楚靈王又想要了。

　　「那還用說，肯定給啊。當年我們的先王雖然也是周朝的重臣，可是人家齊國是周朝的娘舅，魯國、衛國、晉國都是周朝的兄弟，所以他們有禮物也很正常。如今我們強大了，誰也不敢不聽我們的，要個鼎他們當然不敢不給了，要是不給，打他，看他給不給。」子革上了一通馬屁，拍得楚靈王很高興。

　　「那，還有啊。許國的舊地（今河南許昌）如今被鄭國人占了，可是當初那是我們老祖宗的哥哥昆吾（楚王祖先季連的大哥）的地盤，如今我們去要回來，鄭國人肯給嗎？」楚靈王又想要鄭國的地盤了，還把那門夏朝的親戚給搬出來了。

　　「那肯定給啊，周王連鼎都獻出來了，鄭國人還在乎一塊地？」子革眼睛都沒眨一下，那意思好像周王已經把鼎給運來了。

　　楚靈王更加高興了。

　　「從前諸侯都投靠晉國，不尿我們這一壺。如今我們在陳、蔡、不羹都修築了大城，各駐兵千乘，那麼，諸侯們會懼怕我們嗎？」楚靈王接著問。

「那還用說？大王您一聲吼，地球也要抖三抖啊。」

「哈哈哈哈……好一個地球也要抖三抖，好！」

楚靈王心花怒放。

正說得高興，工尹路來請示楚靈王，說是裝飾斧柄的玉已經選好了，請楚靈王看看怎麼修飾。於是，楚靈王跟著工尹路進了屋裏。

子革原本也要跟進去，被楚靈王的近臣僕析父一把拉住了。

「右尹啊，您是楚國有聲望的人啊，大王喜歡聽您的話，您要是這樣對大王的話隨聲附和，國家可怎麼辦啊？」僕析父等到楚靈王進了屋裏，對子革說。

別說，僕析父是在為國家考慮。

「摩厲以須，王出，吾刃將斬矣。」（《左傳》）子革回答。什麼意思？我剛剛把刀磨好，等大王出來，就會斬落下去。

摩（磨）礪以須，這個成語出於這裏，意思是已經做好準備，時機一到就動手。這是個比較少用的成語，不過是個不錯的成語。

難道子革要謀殺楚靈王？當然不是，他只是做個比方。

子革是個聰明人，他知道要讓楚靈王聽得進自己的話，首先就要把他哄得高興。他所說的「摩厲」，就是剛才那一通馬屁。

很快，楚靈王從屋裏出來，繼續和子革聊起來。剛要說話，看見倚相走過來，楚靈王就對子革說：「這是個很好的史官，你要好好對待他。他能讀《三墳》、《五典》、《八索》、《九丘》，很厲害的。」

「嘿嘿，吹牛吧？」子革這一次沒有順著楚靈王的話說，這讓楚靈王小吃了一驚。「我曾經問過他，當年周穆王愛好旅遊，要遊遍全世界，祭公謀父就寫了一首詩給周穆王，勸他收心，後來周穆王聽從了勸說，最終才能死在宮裏而不是死在路上。這首詩叫做《祈招》，我問他知不知道，他竟然不知道。連這都不知道，更久遠的怎麼會知道呢？」

《三墳》、《五典》、《八索》、《九丘》都是周代以前的經典，如今都失傳了。

「那，那你知道這首詩嗎？」楚靈王掉進了子革的圈套，問起這首詩來。

「當然知道,這首詩是這樣的:祈招之愔愔(音因),式昭德音。思我王度,式如玉,式如金。形民之力,而無醉飽之心。」子革念道,隨後解說了一遍。

楚靈王是個聰明人,他的臉色一下子變得很難看,隨後,他向子革作了一個揖,一言不發,自顧自走進屋裏去了。

楚靈王生氣了?不是,他反省了。他尊重子革,他知道子革是在勸諫自己,他也知道子革的話是對的。

那麼,反思的結果是怎樣的?

《左傳》記載:王揖而入,饋不食,寢不寐,數日,不能自克。

吃不好,睡不好,就這麼反思了數日,可惜最後沒有能夠戰勝自己的貪欲。

那麼,反思的正確結果應該是什麼?立即從徐國撤軍,裁減陳、蔡、不羹的駐軍,給老百姓休養生息的機會。

對於這一段故事,孔子有這樣的評說:古也有志,克己復禮,仁也。信善哉!楚靈王若能如是,豈其辱於乾溪?

兄弟們的機會

楚靈王不知道,這次反思實際上是他最後的機會。

可惜的是,他沒有抓住。

轉眼過了冬天,時間來到了第二年的春天。楚靈王依然在州來,而楚軍三十萬將士依然在邊境苦苦地煎熬著。春天來了,大地萬物都在懷春、叫春,只有楚軍將士們的心情還留在冬天。

楚靈王放走了機會,仇人們卻在抓緊機會。

說起來,楚靈王的仇人很多。而這些仇人中,有幾個人聚在了一起。當仇人們聚在一起的時候,就非常可怕了。

還在做令尹的時候,楚靈王就搶奪了蒍掩的家產,當上楚王之後,又搶了蒍掩弟弟蒍居的封邑;當年楚靈王把許國遷走,卻把許國的公子許圍扣押在郢都做人質;楚靈王在舉行的那次聯合國大會上,

又找藉口殺了越國的使節；楚靈王奪取了鬥韋龜的封地，之後又把他兒子蔓成然（因封邑在蔓）的封邑給奪走了；蔡洧（音偽）是蔡國人，可是在楚國混並且受到楚靈王的寵信，誰知道楚靈王滅蔡國的時候，把蔡洧的老爹給辦了。

就因為這幾樁怨恨，薳居、許圍、蔓成然、蔡洧聯合了被殺的越國大夫的兒子常壽過，一共五個人，聯合起來，率領各自的家臣，竟然攻占了楚國的固城和息舟。這兩座城市都在楚國的北部，離蔡不遠。一時間，楚靈王顧不上去討伐他們，而手握重兵的公子棄疾也不討伐他們，為什麼？因為公子棄疾跟蔓成然的關係很好，蔓成然從前跟公子棄疾混過。

除了這些人痛恨楚靈王之外，陳國和蔡國的故民也都有亡國之恨。

但是，最危險的並不是他們，而是另一個人：觀從。

觀從是誰？

觀從是觀起的兒子，觀起在楚國的廉政風暴中被從嚴從快從重處理了（第四部第一五四章），好在觀從那時候在蔡國跟著那個發明了「楚才晉用」的聲子的兒子朝吳混，躲過了一劫。從那之後，觀從就對楚國心懷仇恨。

此外，觀從跟子干是朋友。自從楚靈王當上楚王，子干就逃到了晉國，暗地裏，子干和觀從還有些來往。

楚靈王在乾溪，而楚軍攻打徐國沒有進展，這個時候，觀從看到了機會。

「公子，恢復蔡國的機會到了。」觀從對朝吳說，他們是朋友。

「說說看。」朝吳一直就在尋找這樣的機會。

「楚王窮兵黷武，搞得楚國民怨沸騰。如今楚軍分散在邊境，而且士氣低落，我們為何不趁楚國國內空虛，聯合流亡在外的子干、子皙，再加上蔓成然那一夥人，乘虛攻入楚國呢？郢都防守薄弱，再加上大家都很討厭楚王，我們必然能夠攻占郢都，然後立子干為王。那時候，我們對子干有恩，就可以請求他恢復蔡國了。」觀從的思路很清晰，也

很大膽。

「這個，主意不錯，可是子干、子皙有沒有這份膽量？」

「這些都不重要，這是蔡國復國的唯一希望了。這樣，你不要管了，看我怎麼整。」觀從看見朝吳猶豫，索性自己來做。

偽造現場

觀從派人去晉國和鄭國，冒用公子棄疾的名義，就說請兩位哥哥到蔡國小敘。

兩個國家都不遠，於是子干從晉國出發，路過鄭國的時候叫上子皙，兄弟兩個結伴就到了蔡。

觀從在城郊迎接他們，然後就在城郊進行了會談。

「什麼，要造反？不幹不幹。」子干子皙聽說要造反，立馬反對，真的是應了朝吳的判斷。

「不幹？不幹也得幹。」觀從早就料到了這一點，也早就想好了辦法。

當時，觀從帶著朝吳家的家兵，不管三七二十一，挾上子干、子皙，就進了城，然後殺向蔡公府，要捉拿公子棄疾

公子棄疾正準備吃飯，聽到外面有人大聲喊殺，一問，說是子干、子皙帶人來殺自己，怎麼辦？他的家族都在楚國，身邊就是幾個侍衛，而楚國駐軍都在城外。沒辦法，除了逃命之外還真沒有辦法。

公子棄疾落荒而逃了。

其實，觀從根本就沒有想要捉到他或者殺他的意思，就是要嚇跑他。

觀從帶著子干、子皙殺進蔡公府，一看，人沒了，飯菜還熱。

「正好，你們兩人先吃飯。」觀從挺高興，這下連飯錢都省了。

子干子皙在這邊吃飯，另一邊，觀從也沒閒著，讓人趕緊在院子裏挖了坑，殺了一條狗，再放上盟書，偽造了一個結盟的現場。

這邊現場偽造完畢，那邊飯也吃完了。

「那什麼，你們趕緊回鄭國去，有消息我再通知你們。」觀從趕緊打發了子干、子皙，這兩位早就惦著走路，也不用催，急急忙忙，回鄭國去了。

公子棄疾是一個好人，自從當上了蔡公，對蔡國的老百姓非常好。所以，看見有人攻打蔡公府，蔡國的老百姓自發起來去幫助公子棄疾，整城的老百姓都扛著武器殺奔蔡公府來了。

觀從送走了子干、子皙，自己就在這裏等待蔡國老百姓。

老百姓們包圍了蔡公府，大聲喊叫著，準備攻進來。這時候，大門開了，觀從出來了。

「觀從，你要是動了蔡公一根汗毛，我們就把你剁成肉醬！」大家呼喊著，要上來捉拿他。

「鄉親們，別急，事情是這樣的。蔡公呢，把子干、子皙請來，準備送他們回楚國。現在呢，他們已經結了盟，並且已經上路了，蔡國也準備出兵幫助他們。哪，大家跟我來，看看結盟現場。」觀從轉身向府內走去，大家呼呼啦啦跟著進去。

偽造的結盟現場還是很有說服力的，多數人相信了。可是，還有少數人有懷疑。

「蔡公去哪裡了？我們怎麼能相信你的話？」有人提出質疑，大家還不肯散去。

就在這個時候，有人出現了。誰？朝吳。

如果說蔡國人不相信觀從的話，那麼他們實在沒有理由不相信朝吳。

「鄉親們，觀從說的都是實話，我可以作證。如今楚王暴虐，楚國國內已經亂成一團，各位，如果大家想要效忠楚王，那麼各位就回家去，等局勢明朗再說；如果大家想要早點安定下來，恢復自己的國家，那麼就跟隨蔡公。說句大實話，其實，除了跟隨蔡公，大家還有什麼選擇呢？」朝吳父子本來就是蔡國名望最高的人，如今這一通忽悠也是在情在理，蔡國人自然深信不疑。

「我們願意跟隨蔡公！跟隨蔡公！蔡公！」群情激奮。

觀從笑了。

兄弟們造反

觀從和朝吳很快找到了公子棄疾，很容易就達成了共識：會合子干、子晳，打回楚國。

公子棄疾早已經看清了形勢，他知道楚靈王必有這一天。

於是，觀從去鄭國把子干、子晳再次請來，兩人與公子棄疾結盟，會合為居、許圍、蔓成然、蔡洧、常壽過、朝吳，率領六家的家族兵力，陳、蔡、不羹、許、葉的楚國駐軍，浩浩蕩蕩向郢都挺進。

一路上，無人抵抗，因為楚王的軍隊都已經到了邊境，而三位公子率領的部隊就超過了一大半。

大軍進入楚國的時候，陳國人和蔡國人請求在這裏建造壁壘，以宣示這裏是楚國邊境，陳、蔡兩國復國。

「算了，兵貴神速，我們的部隊連夜行軍，已經很疲憊了，不要再修築壁壘了。這樣，我以人格擔保恢復陳、蔡兩國。」公子棄疾勸止了陳國人和蔡國人。

隨後，公子棄疾派出小股部隊，在務須牟率領下進入郢都。此時的郢都完全沒有防備，務須牟兵不血刃，占領王宮，將楚靈王的兩個兒子太子祿和公子罷敵雙雙殺死，然後控制了後宮，並且佈置郢都城防。

大軍挺進到魚陂（今湖北江門），這裏距離郢都還有將近三百里路。

「咱們歇歇吧。」子干提議，大家知道他是什麼意思，於是停了下來。

子干的意思很簡單：先把豬肉分了吧。

因為三兄弟中子干年紀最大，其次是子晳，因此大家公推子干為楚王，子晳為令尹，公子棄疾為司馬。

儘管從實力和從能力來說都是公子棄疾更強，公子棄疾並沒有爭

奪王位。

公子棄疾不想當王？當然想。為什麼他不爭？或者為什麼不借著實力殺掉兩個哥哥，自己強行上位？

因為公子棄疾知道，不用自己動手。

「郢都目前非常亂，人心不穩，再加上楚王還在外面，我建議我們暫時不要進入郢都。」公子棄疾建議，子干、子皙都表示同意。

隨後，公子棄疾派觀從前往乾溪，分化瓦解楚靈王的衛隊。

此時，楚靈王已經帶領親隨衛隊向回趕，準備討伐叛逆。

剛剛起程，觀從已經來到，他宣佈：「子干、子皙和公子棄疾三兄弟已經帶領駐陳、蔡、不羹的部隊以及陳、蔡兩國人民起義了，大軍已經攻到了郢都，郢都人民也都起義了。如果你們現在回去，那麼一切待遇照舊，如果還要為楚靈王賣命，不肯回去，不好意思，將來就要割掉鼻子。是起義還是割鼻子，自己看著辦。」

說完這些，觀從急匆匆地走了。為什麼急匆匆地回去？因為他是一個聰明人，他是一個知道時間重要性的人，他也是一個效忠子干的人。

回到魚陂，觀從並沒有去見公子棄疾，而是去見子干。

「主公，如今大勢已定，趕緊除掉公子棄疾。否則，後患無窮。」觀從急匆匆回來，就是為了這個。

「這，棄疾一直是我的好弟弟啊，我怎麼忍心？」子干拒絕了。

「主公，你不忍心殺他，只怕他忍心殺你。」觀從還要再試一下。

「不要再說了，我不會殺他的。」子干依然拒絕。

觀從走了，遠遠地走開了，他已經看到了子干的結局。

第一七〇章
嚇死膽小的

楚靈王在第一時間聽到三個弟弟造反的消息時並不害怕,他只是有些失望和意外。

失望的是公子棄疾竟然會造反,他很喜歡這個小弟弟,把國家一半的兵力交給他,可是,他竟然還會造反,這太令人失望了。

意外的是子干和子皙竟然也會造反,這兩個弟弟都是膽小怕事的人,原以為借他們一個膽他們也不敢造反的,可是他們竟然就造反了。

不管怎樣,楚靈王並不怕他們,他相信只要自己回到郢都,子干、子皙就都會嚇破膽,公子棄疾則會良心發現而翻然悔悟。

「回師。」楚靈王下令。

楚靈王之死

楚靈王受到了第一個打擊。

撤退到訾梁(今河南信陽)的時候,楚靈王的手下開始潰散,觀從的策反起到了效果,顯然大家都希望保住自己的鼻子。

不過,即便這樣,楚靈王也並沒有害怕。甚至,他還有些理解潰散的手下。

但是,第二個打擊接踵而來,而這個打擊是致命的。

「報,太子祿和公子罷敵雙雙遇害。」忠於楚靈王的大內侍衛趕來向楚靈王報告。

「什,什麼?」坐在車上的楚靈王眼前一黑,從車上栽了下來。

大家一擁而上,將楚靈王扶了起來,掐人中、扇耳光折騰了一陣,楚靈王才慢悠悠地醒來。

楚靈王顯現出一種絕望的目光,一種人們從來沒有見過的目光。所有人都被這樣的目光所感染,誰也沒有說話。

「人之愛其子也，亦如餘乎？」（《左傳》）楚靈王輕輕地問，語氣中全然沒有素日的強橫。「人們愛自己的兒子，也像我一樣嗎？」

「比您有過之而無不及啊，像我這樣老而無子的人，死後一定無人安葬，被扔在山溝裏做孤魂野鬼啊。」一個侍衛接口說，十分淒涼。

「看來，我殺別人的兒子太多了，是應該落到這一步的啊。」楚靈王哀歎，不管怎樣，他還在反思。

楚國的君主這一點好，他們有反思的遺傳基因。

楚靈王看看周圍，看到了子革。

「子革，你是個好人，可惜我沒有聽你的。」楚靈王苦笑一下，表示歉意。

「大王，事情也許並沒有想像的糟糕。我們不如就停留在這裏，等待事態明朗。」子革這個時候還在為楚靈王出主意。

「算了，眾怒不可犯，沒有人會擁戴我了。」楚靈王說，他現在終於明白了自己的處境。

「那，我們占據一座大城，然後向諸侯求援？」

「別逗了，哪個諸侯願意幫助我？」楚靈王再次苦笑。

「大王，那麼流亡怎樣？說不定今後還有機會。」

「唉，我已經沒有天命了，何必要自取其辱呢？」楚靈王搖搖頭，對子革說：「子革，你走吧，不要浪費了你的才幹。」

子革沒有說話。

楚靈王突然站了起來，高聲喊道：「都走吧，是我拖累了大家，你們都走吧，不要讓我再拖累你們，走吧。」

人群漸漸地散開，有人開始哭起來。楚靈王雖然貪婪暴虐，可是對手下一向是不錯的。

哭聲漸漸遠去，楚靈王的身邊，只剩下御者和那個老侍衛。

「大王，去哪裡？」御者問。

「順著夏水走吧，看看哪裡是我的歸宿。」楚靈王黯然地說。其實，他已經知道自己的歸宿在哪裡。

楚靈王遇上了一個人，這個人叫申亥。

「大王，終於找到您了，到我那裏去吧。」申亥說。

「你，你是誰？你為什麼幫我？」楚靈王有些高興起來，畢竟著世界上還有一個人喜歡自己。

「我是申無宇的兒子申亥，我父親生前幾次頂撞您，您都原諒我父親，您的大恩大德我時刻記在心上，請讓我報答您。」申亥說。原來，他是申無宇的兒子。

「申無宇是個好人哪。」楚靈王說，他跟著申亥走了。

於是，楚靈王來到了申亥的家。

「大王，您要什麼，儘管吩咐。」申亥說，他把家裏最好的東西都給了楚靈王使用，包括自己的兩個女兒。

楚靈王拒絕了，他什麼也不需要。

「申亥，你知道最讓我傷心的是什麼嗎？」楚靈王問申亥。

「三個弟弟聯合造反？」

「不是，那只是讓我失望。」

「失去了國家？」

「也不是，那只是讓我遺憾。」

「那，是什麼？」

「失去了我的兒子，我就覺得活著已經是多餘的了。」楚靈王說得萬念俱灰，忍不住失聲痛哭起來。

在申亥的家裏，楚靈王不吃不喝，日夜痛哭。

終於，到了五月二十五日，楚靈王上吊自殺。

申亥埋葬了楚靈王，還用自己的兩個女兒殉葬。

申亥，過分了一點。如果他的父親在，一定不會這樣做的。

總結一下楚靈王。

楚靈王是一個強橫的君主，他的缺點和優點同樣突出。

他的缺點是太貪，貪得無厭。小到跟穿封戌這樣的小軍官爭戰功，中到搶奪自己臣子的財產，大到滅自己的屬國，甚至還要搶奪周朝

096

的大鼎。貪得無厭，因此不停地驅使自己的人民，令人民難以承受，最終激起眾怒，被人民拋棄。

楚靈王的優點是大度，能夠容忍賢人。穿封戌、申無宇這種敢於當面斥責他的人他能容忍，子革這樣勸諫他的人他能欣賞，其度量值得一贊。《左傳》中叔向也這樣評價楚靈王：「王虐而不忌。」意思是楚靈王雖然暴虐，但是有心胸、有度量。

也正是有了大度這樣的優點，楚靈王才能夠在位十二年。

嚇死膽小的

楚靈王沒有回到郢都，沒有人知道楚靈王去了哪裡。

子干、子皙和公子棄疾依然留守在魚陂，公子棄疾曾經試探性地建議進軍郢都，子干、子皙斷然拒絕了：「不行，萬一楚王回去了，怎麼辦？」

公子棄疾已經看得非常清楚，這兩位哥哥膽小如鼠。

對付膽小鬼，公子棄疾知道用什麼辦法。

每天都有壞消息傳到魚陂，大致是說楚靈王正率領大軍殺來。

壞消息有的時候在白天傳來，有的時候在晚上傳來。每次壞消息到的時候，都能引起魚陂城裏的騷動。

子干和子皙每天都會受到驚嚇，有的時候半夜被叫起來，做逃命的準備。沒辦法，從小的時候，圍哥就經常欺負他們，他們對楚靈王的畏懼是在骨子裏的，抹都抹不去的。

五月十七日。

滿城都在傳說楚靈王已經帶兵攻到了城外，隨時殺進城中。

子干和子皙再次陷入慌亂之中。

「棄疾呢？快找棄疾來。」兄弟兩個都沒有主心骨，這個時候只能依靠公子棄疾了。

公子棄疾沒有來，蔓成然來了，急急忙忙地來了。

「看見棄疾了嗎？」子干急忙問。

「別提了，公子棄疾他，他……」說到這裏，蔓成然說不下去了。

「他怎麼了？」子干子皙急忙問。

「楚王已經攻到了城下，城裏的楚軍又都叛變了，叛軍殺死了公子棄疾，人頭都提走了。現在，叛軍正在向這裏開進，說是要捉拿兩位去見楚王。」

「啊？」子干倒吸一口涼氣，子皙也倒吸一口涼氣，一共是兩口涼氣。

「那，那怎麼辦？投，投降行嗎？」子干、子皙異口同聲地問，惦著怎樣活命。

「就算楚靈王同意，這幫叛軍也不會同意啊。我看，早做安排吧，這樣還可以免於屈辱。我，我就不陪了，我先找地方上吊去了。」蔓成然說得誠惶誠恐，轉身就要出去。

就在這個時候，又有人急急忙忙跑了進來。

「不好了，不好了，他們殺過來了，就到了。」來人驚慌失措地喊著。

子干和子皙嚇得縮成了一團，對視一眼，然後作出了決定。

「我們上吊吧。」兄弟兩個說。

說完，兩人開始找繩子。

「我這有多的，給你們。」蔓成然早有準備，遞過來兩根繩子。據說，是晉國進口的。

蔓成然出去了，他要到外面喝口小酒，然後回來收屍。

蔓成然的任務完成得非常好。

蔓成然的表演非常成功。

蔓成然的繩子非常結實。

當兩具屍體從房樑上卸下來的時候，沒有人會懷疑這一切都是公子棄疾在導演，也沒有人會反對公子棄疾名正言順地成為楚國國王。

現在，公子棄疾就是楚王了，楚平王。

「老蔓，我還需要一具屍體。」楚平王佈置了新任務。

「知道了。」

蔓成然心領神會。

第二天，人們從漢水打撈上一具屍體，這具屍體穿著王服帶著王冠，很顯然，這就是楚靈王。

於是楚平王宣佈楚靈王已死。

楚國平定了。

楚平王進入郢都，接管了楚靈王的一切。

作為獎賞，蔓成然（子旗）成為新任的令尹。

所以，演技，有的時候是很重要的。

楚平王

楚平王倒是個比較寬厚的人，他登基之後，立即實行大赦，從國庫拿出財物賞賜群官，允許被遷移的百姓回到自己的故鄉，廢除苛捐雜稅。

楚平王不喜歡戰爭。

「撤軍。」楚平王命令徐國前線的楚軍撤軍。

楚軍一片歡呼，立即撤軍。

不幸的是，這個時候吳國軍隊尾隨而來，結果在豫章追上楚軍，楚軍慘敗，五名將領全部被活捉。

此後，吳國人得寸進尺，占領了楚國的州來，令尹蔓成然建議攻打吳國，楚平王沒有同意。

「算了，楚國這些年來一直在折騰，百姓已經厭倦了戰爭，而我還沒有安撫百姓，沒有來得及侍奉鬼神，也沒有完成戰備，在這樣的情況下徵用民力，如果失敗了就追悔莫及了。州來在吳國人手裏，就算是借給他們吧，遲早要還的。」楚平王他寧願忍了。

對於功臣，楚平王是有恩必報的。

儘管觀從是子干的人並且曾經勸說子干先下手殺掉楚平王，楚平王還是找到了觀從，並且告訴他說：「你有什麼要求？我都滿足。」

「我的祖先曾經做過卜尹的助手，祖祖輩輩的願望就是能夠當上卜尹。」觀從的理想倒不算太高，這一點比較容易理解，譬如店小二兒子的夢想多半是當上廚師，死刑犯則會留下遺囑讓自己的兒子考獄警。

「好，現在你就是卜尹了。」楚平王讓觀從實現了自己的夢想。

除了觀從，所有跟隨楚平王造反的人都得到了封賞。

楚平王恢復了蔡國和陳國，找到了兩個國家君主的後代擔任國君，同時任命朝吳為楚國駐蔡國總管，代表自己監管蔡國。

順理成章，楚軍在陳、蔡、不羹的三千乘戰車被撤回國內。

其實，楚平王也是個講感情的人。

楚平王登基幾年後，申亥帶著楚靈王的靈柩來告訴楚平王，於是，楚平王以王的規格改葬了楚靈王。

需要單獨說一說的是楚平王的愛情故事。

當初在蔡國的時候，楚平王平易近人，經常微服私訪，結果在一次外出中遇上了一個蔡國姑娘，姑娘美麗大方，公子風流倜儻，結果是兩人一見鍾情，再進一步發生了一夜情。後來那位蔡國姑娘乾脆私奔到了楚平王那裏，兩人就這樣同居了。再後來，他們生了一個孩子熊建。

等到楚平王登基的時候，楚平王不顧孩子他娘的出身和名分，毅然讓蔡國姑娘做了夫人，立熊建為太子，就是太子建。他為太子建任命了兩個老師，他們是伍奢和費無極。

總的來說，楚平王是個重感情的人。

楚國從此不爭霸

子革是受楚靈王賞識和重用的人，楚平王同樣對他很賞識。

登基第二年，楚平王派子革到楚國西部的宗丘選拔人才並訓練西部的軍隊，同時安撫當地百姓。按照楚平王的佈置，子革在西部賑濟窮人、撫養孤兒、贍養老弱、減免稅賦、選拔賢能。同時，與西部鄰國和睦相處、友好往來。於是，整個楚國的西部平穩下來，而西部邊

境也安定下來。

子革在西部做得不錯，於是楚平王命令屈罷把西部的模式，複製到東部，東部因此也很快安定下來。

「我宣佈，楚國堅決反對一切霸權主義，我們保證五年之內不會對外用兵，希望全世界和平相處。」楚平王作出了和平承諾，向各個國家宣佈。

「時代變了，老虎都不吃人了？」全世界驚呼，感到不可思議和難以相信。

可是，事實上，楚國人確實不打仗了。

楚平王對於大臣們相當寬容。

登基當年，為了獲得諸侯們的信任，楚平王派枝如、子躬出使鄭國，把楚國占領的鄭國的犨（音抽）、櫟兩地還給鄭國。

子躬還沒到鄭國，鄭國駐楚國地下辦事處的線報就到了，說是楚平王要派子躬把犨、櫟兩地還給鄭國，鄭國人非常高興，於是熱情接待了子躬。

可是子躬這人打了個小算盤，也不知道是要爭表現還是真心愛楚國，總之，到了鄭國之後絕口不提這件事情，一直到訪問完畢要回國的時候，鄭國人忍不住了。

「我們聽說，楚王要把犨、櫟兩地還給鄭國，不知道有沒有這事？」鄭國人不好明問，拐個彎問。

「是嗎？我不知道啊。」子躬裝起糊塗來。

回到了楚國，子躬來見楚平王覆命，楚平王就問起犨、櫟兩地的事情。

「我犯了錯誤了，我違抗了大王的命令，沒有還給他們，請懲罰我。」子躬一邊說，一邊脫衣服，作出準備挨板子的架勢來。

楚平王有點哭笑不得。

「算了算了，你也是好意。這樣，你先回家休息吧，以後有出使的事情，我再派你去吧。」楚平王說，算是沒有追究他。

不過那以後，子皙再也沒有得到這樣的機會了。

楚平王並不願意殺人，可是，有的時候，他還是不得不殺人。

楚平王能夠成為楚王，令尹蔓成然功不可沒。在當上令尹之後，蔓成然就有些飄飄然了，他認定楚平王是個寬厚的人，也就是說是個可以欺負的人，所以，他有些得意忘形了。

蔓成然一開始是小貪，後來漸漸演變為大貪，楚平王看在他昔日的功勞上，對他是一再忍讓，而蔓成然卻毫不自覺。後來，蔓成然和養由基兩大家族勾結在一起，欺行霸市，賣官鬻爵，幹了很多壞事。直到有一天，楚平王忍無可忍了。

「老蔓，你，你太不自覺了。」楚平王終於攤牌了。

「我，我怎麼了？大王，有誤會啊。」蔓成然還有些不在乎。

「誤會？誰跟你誤會？」楚平王發火了，他將自己調查到的蔓成然和養家勾結在一起的一系列腐敗行徑一五一十說了一遍，聲音越來越高，火氣也越來越大。

蔓成然聽得一身冷汗，到現在他才明白楚平王不是那麼好欺負的，到現在他才回想起來楚平王當初的冷靜和果斷以及冷酷無情。

「大王，我，我錯了。」蔓成然服軟了，他想起子干、子皙的屍體，他懷疑自己也會是同樣的下場。

他想對了。

「老蔓，罪孽深重，我也救不了你。不過，你放心，你伏法之後，我會好好待你的兒子。」楚平王說。這段話有兩個含義：第一，我是個重感情的人，殺了你，還會對你兒子好；第二，如果你把當初嚇死子干、子皙的事情說出來，你兒子也沒有好下場。

懷柔與威脅，恰到好處地結合在了一起，既體現人性關懷，又帶著威脅恫嚇。

蔓成然無法抗拒，他也知道自己已經沒有選擇。

蔓成然就這樣死了，楚平王沒有食言，把他的兒子鬥辛封在了鄖地。

而養家就沒有這麼幸運，因為楚平王沒有給他們承諾的義務。於是，養家全族被滅，養由基的後代就這樣不復存在了。

而楚國，就這樣戲劇性地退出了霸權的爭奪。

那麼，晉國人呢？他們這段時間怎樣對待自己的霸業呢？

第一七一章
偽君子韓起

自從欒家被滅之後，晉國就只剩下了六大家族，六卿配六大家族，倒是個絕配。這下好了，從前坑少蘿蔔多的問題得到了解決，每家保證都有一個卿的席位。

問題是，這樣一來，卿就成了名副其實的世襲制了。

既然大家都有了世襲的卿位，利益衝突一時就小了很多，於是，晉國出現了多年不見的和諧局面。

所以，和諧與否取決於坑和蘿蔔的數量。

晉國這個時候的六卿分佈是這樣的：中軍帥韓起、中軍佐趙成（趙武之子）、上軍帥中行吳、上軍佐魏舒、下軍帥范鞅、下軍佐智躒。

其中，韓家和趙家是世交，韓起和趙成的關係很鐵；中行家和范家也是世交，中行吳和范鞅也走得很近；智家和中行家是同宗，再加上智躒歲數小，一般也就跟中行吳交往多一些；魏家是後進的家族，再加上魏舒當年和欒家關係比較近，所以魏家略顯單薄，魏舒也很小心地與各家保持著距離。

六卿當中，趙成比較老成，身體也不好，所以一向比較低調；魏舒不用說，處處小心，能不出頭就不出頭；范鞅自從欒家滅了以來，收斂了許多；而智躒歲數較小，身體也不太好，因此遇事能躲則躲。

弄來弄去，六卿當中也只有韓起和中行吳出頭了。

韓起，家教不錯，在乎名聲，但是骨子裏很貪；中行吳，典型公子哥兒，能力一般，喜歡扮酷，還喜歡搞搞新意。

基本上，這段時間，晉國就靠這兩位來折騰了。

調包計

韓起有很好的家教，所以他懂得謙讓。

趙武能夠當上中軍帥，就是因為韓起的謙讓。所以在趙武去世的時候，點名要韓起接任中軍帥。實際上，作為中軍佐，也該輪到韓起了。

在楚靈王登基的那一年（前541年），韓起成了中軍帥。

第二年春天，韓起前往魯國訪問。這是一個慣例，新任中軍帥會去幾個最親近的國家聘問，以表達對友邦的尊重。

韓起首先來到了魯國，在魯國，韓起參觀了魯國太史的家，看到了《易》、《象》以及魯國的史書《魯春秋》，感慨「周禮盡在魯矣」。

隨後，魯昭公和季文子分別設宴款待韓起，席間，雙方各自吟誦《詩經》，韓起舉止得體、談吐大方，所用的詩都很恰當，因此受到魯國人的高度評價。

從魯國出來，韓起又去了齊國。

齊國同樣是安排了兩場宴席，一場由齊景公宴請，另一場由卿大夫們宴請。

在卿大夫的宴席上，子雅和子尾分別把自己的兒子子旗和子強叫來，請韓起看看。

「嗯，你們這兩個兒子都保不住自己的家族。」韓起觀察了一陣，得出這樣的結論。

子雅和子尾都有些尷尬，齊國的大夫們則對韓起的判斷嗤之以鼻。

「韓起是個君子，君子心誠，他說的是有道理的。」只有晏嬰一個人支持韓起的判斷，實際上，他有同樣的判斷。

至少在這個時候，韓起還是個君子。

可是，這個君子，也就到這裏為止了。

從此之後，韓起還是個君子，不過，是個偽君子了。

韓起從齊國回來之後不久，又去了一趟齊國，這一趟是迎親去了，晉平公娶了齊景公的女兒少姜做夫人，因此派上卿去迎親。

少姜到了晉國，深受晉平公喜愛。可惜的是紅顏薄命，沒幾個月，竟然中風死了。晉平公傷心欲絕，而齊景公聽說了，決定再把一

個女兒嫁過去。

就這樣，第二年，韓起又去齊國迎親了。

如果說前兩次來的那個韓起還是個君子，那麼，這一次來的韓起就已經是偽君子了。

在趕走了慶封之後，子雅和子尾成了齊國最有權勢的人，而子尾和韓起的關係不錯。

韓起去迎親，齊景公派了子尾去送親。於是，韓起和子尾兩人帶著齊景公的女兒，從齊國出發到了晉國。

進入晉國，齊國送親的人紛紛回去，就只剩下了子尾。到這個時候，子尾有話要跟韓起說了。

「元帥，有事跟你商量下。」子尾來到了韓起的帳篷裏，提著兩個大包，把包打開，裏面都是財寶。

「這，你這是什麼意思？」韓起有些吃驚。

「不成敬意，不成敬意。」

「你太客氣了。」韓起猶豫了一下，還是收下了。

韓起是個聰明人，在齊國的時候，子尾就對自己非常客氣，而且已經送了不少東西。如今又登門送禮，肯定有什麼事情要求自己了。

果然，子尾堆著笑說：「元帥，承蒙你不把我當外人，我真是好榮幸好榮幸。有件事情，我想請你給我拿個主意。」

「什麼事，你說。」

「咱閨女今年不是十五歲了嗎？論長相那是沒得挑，再加上咱家的地位，說實話，一般人家來求親，咱看都不看他一眼。」子尾突然說起了自己的女兒，韓起一聽，心想這是要向我提親？可是我兒子都大了，孫子還太小，不合適啊。

「那，要不，我幫你物色物色？」韓起覺得這個事情倒不難，晉國六卿家族肯定有合適的，到時候自己還能賺一筆媒婆錢。

「嘿嘿，元帥，那就不用麻煩了。其實啊，我已經物色好了一家。」

「啊，恭喜啊，哪一家？」

「嘿嘿，元帥，雖然我物色好了這一家，可是還需要元帥批准啊。」

「我批准？夥計，開玩笑吧？」

「不開玩笑，只要元帥同意，咱女兒就能嫁過去，這一輩子就算衣食無憂，幸福美滿了。元帥，怎麼樣？同意嗎？」

「同意，當然同意。」韓起順口說道。

「那，那什麼，既然元帥開了金口，那我就說了。」子尾囉囉唆唆，終於到了正題：「這不是你們國君就喜歡齊國的夫人嗎？我想好了，我女兒嫁給你們國君就最合適了。」

到這裏，韓起才知道子尾竟然打起了晉平公的主意。

「可是，上次少姜嫁過去的時候已經有了媵，這次沒有媵了。」韓起有些為難，上次少姜嫁過去的時候帶了兩個媵，少姜死了，兩個媵還健在，所以這次就沒有媵。雖說是多送個媵也不吃虧，可是不合禮法啊。

「什麼媵啊？咱閨女能做媵嗎？我的意思，把咱閨女頂替我們國君的女兒嫁過去。」子尾的話一說出來，把韓起嚇了一大跳，這不是掉包嗎？這怎麼行？

「那，那你們國君的女兒怎麼辦？」韓起問。

「不瞞您說，我原來已經給我女兒訂了一門親事，是宋國的，我們國君的女兒就送到宋國不就行了？」子尾想得還真周到，讓自己女兒去晉國做國君夫人，國君的女兒送到宋國做宋國大夫的兒媳婦。

「這……恐怕不行吧？」韓起原本要斷然拒絕，可是看著地上的禮品，又有些不忍心。

「怎麼不行？元帥，咱們可是好朋友，這個忙一定要幫啊。再說了，我女兒也不比少姜差啊，我帶在路上了，現在就在門口呢，我叫進來給你看看。」子尾說完，也不等韓起回答，對著大帳外面就喊上了：「閨女，進來吧，說妥了。」

帳門打開，帶著一股大蔥味，子尾的女兒走了進來。

韓起一看，子尾的女兒長得確實不錯，禁不住點了點頭。

「元帥，怎麼樣？咱閨女長得不賴吧？咱們的關係，我閨女就是你

閨女，今後咱閨女當了夫人，就等於元帥當上了國君的老丈人啊。閨女，來，給你韓爹行個禮。」子尾也不管韓起同不同意，直接給女兒認了乾爹。

「乾爹，女兒有禮了。」子尾的女兒挺機靈，一點沒有害羞，上來行禮叫爹。

韓起看看，禮也收了，爹也當了，怎麼辦？

該怎麼辦就怎麼辦吧。

曲徑通幽計

偷換了子尾的女兒，韓起開始還在擔心自己是不是會受到良心的譴責，以至於睡不好覺。可是他很快發現，自己吃得香、睡得熟，沒有一點後遺症。

「嗯，看來我還是有潛質的。」韓起很高興，他知道自己完全具有成為腐敗分子的潛力，實際上，自己已經腐敗了，也並沒有感到慚愧。

既然開始了，索性繼續吧。

州縣當初是欒家的地盤，後來欒家被滅，范匄、趙武和韓起都瞄上了這塊地，三個人還為此爭吵過，最後大家都沒要，還給了公室（見第四部第一五一章）。現在，范匄和趙武都沒了，韓起成了老大，就又想起這塊地來了。

直接去找晉平公要？那就太沒有技術含量了。

聽說晉平公娶了新夫人，鄭簡公急忙帶著公孫段（伯石）來到了晉國當面祝賀。除了祝賀，還有一件事情要請示，那就是楚平王登基之後準備搞聯合國大會，鄭簡公不去吧，怕得罪楚平王；去吧，又怕得罪晉平公，因此前來做個請示。

鄭簡公就住在了國賓館裏，公孫段沒有，他住到韓起家裏來了。想當年的時候，公孫段的父親子豐和韓起的父親韓厥關係很好，所以，子豐家族的人到晉國來，都會住到韓家。

看見了公孫段，韓起想到了一個好辦法。

「伯石，你們的難題，我能幫你們解決。不過，你要幫我一個忙。」韓起設宴招待了公孫段，一邊喝酒，一邊說。

「元帥，有什麼你儘管吩咐，只要能做到的，刀山火海也敢上。」公孫段當然不能推辭。

「咱們兩家的關係，幫忙也不能讓你吃虧啊，這個忙啊，雙贏。」

「那敢情好。」

當時，韓起如此如此這般這般，把自己的計畫說了一遍，公孫段聽得喜笑顏開。

第二天，韓起帶著鄭簡公和公孫段去見晉平公。按著慣例先要把禮儀程式走完，無非是你拍馬屁我唱讚歌，你當小弟我當大哥。

公孫段的表現出乎意料的好，不僅恭敬有禮，而且應對得體，連《詩經》也運用得爐火純青。

「哎呀，這小子打雞血了？」鄭簡公大吃一驚，因為公孫段這人一向就很粗俗，今天怎麼這麼出色呢？他自然不知道，這些都是頭天晚上韓起幫著準備好的。

別說鄭簡公，連晉平公也感到意外，怎麼以前沒聽說鄭國還有這樣的人才啊？禁不住對公孫段刮目相看。

「主公，公孫段是個人才啊，當年他父親就是著名的親晉派，如今他又這麼尊重您。我看啊，州縣這個地方與鄭國接壤，乾脆就封給他算了，這樣，鄭國人民一定更親近我們。」韓起當著鄭簡公和公孫段的面，提出了這個建議。

韓起親自開口，又是當著人家的面，這要是不答應，在場的四個人都沒面子。再說，韓起說得也有道理啊。

「好！韓元帥不說，我也有這個想法啊。」晉平公眼都沒眨一下，當即把州地賞賜給了公孫段。公孫段也沒有推辭，拜謝之後，算是把州地拿到手了。

趁著大傢伙兒都高興，鄭簡公又提個問題出來：「楚國天天派人來

問我們什麼時候去朝拜他們的新國君，煩死了。可是，如果不去，又違背了當年在宋國訂立的盟約；去吧，又怕您會認為我們有二心了。那倒是去，還是不去？想請您給個指示。」

晉平公一聽，這還真是個問題，想了想，沒想明白，問韓起：「元帥，那你說說，倒是該去，還是不該去？」

韓起也假裝思索了一下，然後對鄭簡公說：「這個，可以去。如果您心向我國，去朝拜楚國又有什麼呢？無非是實踐盟約而已。如果你們心中沒有我國，就算天天來朝拜我們又有什麼意義呢？去吧，去楚國朝拜吧，只要心中有我國，朝拜楚國也等於朝拜我們。」

韓起的話，充滿哲理而又感人至深。

但實際上，都是利益交換。

鄭簡公很感動，晉平公也很高興，而韓起和公孫段對視一眼，會意一笑。

四年之後，公孫段去世，去世之前，特地叮囑子產把州縣還給韓起。注意，還給韓起，而不是還給晉國。

韓起拿到州縣，假模假式去找晉平公，說是鄭國非要把州縣給自己，自己大公無私，想要還給國家。晉平公被搞得很感動，當即宣佈「既然人家給你，你就當仁不讓了吧」。

就這樣，韓起拐了一個彎，曲線拿到州縣。不過，韓起擔心被人說，索性再轉一個彎，用州縣交換了宋國大夫樂大心的原縣。

關於晉平公把州縣送給公孫段，《左傳》上的「君子」這樣評說：禮，其人之急也乎！伯石之汰也，一為禮于晉，猶荷其祿，況以禮終始乎？《詩》曰：「人而無禮，胡不遄死。」其是之謂乎。

簡單翻譯過來是這樣的：禮這個東西很重要，公孫段平時吊兒郎當，偶爾一次注意了禮，就得到了晉平公的賞賜，那麼自始至終講究禮的人呢？《詩經》寫道：「人要是不懂禮，還不如快點去死掉。」大概就是說的這種情況吧。

《左傳》裏的「君子」實在是個老實人，類似這樣被人騙還要給人唱讚歌的事情還真不少。

雁過拔毛

以韓起為首的六卿領導下的晉國不敢對抗強橫的楚國，但是對於周邊的盟國甚至周王室都很不客氣，典型的欺軟怕硬。

晉平公二十二年（前536年），也就是楚國滅陳國的第二年，發生了一件事情。

有一塊地方叫做閻，原本是王室的地盤，後來給了晉國。也不知道怎麼回事，王室的甘大夫跟晉國閻地大夫閻嘉為了閻地的一塊地爭起來了。

說到這裏，順便說說閻姓起源。閻姓都出於姬姓，分別出於太伯、周昭王和晉成公，都以封地為姓。閻姓奉太伯的曾孫仲奕為得姓始祖，不過人數以晉成公後代為多。（《史記》：太伯無子。）

兩邊爭地，韓起自然向著自己這一邊，但是又不好出兵，於是命令晉國大夫梁丙、張趯（音替）從陰戎那裏借兵，攻打了周王室的潁地。

周王很憤怒，於是派了大夫詹桓伯到晉國，找到韓起並指責他們。

詹桓伯說：「當初歷代周王封自己的弟弟做諸侯，就是為了保衛王室。可是如今你們把王室當成帽子一樣隨便亂扔，還勾結戎人來打我們，你們的良心都被狗吃了？」

如果說這一套對趙盾這樣的人不靈的話，對韓起這樣要面子的人來說還是很管用的。

當時恰好周王室有人去世，韓起就派人去弔唁，順便把閻地的那塊地給了王室，把攻打潁地的俘虜也還給了周王室。

周王一看，這位改正錯誤還算及時，咱也要給人家面子啊，於是把甘大夫也給抓起來，送到了晉國。韓起索性好人做到底，把甘大夫恭恭敬敬又給送回了周王室。

這件事情就算過去了，不管怎麼說，韓起至少還是一個顧及面子的人。

到第二年，晉平公鞠躬盡瘁了，太子姬彪繼位，就是晉昭公。

老國君去世，新國君繼位，各個盟國自然都要前來弔唁和祝賀了。於是，又發生了一件事情。

鄭國上卿子皮前往晉國弔唁，除了弔唁，還準備把祝賀晉昭公繼位的事情一塊辦了，算是二合一，省得再跑一趟。於是，準備了一百輛車的財禮。

「不要這樣啊，哪有這兩件事情一塊辦的？省省吧，就去弔唁，什麼財禮也用不著。」子產來勸他，心說你這不等於邊吃飯邊拉屎嗎？

「應該沒問題吧？就算不能祝賀新君繼位，再把財禮拉回來就行了。」子皮堅持，結果就帶著財禮去了晉國。

到了晉國，各國上卿都到了，大家都帶著財禮，大家的意思都差不多，想要弔唁完了晉平公就去給晉昭公賀喜。只有一個人例外，那就是魯國的叔孫婼，他認為這樣的做法不合禮法。

誰是正確的？

「各位，弔唁已經結束了。大家現在提出來要為新國君賀喜，可是我要遺憾地告訴大家，這是不可能的。為什麼呢？因為我們的國君還沉浸在痛苦之中，如果換上禮服來接待大家，與禮不合，我們還在喪禮中；如果還穿著喪服來接見大家，那等於又一次接受大家的弔唁了。所以各位，這次活動到此為止，不留大家了，祝大家一路平安。」負責接待的叔向出來拒絕了大家向新國君賀喜的請求，一番話合情合理，讓大家都無話可說。

打道回府吧。

來，容易；走，就沒有那麼簡單了。

除了叔孫婼，大家都是帶著財禮來的，原本準備獻給晉昭公的，如今獻不成了，晉國的卿大夫們也不能讓大家就這麼回去啊。

於是，一家一家的，六卿和大夫們就都來看望各國使者了，說是看望，實際上是來看望他們的財禮來了，有明說的，有暗示的，有威脅的，有感化的，總之，大家的目的只有一個——把財禮留下。

子皮的一百車財禮，愣是一車也沒拉回來，都被晉國人給搜刮

了。子皮這叫一個後悔，回到鄭國還到處說「非知之實難，將在行之。夫子知之矣，我則不足」(《左傳》)。什麼意思？知道道理並不難，難的是按照道理去執行。子產懂得這個道理，我就不行。

不過從那以後，全世界都知道晉國是個雁過拔毛的地方了。

第一七二章
欺軟怕硬的盟主

晉昭公三年（前 529 年），也就是公子棄疾登基為楚平王那一年。

楚國劇變，意味著世界形勢又有了變化，什麼樣的變化？

眼看兩個超級大國都在內耗中衰落，天下諸侯逐漸有了二心，對兩個超級大國不大在意了。

晉國的叔向感受到了這一點，從各國到晉國的使者的態度上，他已經明顯地感受到晉國的威權正在受到嚴重的藐視。

「元帥，咱們必須要向全世界示威了，否則諸侯們就不把土地爺當神仙了。」叔向向韓起提出建議。

「就是，我也有這個意思。」

兩人一拍即合，於是決定在七月二十九日在邾國南部舉行同盟國軍事演習。

不賄賂，吃垮你

按照計畫，除了邀請中原盟國參加軍事演習之外，韓起還派人前往吳國，邀請吳王與晉昭公在良地（今江蘇邳縣）會面，然後出席軍事演習。

吳王答應了會面，不過最終再次爽約，因為吳王考慮再三，覺得跟中原大忽悠會面不會有什麼好事。

七月二十九日，聯合國軍事演習在邾國南部舉行，演習代號為「正義行動」，以南方某大國為假想敵，假設某盟國遭到南方某大國偷襲，聯合國軍隊緊急部署，援助該國抗擊南方某大國的侵略。

這次演習，晉國出動戰車四千乘。

除了晉國軍隊之外，各盟國也都出動了數百乘戰車，總戰車數量接近六千乘。那麼，粗略計算，這次演習人數約為四十五萬人，毫無

疑問，這是當時世界上最大規模的軍事演習。

由此大致也可以看出，晉國與楚國在軍隊人數上基本持平，軍事實力上旗鼓相當。

軍事演習空前成功，史無前例地成功。

軍事演習結束之後，照例，要召開盟會，盟會地址就在衛國的平丘。

軍事演習一切順利，但是到了盟會，問題就來了。

叔向有個弟弟叫羊舌鮒，平時兄弟兩人關係一般，不過由於叔向和韓起的關係非常好，羊舌鮒有事沒事也去跟哥哥套個近乎。

此次軍事演習，羊舌鮒也作為公族大夫隨軍參加。軍事演習剛剛結束，司馬趫（音替）飲酒過量而死，被追認烈士之後，要任命新的司馬。羊舌鮒看到了機會，於是去找韓起跑官要官，看在禮物和叔向的面子上，韓起任命羊舌鮒為代理司馬。

盟會期間，晉軍並沒有撤回晉國，而是就地駐紮在衛國，要對盟國形成心理威懾。這下，衛國人倒楣了，三十萬大軍那可不是鬧著玩的，吃也把你吃垮了。盟會要開上個十天半月的，這國家估計要兩三年才能緩過勁來。

這時候的衛國上卿是北宮喜，此時此刻是怎麼也喜不起來了，整天發愁，祈禱著盟會早點結束，能流產最好。心裏鬱悶，表面還要裝作非常熱情好客的樣子。越這樣，心裏就越鬱悶。

正在鬱悶得不得了，羊舌鮒來找了。

「哎喲，司馬來了，有什麼指示？」北宮喜強顏歡笑，打個招呼，現在他煩死了晉國人。

「北宮，你也忙，我也忙，咱們小胡同趕豬，直來直去吧。事情是這樣的，你看，我們晉國為了各個國家的利益，每年耗費大量的軍事開支，兄弟們水裏來火裏去的，都不容易。我想給兄弟們謀點福利，可是你也看到了，我窮得叮噹響，那什麼，貴國身為東道主，是不是出點血，犒勞犒勞兄弟們？」羊舌鮒一點沒拐彎兒，就是來索賄來了。

北宮喜一聽，原來還擠出的那點苦笑是怎麼也擠不出來了，只有苦沒有笑了。

「司馬啊，不是我們不肯啊，我們也知道你們辛苦，可是，我們衛國不能跟晉國比啊，我們是小國屁民，全國人口加起來還不如你們的軍隊人數多呢。你看看，你們這幾十萬大軍往這裏一住，吃喝拉撒我們都得管，我們已經是咬緊牙關勒緊褲帶了，再要別的，我們可真就有心無力了。」北宮喜拒絕了，一方面是真的難以承受，另一方面也是憋了一肚子火無處發洩。

「嘿嘿嘿嘿。」羊舌鮒沒有多說，走了。

羊舌鮒很惱火，非常惱火。他算了一個簡單的賬，賄賂韓起花了多少錢，那麼，該賺回來多少錢才算不虧，再多賺多少才夠下次繼續賄賂用的。如今，錢花出去了，司馬也當上了，不過是個臨時的，如果不抓緊機會賺回來，那可就不合算了。

「不給？不給老子整死你。」羊舌鮒咬著牙，他有辦法。

通常，有辦法花錢的人，都有辦法賺錢。

通常，有辦法賄賂的人，也都有辦法索賄。

所以，買來的官，一定會變本加厲地把買官的錢賺回來，並且準備夠下一次買官的錢。

盟會還沒有正式開始，晉國軍隊就已經到處亂砍濫伐了。三十萬人哪，衛國那點兒樹哪裡夠砍的？北宮喜一看這形勢，要這麼下去，等盟會開完，衛國就成烏禿國了。

於是，北宮喜來找韓起投訴了。

「噢，這個，我軍要修建營壘，還要取暖，所以砍你們一點兒樹，多多體諒。」韓起回答得堂而皇之，那意思是砍你們的樹很正常。

北宮喜這下傻眼了，才八月初，取什麼暖？分明就是故意要給我們顏色看啊。怎麼辦？趕緊賄賂韓起？可是，人家已經拒絕了，如果這時候再去賄賂，不太合適。

「我看，韓起很聽叔向的，不如賄賂叔向，讓叔向從中轉圜，大家

都好做。」大夫屠伯提出一個建議。

事到如今，也只好這樣了。於是，北宮喜趕緊準備了一箱錦緞，讓屠伯給叔向送去。

領了錦緞，屠伯又另外準備了一碗羊羹，以送羊羹為名義，找到了叔向。

「叔向啊，我們衛國一向是晉國的忠實跟班啊，而且永遠忠於晉國。可是如今貴國軍隊在我國砍柴，砍柴的方法跟從前大不一樣，您看，能不能幫忙給制止下？」屠伯有些急了，連寒暄都省略了。

叔向接過了羊羹，一口氣喝完了，表示他接受了對方的請求，不過，錦緞他沒有收下，還給了屠伯。

「我不瞞你，這件事情，前前後後都是羊舌鮒在搞鬼。這樣，你把這箱錦緞去給他，就說是貴國國君賞賜的，得到了賄賂，他肯定下令停止砍伐。」叔向給屠伯出了個主意，實際上他已經去找過羊舌鮒，要他管一管，可是羊舌鮒仗著韓起撐腰，竟然左推右推不肯去管。

屠伯知道叔向的為人，於是謝過之後，按著叔向的指點，把這箱錦緞送給了羊舌鮒。

「哎喲，太客氣，太客氣了。」羊舌鮒看見禮物來了，立即笑顏逐開，不等屠伯請求，自己主動吩咐軍吏：「傳我的命令，從現在開始，任何人動衛國一草一木，殺無赦。」

屠伯當時就想流淚，不是太感動，而是太感慨。

「太他媽腐敗了。」屠伯回去的路上，一邊走，一邊罵著。

不賄賂，拘留你

這一邊羊舌鮒忙著敲詐搜刮，那一邊韓起和叔向則忙著對付齊國人。

按照晉昭公的意思，這次要重申一下上一次的盟約，以便讓盟國擺正自己的位置，而韓起和叔向也是這個意思。

叔向於是找到了各國上卿，提出這個要求，其餘國家都沒問題，

只有齊國的國弱提出反對意見。

「算了吧？整天整這玩意兒，沒啥意思。」國弱說。齊國人已經越來越不把晉國人放在眼裏了，因此很不願意跟他們玩這種過家家的遊戲。

「不行，各國都已經同意了，只有你們反對，我奉勸你們要慎重考慮啊。」叔向態度強硬，他知道怎樣對付齊國人。

「這個，只有討伐生有二心的國家的時候才有必要重申盟約啊，現在大家好好的，算了吧。」看見叔向強硬，國弱的態度軟了下來。

「不行，這是規矩。如今我們守規矩，而你們不守規矩，後果自負。」叔向索性開始威脅。

「那，那什麼，俗話說：小國言之，大國制之。我們也就發表一下看法，最後還是按照貴國的要求去辦啊，我們同意還不行嗎？」國弱徹底軟了，國弱國弱，確實比較弱。

弱國無外交，就是從國弱這裏來的。

盟會的前兩天，晉軍再次舉行軍事演習，以恐嚇盟國。

八月七日，盟會開始。

與會各國發現一個問題，什麼問題？魯國人沒來。

「哎，魯國怎麼沒來？軍事演習他們也參加了啊，怎麼盟會不來了？」大家都覺得奇怪，誰不知道魯國是擦掉一切陪你睡啊，別的國家都不來，魯國也該來啊。

魯國為什麼沒來？不是他們不想來，是晉國人不讓他們來。

原來，魯國最近攻打了鄰近的邾國和莒國，結果兩個國家前幾天到韓起面前告了魯國一狀，當然是帶著禮物去的，於是韓起拒絕了魯國參加盟會。

韓起難道不能吃了原告吃被告，也敲詐魯國一下嗎？他不是不想敲詐魯國，也不是沒有去敲詐，而是魯國人不吃這套。實際上，魯國人儘管實行「擦掉一切陪你睡」的外交政策，不等於他們就沒有尊嚴，魯國人在骨子裏很清高、驕傲，寧可被冤枉，絕對不行賄。

就這樣，魯國國君魯昭公沒能參加盟會，而隨從前來的季平子（季文子之子）還被晉國人拘留了。

與會各國知道了這個情況，個個心寒，心說魯國這樣一根筋跟著晉國幹的國家竟然遭到這樣的待遇，跟晉國幹還有什麼意思。

據理力爭

盟會上，無非就是把一些陳芝麻爛穀子拿出來晾晾，你承認我的領土完整，我承認你的國家主權，你叫我姐夫好，我叫你舅子身體健康等等。

廢話說得差不多了，要開始重申盟約的時候，出了問題。

「等等，我有意見要提。」有人說話了，大家都很吃驚，於是去看這個人，誰？鄭國的子產。

對於子產，所有人都很尊重，包括晉國人。也就是子產，敢在這個時候打斷重申盟約的進程。

「啊，是子產，有什麼意見？請說。」叔向和韓起交換了一下眼神，然後很客氣地說。他和子產是非常要好的朋友。

「我聽說諸侯當年給周王的貢賦，是按照爵位的高低來的，爵位越高，貢賦越多。晉國是盟主，我們應該進貢，但是進貢也該講個公道。我們鄭國不過是伯爵，如今卻要我們跟齊魯宋衛這樣的公爵侯爵國家一樣水準，這太不公道。還有，天下太平了，應該少點軍事行動。每次軍事行動，我們都要額外進貢，幾乎每個月都有，而且沒有限度。今天我們重申盟約，就是為了保全小國。如果小國對大國的貢賦沒有止境的話，我們小國就沒有活路了。所以，決定我們小國生存還是滅亡，就在這次盟會了。」子產話說完，現場一片譁然。

跟盟主討價還價，找死！

和子產同來的鄭國大夫游吉嚇得面如土色。

「不行，你們鄭國不能搞特殊化。」韓起斷然拒絕。

「韓元帥，記得當初晉文公稱霸，靠的是信用。而如今貴國更加依

賴強權，蠻不講理，恐怕難以服眾。」子產面不改色，硬頂了回去。

韓起有些惱火，可是又不便發火，於是問叔向：「你怎麼看？」

「大家怎麼看？」叔向也不好駁斥子產，於是問大家。

「鄭國比我們還大，他們要減，我們也要減。」衛國的北宮喜搶先發言，他早就想說這樣的話，可是一直沒有膽量，如今算是借著子產的話頭，提了出來。

「不行，都不能減。要減，大家都減。」國弱接口了，齊國人就這樣，唯恐天下不亂。

一時之間，所有諸侯國中，要麼反對鄭國減少貢賦，要麼要求一塊減，總之，沒人同情鄭國。

等到大家都說了一遍，子產站了起來，擺了擺手，又說話了：「各位，你們不要跟鄭國比，因為你們沒法比。想想看，我們北面是晉國，南面是楚國，根據世界和平協定，咱們兩邊都要朝拜。你們不挨著楚國，想去就去，不想去就不去。可是我們鄭國是不能不去，也就是說，你們只給晉國進貢就行，可是我們還要給楚國準備一份。各位，摸摸良心，誰敢說比我們困難的？」

子產一番話，說得大家一時間無言。不過，在座的都是職業外交家，沒理也要攪三分。所以沒沉默多久，有人說話了。

「哎，子產，話不能這麼說，晉國和楚國，一碼是一碼，誰還沒有點兒窮親戚啊？」國弱陰陽怪氣地說道。他倒不是成心要和鄭國作對，他就是想讓晉國難看。

「是啊，我們衛國是承辦盟會最多的國家，哪一次沒有額外開銷啊？就說這次，我們幾乎把國庫都掏空了，找誰講理去？大家看我現在這樣子，我哪裡還是北宮喜，我都恨不得改名叫北宮愁了。」北宮喜哭喪著臉說，趁這機會倒苦水。

一時間，大家都搶著發言，哭窮的哭窮，叫苦的叫苦，吵成了一團，把個盟會弄成了訴苦大會。

唯一一個沒有發言的是宋國的華定，不是他不想發言，是他覺得這樣很沒面子，好像是在求晉國人的恩賜一樣。

爭吵就這麼一直進行下去，偶爾，韓起或者叔向插句話。

吃過了中午飯，下午繼續爭吵，一吵就是一個下午。眼看大家吵得嗓子都啞了，又到了晚飯的時間。

韓起一看，不能再這樣了，否則重申盟約的事情非泡湯了不可。

「各位各位，肅靜肅靜。」韓起擺擺手，要大家停止爭吵。

沒人理他，繼續爭吵。

「靜一靜！靜一靜！」韓起大聲喊了起來，人們這才停了下來。

韓起用銳利的目光掃視著大家，直到大家都老老實實坐著，不再準備出聲之後，韓起才清了清嗓子，開始說話。

「各位，再這樣下去，這盟會就甭開了，盟約也就別重申了。世上的事情，沒有絕對的公平，啊，所以，大家聽好了，關於子產提出來的問題，我現在作個決定。決定一經作出，誰也不要再說了，再說，就請離開。」韓起話說得很嚴厲，又掃視了大家一遍，再次清了清嗓子，說道：「我們經過斟酌和統籌考慮，覺得子產所提出來的意見有道理，所以我決定，鄭國的貢賦減少一半，啊，其餘國家維持不變。好了，下一個步驟，盟誓。」

韓起說完，第一個站起身來，其他人儘管非常不滿，沒有辦法，也只好跟著站起來，準備重申盟約的儀式。

子產出了一口氣，卻沒有露出笑容來。

重溫盟約的儀式草草進行，草草收場。隨後，大家都沒有心情留下來，衛國人則很急迫地要送客，於是，各國使者匆匆離去，晉國軍隊也撤回了晉國。

在回國的路上，游吉問子產：「太冒險了吧。你提那個要求，萬一惹惱了晉國人，當時率領聯軍來討伐我們，那不是哭都來不及了？」

「怕什麼？晉國現在還是一個國家嗎？他們的權力都分散到六卿手裏了，他們整天忙於鉤心鬥角，化公為私，哪裡顧得上對外戰爭？」子產淡淡地說，他早就看透了晉國。

一針見血，子產的話一針見血。國家雖大，但是人人忙於瓜分這個國家，這樣的國家有什麼可怕的呢？

欺軟怕硬

晉國人撤軍的時候，把季平子也帶回了晉國，關押起來。

不久，魯國派了子服惠伯來，想把季平子救回去。

子服惠伯沒有帶禮物，他找到了中行吳，他們之間的關係一向不錯。

「中行元帥，我們魯國對晉國那是擦掉一切陪你睡，掏心掏肺跟你們幹。可是，你們就因為兩個蠻夷小國就這樣對待我們，心寒啊。俗話說：有奶就是娘。別逼急了我們，逼急了，我們投靠楚國人去了。」子服惠伯沒客氣也沒掩飾，他實在太氣憤了，整個魯國都很氣憤，豁出去了。

當然，子服惠伯也瞭解到了盟會的情況，知道晉國已經是一隻紙老虎了。

中行吳一看，老實人都被逼成這樣子了，看來事態確實有些嚴重了。

於是，中行吳趕緊去找韓起。

「元帥，你看，楚國滅陳滅蔡，咱們都當了縮頭烏龜。如今卻拿自己最親近的魯國開刀，現在還扣著季文子，這恐怕不太好吧。」中行吳如實彙報，把子服惠伯的話又學了一遍。

韓起一聽，這事情要是鬧大了，還確實很麻煩。

「趕緊放人。」韓起下令。

晉國人放人了，可是，魯國人不走了。

「老季，恭喜恭喜，你可以回家了。」韓起派人去拘留所放季平子。

「什麼？回家？我一個大國上卿，你們要抓就抓，要放就放？把我們當什麼了？當雞啊？我要是有罪，你們可以開庭審我，判我死刑，砍頭的時候要是眨眨眼睛，我跟你姓。要是我沒罪，嘿嘿，不好意思，你們當初在盟會上抓我，要放我，必須再次召開盟會，在盟會上宣佈抓錯了人，賠禮道歉，然後我才回家。」

季平子不走了，打死也不走了。

韓起有點傻眼了，沒想到魯國人還這麼大脾氣。

怎麼辦？倒貼點禮物吧。

韓起再派人去賠禮道歉，還帶著禮品。

「走開，以為打發叫花子？以為我們也像晉國人一樣貪財嗎？」季平子把來人罵出來了，禮品也都扔了出來。

韓起有點惱火，可是還不能發作，只好繼續想辦法。

想來想去，想去想來，想不到辦法，恰好叔向來了，就把事情告訴了叔向。

「這個簡單，讓羊舌鮒去辦這件事情就行了。」叔向根本不把這事當回事。

羊舌鮒行嗎？

看見羊舌鮒，季平子的心頭咯噔一下，全世界都知道這是個吃肉不吐骨頭，心黑手狠的腐敗分子。他來了，能有什麼好事？

「小季啊，在晉國過得還好吧？」羊舌鮒皮笑肉不笑地說，更顯出險惡來，季平子心裏又是咯噔一下。「說起來，咱們兩家還有點淵源，當年我在晉國混得不怎麼樣，流亡到了魯國，就投靠了你爺爺。如今能夠回到晉國，心裏一直很感念你們家。」

「啊，是嗎？」季平子不知道羊舌鮒葫蘆裏賣的什麼藥，小心翼翼地說。羊舌鮒說的事情他知道，那時候羊舌鮒也就在他家裏住了一個多月，實際上談不上什麼投靠。

「你被扣押在這裏，我一直在為你想辦法啊。如今我聽說韓元帥放你回去，你不回去了是嗎？據我所知啊，他們已經準備在靠近秦國的西河給你修房子呢，讓你住到那裏去，你說你怎麼辦呢？我，我為你擔心啊，嗚嗚嗚嗚……」羊舌鮒說著，竟然真的哭起來了。

季平子一聽，眼睛都瞪大了。他知道韓起是個要面子的，不會對自己怎麼樣，可是這個羊舌鮒是什麼事情都幹得出來的，真把自己安置到那個鳥不拉屎的地方，那豈不是慘透了？

「我，我回去還不行嗎？」季平子服軟了。

第一七二章　欺軟怕硬的盟主

第一七三章
數典忘祖

齊桓公、晉文公和楚莊王靠什麼稱霸？武力？

武力只是稱霸的條件之一，並不是有武力就能「稱霸」，稱霸最重要的是「信」，也就是取信於天下。

楚靈王召開聯合國大會，炫耀武力，其結果並沒有令諸侯信服。

同樣，晉國舉行軍事演習，出動三十萬兵力，其結果卻是諸侯們越來越不信任他們，越來越藐視他們。

「狗日的晉國，太不厚道了。」平丘盟會結束之後，諸侯們在回國的路上罵了一路。

數典忘祖

不僅諸侯們開始背離晉國，就連日漸沒落的周王室也瞧不起晉國了。

平丘盟會兩年後，周景王的母親穆后崩了，到了當年的十二月舉行葬禮，各路諸侯派人參加。按照周禮，太后去世，應該是各國上卿前往，而晉國只派了六卿中排名最後一位的智躒去，他是下卿。因為智躒年輕，怕他鬧笑話，韓起特地為他配備了主管史籍的籍談。

兩位到了王室，參加了葬禮，基本上按部就班，還算順利。

葬禮結束，哀悼規格降低，周景王設宴招待各國使者，就用魯國進獻的酒具。

酒過三巡，大家都微有醉意，周景王一眼看見了兩個晉國人，火就不打一處來，這兩位不僅級別低，而且傲慢無禮，接待的官員常常來投訴這兩位難伺候。

「智元帥，有個問題想請教一下。」周景王，說得很謙虛，以至於大家都有點兒吃驚。

通常就是這樣，當一個人的地位高卻顯得很謙卑的時候，通常都沒有好事。

「這，這，不敢不敢啊，大王請講。」智躒年輕並且剛接班不久，沒見過什麼世面，當時不禁有點兒慌張。

「你看，我們現在用的酒具非常精美，這是魯國進獻的，還有這裏的樂器，這是宋國進獻的。這麼說吧，這麼多年了，連楚國、吳國這樣的蠻夷國家都有進獻，可是晉國說起來還是很近的親戚，卻什麼也沒有進獻過，我想問問這是為什麼？」周景王的問題一出，四座譁然，大家都憋著笑，看智躒怎麼回答。

「這，這，這個……」智躒本來就緊張，遇上這麼刁鑽不給面子的問題，張口結舌，說不上話來。

「哈哈哈哈……」所有人都忍不住笑了起來，看見晉國人出醜，大家是真高興。

智躒憋得滿臉通紅，旁邊籍談一看這小子衰了，心裏也挺高興，不過，他知道自己必須要出來解答這個問題了。

「大王，這個問題我來回答吧。」籍談高聲說，以便壓住大家的笑聲，然後也不等周景王批准，就開始說了起來：「想當初王室分封諸侯的時候，各國都曾經從王室得到寶物，以鎮撫國家，所以他們也有能力向王室進獻寶物。可是我們晉國被封在荒山野嶺，跟戎狄為鄰，遠離王室，感受不到偉大祖國的恩情，只忙於跟戎狄肉搏，哪裡還有能力進獻寶物呢？」籍談一番話，等於就是反唇相譏。

這不是強詞奪理嗎？自己不進貢，反而要說當初封的地盤不好。

滿座再次譁然，不過這一次，大家的目光都到了周景王的身上，看他怎麼說。

「叔啊，健忘了點兒吧？」周景王有點惱火，語氣更加諷刺：「當初唐叔虞是成王的同母弟弟，難道沒有從王室得到賞賜嗎？密須的鼓和大路車，是文王在檢閱軍隊時使用的東西，厥鞏的皮甲，是武王戰勝商朝之後得到的，唐叔虞接受了這三件東西後，便住在參虛的分野晉地，鎮撫戎狄。在此之後，晉文公又接受了襄王的大路車、戎路車、

斧鉞、香酒、彤弓以及勇士等，還送給了他南陽的田地，這不是王室的賞賜是什麼？王室對待諸侯，有功勞就賞賜，有業績就記載到史冊上。所有的這些東西，難道你們都沒有記載下來？叔啊，太瀆職了吧。從前你的祖先孫伯黶開始掌管晉國的典籍，這才有了你們籍氏。你們家世代掌管晉國的典籍，你怎麼能不知道這些呢？」

周景王一番話，說得籍談啞口無言，一臉尷尬。

那天的晚宴，大家吃得十分開心，當然，除了晉國人。

晚宴結束之後，等到賓客們都走了，周景王歎了一口氣，說了一句名言：「籍父其無後乎，數典而忘其祖。」

數典忘祖，這個成語就來自這裏，意思就是忘本。

抵制腐敗

數典忘祖這件事很快在晉國傳開了，大家都覺得很搞笑，並沒有引為恥辱。

「哈哈哈哈……什麼年代了，還想向我們晉國要寶物？」韓起就覺得很好笑，笑過之後，突然想起來自己還有件寶物該去找鄭國人要過來。

第二年三月，韓起前往鄭國訪問，為什麼去的？史書沒有記載。不過，總是找了個堂而皇之的理由。

韓起前來，鄭國人也覺得有些奇怪，好像沒什麼事情值得他過來啊。不管怎樣，鄭國人還是非常重視，鄭定公親自設宴招待。

宴席上，韓起非常客氣，這讓鄭國人又有些擔憂，不知道韓起的葫蘆裏賣的什麼藥，因為韓起一向很傲慢。

酒足飯飽，閒話也扯得差不多了，終於，韓起說到了正事。

「主公，不好意思，有一件事情要拜託。事情是這樣的，我手頭呢有一只玉環，大家看看，就是這樣的。」韓起說著，掏出那只玉環給大家看，大家一看，好玉環，晶瑩透亮，還泛著淡淡的綠光。「這玉環呢，是一對，另外一只聽說在一個鄭國商人的手裏，看看能不能替我

找到，也配成一對。」

「噢。」所有鄭國人在一瞬間都明白了，這就是韓起來鄭國的目的了。

假公濟私，公費出差，就是為了要來索取一只玉環。

「那，我們找找。」鄭定公答應，不過，他也不確定到底能不能找到這個商人。

「好，我就在鄭國等著。」韓起的意思，找不到就不走了。

鄭定公把任務派給了子產。

找到這個商人其實並不難，因為韓起早就找到了，之所以自己不去找這個商人買，而是動用鄭定公，就是為了不花錢。

商人是找到了，於是子產和游吉去見韓起。

「韓元帥，不好意思，不好意思啊，您說的那個東西，它不是我們的國有財產，我們是真不知道在誰手裏。」子產竟然撒了個謊，而且表情很自然。

「那，那多受累了，那就算了吧。」韓起的臉色很難看，他知道子產在騙自己。

雙方又虛假客套了幾句，子產和游吉告辭，出來了。

「咳，不就一個玉環嗎，又不是什麼了不得的東西，給他就給他啊。如果為了一個玉環，得罪了晉國和韓起，是不是太不合算了？」游吉抱怨子產。

「我聽說君子不擔心沒有人給自己送禮，而是擔心沒有好名聲；我還聽說小國對大國不用擔心不能討好他們，而是擔心失去禮法之後而使自己的名位無法保障。假如大國對小國提出的要求，小國都要滿足，小國哪有這樣的能力？有時滿足，有時不滿足，那更是要得罪他們。對大國的要求，如果不用禮法拒絕他們，他們就會貪得無厭，早晚有一天把我們變成他們的邊境城市，我們就將喪失國家的地位。如果韓起來訪就是為了一個玉環，那他不是腐敗得太過分了？如果我們給他玉環，就等於讓他成了貪婪之徒，而我們喪失了國家的地位，豈不是

一舉兩失？」子產一通大道理，說得游吉沒話可說。

子產為什麼要這麼對游吉說？因為他知道游吉會把這話轉述給韓起，游吉和韓起的關係他是知道的，他甚至可以推斷出來，關於那只玉環在鄭國商人手中的情報，也是游吉提供給韓起的。

子產沒有猜錯，游吉隨後把子產的話一句不差轉述給了韓起。

「啊，子產真這麼說？」韓起有些吃驚。

「是啊。」

「哎，那算了，他說的也有道理。這樣吧，你幫我找那個商人來，我買他的還不行嗎？」韓起儘管腐敗，對子產還是非常尊重，所以他認為子產的話也對，自己的名聲還是要維持的。

游吉把商人找來了。

商人開了價，韓起連價也沒還，就滿口答應了，這倒不是韓起不會還價，而是商人開出的價格本身就很低，因為一路上游吉已經把工作做到了家，從姜太公釣魚到弦高販牛，從愛國主義到商業道德，一通忽悠，忽悠得商人熱血澎湃，再加上也不敢得罪游吉，於是乎開了個跳樓價。

價格上沒有爭議了，可是還沒等韓起高興起來，商人有些後悔了，他想來想去覺得自己太虧。

「元帥，按理說呢，談好了價就該成交了，可是這個玉環是國寶級的東西，私下賣給您，怕是屬於走私文物。所以，恐怕要子產批准，您別讓我為難，當官的和當官的好說話，您跟他說說吧。」商人的意思，成交價顯然有失公平，想要子產再給找回來點兒。

韓起一聽，我白要不行，現在我花錢買，子產還能反對嗎？

「子產啊，上一次我要那個玉環呢，您說不合道義，我就不敢再提那個要求了，現在我直接從那個商人手上買了，商人說一定要向您報告才行，希望您能批准。」韓起找來了子產，很客氣地說，心說你可別給臉不要臉了。

子產就知道韓起會直接從商人手上買，也想到了會被請來說這件事情。

　　「元帥，給你說說歷史吧。早年我們的祖先桓公原本在周朝王室，後來封了這塊地方，那時候我們家族和商人們一起來到這裏，共同開闢這塊土地，和睦相處。當時我們訂了盟約：爾無我叛，我無強賈。商人忠實於鄭國，鄭國也絕不對商人強買強賣，不提過分要求，不掠奪，不干涉他們擁有寶物。按照這個誓詞，我們互相支持，共同富裕。如今您為了兩國友好來到了鄭國，卻讓我們強行從商人手中奪取玉環給你，等於讓我們違背當初的誓言，恐怕不行啊。如果您得到這只玉環，卻失去了諸侯，我想您恐怕也不會這麼幹。所以，我實在看不出來您得到玉環有什麼好處。」子產還是這一套，又加上了盟誓這個概念。

　　韓起一看，這玉環看來無論如何都沒戲了。

　　「我，我太糊塗了，竟然為了一只玉環換來兩種罪過，我，我不要還不行嗎？」韓起服了。

　　像韓起這樣的腐敗分子，可以說還是良知尚存的腐敗分子。

　　臨回國之前，韓起向鄭國六卿每人贈送了一匹好馬，並且私下會見子產，又贈送了他玉璧兩對和好馬四匹。

　　這一趟腐敗之旅，韓起算是折了本。不過，也算是接受了一次再教育。

　　「腐敗，也是要有節制的啊。」韓起一路上在感慨。

倒楣的陸渾戎

　　從鄭國回到晉國，韓起作了一個反思。

　　俗話說：大國一反思，小國就倒楣。

　　韓起反思的結果就是這些年晉國除了腐敗，確實沒幹過什麼正經事了，如果就這樣下去，自己恐怕不會有什麼好名聲留下來了。

　　怎麼辦？韓起找來了中行吳商量，六卿當中，也就是中行吳還有點兒實幹精神。

「簡單，找個蠻夷國家出口氣。」中行吳說。

「也好，找誰？」

「陸渾戎啊，他們跟楚國人混在一起，就打他們。楚國人這些年讓我們吃了不少蒼蠅，我們也讓他們吃一個。」

「那好，全權委託給你了。」

為什麼韓起對中行吳這麼信任？因為中行吳對付戎狄有很多實戰經驗的。

第二年，韓起派屠蒯去了周王室，請求讓晉國祭祀王室境內的洛水和三塗山（在今河南省嵩山縣境內）。

晉國人無緣無故來祭祀洛水和三塗山？王室的人也不是傻瓜，當即猜到晉國人的目標根本不是洛水和三塗山，而是瞄準了洛水南面的陸渾戎。

到九月，中行吳率領晉國軍隊渡過洛水，裝模作樣要祭祀洛水，陸渾戎早就聽到了消息，紛紛要來看熱鬧。他們不知道，這個中行吳最擅長的就是偷襲。

表面上裝模作樣要祭祀洛水，暗地裏中行吳迅速率軍南下，以「迅雷不及掩耳盜鈴」之勢襲擊了陸渾戎。

陸渾戎全國被滅，國君倉皇逃到了楚國，一部分人逃到了周朝的地盤上，被早有準備的周朝王室的軍隊活捉，成了王室的戰利品。

這一回，輪到楚國沒脾氣了，楚平王也只能乾瞪眼。沒辦法，只好找塊地方安置了陸渾戎的國君。在前往安置地之前，楚平王設宴歡送了陸渾戎的國君。當然，現在他已經不是國君，而是一個楚國小地主。

「你們怎麼這麼不小心？中行吳可是著名的不講信用的人啊，明知道他領軍，怎麼不加戒備？」楚平王說，他覺得陸渾戎的國君很傻很天真。

「可是，我聽說中行吳這個人很誠實、很厚道啊。」

「怎麼會？他很狡猾，很喜歡偷襲啊。」

「不對啊，兩年前他攻打鮮虞的故事大王不知道嗎？」

「咳，你不知道他四年前攻打鮮虞的故事嗎？」

「啊，四年前他還攻打過鮮虞？」

「唉，看來你們死得不冤。」

中行吳攻打鮮虞的故事看來很重要，而四年前和兩年前的兩次攻打看來又絕對不一樣，那麼，讓我們來看看中行吳是怎樣攻打鮮虞的。

中行吳

中行吳，前中軍主帥荀偃的兒子，晉國上軍元帥。

荀偃是著名的腐敗分子，中行吳則有些瞧不起父親，覺得父親太肉，除了腐敗什麼都不會。所以，中行吳一直以來就下定了決心要立下戰功，為中行家挽回一點形象。

中行吳的性格比較孤傲，想法有時候很怪異。他話不多，三天不說一句話是很常見的事情，所以誰也不知道他心裏在想什麼。

中行吳第一次領軍打仗是在晉平公十七年（前 541 年），就是王子圍篡位的那一年。

那時候還是趙武為中軍帥，在南面不敢與楚國爭雄，於是決定在北面做些文章。在太原一帶有一個山戎國家叫做無終，聯合周圍的狄人國家對抗晉國，趙武決定討伐他們，不過，趙武本人不想去，於是把任務派給了上軍帥。

上軍帥是中行吳，上軍佐是魏舒，兩人率軍北上，攻打戎狄聯盟。

「敵人是步兵，我們是車兵，可是戰鬥的地方狹小而且地勢不平，如果對方用十個步兵圍攻我們一乘戰車，就一定可以取勝。所以，我建議我們放棄戰車，全部改為步兵。」在戰鬥之前，魏舒提了一個建議。

「好啊，當初文公的時候不是就設了三個步兵軍專門對付狄人嗎？」中行吳覺得很合理。

於是，晉軍放棄戰車，全數改為步兵。

要知道，在戰車上打仗的都是貴族，而步兵地位要低很多。所以，放棄戰車，也就等於貴族要等同於一般士兵了。軍令之下，儘管

大家不願意，還是不得不下了車。可是，中行吳的一個家臣說什麼也不肯下車，還說了「當步兵還不如去死」的話。

「你奶奶個頭，老子這個姓就是步兵的意思，你竟然這樣羞辱步兵，膽兒肥了你？」中行吳大怒，他一向最恨的就是別人瞧不起步兵。中行吳說得沒錯，當初就是因為祖爺爺荀林父擔任步兵軍中行的元帥，才有了中行這個姓氏。

中行吳也沒客氣，把這個家臣砍了示眾。

大家一看，好嘛，敢情中行吳是又一個韓厥加魏絳啊。其實不是，中行吳只是恨別人說步兵的壞話。

不管怎樣，晉軍士氣大振。

緊接著，晉軍按照地形排布了陣勢，前面兩陣用來誘敵，後面五陣則以包抄的方式攻擊敵人的側翼。結果，戎狄那點戰術素養根本就不值得一提，他們沒有回過味兒來，就被晉軍打得狼狽逃竄。

中行吳第一次出戰，就取得壓倒性勝利。

「哇噻！當今晉國第一名將啊。」整個晉國在感慨，似乎中行吳是當今的先軫。

沒辦法，誰都不想領軍打仗，難得中行吳還願意出這個風頭。

第一七四章
偷襲專家

　　自古以來，主人接待客人就不僅僅是吃吃喝喝這麼簡單的事情，總還要有點娛樂活動。

　　每個朝代的娛樂活動是不一樣的，如今，不外是洗洗澡、按按腳、找個小姐抱一抱，跳跳舞、唱唱歌、叫個小姐摸一摸。

　　那麼，春秋時期，用什麼娛樂活動來招待客人呢？最流行的一種叫做投壺。投壺是一種大眾運動，從小老百姓到貴族到國君都玩，不過身份不同，器具自然就不會一樣，而規矩也不大一樣。

　　投壺是一種怎樣的遊戲呢？其實類似於現在的飛鏢比賽，就是用手把箭投進一個壺中，看誰投中得多。那麼，為什麼不乾脆就玩射箭呢？一來場地限制，二來射箭是純粹的比賽項目，而投壺更多的是娛樂。

投壺

　　晉昭公二年（前530年），也就是楚靈王滅蔡國的第二年。

　　齊景公前來晉國訪問，韓起耍了個滑頭，派中行吳作晉昭公的襄禮，也就是晉昭公會見諸侯時的禮儀主持人。

　　中行吳覺得這是個挺出風頭的事情，欣然接受。

　　晉昭公設宴款待齊景公，那就是國宴。國宴，自然用最好的酒最好的肉，基本上就算是汾酒和烤全羊了。

　　吃飽了喝足了，就該搞點娛樂活動了。玩什麼？投壺。

　　關於投壺，有很嚴格的禮儀和規矩。《禮記》中專有「投壺」一章，介紹投壺的禮儀和規矩。

　　下面，按照《禮記》的記載來回顧一下晉昭公和齊景公的投壺過程。

偷襲專家

投壺的裝備主要有矢，也就是箭，用柘木和棘木做成，不去皮；壺，一種口稍大，肚子較大，頸部較細的壺；中，應為「盅」，用以放籌碼以計算勝負；算，籌碼。

我們現在常說「勝算」，通行的解釋是取勝的計謀，其實這樣的解釋是錯誤的，正確的解釋是取勝的籌碼。

再來看看投壺的程式。

中行吳捧著箭，裁判工作人員拿著中和壺，來到客人面前。按理，應該是晉昭公親自捧著箭，不過鑒於他是盟主，因此就由襄禮中行吳代表。

中行吳來到齊景公的面前，很客氣很謙虛地說：「不好意思，我國的製造工藝比較差，箭有點歪，壺口也不正，湊合湊合，賞個臉玩一局吧。」

齊景公也很客氣，說：「哪裡哪裡，您太客氣了，又是汾酒又是烤全羊的，都是好吃好喝，還要弄這玩意給我玩，太麻煩您了，我，我不敢當啊。」

中行吳再次邀請，齊景公再次推辭。

中行吳第三次邀請，齊景公說：「那，我就恭敬不如從命了。」

齊景公拜謝，中行吳急忙轉身，嘴裏說：「不敢當，不敢當。」

之後，中行吳拜謝，齊景公也急忙轉身，嘴裏也說：「不敢當，不敢當。」

隨後，齊景公轉身，拜接中行吳手中的箭。

隨後，中行吳躬身請齊景公進入娛樂場地，也就是兩楹之間，此時那裏已經臨時擺好了宴席，邊吃邊玩。

另一邊，晉昭公也拿好了箭。

晉昭公和齊景公就位，每人手中八支箭。

裁判人員將壺放到離席兩尺半遠的地方，然後記分員站在一旁，把放籌碼的中放在面前，手中則拿著八支算。

中行吳宣佈投壺規則：「矢頭投入的才算進，主賓交替投，一方連續投算違例，投進也不算。每人各投一支箭為一輪，八輪為一局。一

134

局結束的時候，勝方罰負方喝酒。三局二勝，負者向勝者敬酒。」

規則宣佈完畢，中行吳下令：「Music！」

中行吳選擇的音樂為《狸首》，這首樂曲曲調柔和平緩，基本上就是春秋版的「綠島小夜曲」，適合作遊戲的伴奏。

音樂聲起，遊戲開始。

按照禮儀，主先客後。

第一局，晉昭公八比七獲勝。

於是，中行吳斟酒，晉昭公的近臣捧著酒，獻給齊景公，齊景公接過酒，說：「賜灌。」意思就是承蒙賜酒；這時候晉昭公說：「敬養。」意思就是敬請取用。

第二局，齊景公先投，這一局以八比七扳回一局。

於是，這次輪到晉昭公喝酒了。

第三局為決勝局，又輪到晉昭公先投。

投壺是一種娛樂活動，同時也是一種比賽。那麼，究竟是娛樂的意味更強，還是比賽的味道更濃，這要看過程中的氣氛。

晉昭公和齊景公原本是娛樂的，如果晉昭公連勝兩局，那麼，這就成了徹底的娛樂。可是，現在雙方戰成一平，晉國這一方就有些惱火了，晉昭公的臉上就有些掛不住了。身為盟主，又是東道主，要是在決勝局輸了，那就太沒面子了。

晉昭公有些急了，中行吳則更急。偏偏齊景公也不給面子，絲毫沒有要放水的意思。

到了這個時候，娛樂的氣氛已經沒有，完全成了一場比賽。

晉昭公活動了活動胳膊，準備投箭了。

這個時候，中行吳在旁邊說話了。

「酒如淮水浪滔滔，肉如恒山層層高；晉君若勝此投壺，必做天下之盟主。」中行吳念念有詞，算是為晉昭公許了個願。

晉昭公打起精神，一箭投出，準準命中。

「噓──」晉昭公長出了一口氣，然後來看齊景公的表現。

齊景公也活動了活動膀子，拿起箭來，也說了幾句話：「酒如澠水浪滾滾，肉如泰山聳入雲；我若投壺得命中，嘿嘿，代替晉君為盟主。」

說完，齊景公出手，那支箭是穿心而入。

「哈哈哈哈⋯⋯」齊景公高興，笑了起來。

齊國人都很高興，而晉國人的臉色變得很難看。

「元帥，你剛才說得不對啊。我們本來就是盟主啊，跟投壺有什麼關係？你看見沒有，齊國人瞧不起我們了，估計回去之後再也不會來了。」晉國大夫伯瑕在一旁輕聲對中行吳說。有道理嗎？當然有道理。

中行吳也知道自己剛才的話有問題，可是這個當口，打死也不會承認啊。所以，他瞪了伯瑕一眼，大聲回答：「我們晉國精兵強將，天下無敵，齊國人敢怎麼樣？」

說到這裏，中行吳特地看了齊景公一眼。

中行吳的話一出來，比賽現場立即鴉雀無聲，氣氛非常緊張。

晉昭公手中拿著第二支箭，這個時候也不知道是該投還是不該投。而齊國人都有些害怕，齊景公也不知道這再比賽下去是該贏還是該輸。

就在大家都手足無措的時候，齊國大夫公孫傁（音叟）快步上來，對齊景公說：「主公，天色已晚，兩位國君都有些疲勞了，咱們還是讓晉君休息吧。」

齊景公一看，連忙借坡下驢，趁機告辭。晉昭公也算得了個臺階，趕緊送客。

於是，一場由娛樂引發的比賽最終被化解於無形。

在這次外事活動中，中行吳的表現令人失望。

奇怪的思維方式

外事活動不行，中行吳決定在軍事活動中找回一點面子。

在晉國北面有一個狄人國家叫做鮮虞，鮮虞是個大國，統治著一

些狄人小國，晉國對這些國家一直垂涎三尺，早就想吞併他們。

中行吳決定作一次歷史重現，什麼歷史重現？假途伐虢。

中行吳派人前往鮮虞，送上禮物，提出借路的要求，為什麼借路？因為要跟齊國舉行聯合軍事演習。

其實，根本就沒有所謂的聯合軍事演習這回事。

鮮虞駐晉國的地下辦事處送回的線報是齊國國君剛剛來過晉國訪問，達成聯合軍演的可能性非常大。因此，鮮虞人立即答應了晉國人借路的請求，並且通知沿途各國提供方便。

中行吳率領著晉國上軍向東北方向進發，首先來到了鼓國。鼓國人民哪裡聽說過假途伐虢的故事，傻乎乎地還在看熱鬧。中行吳也沒客氣，經過鼓國首都昔陽（今河北晉縣）的時候，突然進城，鼓國國君還在睡午覺就被生擒活拿。

緊接著，晉軍挺進肥國，肥國人民同樣傻乎乎，結果肥國國君以同樣的方式被俘。

輕輕鬆鬆，中行吳一舉滅掉了兩個國家。

中行吳帶著兩個國家的國君回到了晉國。

晉國舉國轟動，這是晉國近年來的最大一場勝利了。

「哇噻！中行元帥真是先軫第二啊。」大家都來拍馬屁，拍得中行吳分不清東西南北了。

怎麼處置這兩個國君呢？怎麼處置這兩個國家呢？

「滅了鼓國。」大家都是這個意思。

可是，中行吳有自己的意見。

「鼓國不應該滅掉，否則天下諸侯以為我們只能靠偷襲才能打勝仗。不如讓他們投靠我們，然後放了鼓國國君。這樣，我們既得到了鼓國，又顯示了我們的大國風度。」中行吳這麼說，聽起來也有道理。

「這，好吧。」大家同意，畢竟這都是中行吳的功勞，該他說了算。

鼓國既然不滅，那麼肥國也就應該同樣處置了。

可是，中行吳又不同意了。

「哎，肥國要滅掉，否則咱們豈不是白出去一趟，勞而無功，今後誰還怕咱們？」中行吳又這麼說，聽起來也有道理。

同樣兩個北狄小國，一個滅一個不滅，大家都覺得中行吳的思維有點古怪。

「那為什麼滅肥國不滅鼓國呢？」韓起問。

「那為什麼滅鼓國不滅肥國呢？」中行吳反問。

韓起沒話說了，他真不知道該怎麼回答。

最終，按照中行吳的辦法，滅了肥國，保留了鼓國。

不許投降

中行吳現在是晉國公認的當代第一名將了。

不過，有些人不服他，說他只會玩偷襲。

「奶奶的，說我只會玩偷襲？」中行吳很氣憤，於是當年就率領上軍討伐鮮虞。結果發現，好像自己正面作戰確實不靈。

「奶奶的，偷襲又怎麼樣？偷襲玩好了更牛。」中行吳這回不生氣了，他認了，所以決定再玩一次偷襲給大家看看。

當年，在晉國那次史無前例的軍事演習時，晉國軍隊全軍出動參加演習。鮮虞人一看，你晉國人都演習去了，我這裏可以放鬆放鬆了。

鮮虞一放鬆，中行吳的機會就來了。

演習還沒有結束，晉國上軍就悄悄地向北行進，然後突然從著雍突入鮮虞，一舉拿下中人（今河北唐縣），隨後帶著財物和俘虜回了晉國。等到鮮虞人反應過來再組織軍隊反擊的時候，晉國人已經走了三天了。

「偷襲元帥」，中行吳現在得了這個綽號。

一開始，中行吳還很得意，不過很快，隨著綽號的演變，中行吳有些不爽了。

「偷帥」、「小偷」，晉國人背地裏都這麼稱呼中行吳。

中行吳很惱火，他決定還是要想個辦法證明自己確實不是只會偷襲。

時隔一年，中行吳率領上軍討伐鼓國。為什麼討伐鼓國？因為鼓國再次投靠了鮮虞。

晉國大軍包圍了鼓國都城昔陽，而此時鮮虞內亂，不能前來援救鼓國。

圍城三天，城裏有人偷偷地出了城，找到了中行吳。

「元帥，現在城裏的百姓都想投降，我早就嚮往中原文化，我願意率領城裏的百姓出城投降。」來人是來獻城的，看上去還挺有把握，並且說一口流利的晉國普通話。

這不是天上掉餡餅嗎？

「太好了，太好了，不費一兵一卒拿下城池，為什麼不幹呢？」魏舒十分高興。

可是，魏舒忘了，中行吳可不是吃天上掉下來的餡餅的人。

「不，不行。叔向說過：追求善惡都不能過分，這樣老百姓才知道自己應該怎麼做。如果我們有人當內奸做叛徒，我們會怎麼看他？憎恨。所以，這種行為是不正確的。那麼，今天這個人的做法恰好是我們所憎恨的行為。如果我們獎賞這個人，那麼就等於表彰我們做憎惡的行為；如果我們靠他拿下了鼓國卻不獎賞他，那又不公平。所以，我們要靠自己的力量攻城，而不是靠叛徒內奸的力量。我們不能為了得到一座城，就損失了自己的信仰。」中行吳說了一通話，跟他的所有話一樣，聽起來好像都有道理。

「那，那怎麼辦？」魏舒覺得中行吳的腦子有問題，白送的東西都不要。

可是，還有魏舒想不到的事情呢。

「怎麼辦？把這個內奸抓起來，送到城裏，讓大家看看內奸的下場。」中行吳的命令讓所有人都大吃一驚，那個來獻城的人也只能自認倒楣。

中行吳說到做到，派人抓了來人，送到城門口。

「鼓國人聽清了，這是你們的叛徒內奸，要來獻城，可是我中行吳打仗不靠這個，所以給你們送回來了。現在開始，你們要全力守城，誰也不許投降。」中行吳在城下高喊，聽得鼓國人也有點二五二五，心說這位的腦袋被門夾過吧。

不管怎樣，鼓國人殺了那個內奸。原本大家都想投降，現在看來投降無門，乾脆大家全力防守吧。

晉軍包圍了昔陽城三個月，這三個月並沒有攻城。

三個月之後，昔陽城裏的人受不了了，整天像被關在籠子裏，而且眼看糧食就吃完了。怎麼辦？城裏人公推一個名叫賊大膽的人出來請求投降。由於這個任務的危險性極大，臨行前，大家湊了一頓酒給他。

「元帥，求求您，就讓我們投降吧，我們實在是沒吃的了，地主家都沒餘糧了。」賊大膽堅決請求投降。

「什麼？」中行吳盯著他的臉看了一陣子，看得他心裏發毛，到最後，中行吳說了：「看你的氣色，說明你們城裏還有糧食。所以，不許投降，繼續回去守城。」

賊大膽一聽，這個後悔，早知道，就不喝這頓酒了。

沒辦法，賊大膽回到城裏，告訴大家守著吧，外面的晉國神經病還不准投降呢。

賊大膽走了，魏舒這邊有意見了。

「元帥，咱們出來可是毛四個月了，每天不說別的，軍費都是一大把啊，分明能夠拿下的城池，您一再推託，這對於國家沒什麼好處吧？」魏舒實在是看不過眼，質疑中行吳。

「哎，話不能這麼說。拿下鼓國容易，可是拿下一個小國，卻為百姓樹立一個壞榜樣，這樣的事情不能幹。既能拿下鼓國，又能為百姓樹立好榜樣，讓百姓懂得全力效忠國君，這不是很好嗎？」中行吳又是一通大道理出來，說得魏舒無法辯駁。

「唉。」魏舒歎了一口氣，轉身走了，走出大帳，嘴裏罵道：「神經病，生小孩沒屁眼的東西。當小偷的也是他，扮君子的也是他。」

轉眼又過了十天，鼓國人實在是受不了了，於是，又派了賊大膽出來請求投降。

這一次，賊大膽確確實實餓了自己兩天，餓得一臉菜色，走路都要扶著牆，這就麼晃晃悠悠，三步一倒，來到了晉軍大營。

「元，元帥，求求您，讓我們投降吧，再，再，再不投降，我們就都餓死了。」賊大膽說得有氣無力。

這一回，中行吳並沒有盯著他的臉看，因為這滿臉菜色不用盯也能看出來。

「我問你，鼓國人民服了嗎？」中行吳問。

「服，服了，服得很。」

「你們能抵擋我們的仁義之旅嗎？」

「你們大仁大義，我們完全無法抵擋啊。」

「你們效忠自己的國君了嗎？」

「我們效忠了，可是貴國的力量實在強大，元帥的人格魅力無法抗拒啊。」

「嗯，好吧，我不能接受你們的投降。」中行吳說。話音剛落，賊大膽當時差點暈過去，所幸的是隨後他聽到了好消息：「你們回去防守吧，我們明天攻城。」

賊大膽聽到這個消息，立馬跪地磕頭：「多謝元帥，多謝元帥，我們就去準備。」

賊大膽辭別了中行吳，回到昔陽城中告訴鄉親們：「我們有救了，晉軍要攻城了。」

鼓國人民歡呼。

當天晚上，鼓國人民開始清掃大街，準備歡迎晉軍進城。

第二天，晉國軍隊浩浩蕩蕩，大舉攻城。攻什麼城啊？城頭無人，城門大開，饑民們列隊歡迎。

晉軍兵不血刃，占領鼓國，隨後將鼓國國君再次帶回了晉國。

這次，中行吳再次放了鼓國國君。

「神經病啊。」現在，全晉國人都這麼說了，想想也是，出兵四個

月，就抓回來這麼個人，可是又給放了，這不是瞎耽誤工夫嗎？

可是，鼓國最終還是滅在了中行吳的手中。

七年之後，鼓國再次背叛晉國，中行吳則再次率領晉軍討伐。這一次，中行吳也不管什麼榜樣不榜樣了，重拾偷襲舊業，讓晉國士兵化裝成糧販子，混進昔陽城，一舉抓獲鼓國國君，然後將鼓國滅掉了。

中行吳，春秋第一偷襲戰專家。

第一七五章

瘋狂的報復

春秋兩大霸主，晉和楚。

晉國國君安於享樂，內閣成員們則忙於貪污腐敗，索賄受賄。對中原諸侯，是欺軟怕硬；對周邊戎狄小國，則是以偷襲的方式進行欺壓。

晉國，已經完全沒有霸主的樣子了。

楚國呢？楚國趁機雄起嗎？

嘿嘿，楚國更糟糕。

葉公好龍

楚平王這人性格溫和，對待大臣和百姓們也都不錯。不過，人的性格永遠是兩面性的，溫和換一種說法就是軟弱。

楚平王這人性格軟弱。

登基之初，楚平王宣佈停止對外用兵五年，五年之間，果然沒有對外用兵。那麼，五年之後呢？

楚平王六年（前 523 年），楚平王將陰地的百姓南遷到下陰（今湖北光化縣），隨後在郟（今河南郟縣）修建大城，以防備晉國和鄭國。

對此，魯國的叔孫婼說得一針見血：「楚不在諸侯矣，其僅自完也，以持其世而已。」（《左傳》）意思就是：楚國人無心爭霸了，他們不過想維持現狀，平安度日了。

同年，楚平王下令在州來築城，以防備吳國。州來此前被吳國所滅，因為不容易防守，吳國將州來人全部遷到了吳國境內，州來就成了一片廢墟。如今，楚國人捲土重來，在州來建城。

對此，楚國左司馬沈尹戌說得一針見血：「楚人必敗。昔吳滅州來，子旗請伐之，王曰：『吾未撫吾民。』今亦如之，而城州來以挑

吳，能無敗乎？吾聞撫民者，節用於內，而樹德於外，民樂其性，而無寇仇。今宮室無量，民人日駭，勞罷死轉，忘寢與食，非撫之也。」（《左傳》）

　　沈尹戌的這段話，是說儘管楚平王五年沒有用兵，但是都在搞拉動內需了，無限制地大興土木，老百姓根本沒有得到休養生機的機會。在這樣的情況下在州來建城，原本是想防備吳國人的進攻，而事實上卻是在挑釁吳國人，招來吳國人的進攻。

　　楚平王在兩地建城，說明了一個問題：楚國已經由戰略進攻轉變為全面退守。

　　楚國，已經主動退出了爭霸的行列。

　　到了這個時候，已經沒有霸主了。

　　既然沈尹戌出場，那麼順便要說一說沈姓的由來。

　　說到沈姓的由來，就必須弄懂沈尹戌的來路。而沈尹戌還是葉姓的祖先，所以，自古以來沈葉一家。

　　問題是，沈尹戌的身世歷來是個不解之謎。

　　我們從不同記載，來看看沈尹戌的兩種出身吧。

　　周武王時，封十弟姬季載在沈，又名聃，所以，季載又叫做聃季載。春秋後期，沈國被蔡國（一說鄭國）所滅，季載的一些子孫改姓冉，季載就是冉姓的祖先。沈國公子逞逃奔楚國，以沈為姓，沈尹戌就是他的孫子，一開始隱居於零山，後來出為左司馬。此一說是最流行的說法，沈姓出於姬姓。

　　另一種說法，楚莊王的兒子公子貞封於沈，後代姓沈，沈尹戌就是他的後代。此一說，沈尹戌為楚國王族。

　　兩種說法，都有問題。或者說，都沒有什麼道理。

　　首先，據《左傳》，沈尹戌出現的時候，沈國還沒有被滅，而當時的沈國國君就叫姬逞，所以沈尹戌肯定不是公子逞的孫子。

　　其次，沈尹戌不一定就姓沈，沈是地名，尹是官職，戌才是他的名字，就像前面說的穿封戌也不一定姓穿一樣。沈尹戌應當是從沈尹

的位置上提拔到了左司馬，而既然當時沈國還存在，他有可能是楚國派駐沈國的官員。

如果沈尹戌早出現一百年，那麼他幾乎肯定是楚國王族，可是現在出現就很難說了，因為楚國已經大量使用北方諸侯國的人才，而尹這個位置又非常適合外國人才。

說來說去，沈尹戌的出身還是說不清楚。

不過，第一種說法的可能性略大，因為當時沈國是楚國屬國，沈國的執政被楚國任命為沈尹的可能性很大，而沈國執政應該是沈國公族。

綜合來說，尊重沈姓自身的記載：聃季載之後。

後來，沈尹戌之子沈諸梁被封為葉公，後代姓葉，沈諸梁就是葉姓的始祖。葉公特喜歡龍，全家上下都畫滿了龍，整天祈禱龍王大駕光臨，於是感動了老龍。老龍那一天騰雲駕霧而來，親臨葉公家中，結果呢？見到了真龍的葉公嚇得屁滾尿流。這則故事，就是成語「葉公好龍」的出處。當然，此為寓言。

朝吳

楚平王為太子建配了兩個老師，伍奢為「師」，就是老師；費無極為「少師」，也就是助理老師。

費無極當初跟隨楚平王去了蔡國，可以算得上是楚平王的心腹。而伍奢的父親伍舉是楚靈王的重臣，所以伍奢一直在楚國，與楚平王的關係一般。那麼，為什麼伍奢當了老師而費無極只當了助理老師呢？這事情，跟朝吳有關係。

朝吳的爺爺子朝和伍奢的爺爺伍參是朋友，後來朝吳的父親聲子跟伍奢的父親伍舉又是好朋友，聲子還憑藉「楚才晉用」那一段幫助伍舉回到楚國（見第四部第一五五章），兩家的關係就更近一步了。所以，朝吳和伍奢這一輩的關係也非常鐵，兩家算是三世的世交，關係非同一般。

楚平王登基，朝吳的功勞非常大，再加上對朝吳的為人非常欣賞，所以楚平王對他非常信任，於是找他來商量太子建的老師人選問題。

「你覺得費無極怎樣？他很有學問啊。」楚平王的第一人選是費無極，說起來，費無極確實很有學問。

「大王，我覺得費無極這人不牢靠，如果大王要我推薦，伍奢更合適。他學問好，人品也好，父親和爺爺都輔佐過楚王，知道怎樣引導太子。」朝吳推薦了伍奢，於公於私，都問心無愧。

「可是，我已經答應了費無極了。」楚平王沒有想到朝吳會推薦伍奢，他也知道伍奢的才能，可是因為伍奢的父親伍舉受寵於楚靈王，因此根本就沒有想到過他。

「那，大王自己決定吧。」朝吳很小心，沒有繼續發表意見。

楚平王考慮再三，最終任命伍奢為太子建的老師。不過，楚平王感覺有些對不住費無極，倒不僅僅是因為自己此前答應了費無極，而是費無極這些年來跟隨自己，鞍前馬後沒有少出力，而太子建這些年來實際上都是在跟費無極學習，這時候自己登基了，反而不讓費無極做老師，確實對費無極有點不公。為了安慰費無極，楚平王給了他一個少師的名義。

在這件事情上，費無極嘴上沒說，心裏很不爽，非常不爽，換了誰，誰都會不爽。

費無極把這筆賬記到了朝吳的身上，他暗下決心：你們讓我吃蒼蠅，老子也不讓你好過。

俗話說，不怕賊偷，就怕賊惦著。

被費無極這樣的人惦著，絕對是一種災難。

費無極

按照楚平王最初的意思，是要留下朝吳在楚國擔任令尹，不過朝吳寧願回到蔡國家鄉，於是楚平王派朝吳回了蔡國，算是代表楚平王

監督蔡國。因此，儘管朝吳是蔡國公族，卻是代表楚王，在蔡國的官僚體系中沒有地位。

如果朝吳留在了楚國，費無極是沒有機會的，問題在於朝吳不在楚國，費無極就能找到機會。

楚平王二年，費無極來到了蔡國。

「老朝，大王很想念你啊。」費無極先來看望朝吳，而且是大張旗鼓地，還帶了不少禮品。

說起來，兩人也算是老同事，儘管兩人的私交很一般。

不管怎樣，朝吳熱情接待了費無極，共同回顧了當年在蔡國一起吃喝玩樂的舊時光。

客套話說得差不多了，費無極靠近了一些說：「老朝啊，大王很信任你，所以讓你代表大王回到了蔡國，可是您這職位實際上也就相當於楚國駐蔡國辦事處主任，級別太低了。依我看，乾脆我幫您去大王那裏求求情，讓您當蔡國的上卿算了。」

「多謝你了，不過不用了，我老了，這樣就挺好的。」朝吳婉拒了，其實，他要當蔡國上卿是很簡單的事情，只要自己對楚平王開個口就解決問題，不需要費無極的幫忙。

不過，朝吳還是挺感激費無極的，畢竟人家是一片好心。可是他沒有想到的是，費無極完全是黃鼠狼給雞拜年。

臨走，朝吳將費無極送到了大門外，一口一個多謝，送走了費無極。

費無極來到蔡國，按著規格，蔡國國君設國宴招待，之後，六卿再設宴招待。

在六卿招待會上，酒過三巡，費無極就開了話頭。

「各位，大家都是老朋友了，有句話我本來不想說，可是大家太熱情了，我要是不說出來，良心過不去。各位，大家知道，朝吳在大王面前很受寵，可是為什麼當初沒有讓他回來當上卿呢？我透露下，大家不要到處去說。當初大王繼位的時候，朝吳立了大功，原本他想當

蔡國國君，可是大王沒答應，於是他就不肯做蔡國的卿。如今他想做蔡國上卿了，讓我替他去找楚王。各位，以他的能力和在楚王面前的面子，他要當上卿實在不是一件難事，而在座各位恐怕就要倒楣了。」

「啊？」蔡國的卿們都吃了一驚，大家都知道朝吳是頭大鱷，他要是當上了上卿，肯定安插他自己的人，兄弟們的日子恐怕都不好過。「那，那怎麼辦？」

「嘿嘿，我們楚國有句話：蜂刺入懷，解衣去趕。我只是把情況告訴大家，該怎麼辦，大家自己去想。哎，對了，千萬別說是我告訴你們的。來來來，喝酒喝酒。」費無極當然不會再提什麼建議，他知道大家會怎麼做。

當晚的宴席有些沉悶，因為大家都有心事。

費無極又盤桓了幾天，回楚國了。

回到楚國三天之後，蔡國傳來消息，說是廣大蔡國軍民對朝吳非常不滿，因此全體出動驅逐朝吳，朝吳狼狽出逃鄭國。

「怎麼回事？」楚平王很惱火。

第二天，楚國駐蔡國辦事處的線報就到了。基本上，辦事處把事情的前因後果都瞭解得很清楚，最後得出結論：都是費無極搞的鬼。

「費無極，太不像話了。朝吳是我信任的人，所以派他回蔡國，要是沒有他，我也當不上楚王，啊，你說，你為什麼要趕走他？」楚平王把費無極找來，當場痛斥。

費無極沒有害怕，因為他太瞭解楚平王了。

「大王，其實我也希望朝吳留在蔡國啊。可是，朝吳這人的能力大王您也知道，他要是留在蔡國，蔡國遲早會強大起來，那時候他們一定會背叛大王。為了防止這樣的事情發生，我才不得不想辦法趕走朝吳啊。」費無極說得很坦然，似乎他真是這麼想。

楚平王沒說話了，他覺得費無極說得也有道理。

「唉——」歎了一口氣，楚平王揮揮手，讓費無極走了。

又是兒媳變夫人

搞走了朝吳，費無極算是出了一口惡氣。

可是，現在費無極又恨上了伍奢和太子建。

伍奢是老師，費無極是少師，伍奢和費無極素來也沒有什麼交情，現在也沒有什麼交往。而太子建自從跟了伍奢，對費無極冷淡了很多，這讓費無極失落而且惱火。想想在蔡國的時候，自己把太子建當兒子一樣，太子建對自己也很尊重。

「這個忘恩負義的小兔崽子。」費無極暗罵太子建，隨後加了一句：「一定是伍奢在中間搗鬼。」

就這樣，費無極決定實施下一個報復計畫。

第一步，挑撥楚平王和太子建的關係。

費無極知道疏不間親的道理，人家楚平王和太子建那是父子關係，怎麼才能挑撥他們之間的關係呢？

費無極開始研究歷史，看到晉國歷史的時候，他突然眼前一亮，有了辦法。

楚平王六年，太子建十六歲了。

「大王，太子該成親了。我聽說秦侯的女兒十分美貌，不如去秦國求親。」費無極提出建議，作為太子的少師，倒也顯得在情在理。

「嗯，秦國好。」楚平王也覺得秦國是個不錯的親家選擇，當即同意，就派費無極去秦國求親。

楚國為太子求親，秦國沒有理由拒絕，秦哀公選了一個最漂亮的女兒嫁了出去。

「太子，秦國公主漂亮死了，你豔福不淺啊。」回到楚國，費無極去太子建那裏先吹了吹風。

到期，迎親的依然是費無極。

費無極率領的迎親隊伍悄悄地回到了楚國，抵達郢都的時候，費

無極命令所有人留在城外，自己進城彙報。

「大王，我們把秦國的公主迎娶回來了。」費無極向楚平王報告。

「為什麼還不送到後宮？」楚平王問，按著規矩，就該準備婚禮。

「大王，我有個想法。這秦國的公主那叫一個漂亮，咱們楚國是找不到一個的。太子還小，娶個這麼漂亮的老婆不是件好事。而大王為了國家晝夜辛苦，就應該享有天下最好的東西，是不？我想著，大王乾脆自己留下算了，太子還小，以後再給他娶一個也行啊。」費無極說，這就是他的算盤了。

費無極從晉國歷史中得到的結論是：父子要翻臉，除非為女人。如果讓楚平王當上晉獻公，太子建就逃不掉申生的命運。

那麼，楚平王上套了嗎？

「快帶來給我看看先。」楚平王眼前一亮。

女人不改變歷史，只是歷史常常因女人而改變。

太子建翹首以盼的漂亮老婆沒有了，成了後媽了。

太子建有意見嗎？當然有。

就算沒有，費無極也會讓他有。

楚平王感到內疚嗎？有一點，肯定有一點。

父子之間，隔閡和猜疑已經出現。

之後，費無極也安排了幾場類似優施「衛急子」的戲給楚平王欣賞，看得楚平王那叫一個難受。

楚平王正月娶了兒媳婦，到五月，費無極就又給他出主意了。

「大王，晉國人為什麼能夠稱霸呢？因為他們離中原諸國近啊，而我們太遠，因此不能與他們相爭。我想啊，咱們可以在城父（今河南寶豐縣）修建大城，讓太子建鎮守以收服北方，大王您鎮撫南方，這樣咱們不就擁有天下了嗎？」費無極提出這個建議，核心思想就是把太子建派到外地。

「好啊好啊好啊，有道理有道理。」楚平王非常高興地答應了，其實這個建議根本沒有道理。

有沒有道理不重要，重要的是找到了把太子建支開的藉口。

又是親爹殺兒子

歷史有的時候只是在簡單重複著。

所以，學習歷史真的很重要。

這是費無極的心得。

太子建派駐城父僅僅半年，費無極就實施了下一步的計畫。

「大王，根據多方綜合情報判斷，太子建和伍奢不滿大王您搶了他的夫人，正在聯絡晉齊吳魯宋鄭衛燕等十多個國家，準備叛亂，從此之後占據方城山以外，另立朝廷，分裂祖國。據說，他們已經做好了準備。」第二年三月的一天，費無極急匆匆來向楚平王報告。

「啊？真的？不會吧？」楚平王吃了一驚，不敢相信。

「大王，這可不是我瞎編的，我們駐晉國、齊國的地下辦事處都有線報。這樣的事情，寧可信其有，不可疑其無啊。」費無極說。他早已經買通了駐齊國和晉國辦事處的人。

「那，那，伍奢不是還在這裏嗎？我派人去問問。」楚平王還不肯相信，於是派人去問伍奢。

不一會兒，派去的人回來了。

「伍奢怎麼說？」楚平王忙問。

「他說大王搶了兒媳婦已經很過分了，不應該再聽信讒言。」

楚平王的臉色一下子變得很難看，搶兒媳婦的事情是他最不願意聽到的。

費無極笑了，伍奢這不是哪壺不開提哪壺嗎？他在想伍奢這麼傻的人竟然做了太子建的老師，而自己這麼聰明的人只能做個助理老師，這不是很可笑嗎？

「大王，看見沒有？為了夫人的事情，太子建師徒時時刻刻懷恨大王，事情不是已經很清楚了嗎？」費無極抓住了楚平王的痛處，他真的很聰明，他知道楚平王在想什麼。

「那，那你說該怎麼辦？」楚平王相信了太子建謀反的事情，可是不知道怎樣處置。

「先抓了伍奢，以免走漏消息，之後嘛，大王，有句話叫做大義滅親。」費無極說到這裏，沒有再說下去了。

楚平王完全走入了費無極設計的計謀之中，這個時候一切都已經在費無極的掌控之下了，所以一切也就順理成章地按照費無極的設想進行了下去。

「來人，把奮揚找來。」楚平王一咬牙一跺腳一閉眼，一聲令下，他決心下手了。

奮揚是誰？城父司馬，也就是城父這裏的警備區司令。奮揚這個時候恰好也在郢都，楚平王把他找來，派他回城父誅殺太子建。

奮揚領了命令，立即上路。同時，悄悄地派了心腹火速趕往城父，幹什麼去了？通風報信。奮揚也是讀過晉國歷史的人，他也知道殺國君的兒子是比較蠢的做法。

等到奮揚來到了城父，太子建早已經逃亡到了宋國。

奮揚以為自己做得神不知鬼不覺，卻沒有想到費無極神通廣大，竟然把一切瞭解得清清楚楚。很簡單，在太子建的身邊有費無極的臥底。

當奮揚從城父回來覆命的時候，立即被捉拿，並且被帶到了楚平王這裏。

「命令出於我的嘴，進了你的耳朵，旁邊沒有第三個人，你告訴我，誰通風報信放走了太子？」楚平王很生氣，質問奮揚。

奮揚知道，這個時候再抵賴是沒有意義的，怎麼辦？在那一瞬間，奮揚想起了解揚（見第三部第九十六章），想起了子躬（第五部第一七零章），也想起了費無極。他突然明白，只要自己大義凜然、視死如歸地說出自己的理由，就一定會毫髮無損。

「大丈夫敢作敢當，是我放他走的。」奮揚先說了這句話，偷偷看楚平王一眼，發現他的怒火似乎消了一點。「當初大王讓我輔佐太子建

的時候，對我說要像效忠大王一樣效忠太子。後來您又讓我殺他，兩個命令自相矛盾，權衡之後，我還是先執行了最早的命令。後來執行最新的命令時，我就後悔了，可是後悔也來不及了。」

「嗯。」楚平王一聽，有道理啊，「那，你為什麼還敢回來？」

奮揚一看這情景，知道沒事了。

「大王，我已經辦了一件錯事了，怎麼還能再錯下去呢？」

「嗯，好，你走吧。」楚平王讓奮揚走了，依然做他的城父司馬。

楚平王這人，有點弱。

第一七六章

伍家父子

趕走了朝吳，又趕走了太子建。但是，費無極還覺得不解恨，因為他最恨的還不是他們，而是伍奢。

費無極要殺了伍奢，可是，他覺得這樣太便宜伍奢了。

「我要殺你全家，讓你斷子絕孫。」費無極說。他不是一個愛忽悠的人，他是個有辦法的人。換句話說，他說到的，一定能做到。

斬草除根

伍奢有兩個兒子，大兒子伍尚，小兒子伍員，又叫伍子胥。

當初伍奢被抓之後，兩個兒子就逃到了許國。一年前楚平王剛剛把許國搬到了偏遠的析地（今河南西峽縣）。

按照春秋時期的規矩，就算伍奢有罪，並不牽連到兩個兒子，即便殺了伍奢，也該放兩個兒子一條生路，何況人家已經跑了。

可是，費無極不願意，他不僅要殺伍奢，還要殺他的兩個兒子。那麼，怎麼才能捉拿到伍尚和伍子胥呢？派軍隊去抓太不現實，因為許國偏遠，逃跑容易追逃難。何況，伍家兄弟這時候一定有了防備，聽到消息就會逃跑。

那麼，怎麼辦呢？

沒有什麼能難得倒費無極，報復的力量是無窮的。

「大王，伍奢的父親是靈王的寵臣，原本就對大王心懷不滿。如今，又要跟太子建謀反，這種人罪不可赦。」費無極又來忽悠楚平王了。

「對，那就殺了他。」楚平王跟往常一樣，從一開始就掉進了費無極的計謀中。

「可是，不能殺。」費無極來了一個轉折。

「為什麼？」楚平王有些吃驚，很自然這樣問。

「因為，伍奢有兩個兒子，這兩個兒子都是被窩裏放屁的人物。」

「怎麼講？」

「能聞能捂（能文能武）啊。」費無極搞了個歇後語，把楚平王給逗笑了，看著楚平王笑，費無極卻故意不笑：「如果我們殺了他們的父親，他們一定逃去吳國，那可就是楚國的心腹大患了。」

「那，那不能殺伍奢了？」

「要殺，但是必須連他的兩個兒子一塊殺。」

「那就抓來吧。」

「可是他們在許國呢。」

楚平王皺了皺眉頭，他知道這樣就不好抓了。

「不過，我有辦法抓他們回來。」費無極看到楚平王皺眉頭，暗自得意。

「什麼辦法？」

「派人去給他們送信，就說他們回來的話就免除他們父親的死罪，他們一定回來。」

「好主意！」

費無極來找伍奢了，當然，在牢裏。

「伍老師，沒想到會有今天吧？」費無極看見伍奢，皮笑肉不笑。

伍奢看他一眼，沒有理他。

「關於你和太子建謀反的事情，大王很生氣，後果很嚴重。按照大王的意思呢，直接就把你正法了。可是念在同事一場的分上，我還是幫你據理力爭。哪，現在大王同意了，只要你寫信讓你的兩個兒子回來，就免了你的死罪，從輕發落。怎麼樣？我這人很夠意思吧。」費無極沒有在意伍奢對自己的藐視，因為現在他是主宰。

「費無極，說這些幹什麼？你是什麼人，我還不知道嗎？我們伍家從莊王時代就是楚王的近臣，你那點花花腸子我能不知道嗎？我只是不屑於像你那樣做，否則你哪裡還有機會在這裏跟我說話？你的主意，

無非就是把我的兒子們也騙回來，好把我伍家斬草除根。」伍奢終於還是說話了，儘管身陷囹圄，依然保持著對費無極的藐視。

「嘿嘿，聰明，看來，你當老師，我只能當少師也不是沒有道理的，嘿嘿。」費無極說。他隱隱有股醋意。

看來，要讓伍奢自覺自願寫信給他的兒子們是沒有可能了。費無極在想辦法，騙的方法不行了，是不是要試一試來硬的？

可是，讓費無極意外的事情發生了。

「我知道，我的兩個兒子都是很有能力的人，如果他們知道我被害了，一定會逃到吳國，之後，楚國恐怕就沒有安生日子過了。唉，誰讓我是個忠君愛國的人呢，就算我冤枉死了，也不能讓我的兒子危害楚國啊。」伍奢歎了一口氣，搖了搖頭，然後對費無極說：「老費，說吧，怎麼寫？」

費無極有點發愣，世界上還真有這麼傻的人？看來杜原款不是個傳說啊，現實中真有這樣的人啊。

「覺悟啊，什麼叫覺悟？」費無極強忍住笑，帶著諷刺誇獎伍奢。

不管怎樣，伍奢按照費無極的想法，給兩個兒子寫了一封家書。

一封家書

費無極拿到了伍奢的家書，讀來讀去，讀去讀來，每個字都是按照自己的話寫的，看不出有什麼暗示來。

「看來，伍奢是真的那麼傻。」費無極高興了。

那麼，伍奢真的那麼傻嗎？當然不是，伍奢不傻，他比費無極聰明得多。

伍奢為什麼毫不猶豫地就寫了這樣一封家書？

伍奢對形勢有清晰的判斷，他知道費無極一定不會放過自己，同樣也一定不會放過自己的兩個兒子。要捉拿自己的兩個兒子，實際上有兩個辦法。第一是讓自己寫信騙他們回來，第二是暗中派兵捉拿他們回來。二者的危險性哪一個更大呢？第二個。

伍奢對自己兩個兒子的智商是堅信不疑的，他知道一封家書根本騙不了他們，相反，會提醒他們趕快逃亡。

既然如此，為什麼不寫這一封家書呢？

一封家書很快被楚平王的特使送到了伍家兄弟的手中，來看看這封家書是怎麼寫的。

「父以忠信慈仁去難就免，大王內慚囚系忠臣，外愧諸侯之恥，反以父為令尹，封二子為侯，尚賜鴻都侯，胥賜蓋侯，相去不遠三百餘里。父久囚系，憂思二子，見字速歸。」（《吳越春秋》）這就是伍奢所寫的家書，大意是楚平王不僅釋放我了，還讓我當了令尹，還封你們兄弟兩個為侯。我很想你們，趕快回來吧。

看了家書，伍尚一臉凝重，伍子胥則面帶冷笑。

「兄弟，回去嗎？」伍尚問弟弟。

「這顯然是個陷阱，為什麼要回去？」伍子胥說，他懷疑哥哥沒有看出來。

「兄弟，雖然我的才幹不如你，我也能看出這是個陷阱。但是，如果回去能讓父親免於一死，這是孝；估計能取得成功才行動，這是仁；根據不同的能力而選擇相應的任務，這是智；明知回去必死無疑也要回去，這是勇。兄弟，你的能力比我強，所以我選擇勇，回去陪伴父親；而你選擇智，逃到吳國，今後為父親報仇。」伍尚冷靜地說。事實上，即便沒有這封家書，他也準備回去與父親共生死。

「哥哥，明知要死，為什麼還要去呢？」伍子胥有些急了，他不願意眼看著哥哥回去送死。

「父不可棄，名不可廢，爾其勉之，相從為愈。」伍尚堅持著。他說了什麼？是這樣的：兄弟，父親不能丟棄不管，家族的名聲也不能受到損壞，你努力去幹吧，聽哥哥的話。

伍子胥沒有再勸哥哥，因為每個人有自己的選擇。

伍子胥的選擇是什麼？報仇。

二胥

伍尚隨著楚平王的特使回到了郢都，直接被投進了關押父親的大牢。

看到伍尚，伍奢笑了。為什麼笑了？

該來的來了，不該來的沒有來，兩個兒子都沒有讓自己失望。為什麼不笑？

看見父親，伍尚也笑了，為什麼笑了？

能夠陪伴父親，生死與共，伍尚覺得很幸福、很充實。

「楚君、大夫其旰食乎？」（《左傳》）伍奢說道。旰食就是晚食的意思，伍奢的意思就是楚國人恐怕今後吃飯時間都要推遲了，因為伍子胥不會讓他們安生的。

伍奢為什麼這麼有把握？因為伍子胥能力超眾，更重要的是心黑、手狠、不擇手段，而更更重要的是他堅忍不拔的個性。

可惜的是，伍奢看不到那一天了。

費無極殺了伍奢和伍尚，並且立即下令追捕伍子胥。

伍子胥不是坐以待斃的人，甚至不是逃命的人，他是要報仇的人。

逃命的人和報仇的人是不同的，逃命的人會逃往最安全的地方，而報仇的人不是，他不是逃，而是去尋找最適合報仇的地方。

在許國這個位置，逃命的最好方向是向北，逃到晉國就萬事大吉了。

可是，伍子胥不是逃命的人，他是報仇的人。

報仇的人會去哪裡？吳國。

伍子胥知道，只有在吳國，才能找到報仇的機會。

伍子胥知道的，費無極同樣知道。因為他是一個報復的人，報復的人與報仇的人有很多共同點。

費無極一邊派人去捉拿伍子胥，一邊在從許國往吳國的道路上安排緝拿人員。

捉拿伍子胥的人自然是晚了三秋，不過伍子胥一路向東，逃往吳國的路上則是越來越兇險。到漢水的時候，伍子胥聽說太子建在宋國，於是決定前往宋國，同太子建會合。

　　於是，伍子胥轉而向北。還好，這一邊倒比較安全。費無極不是沒有料到伍子胥有可能去宋國，而是他認為只要不去吳國，伍子胥就沒有辦法回來報仇。

　　伍子胥一路向北，臨出楚國的時候，遇上了一個人。誰？申包胥，伍子胥的朋友。

　　申包胥是什麼人？申家的人，而申家的人都很有才能。

　　「子胥，你去哪裡？」好友相遇，申包胥問。

　　「我，去宋國。」

　　「去宋國幹什麼？」

　　「去，去，嗚嗚嗚嗚……」伍子胥哭了，看見朋友，就像看見了親人，父親和哥哥冤死之後的悲痛，在這個時候再也忍不住，爆發出來了。

　　申包胥還不知道伍子胥的遭遇，不過他大致猜了出來，這世界上能夠讓伍子胥流淚的事情並不多，一個如此堅韌的人流淚，一定有巨大的冤屈或者仇恨。

　　果然，伍子胥擦乾了眼淚，把事情的前前後後說了一遍。

　　「我要報仇，我一定要讓楚國成為一片廢墟，你一定要幫我。」伍子胥咬牙切齒地發誓。

　　申包胥搖了搖頭，他很同情自己的朋友，但是，僅此而已。

　　「子胥，我幫不了你。如果我幫你向楚國報仇，那就是對楚國的不忠；但是，如果我勸你不要報仇，那就不夠朋友。你趕快走吧，咱們不要再多說了。」申包胥是帶著從人的，這個時候他可以捉拿伍子胥，可是他沒有。既要對得起國家，又要對得起朋友，他只能讓伍子胥快走。

　　「父母之仇，不共戴天。申兄，即便你不幫我，我也一定能夠報仇。」伍子胥略有些失望，不過這不影響他的信心。

　　「子胥，那你努力吧。不過我告訴你，如果你能滅亡楚國，我就一

定能讓楚國恢復。」申包胥說，他也很自信。

「那你也努力吧。」伍子胥說完，頭也不回，去宋國了。

來到宋國，伍子胥很容易就找到了太子建。太子建在宋國過得還不錯，按照國際避難通行準則，在這裏享受卿的待遇。

從前，是伍奢輔佐太子建；如今，伍奢死了，他的兒子伍子胥來輔佐太子建了。太子建明顯能夠感受到老伍老師和小伍老師的不同，老伍老師斯文穩重，教自己小心謹慎，避免犯錯；而小伍老師孔武有力，聲如洪鐘，教自己要銳意進取，敢於冒險。

「公子，要報仇，宋國不是我們應該待的地方。」伍子胥勸說太子建離開宋國，前往吳國。

「不，宋國是中原大國，背靠晉國，有機會的。」太子建拒絕了，其實他心裏的算盤與伍子胥完全不一樣，伍子胥是要報仇，要毀滅楚國，而太子建是要等待機會，譬如父王突然良心發現或者費無極突然腦膜炎發作等等，自己就有可能重回楚國了。可是，如果自己去了吳國，就等於宣佈與楚國為敵，就再也沒有可能回到楚國了。

道不同，不與謀。

雖然同是費無極的受害者，伍子胥和太子建的目標是完全不同的。

「我們還是去吳國吧。」伍子胥一再地勸告。

「不！」太子建一再地拒絕。

伍子胥有些後悔來到了宋國，因為在道義上說，他現在是不可以拋下太子建而獨自前往吳國的。

鬱悶，非常的鬱悶。

太子建搬家

也許是伍子胥報仇的決心感動了上帝，也許是某一天出門踩上了雞屎而改變了命運，總之，突然有一天，太子建提出來：「老師，咱們離開宋國吧。」

為什麼太子建同意離開宋國了？想通了，還是改變策略了？都不是，是形勢所迫。

來看看宋國的形勢。

就在伍子胥來到宋國的當年，宋國發生了內亂，宋元公和華、向兩家發生爭執，於是雙方互相抓了對方的兒子做人質。有一段時間，宋元公和夫人每天吃飯之前要先到華家，看自己被扣押在華家的兒子吃了飯，這才放心地回宮吃飯。

後來宋元公實在忍受不下去了，就把自己手頭的人質都給殺了，然後進攻華、向兩家，結果那兩家都逃到了吳國。

華、向兩家從吳國借兵攻打宋元公，宋元公急忙向晉齊鄭等國求援，於是聯合國軍隊前來救援，與吳軍交手，吳軍大敗，華向兩家就被包圍在城中。

眼看吳軍不行了，華、向兩家又向楚國求援，於是楚國軍隊前來援助。

這下熱鬧了，世界大戰又要開始了。

不過，此時的楚國和晉國都不願意開戰。於是楚國向宋國提出請求，說是華、向兩家在宋國犯了罪，楚王很擔憂，因此希望讓這兩家到楚國接受懲罰。楚國人的話說得很客氣，宋元公竟然拒絕了。

宋元公拒絕了，楚國人就很沒有面子了。聯合國一商量，覺得楚國人的建議挺好，大家都有面子，於是晉軍主帥中行吳下令，解除包圍，讓華、向兩家逃往楚國。

最終，事情就這樣解決了。

這個時候，已經是楚平王九年（前 520 年），太子建和伍子胥在宋國已經兩年時間了。

那麼，為什麼這件事情讓太子建決心離開呢？

來看看太子建最初的如意算盤是怎樣打的。

太子建從來沒有想過要靠武力回到楚國，他所想到的最佳的途徑就是外交途徑，這就是他逃到宋國的原因。

在所有中原諸侯國中,與楚國關係最好的就是宋國,而宋國的向家與楚國的卿的私人關係尤其好,所以太子建就希望通過宋國,特別是向家來與楚平王溝通,期望說服楚平王讓自己回到楚國繼續做太子。

所以在宋國期間,太子建和向家走得很近。

可是,如今一場內戰過去,楚宋兩國關係惡化,而向家倉皇逃奔楚國,太子建在宋國的處境也變得非常尷尬,再待下去不僅毫無意義,更且充滿危險。

到了這個時候,太子建是不得不走了。

去哪裡?伍子胥強烈建議去吳國。

「不,去鄭國。」太子建決定去鄭國,按照自己既有的策略,去鄭國是最好的選擇了。

於是,太子建去了鄭國,伍子胥無奈,也只好跟著去了鄭國。

此時的鄭國國君是鄭定公,由於子產已經鞠躬盡瘁,游吉擔任執政。

太子建在鄭國受到熱情的接待,鄭定公甚至給了他上卿的待遇,給了一塊非常不錯的封邑,以此來表明鄭國比宋國更仁義、更慷慨。

與宋國人死要面子不一樣,鄭國人很直率。在宋國,向家人每次都哼哼唧唧地答應太子建「等機會」;而在鄭國,游吉直接告訴太子建「我們真是幫不上忙」。

游吉說得很明白,鄭國是個小國,眼下是跟著晉國混,跟楚國已經沒有什麼來往,當年有交情的人也都死光光了,現在鄭國在楚國還有人,可是,是個仇人,那就是子革。所以,鄭國在楚平王面前根本說不上話。

「那,那給指一條明路吧。」太子建有些失望,不過也說不上太失望,因為在這裏的日子過得也挺好。

「要不,你們去晉國,看看晉國人有沒有興趣?」游吉想了想,出了這麼個主意。不過在心裏,他對晉國人不抱希望。

事到如今，也只好死馬當做活馬醫了。

在鄭國住了一段時間，太子建決定去晉國。

「那就是一幫大忽悠，別被他們忽悠了。」伍子胥勸太子建，他根本就不相信晉國人。

「是不是大忽悠，去了才知道。」太子建堅持要去。

第一七七章
過昭關

太子建顯然高估了自己的智商，全世界都被晉國人忽悠，他憑什麼不被晉國人忽悠？

晉昭公早已經薨了，此時已經是晉頃公的時代。不過對於晉國來說，晉什麼公已經不重要，重要的是中軍元帥是誰。所以，我們說，現在還是韓起的時代。

韓起非常熱情地招待了太子建，耐心地聽太子建哭訴自己在楚國遭受的不平等待遇，隨後表達了自己的同情和憤慨，並且慈祥地詢問可以為他做些什麼。

「我，我想回國當太子，然後，當楚王。」太子建說。他覺得韓起是個好慈祥、好體貼的長者，絕對值得信任。

「太子，你放心吧。當年楚成王幫助我們的文公回國，我們這麼多代人一直想著要報恩，人嘛，要有感恩之心。我答應你，我們一定幫你回楚國，當上楚王。」韓起甚至連眼皮子都沒有眨一下，答應了。

晉國人可以答應你任何事，但是，任何事你都不要當真。

記住，大國是沒有信用的。原因很簡單，因為他們失信的成本非常低，他們騙了你，你也不能去找他們算賬。

感恩的心

太子建有點不敢相信自己的耳朵，自己的個人魅力難道強到了這種地步？他聽說過晉國人能忽悠，可是看上去慈眉善目的韓起不像是一個忽悠別人的人啊。

不過，太子建還是決定再問一問。

「韓元帥，我感激不盡啊，請相信，我是個懂得感恩的人，一定會報答您的。」太子建說，首先表達感謝之意。

「應當的，應當的。」韓起微笑著說，像姜太公一樣慈祥。

「那，那什麼，我可不可以問一下，元帥準備怎樣幫我？」

「嗯，我有一個計畫，太子看看行不行。」韓起說著，收起了笑臉，讓旁邊的侍衛統統走開，只留下他和太子建兩個人。「我聽說你在鄭國很受歡迎，結交了不少朋友，鄭國國君也很信任你。而鄭國最近這些年來對我們很不敬，我們早就想滅掉他們。不如這樣，你還回到鄭國，在鄭國做內應，我們悄悄出兵，一同滅掉鄭國，之後鄭國就歸你。等到機會合適，我們兩國聯軍討伐楚國，幫你當上楚王，然後把鄭國一分為二，我們各得一半，如何？」

「好主意！好主意！」太子建這次也沒有眨眼，直接就叫起好來。

韓起笑了，他在笑太子建這個人，剛才還在說自己有感恩之心，現在就要對鄭國恩將仇報了。

「奶奶的，看來不要臉的不僅僅是我們晉國人啊。」韓起暗說。

「太子，您被忽悠了。」伍子胥同樣沒有眨眼，聽太子建介紹完情況，當即就這樣說。

「哎，你怎麼這樣說話？人家可是誠心要幫我們啊。」太子建不高興了，他懷疑伍子胥在嫉妒自己的能力和成功。

「太子，據我所知，晉國人對鄭國人不滿已經很長時間了，可是始終沒有藉口討伐鄭國。這一次，他們一定是想讓我們先在鄭國發動內亂，然後他們就有藉口來平叛，趁機吞併鄭國。你想想，就咱們這幾號人，在鄭國能掀起什麼波瀾？那只能被鎮壓啊。退一萬步，就算咱們成功了，晉國人會讓你擁有鄭國？才不會呢，他們一定會來剿滅咱們，咱們就成了他們的替罪羊了。再者說了，楚國是晉國的敵人啊，晉國人怎麼會真心幫助楚國人呢？」伍子胥說得很清楚，分析得也很到位。

「伍老師，你嫉妒我。晉國人為什麼要幫我？我告訴你，那是為了感恩，因為我們的成公曾經幫助他們的文公。」太子建的臉色很難看，說話也就很不客氣。

「感恩？鄭國人對我們這麼好，這麼現實的恩我們都不感，幾百年

前的恩晉國人要感？」伍子胥用鼻子哼了一聲，對太子建的話表示不屑一顧。

「好吧，既然你不相信晉國人，那這件事情你就不要參與，我自己來，你只需要照管好勝兒就行了。」太子建乾脆不用伍子胥了，讓他做自己兒子的保姆。

勝兒是誰？太子建的兒子，僅僅六歲。

太子建哼著流氓小調又回到鄭國，鄭國人對他依然不錯，還是上次的待遇和封邑。

從那之後，太子建開始瘋狂地活動起來。他拿出自己的儲蓄，走街串巷，頻繁拜會鄭國政要，與對社會不滿者促膝交談。

太子建很努力，但是成效很微小，誰會相信這個落難來投的楚國人呢？誰會願意追隨這個恩將仇報的人呢？

外面的努力沒有成果，家裏出了麻煩。

鄭國人給了太子建一塊封邑，封邑裏的人也就都歸了太子建。可是太子建對自己的封邑的人非常暴虐，引起了公憤，於是就有人去游吉那裏控告他。要知道，鄭國是最早公佈刑法的國家，那是個法治國家。於是，游吉派人去他的封邑調查。

無巧不成書，派去調查的人恰好在這裏碰上了晉國來的人。一盤問，晉國人吞吞吐吐，慌裏慌張。於是，派去調查的人也不調查了，直接把晉國人捉拿了回來。一審問，什麼都招了。

「狗日的楚國人，太沒良心了。」鄭定公憤怒了。

游吉也憤怒了，立即召請太子建前來會晤。

後面的事情可以想像了。

「太子建，我們鄭國對你這麼好，你竟然狗咬姜太公（那時還沒有呂洞賓，只好請姜太公代勞），不識好心人，不僅粗暴對待封邑裏的百姓，竟然還勾結晉國人從事顛覆活動，你的良心被狗吃了？」游吉大怒，再也不像從前說話那麼客氣。

「我，這，誤會啊。」太子建到這個時候才知道伍子胥的話是對

的，事到如今，也只好抵賴。

「帶證人。」游吉下令，晉國人被押了上來。

這下，沒得抵賴了。

「我，我，我改還不行嗎？饒命啊。」到現在，求饒成了唯一的選擇。

鄭國人會給他這個機會嗎？鄭國人恨不得殺他四回。

過昭關

就在太子建被游吉召走的時候，伍子胥已經嗅到了危險的信號。所以，太子建前腳出門，伍子胥帶著公孫勝後腳就上了車，一路向南狂奔。

去哪裡？楚國。

為什麼去楚國？因為要從這裏去吳國。還有另外一個原因，什麼原因？

游吉殺了太子建，立即派人前去斬草除根，殺太子建的兒子公孫勝。可是他們發現，公孫勝早已經逃走。

「追！」游吉下令，於是鄭國人向北、東、西三個方向追去，因為他們斷定公孫勝一定不敢也一定不會逃回楚國。

可是他們忘了，帶公孫勝跑的是伍子胥。

一直逃到了楚國境內，伍子胥才鬆了一口氣。這時候，他不敢再驅車南行，因為那樣目標太大。於是，帶著公孫勝棄車步行。

在楚國境內，伍子胥才得到太子建被殺的消息，他不禁為自己的果斷和明智叫好。不過他知道，鄭國人猜不到自己會去吳國，可是費無極一定能猜到，所以一路上必須要倍加小心。

伍子胥的判斷再一次正確，太子建被殺以及伍子胥和公孫勝失蹤的消息以最快的速度被楚國駐鄭國地下辦事處報告到了費無極那裏。

「趕快通知楚吳邊境，嚴加提防伍子胥和公孫勝過關逃往吳國。」費無極下令，命令又是以最快的速度傳到了楚吳邊境各個關口。

伍子胥帶著公孫勝，一路上是曉行夜宿，不敢走大道，專揀小路走。

這一天，過了巢地，來到了昭關（在今安徽省含山縣）。過了昭關，再渡過大江，就出了楚國了，而且前面就是吳國了。伍子胥知道，一路上都有楚軍盤查，到了這個關口，一定盤查得更嚴。於是伍子胥加了個小心，讓公孫勝先在一處隱蔽的所在等候，自己到關口看看形勢。

來到關口，只見楚軍戒備森嚴，關上貼著伍子胥的畫像，雖然不是十分像，也有六七分了。而官兵見到身材高大的青壯男子，都是不由分說直接拿下，然後仔細盤查。確認不是伍子胥的，當場釋放；稍有些嫌疑的，押到山下大寨繼續盤查。

伍子胥一看這樣的場景，倒吸一口涼氣，如此嚴密的盤查，要想過關是絕對沒有可能的。怎麼辦？伍子胥一面向回走，一面想。

伍子胥想要看看是否能夠繞道過去，可是四下裏探看了一回，發現都是崇山峻嶺，根本沒路不說，更且虎狼出沒。

沒辦法，伍子胥帶著公孫勝，找到一處偏僻的所在，找了一個山洞先躲起來再說。

隨後，一連幾天，伍子胥都湊近關口觀察，看看有沒有什麼可乘之機。可是，每一天他都失望而歸。

伍子胥很發愁，他知道，如果再耽延下去，遲早會暴露行蹤。

怎麼辦？伍子胥絞盡腦汁，卻終於無計可施。

愁啊。

第四天早上醒來，伍子胥就覺得嘴唇十分的痛，用手一摸，滿嘴的燎泡。

伍子胥見公孫勝還在熟睡，可是自己再怎麼也睡不著，於是出了山洞，來到溪邊洗把臉。

一把臉洗完，再要洗第二把的時候，伍子胥卻突然驚呆了。

他在溪水中看到了一張陌生的臉，這張臉上佈滿了暗瘡，嘴唇上都是燎泡，眼有些發紅，頭髮蓬亂，更可怕的是，蓬亂的頭髮竟然是斑白到了幾乎全白。

「啊！」伍子胥驚叫一聲，這個又老又醜的人就是自己啊。

通常的說法是伍子胥一夜白頭，其實不然，一路逃亡都處於驚弓之鳥的狀態，因此一路上都在發愁，再加上此前在宋國和在鄭國為報仇發愁，伍子胥的白髮是早就應該有了，只不過在昭關的三天愁得更厲害，白髮急劇增多，而伍子胥一直沒有注意到，到第四天偶然發現，這才大吃一驚。

「老了，大仇未報，我卻已經老了？！」伍子胥對天長歎，隨後號啕大哭。

哭聲吵醒了公孫勝，他小心翼翼地走出洞來，不解地看著伍子胥在那裏痛哭。在他看來，伍子胥並沒有什麼變化。

伍子胥看到了公孫勝，於是停止了哭泣。

「老師，你為什麼哭？有人欺負你了嗎？」公孫勝問，他只能理解這麼多。

伍子胥沒有說話，他的眼睛直直地盯著公孫勝，盯得公孫勝心裏發毛。

「哈哈哈哈……」突然，伍子胥放聲大笑起來，嘴唇的燎泡因大笑而破裂出血，而伍子胥依然大笑不止。

「老師瘋了。」公孫勝更加害怕。

老師並沒有瘋。

老師剛才也並沒有盯著公孫勝看。

老師是在思考。

老師意外地想到了辦法。

塞翁失馬，焉知非福。這個成語不是來自這裏，可是用在這裏卻最恰當。

「孫子，走，咱們過關去。」伍子胥大聲對公孫勝說。

「老師，你，你不是瘋了吧？」公孫勝戰戰兢兢地問，如果不是瘋了，怎麼竟然這樣稱呼自己？

昭關，中午時分。

每天的這個時候是過關人最多的時候。

昭關守軍認真地觀察著每個出關的人，但凡有一點特徵與伍子胥相近的，都會仔細地盤查，而弓箭手就在不遠處，任何試圖逃跑的人都會被毫不留情地射殺。

一個大個子走了過來，不僅高大，而且面露凶相。

「站住，說你呢。」守關軍士注意到了他，將他叫住。

大個子很不情願地站了下來。

「你！說話！什麼地方人？過關幹什麼？」開始盤問。

「我，我，我本地人，我老，老婆家在關那邊。」

「你的口音有點怪啊。」

「我，我，我就是結、結巴，口、口音不怪、怪、怪。」

軍士們又盤問了幾句，突然抓起大個子的手來，把大個子嚇了一跳。

「嗯，走吧。」軍士們放走了大個子，因為大個子滿手的老繭，顯然不是伍子胥。

大個子驚魂甫定，灰溜溜地走了。

而就在這個過程中，人們沒有注意到的是，一個滿頭白髮、滿臉骯髒的老人，佝僂著腰，拄著拐棍，帶著自己的孫兒從旁邊走了過去。

一個軍士注意到了他們，因為他們得到的命令是伍子胥帶著公孫勝，所以對於帶孩子的男人都要注意。可是，沒等他發話，那個小男孩對著老頭叫了一聲「爺爺」。

「嘿嘿，怕是沒有這麼老的伍子胥啊。」軍士暗笑。

可是，他怎麼也想不到，這個老頭就是伍子胥，而這個孫子就是公孫勝。

漁丈人

伍子胥與公孫勝過了昭關，急匆匆向前趕路，看看天色將近黃昏，前面是一條大江，江的對岸，才是吳國。

看來，高興得早了一些。

正在不知道怎樣過江，遠處有一隊楚軍士兵巡江過來，伍子胥急忙和公孫勝躲了起來。要是被他們發現，事情恐怕又會麻煩。摸摸身邊，伍子胥只帶了一把短劍，弓箭都沒有敢帶過關。

楚軍過去之後，伍子胥急忙又帶著公孫勝來到江邊，看看怎樣渡江。沿江而行，江上看不到一條船。

「誰說天無絕人之路？這難道不是絕人之路嗎？」伍子胥極度失望，自言自語。

就在這個時候，從下游上來一隻小船，船上只有一個老漁夫。

「漁父！渡我！」伍子胥高聲喊道。

老漁夫看了他一眼，沒有回答。

「漁父，渡我！」伍子胥又喊了一遍。

老漁夫張張嘴，似乎要說話，恰好這時岸邊又有行人過來，老漁夫於是又閉了嘴。

伍子胥要崩潰了。

然而就在他行將絕望之際，他聽到了歌聲。

「日月昭昭乎侵已馳，與子期乎蘆之漪。」老漁夫在唱歌，歌聲難聽至極。伍子胥眼前一亮，在他聽來，這是一首最動聽的歌了。

這兩句歌詞啥意思？太陽要落山，月亮要上天，咱們在前面蘆葦蕩見面吧。

上游不遠處，有一處蘆葦蕩。伍子胥帶著公孫勝，沿江而走，急匆匆走到蘆葦蕩中，從中穿行到了江邊。

果然，老漁夫也將船撐到了這裏。

老漁夫又唱了：「日已夕兮，予心憂悲；月已馳兮，何不渡為？事寖急兮，當奈何？」歌詞大意是：天快黑了，快上船吧。

老漁夫，著名民歌手。

伍子胥更不猶豫，等到小船靠岸，將公孫勝拎起來，扔到船上，然後自己也上了船。

借著昏黃的夜色，小船搖搖晃晃，渡過了大江。

這條大江是什麼江？長江。

江的對岸，已經是吳國的地界。

下了船，伍子胥總算放下一點心來。

「爺爺，我好餓。」公孫勝叫伍子胥。

「公子，我們已經到了吳國，不要叫爺爺了。」伍子胥說，說完，他有些後悔，因為老漁夫就在旁邊。

老漁夫泊好了船，對伍子胥說：「看樣子，你們是餓了一天了，你們在這樹下等等，我給你們取點吃的來。」

老漁夫走了，遠處，燈光點點，是一處小漁村，他應該是回家去了。

伍子胥等了一陣，不見老漁夫回來，難免有些忐忑。

「公子，雖然這裏是吳國地界，可是防人之心不可無，咱們先躲起來。」伍子胥不敢怠慢，帶著公孫勝躲到了旁邊的蘆葦叢中。

不久，老漁夫來了。老漁夫的手中提著一個籃子，來到樹下，卻沒有看見伍子胥和公孫勝，老漁夫放下籃子，四處張望。

「蘆中人，蘆中人，豈非窮士乎？」老漁夫高聲喊道。什麼是窮士？後人解釋多為貧窮之士，其實不然，應為窮途之士，也就是逃難之人。

後來，蘆葦也被稱為窮士蘆，就出於此。

伍子胥心中一凜，看來，這個老漁夫看出自己是落難之人了，怎麼辦？

「蘆中人，出來吃飯吧，男子漢大丈夫，難道還怕我這個老頭把你怎麼樣？」老漁夫又喊了一遍。

伍子胥想了想，如果老漁夫真要抓自己，恐怕就不是這樣的陣仗了。

於是，伍子胥抱著公孫勝，從蘆葦叢中走了出來。

「你難道不相信我？」老漁夫對伍子胥說，似乎有些不滿。

「亡命天涯，不得不處處小心啊，老丈體諒。」伍子胥說，倒確實有些不好意思。

老漁夫給他們準備的飯菜倒很豐盛，麥飯、鮑魚羹和盎漿，麥飯不用說了，鮑魚羹那可是招待貴賓的，那麼，盎漿是什麼？盎漿是一種經過粗淺發酵的米湯，其味略酸微甜，基本上，很類似現在的醪糟

湯。一般人家喝不起酒，就用盎漿招待貴客。

基本上，就算是有酒有肉。

伍子胥和公孫勝正餓得發慌，於是兩人也不客氣，兩雙筷子飛舞，片刻之間把飯吃了個精光。

吃飽了喝足了，伍子胥解開褲腰帶，從褲襠裏掏出一把短劍來。

為什麼短劍藏在褲襠裏？因為過關的時候怕被發現。

為什麼把劍掏出來？殺人滅口？

老漁夫臉色一變，心說這回算遇上了一個白眼狼了。跑吧，肯定跑不過。乾脆，看看這小子要幹什麼。

「嚓——」劍出鞘，雖然日頭已落，但是借著月光，也能看到那把劍閃閃發光。寶劍！絕對的寶劍！

「老丈，承蒙救命贈飯之恩，這把劍是楚王的寶劍，上面鑲著七顆寶石，價值百金，無以為報，這把劍就送給您。」伍子胥將劍回鞘，遞給老漁夫。

老漁夫笑了，他知道這劍不能要，他也不想要。

「我見過楚國的通緝榜，說是捉到伍子胥或者提供情報者賞粟五萬石，並且授予爵位。連這樣的懸賞我都不要，難道還在乎這一把寶劍？」老漁夫說，說完之後，他就後悔了，因為他看見伍子胥的臉色驟然變得難看。

「這麼說，你知道我是誰了？」伍子胥有些緊張起來。

「啊，沒有，沒有，我只是說楚國的懸賞一向很高。」老漁夫急忙說，他感覺到空氣中有一種恐怖的氣氛。「你，你趕快走吧，不要讓楚國人看見。」

「那，請問老丈尊姓大名，以便今後報答。」伍子胥卻不肯走，問道。

「咳，有什麼好問？你是從楚國偷渡的人，我是違法渡你過來的人，大家都是罪犯，知道名字幹什麼？我就叫你蘆中人，你就叫我漁丈人就行了。今後你要是升官發財了，別忘了我啊，哈哈哈哈……」老漁夫尷尬地笑笑，試圖掩飾自己的緊張。

「好。」伍子胥說，老漁夫越是緊張，他就越是擔心，即便自己到

了吳國，若是被費無極知道，也一定會派人來追殺自己的，所以，自己的行蹤一定不能暴露。

走了兩步，伍子胥又走了回來。

「老丈，把盎漿藏好啊，千萬別被別人看見了。」伍子胥說，一雙眼睛則緊緊地盯著老漁夫。

這句話什麼意思？因為盎漿用來待客，如果有人看見老漁夫提著剩下的盎漿回去，難免會問來了什麼客人，豈不是很容易暴露？

老漁夫後退了半步，搖了搖頭。

「看來，我怎麼樣你都不會相信我了，好，我讓你放心。」老漁夫說完，一轉身，三步並作兩步，奔到岸邊，然後一縱身上了小船，在船上左右搖晃，也就是兩三下，小船翻了個底朝天，老漁夫則倒栽進了水裏。

「啊！」伍子胥大吃一驚，這老漁夫要幹什麼？玩自殺？

伍子胥急忙來到岸邊，等了一陣，不見老漁夫浮上來，眼見得自殺身亡，屍首隨江水沖走了。

「壯哉！漁丈人！」伍子胥感慨，然後帶著公孫勝，放心地走了。

不遠處的蘆葦中，老漁夫探出一個頭來，輕歎一聲：「唉，這年頭，好人難做啊。」

按《吳越春秋》，老漁夫「覆船自沉於江水之中」，是自殺成功了。不過，於情於理，老漁夫都沒有為一個陌生人自殺的理由。從技術角度來說，一個老漁夫投水自盡恐怕不是一件容易完成的事情。

所以，老漁夫只是擔心伍子胥殺人滅口，因此作了一個自殺現場保護自己而已。

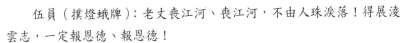

第一七八章
剩女的軟飯

伍員（撲燈蛾牌）：老丈喪江河、喪江河，不由人珠淚落！得展淩雲志，一定報恩德、報恩德！

伍員（西皮搖板）：娘行身投河，兩眼淚如梭。你死皆因我，可憐女嬌娥。日後若得仇報過，建碑立旌報恩德。

—— 京劇《伍子胥》

一輪明月照窗前，愁人心中似箭穿，實指望到吳國借兵回轉，誰知昭關有阻攔。幸遇那東皋公行方便，他將我隱藏在後花園，一連幾天我的眉不展，夜夜何曾得安眠。俺伍員好似喪家犬，滿腹的冤恨我向誰言。我好比哀哀長空雁，我好比龍遊在淺灘我好比魚兒吞了鉤線，我好比波浪中失舵的舟船，思來想去我的肝腸斷，今夜晚怎能夠盼到明天。

—— 京劇《文昭關》

伍子胥的故事曲折複雜，頗有戲劇性，因此，古今以來都是戲劇鍾愛的題材，以上是京劇中的兩種。

過昭關這一段，《左傳》沒有記載，《史記》與《吳越春秋》則有記載，因此應該是信史。京劇中所提到的東皋公是扁鵲的弟子，幫助伍子胥過昭關，事實上他應該是藝術加工的人物，因為那時候連扁鵲都還不知道在哪裡，徒弟怎麼能出來活動？

伍子胥過昭關，一夜愁白頭，這成為一個典故，儘管其中有傳奇的成分。

剩女投江

離開江邊，伍子胥帶著公孫勝借著月色一路疾行，看看走得遠

了，這才離了大道，找了一個僻靜隱蔽的樹叢歇息。

第二天，天濛濛亮，伍子胥背著公孫勝，繼續趕路。

看看又到了中午，伍子胥和公孫勝餓得肚子咕咕叫，卻又不敢走街串巷，正在發愁的時候，遠遠看見一條小河。

「先喝點水也好。」伍子胥對公孫勝說，背著公孫勝向河邊走去。

來到河邊，伍子胥看見一個女子在河邊洗衣服，女子的身邊有一個籃子，筐裏有碗有壺，不僅有飯，而且有盎漿。

「哇噻！」真是意外之喜，伍子胥幾乎驚叫出來。正是：踏破鐵鞋無覓處，得來全不費工夫。

伍子胥的第一反應是搶過來，可是想想，搶一個女人，似乎很不仗義；再想想，如果搶飯，很可能招惹麻煩。所以，這個時候，小心為上。

「夫人，我二人遠行到此，餓到半死，可不可以發發愛心，給點飯吃？」伍子胥厚著臉皮，面帶微笑，前去討要。

以伍子胥的想法，自己身材魁梧，儀表堂堂，渾身散發著貴族男人的優雅氣質，不開口則已，只要開口，哪個女人能夠拒絕？

可是，伍子胥錯了。他忘了自己現在的形象，他已經是滿頭白髮，一臉膿包，一雙猩紅的眼睛，上有眼皮三層下有眼袋兩寸，不是流浪漢，就是爛淫鬼。

女人沒有看到身邊來了人，聽伍子胥說話，嚇了一跳，急忙抬頭來看，結果，又把伍子胥嚇了一跳。

只見這個女人，看上去看不出多大年齡，臉上疙疙瘩瘩，不知道是青春痘還是膿包，頭髮蓬亂，臉色骯髒。總算，長得挺白。

要是往日見到這樣一個女人，伍子胥都不會再看第二眼。

「不行，我三十出頭還沒有出嫁，如今跟著我老娘混日子，好不容易今天生日弄點好吃的到河邊來享受，怎麼能給你？」女子拒絕了，臉上的每一個暗瘡都在附和著。

好嘛，一大齡剩女，還是個啃老族。

「小姐，得罪了。看你慈眉善目，就知道心地善良。說實話，我走

南闖北幾十年了，就沒見過你這麼漂亮的女人，沒得說，你一定是人美心更美。給點吃的吧，我餓著沒關係，可是，孩子不能餓著啊。俗話說：再窮不能窮教育，再苦不能苦孩子啊。」伍子胥是什麼人？費無極說了，那是被窩裏放屁——能文能武的人，自然知道怎樣對付眼前這個大齡剩女。

果然，剩女的表情不像剛才那麼抗拒和生硬了。

「真的？我美嗎？」剩女問，似乎不相信。

「當然，誰說你不美我找誰拼命去。你說你三十歲，可是我看你最多十八歲，孩子，來，叫姐姐。」伍子胥一看剩女上鉤了，心中暗喜。

「姐姐，姐姐，我好餓啊。」公孫勝夠機靈，也是餓的，伍子胥話音剛落，姐姐就叫上了。

「哎呦，好孩子，來，快吃點，別餓壞了。」剩女笑開了花，連臉上的暗瘡也都綻放了。

剩女把籃子裏的飯菜拿了出來，熱騰騰地散發著香氣。

「來，吃吧，大哥，還有你，一塊兒吃吧。對了，還有盅漿呢。」受了誇獎的剩女心情愉快極了，從來沒有人說過她是美女，如今竟然有人誇她美，她心裏真是美死了。

心情好，就看什麼都好。剩女剛才還覺得伍子胥是個淫賊，可是現在卻發現這個男人儘管氣色不是很好，可是氣質頗有些昂藏，氣宇則有些軒昂，這不就是傳說中的犀利哥嗎？

「難道，我的桃花運到了？」剩女有些憧憬未來了。

伍子胥沒有想那麼多，他和公孫勝開始吃起來。吃到一半，伍子胥覺得不能再吃了，把剩女的飯都吃完了，那豈不是太沒有風度了？於是，伍子胥停了下來。

「嗯，飯很軟啊。」「犀利哥」說，放下了筷子，擦了擦嘴。

「軟飯好吃嗎？」剩女問。

「好吃！軟飯好吃！」「犀利哥」忙說。

據說，後來，靠女人過日子被稱為吃軟飯，就是從伍子胥這裏來的。

「好吃，就多吃點，你們還要趕遠路呢，吃飽啊。」剩女說，很真誠、很心甘情願地。

「那，那我就盛情難卻了。」「犀利哥」沒客氣，再次拿起筷子，風捲殘雲，和公孫勝吃光光、喝光光。

剩女在旁邊咽口水，不過卻心滿意足。

擦完嘴，伍子胥拍拍公孫勝的屁股，又拍拍自己的屁股，總共拍了兩個屁股。剩女期待著伍子胥能拍第三個屁股，可是，她沒有等到。

「多謝，多謝了，那什麼。我們告辭了，希望小姐把盎漿藏起來，千萬別給別人看見。」犀利哥沒有注意到剩女眼中的期待，他現在想的就是趕緊走並且不要被人發現。

「什麼？這就走了？」剩女失望地叫了起來，臉上的暗瘡也再次暗淡，「我三十歲了，從來沒有過男人，到現在還是處女。我，我曾經發誓，要是哪個男人喝了我的盎漿，我就嫁給誰。你看咱們是多麼的般配，你，你就不能不走嗎？」

「不，我要走。」「犀利哥」說得堅決，毫無商量的餘地。

「你，你這個騙子，騙了我的飯，還騙了我的心，為什麼不再騙下去呢？我，我，我不想活了，嗚嗚嗚嗚……」剩女大聲哭喊起來，突然一轉身，縱身跳進了湍急的河水中，瞬間被淹沒在波浪之中。

剩女，就這樣成了烈女。

按《吳越春秋》，剩女投河之前說的是「越虧禮儀，妾不忍也」。並且評論：「於乎！貞明執操，其丈夫女哉！」意思是說剩女投河是因為自己覺得給男人吃飯違背了禮儀，因此沒臉活下去，評論說「這個女子保守貞操禮節，真是個烈女貞婦」。

這樣的說法簡直是嚼白蛆（吳語，意為胡說八道），當時別說吳國，就是魯國、宋國這樣的國家的女子也不至於如此迂腐、愚蠢，更何況根本不知周禮為何物、男女之間交往沒有什麼限制的吳國女子呢？

專家樓

　　吃飽喝足，伍子胥和公孫勝繼續向東走。此時已經抵達吳國腹地，漸漸有了城邑。到這個時候，伍子胥才放心一些。

　　從那之後，伍子胥不用躲躲閃閃，身上倒有盤纏，因此不擔驚受怕之餘，也能吃飽睡足。

　　一日，兩人來到了堂邑（今江蘇南京境內一座城邑）。

　　「鴨屎臭（吳語，意為不光彩），不想活了，怎麼把髒水潑到我家門前？」一個大漢跳到街心，大聲喝罵。

　　伍子胥一看這個大漢，身材中等，赤裸著上身，一身的橫肉又黑又硬，在陽光下閃閃發光。所謂行家看門道，伍子胥知道此人力氣一定不小。

　　正在這個時候，街對面的一戶人家也跳出來一個大漢，此人身材高大，比伍子胥還要壯實。兩相對照，原先那條大漢就被比下去了。

　　「潑你又怎樣？先前你不是也把髒水潑到了我家門口？」長漢氣勢洶洶，也是一聲大吼。

　　「既然如此，敢不敢跟我拼命？」短漢毫不畏懼，大聲挑戰。

　　「誰怕誰？打死不償命。」長漢應戰。

　　此時，許多街坊都圍了過來，卻沒有人勸架，只是忙著招呼親朋來看這兩人拼命。

　　伍子胥知道吳國人對於生死不太看重，為一點小事就能拼命，所以打仗十分勇猛。這一路上看來，果然都是這樣。為了潑水這一點小事，兩位大漢竟然就要拼命。

　　說時遲那時快，兩條大漢就已經開始交手。長漢身高臂長，利於遠戰，可是短漢步伐靈活，貼身近攻，一時間，長漢竟然施展不開，被短漢連續擊打，已經有些發量。也就是十多個回合，長漢一拳打出，短漢閃過，就從長漢的胳膊下鑽過，繞到長漢身後，不待長漢轉身，將一隻手從長漢的胯下探過，竟然一把抓住了長漢的睪丸。

　　長漢受制於人，立馬不能動彈。

「哇，太強了，捏碎他。」街坊們大聲叫好，就等著看短漢握殺長漢。

眼看，長漢命在旦夕。

就在這個時候，只聽見一聲尖厲的斷喝：「住手！在外面胡鬧什麼？回家端盤子去。」

是一個女人，她在叫誰？

短漢鬆開了手，面帶討好的笑容，來到女人面前。

「是，老婆，我回去，我回去。」短漢的聲音變得很輕很柔順，完全看不出剛才還在與人搏命。

街坊們發出惋惜的聲音，漸漸散去。長漢撿了一條命，灰溜溜回去了。

伍子胥來到短漢的家門前，才發現原來這是一個路邊店，裏面有兩三張桌子，賣些酒菜給過路人，小店的門前豎著一個牌子：專家樓。

「左右餓了，在這裏吃一頓吧。」伍子胥帶著公孫勝進了小店，叫了酒菜，短漢端了上來，還真是端盤子的。

「我看你有勇、有謀、有脾氣，為什麼這麼怕你的老婆呢？」伍子胥問他。

「嘿，你不知道嗎？你不知道吧。我告訴你。你沒有聽說過這樣的說法嗎？下等男人打老婆，中等男人敬老婆，上等男人怕老婆。俗話說：不挨罵，長不大。我這人天不怕地不怕，沒人能管我。可是，一個男人沒人管不是很悲劇？所以我找了個老婆來管我。周武王知道嗎？他就是怕老婆，要是不怕老婆，他能奪了商朝的江山嗎？」短漢說得頭頭是道，並沒有一點羞愧的意思。

伍子胥一聽，這人有些意思，而且很有個性，是個人物。

「有道理，那麼，你叫什麼？」伍子胥問。

「專諸。」短漢說。

伍子胥還要跟專諸聊幾句，專諸的老婆在廚房裏喊了起來：「死哪裡去了？快過來洗碗。」

「來了！來了！」專諸不敢再跟伍子胥搭訕，一溜煙跑去了廚房。

吳王僚

伍子胥終於來到了吳國都城梅里，這裏與郢都相比雖說小了許多，也算是別有風味。滿大街的吳儂軟語令人心醉，可是伍子胥只能心碎，他沒有心思看美女，他現在所想的就是怎樣覲見吳王，說服他攻打楚國，為自己報仇。

吳王是誰？誰是吳王？伍子胥知道自己必須要做點功課了。

到達梅里的前三天，伍子胥都在從側面打探當今吳王的情報。

三天之後，對如今吳國的大致情況有了一個簡單的瞭解。

那麼，現在誰是吳王？

讓伍子胥歇歇，我們來看看吳國的情況先。

吳王餘祭在做了十七年王之後鞠躬盡瘁了，之後老三餘昧學習兩個哥哥，又要讓位給老四季札。

「三哥，輪到你了，你就安心做王吧，我不會當的。」季札再次拒絕了。

於是，餘昧為吳王。

餘昧稱王四年（前 527 年），餘昧也鞠躬盡瘁了。

現在，輪也該輪到季札了。

季札還會推辭嗎？

季札這一次沒有推辭，因為他根本不用推辭，他跑了，跑到自己的封邑延陵（現江蘇省常州市南淹城），幹什麼去了？種地去了，當了農民伯伯。

吳國人，特有性格。

後來，季札被稱為延陵季子，後世以吳為姓，並且成了吳姓最大的一支。因此，後世的吳姓公推季札為得姓始祖。

該接班的跑了，怎麼辦？

現在有兩種選擇，或者說有兩個候選人。一個是諸樊的嫡長子公子光，論資排輩應該排到他，另一位是餘眜的嫡長子公子僚，如果以嫡長子的原則，那麼就應該是他。那麼，誰來繼位呢？他們會學習四叔季札，互相推讓嗎？

沒有人想學習季札，公子光想當，公子僚也想當。

誰能當上？

那要看誰先下手。

結果是公子僚先下手，這很容易理解，因為他的資訊比公子光靈通，他看著父親咽氣，然後立即向大臣們宣佈自己登基，大臣們自然紛紛祝賀。

木已成舟，公子光也就只能接受現實。

「鴨屎臭！臭狗屎！真不要臉！」罵歸罵，公子光也只好忍了。

公子僚，現在就是王僚了。

也不知道是心存慚愧，還是確實看好公子光的軍事才能，總之，王僚讓公子光統領吳軍。

王僚二年，公子光率領吳軍進攻楚國，楚國不敢怠慢，令尹陽匄和司馬子魚親自領軍，在長岸（今安徽當塗縣西南）交戰。

楚軍這一次採取的策略是水陸並進，兩面夾攻。陸地，子魚身先士卒，英勇戰死，楚軍士氣大振，而水軍順江而下，從上流攻擊吳軍水軍。結果，一場大戰，吳軍戰敗，乘舟餘皇被楚軍俘獲。乘舟是什麼？乘舟就是豪華戰船，專供吳王或者指揮官使用的戰船，換言之，吳軍旗艦。

公子光險些被俘，換小船逃命。

吳軍的特點是打得過就打，打不過就逃，所以儘管戰敗，傷亡不大，退守下游紮寨。

公子光非常惱火，因為餘皇是餘眜的座艦，這次被楚軍奪走，不

僅僅使吳國國威大損，這甚至可能成為王僚除掉自己的藉口。

所以，無論如何，要奪回餘皇。

「各位，餘皇被奪，我有罪，大家也都有罪。奪不回餘皇，我要被處死，但是在我死之前，都會把你們處死。大家要想活命，就要奪回餘皇。」公子光招來眾將，以這樣的方式進行動員。

誰想被處死？於是，大家齊心合力，要奪回餘皇。

密探很快回來，報告了餘皇目前的情況，說是楚國人特地挖了一個大坑把餘皇開進去了，然後在周圍挖溝，溝裏填上木炭，楚軍埋伏在暗處，準備等吳軍來搶船的時候火燒吳軍。

「臺子底下打拳，楚國人出手不高啊。」公子光對楚國人的計策不屑一顧，他自有辦法。

到了晚上，公子光派了三個大漢悄悄地由水路潛到了餘皇船邊，吳軍則在三里外停駐。之後，公子光派一隊人馬摸近了溝邊。

天上半個月亮，時隱時現。

「餘皇，餘皇。」小分隊齊聲高喊。

「餘皇，餘皇。」潛入船邊的三條大漢高聲呼應。

外面連喊三遍，裏面也連應三遍。

埋伏的楚軍殺出來了，他們以為吳軍已經進了包圍圈，於是，一部人馬來攻擊小分隊，另一部人馬則殺奔餘皇，要剿滅裏面的吳軍。

小分隊緊急回撤，楚軍追來；三條大漢則在餘皇周圍來回躲藏，楚軍四處找尋，亂成一團。

追趕小分隊的楚軍墮入了吳軍的包圍圈，一陣砍殺，大敗而逃，吳軍乘勝追擊，直到溝邊，之後吳軍開始放火燒溝，楚軍被大火隔離，裏外不能相救，當時大亂。溝外的楚軍要麼被殺，要麼四散奔逃；溝內的楚軍來回亂竄，不得要領。之後，吳軍滅火填溝，殺入溝內，楚軍逃無可逃，紛紛跳水逃命，結果淹死大半。

這一仗，楚軍損折大半，大敗虧輸。原本設了包圍圈要殲滅吳軍，誰知被吳軍反包圍，幾乎反被殲滅。

這一仗直到天亮，吳軍收拾戰場，敲鑼打鼓將餘皇開回了吳國。

　　楚國人為什麼對吳國人充滿畏懼？因為吳國人就像泥鰍，滑得你很難將他們抓住；吳國人就像鼻涕，只要沾上他們，你就甩不掉，不擊敗你就不會放你走；吳國人就像毒蛇，即便你打牠一棒子，牠也要回頭一口讓你一命嗚呼。

　　吳國人，曾經是中國最強悍、最勇猛、最堅韌、最善戰的人。

　　而公子光一戰成名，他的膽量和智謀顯露無遺。

第一七九章
楚國人在吳國

伍子胥來到了吳國的時候，已經是吳王僚三年。

在大致瞭解了吳國的情況之後，伍子胥求見吳王僚。

「你，找誰？」朝廷大門口，守門的衛士攔住了他。

「煩請通報，楚國亡臣伍子胥求見大王。」伍子胥說。來之前，他特地把自己梳妝打扮了一番，好在臉上的瘡和嘴唇的泡都已經消得差不多了。

「楚國人？啊，你是楚國人？楚國人也敢來見我家大王，滾吧，楚國狗，不要讓我們再看見你。」衛士們厲聲喝道，用大戟對著伍子胥揮舞。

自古以來，大王好見，小鬼難纏。

後來，守門衛士改稱保安。

找工作

伍子胥失望而歸。

失望歸失望，他沒有絕望。

他原本準備提出政治避難，可是算了算，還是放棄了，為什麼？因為按照國際政治避難準則，申請政治避難的人在避難國享受原級別降一級的待遇，所以，原級別在大夫以下的就沒有什麼政治避難福利了。伍子胥的父親在楚國是卿一級，伍子胥的哥哥相當於大夫一級，伍子胥則不過是個士。再看公孫勝，他父親是公子，屬於卿一級，公孫勝頂多也就是大夫一級。

所以，兩人的政治避難資格都不夠，更何況吳國人遵不遵守國際政治避難準則還是個問號。

見吳王見不到，政治避難又不夠資格，怎麼辦？

伍子胥還有辦法。

吳國專門設置了一個機構叫做都亭,地點也在都亭,這個機構是專門招待中原各國來投奔的人才的(見第五部第一六二章),大致相當於現在的人才交流中心。伍子胥決定退而求其次,先去混個人才的資格,解決衣食問題再說。

一路問,伍子胥來到都亭,通報姓名之後,見到了亭長。

「請問,你有什麼才能?」亭長問,態度還挺好。

「我這人能文能武,文的先不說,先說武的。五年前我跟隨楚國太子建去雲夢澤打獵⋯⋯」伍子胥知道吳國人重武輕文,因此上來就說自己當年的威風史,可是剛剛開始,就被亭長打斷了。

「什,什麼?你慢著,你是楚國人?」亭長問。

「是,在下是楚國人,可是對楚國有刻骨仇恨。」伍子胥急忙跟楚國劃清界限。

「別說了,我們這裏不用楚國人,啊,楚國人,嘿嘿,我們不用,請,請吧。」

伍子胥被趕了出來,傷了自尊。

「狗日的吳國人,狗眼看人低。」伍子胥找了一個空曠的地方,放聲大罵。

罵完之後怎麼辦?

繼續想辦法。

伍子胥就是這樣的人,他絕不會氣餒,也絕不會放棄。

天上九頭鳥,地下楚國佬,說的就是伍子胥這樣的人。

見不到吳王,享受不到政治避難,甚至連體面的工作也找不到,怎麼辦?

伍子胥左思右想,想到了一個辦法。

犀利哥

梅里的大街上,出現了一個人,這個人身材高大,體格健壯,披頭散髮,赤裸胸膛,滿臉泥污,只穿著一隻鞋,還端著一個木碗。

夠搶眼吧？

雖然看上像是個乞丐，此人卻未必是乞丐，因為他的另一隻手上，是一把閃亮的寶劍，動不動抽出來看看，都讓路人看得目瞪口呆。

更搶眼吧？

這還不算，這條大漢的身後還跟著一個看上去十分乖巧的男孩子，怎麼看怎麼像個公侯家的公子。

太搶眼了！

此人走走停停，停停走走，有時激昂，有時低沉，有時高聲大笑，有時低聲哭泣。

此人是個乞丐？是個瘋子？還是個拐賣兒童的人販子？

沒有人知道。

人們只是叫他：犀利哥。

女人們紛紛來看，因為這麼魁偉的男人太少見了，特別是那一身腱子肉，令人心旌搖動。

男人們也紛紛來看，因為這個男人實在是太男人了，特別是散落的頭髮和一臉的泥汙，令人們回憶起改革開放前的幸福生活。

女人們看犀利哥可憐，紛紛給他送來食物，可是犀利哥每次都溫柔地拒絕了。

「哇！太酷了！帥呆了！」女人們驚呼。

男人們則上來看他的寶劍，問問這寶劍的來歷，還有人要問價購買。

「不要買，你要是一拳能打動我，這寶劍就是你的了。」犀利哥每次都這樣說。

可是，沒有人能夠打動犀利哥，他們只感到犀利哥的胸膛如鋼鐵一般強硬。

「犀利哥，你是哪國人？」有人不免問起來。

「楚國人。」

「啊，楚國人？你來幹什麼？」

「殺人。」

「啊，殺誰？」

「殺楚國人。」

「啊？！」

犀利哥不會再說下去，他只說到這裏。

三天之後，全城都知道有一個神秘的楚國人，這個楚國人武藝高強，讓男人敬畏，讓女人嚮往。

什麼事情如果驚動了女人，就一定驚動全國所有的人。

後宮的女人們在談論一個男人，一個神秘的男人。

於是，吳王僚就被驚動了。

「去，把那個犀利哥給我找來。」吳王僚下令。

現在，不是伍子胥求見吳王僚，而是吳王僚主動召見伍子胥。

這，就是炒作的力量。

看見伍子胥的那一刻起，吳王僚就喜歡上了他。

吳王僚討厭中原，當然，他也不喜歡楚國。他最討厭的就是看見有人戴帽子，可是恰好，伍子胥沒有戴帽子，所以他覺得伍子胥很親近。

「聽說，你是楚國人，卻要到吳國殺楚國人，什麼意思？」吳王僚問，他也覺得新鮮。

「因為我全家都被楚王殺死了。」

「說來聽聽。」吳王僚有興趣，他對楚國的事情一向有興趣。

於是，伍子胥從費無極陷害太子建，說到自己父兄怎樣被害，太子建又怎樣死在鄭國，一直說到過昭關，從頭到尾說了一遍。

「啊，一夜白頭？真有這樣的事情？漁丈人真的自殺了？」吳王僚聽得過癮，不停發問。

不管怎樣，吳王僚對伍子胥表達了同情。

破例，吳王僚決定給伍子胥大夫待遇。

「你還有什麼要求？」吳王僚問。

「我想向大王借兵，討伐楚國，誅殺楚王，為父兄報仇。」伍子胥提出要求。

「不行，楚國實力很強，我們也就是在邊境跟他們鬥一鬥而已，正

面作戰，我們沒把握。」吳王僚拒絕了伍子胥。

伍子胥知道，自己有點急了，要等機會。

從那之後，伍子胥和公孫勝在吳國住了下來，等待機會。

三千犀利哥

伍子胥來到吳國的第二年秋天，吳王僚親自率領吳軍進攻楚國的
州來。

楚國急忙派軍救援，令尹子瑕和司馬越親自領軍。

吳楚兩軍在楚國的鐘離（在今安徽鳳陽）相遇，於是，吳楚會戰
開始了。

從總兵力來說，楚國軍隊占絕對優勢，而且，他們還學習晉國人
搞聯軍的做法，讓扈從小國陳國、蔡國、沈國、許國、頓國、胡國也
都出兵，連帶楚國本身，號稱七國聯軍。其總兵力超過吳軍一倍以上。

吳國人沒有害怕，他們從來不怕楚國人，更不會怕他們的扈從小國。

前敵會議召開，討論作戰計畫。

「我們剛剛得到線報，楚軍主帥子瑕突然病死在軍中，敵軍士氣受
到打擊。三位，這是個機會，你們看該怎麼打？」吳王僚現在自領中
軍，找來了統領右軍的公子光和統領左軍的公子掩余商量，伍子胥作
為楚國的叛徒，也被請來出謀劃策。

「楚軍雖然人多，但是幾個小國都是逼迫前來的，像陳國、沈國這
種國家，根本不會打仗；像許國、蔡國這種國家，本身就對楚國很不
滿。而楚軍主帥已死，司馬越出身低微，壓不住陣，所以實際上楚軍
也是各自為戰。這一幫烏合之眾，不堪一擊。我建議，我們首先攻擊
他們的左軍，也就是胡國、沈國和陳國的陣地，他們一定潰逃，必然
動搖其他國家的軍心，進而大亂，而我們乘機衝鋒，楚國沒有不大敗
的道理。」伍子胥提出建議，他學習過城濮之戰，如今正好用在這裏。

「好主意！」吳王僚叫好。

七月二十九日，雙方在雞父（今河南固始縣南）展開決戰。

吳軍早早佈陣。

七國聯軍你呼我喝、鬧鬧哄哄、亂七八糟，對面早已經嚴陣以待，這邊才開始佈陣。他們大概以為對面的是宋國人，而不是吳國人。

「給我上！」公子光下令，非常不專業。

因為衝鋒的人就很不專業。

從吳軍右軍陣中，衝出三千名吳國人，這些人一個個蓬頭垢面，破衣爛衫，有的手持棍棒，有的手持鐵叉，有的拿著石頭，還有的赤手空拳，就這樣亂哄哄，一邊喊著，一邊衝向聯軍的左軍陣地。

三千犀利哥。

犀利哥們的後面，是吳軍的弓箭手，誰跑得慢了，直接就被射死。

這是一幫什麼人？一幫吳國的囚犯。

左軍的胡國、沈國和陳國軍隊一看這亂糟糟地上來的一幫吳國人，典型的烏合之眾，三國軍隊也來不及佈陣了，直接迎敵。

囚犯們都是要逃命的，可是沒人敢回頭，於是看哪裡人少往哪裡鑽，有跑的，有站著不動的，有拼命的，有投降的。三國軍隊一看，送上門來的俘虜啊，快抓吧。於是，紛紛去抓俘虜。陣形本來就沒站好，這一忙著抓俘虜，立馬大亂，三國軍隊都混在了一起。

就在三國軍隊悶頭抓俘虜的時候，吳軍已經如下山猛虎撲了過來，左中右三軍從三個方向殺來。

到現在，三國軍隊才知道吳國軍隊是什麼樣的，才知道楚國人為什麼怕吳國。

吳軍的強悍令三國軍隊目瞪口呆，來不及抵抗就都成了俘虜。抓俘虜抓了半天，自己都成了俘虜。

派囚犯衝鋒的主意，是公子光出的。

這邊已經結束了一場戰鬥，那邊中路的楚軍和右路的頓、蔡、許三國的軍隊還在佈陣。

於是，吳國人又回到了原先的陣地。

頓、蔡、許三國的士兵們並不知道另一側的兄弟們都已經掛了，只知道對面的吳國人走了一趟又回來了，具體幹什麼去了，還真不知道。

三國士兵們吵吵嚷嚷，突然就看見對面吳軍陣中衝出幾千號人來，衣衫不整，手中沒有武器，一路慘叫著，衝了過來。

又是三千犀利哥。

什麼人？吳國罪犯？這次不是了。

衝過來的都是胡國和沈國的兄弟們，一邊狂奔，一邊慘叫著「我們的君主死了，快跑吧。」

身後，吳軍像趕羊一樣趕著，跑得慢的就要砍倒。

轉眼間胡、沈兩國的敗兵們就到了，本來這邊佈陣就沒有完成，被這幫人一衝，當時就亂七八糟了。三國士兵一看，這仗還怎麼打，逃命吧。

往哪裡逃？往中路的楚軍陣地逃。

結果，五國部隊丟盔棄甲，不由分說撞進了楚軍陣地。

楚軍也還沒有佈陣完畢，當時被衝得七零八落，後面吳軍殺到。

怎麼辦？這時候還能怎麼辦？逃命。

《左傳》記載：三國奔，楚師大奔。

大奔，就是玩命奔逃的意思。

蔡國夫人

楚軍及七國聯軍大敗的消息震動了七國，伍子胥為吳國出謀劃策的事情也傳開了。

在蔡國，一個人聽說楚軍大敗，面有憂色；可是聽說伍子胥在吳國，又面露笑容。

「孫子，你還活著，奶奶想你啊。」

這是誰？太子建的老娘，公孫勝的奶奶，也就是楚平王的初戀情人和第一任夫人，我們稱之為蔡國夫人。

原來，當初太子建被逐，秦國夫人受寵，蔡國夫人傷心欲絕，於

是向楚平王提出請求，希望看在當年的情分上，放她回娘家蔡國養老。
楚平王本來就對蔡國夫人心存愧疚，於是答應了她的請求，將她送回
蔡國老家，囑咐蔡國國君好好對待。但是，楚平王提出一個條件，那
就是她不能去找太子建。

就這樣，蔡國夫人回到了蔡國，之後她遵守承諾，沒有去找自己
的兒子。

後來，蔡國夫人聽說兒子在鄭國被殺，孫子沒有音信，據說是被
伍子胥帶走，但是帶去了哪裡，不知道。

蔡國夫人為兒子傷心，想念孫子，經常流淚，發誓只要知道孫子
在哪裡，千山萬水也要去找。

如今聽說楚國和蔡國戰敗，蔡國夫人對楚平王還是有感情，因此
為楚國和蔡國擔憂。可是隨後聽說伍子胥在吳國，斷定孫子公孫勝也
在吳國。

「我要去吳國，我要去找我的孫子。」蔡國夫人下定了決心，而這
樣做也並沒有違背當初的承諾，因為只說了不能找兒子，沒說過不能
找孫子。

蔡國夫人立即派人前往吳國，直接找到吳王僚，請求吳國派兵接
她前往吳國。

吳王僚當即答應，隨後悄悄派出一隊人馬，由自己的太子親自率
領，前往蔡國迎接蔡國夫人。

吳國太子率領著一隊精兵，悄悄進入蔡國，竟然真的把蔡國夫人
接了回來。等到楚國人發覺來追，早已經晚了三秋。

戰敗之後，又被吳國人接走了楚平王的夫人，司馬越畏罪自殺。

而蔡國夫人來到了吳國，終於見到了日思夜想的乖孫兒。

國際爭端的由來

楚國的鐘離和吳國的卑梁氏兩個地方相鄰，這兩個地方都以養蠶
而著稱，老百姓主要靠養蠶為生。

蠶最喜歡吃的就是桑葉，而桑樹漫山遍野，沒有歸屬，人人能摘。

終於有一天，發生了問題。

鐘離的採桑女和卑梁氏的採桑女為了一棵桑樹發生爭執，一開始是口角，然後是罵街，然後打在了一處。

既然開始打了，自然有吃虧，有占便宜，即便是占了便宜的也認為自己吃虧。

下一步，家長出面了。一開始是論理，結果是各說各有理，然後就吵了起來，最後，吵到火頭上，就開始動手了。

既然動手了，肯定就有挨打的，有打人的。

下一步，挨打的糾結了整個家族來報仇，將打人的痛打一頓。

下一步，被打的大怒，糾結了整個村子去報仇，對方早有防備，於是就成了群體性械鬥，成了群體性事件。

群體性事件發生之後，政府就會出面，於是，雙方邊防部隊開始交手。

從爭一棵桑樹，發展成了國際爭端。

很多時候，國際爭端就是這麼起來的。

在這個地區，楚國人多，吳國人少，結果一仗打下來，楚國這邊大勝，把吳國這邊打得跪地求饒，楚國人一怒之下，就把吳國這邊給滅了，男人抓過去當苦工，女人抓過去當二奶。可憐當初引發事端的那個吳國姑娘，現在成了那個楚國姑娘的僕人。

消息傳到吳國內地，吳國人民群情激奮，紛紛上街遊行示威，要求政府主持公道。

面對這個情況，怎麼辦？現在擺在吳王僚面前的是四種選擇。

第一種：假裝什麼也不知道，反正就幾個屁民；

第二種：準備贖金，暗中派人前去勾兌，把人贖回來；

第三種：提出嚴正抗議，要求對方迅速放人，並表示由此而引起的一切後果由對方承擔，之後就把這件事情忘掉；

第四種：出兵，滅掉鐘離。

吳王僚會選擇哪一種？

吳王僚根本沒有作選擇，因為不需要作選擇。

「不想活了？滅了他。」吳王僚大怒，這是他的第一反應，也是第二反應。

第二天，吳王僚派公子光領軍，直撲鐘離，一頓砍瓜切菜，把鐘離楚國邊防軍消滅，隨後將鐘離和居巢兩座楚國城邑全部滅掉，人口帶回吳國。之後的事情就是主人變僕人，僕人變主人，二奶變大奶，大奶變二奶。那兩個打架的姑娘自然也是換了位置，不過經過這一番人生挫折，兩人深感把爭一棵桑樹鬧成了國際爭端，大家都成了受害者，實在是無聊。於是，兩人冰釋前嫌，結拜為姐妹，嫁給了同一個男人，成為一時的佳話。

吳國滅了鐘離和居巢，楚國有怎樣的反應呢？

楚國沒有反應，假裝什麼也不知道，假裝什麼也沒有發生。

「唉，誰讓我們不幸生在楚國呢？」楚國人民感慨萬千。

楚國示弱，伍子胥看到了機會。

「大王，楚國人已經害怕我們了，我建議立即出兵，一定能夠滅掉楚國。」伍子胥來見王僚，勸說他討伐楚國。

「這，你說說呢。」王僚似乎有些動心，恰好公子光在一旁，於是問他。

「大王，伍子胥父兄被楚王所殺，急於報仇，所以勸你攻打楚國。其實，楚國地大物博，人口眾多，哪裡那麼容易打？我的看法，不行。」公子光強烈反對。

王僚對伍子胥搖了搖頭，算是拒絕他的請求。

伍子胥則對公子光笑了笑，他現在知道公子光想幹什麼了。

第一八〇章

謀殺開始了

當一個人太憧憬未來某件事情的時候，往往就會忽略眼前；當一個人太專注於某件事情的時候，往往就會忽視周圍的環境；當一個人太想完成自己的心願的時候，往往就不會去考慮別人的感受。

伍子胥開始反思。

自己到吳國已經六年了，可是報仇的事情還沒有影子。

吳王僚對自己不好嗎？不是，吳王僚對自己很不錯。但是，每當自己提出討伐楚國的時候，吳王僚就顧左右而言他。為什麼？因為吳王僚要從國家的利益出發，而不是從你的個人恩怨出發來考慮這個問題。

還有公子光，任何時候伍子胥提出來討伐楚國，公子光都毫不客氣地否定，為什麼？

伍子胥是個聰明人。

只有讓自己報仇這件事情與吳國人的利益掛在一起，吳國人才會為自己報仇，確切地說，順便為自己報仇。

伍子胥有信心在吳王僚身上做到這一點，可是，即便吳王僚願意討伐楚國，公子光會願意嗎？如果公子光不願意，吳王僚也絕不會討伐楚國的，因為唯有公子光有能力擔當這樣的重任。

所以，公子光才是關鍵。

那麼，公子光的利益在哪裡？他的欲望是什麼？

伍子胥眼前一亮。

其實，他早就知道，只是他並沒有朝這個方向考慮過。

伍子胥每次和吳王僚、公子光在一起的時候，都能看到公子光閃爍的目光經常深情地掃向吳王僚的位置，眼光中帶著渴望、嫉妒乃至幾分仇恨。

伍子胥知道公子光想要什麼，所以他也就知道公子光為什麼總是反對討伐楚國——按《史記》說法，就是伍子胥知公子光有內志，欲

殺王而自立，未可以說外事。

　　現在，伍子胥面臨一個站隊的問題。

　　從道義上說，毫無疑問應該站在吳王僚這一邊，幫助他對付公子光。可是，俗話說：疏不間親，自己作為一個外來戶，根本沒有辦法出上力。而除不掉公子光，自己報仇就沒有希望。

　　換一個角度，站在公子光這一邊呢？公子光正需要人幫他殺吳王僚，而如果自己能幫他做這個技術性的工作，公子光一定會感激自己，就有可能為自己報仇。

　　怎樣選擇？

　　伍子胥沒有任何猶豫，因為他的目標就是報仇，為了報仇，什麼都可以不顧。

　　「吳王，對不起了。」伍子胥作出了選擇。

　　伍子胥，也是一個恩將仇報的人。

　　漁丈人的跳水，被證明是多麼的明智和果斷。

聯手

　　伍子胥登門拜訪了公子光。

　　公子光很高興，實際上他很欣賞伍子胥，他知道在整個吳國也找不到這樣一個人才，更何況他是楚國的叛徒，今後對付楚國大有用處。正因為欣賞伍子胥，他並不希望伍子胥與吳王僚走得太近。

　　如今，伍子胥自己上門來了，來幹什麼？

　　公子光是個聰明人，他早已經猜到了三分。

　　密室，密會，密談。

　　兩人都是明白人，都知道對方對於自己的價值。

　　兩人也都是直率人，都不想拐彎抹角。

　　兩人也都是急性子的人，都急於讓對方瞭解自己的想法。

　　所以，一拍即合，兩人迅速達成了一致，結成了聯盟。

　　「子胥，吳王對你不錯啊，你為什麼願意幫我？」公子光問。

「因為你能幫我報仇。」伍子胥直接這麼說，他知道遮掩毫無意義。

公子光笑了。

「公子，吳王是你的兄弟啊，你為什麼要幹掉他？」伍子胥也問，明知故問。

「我要奪回屬於自己的東西而已。」公子光說，也很直接。

伍子胥也笑了。

當某件事情同時符合兩人的利益的時候，他們就會真心合作，而且，絕不會在道義上懷疑對方。

共識達成，開始具體策劃。

策劃什麼？謀殺。

公子光早就在準備謀殺吳王僚，可是一來吳王僚一向非常小心，戒備很嚴；二來公子光找不到合適的殺手，不要命的好找，可是不要命而又有頭腦的不好找。

「這樣，我明天就辭職，去鄉下種菜，暗中為公子物色人選。公子這邊留意機會，俗話說，百密必有一疏，我們總能找到吳王大意的時候。」伍子胥出了這麼個主意。他為什麼要辭職去鄉下？一來，可以專心去找人；二來，讓公子光對自己放心，否則，整天在吳王僚面前晃來晃去，公子光怎麼能放心他？

公子光正有此意。

三天之後，伍子胥來找吳王僚，提出自己最近心跳時快時慢，不能再為大王效勞，希望去鄉下種菜，懇請批准。

吳王僚沒有當即答應他，他找來公子光諮詢意見。

「大王，種菜就種菜吧，這個楚國人整天就想著自己報仇，根本不管我們吳國的利益。說實話，我一直很討厭他，讓他種菜去吧。」公子光沒說什麼好話，似乎真的很厭惡伍子胥。

吳王僚替伍子胥辯解了幾句，還是決定同意伍子胥去種菜。他萬萬沒有想到，這兩看上去互相討厭的人竟然在聯手對付自己。

不管怎樣，伍子胥種菜去了。

怕老婆的人

伍子胥悄悄地尋找合適的殺手。

到了這個時候，他才發現這不是一件容易做的事情，也就難怪這些年來公子光乾著急下不了手。

找來找去，找到的多半是有勇無謀之輩，要麼就是很靠不住，終於找到一個看上去挺理想的，可是半夜抽羊癲瘋抽死了。

連找了兩年，竟然沒有收穫，別說伍子胥，就是公子光也有些垂頭喪氣。

就在伍子胥快要絕望的時候，突然，眼前一亮。

人，總有眼前一亮的時候，就如總有眼前一黑的時候。

伍子胥想起一個人來，誰？

專諸。

雖然時間過去了很久，伍子胥對專諸的印象十分深刻。

這個人身體健壯，樣貌兇惡，為一點小事就能拼命。用《吳越春秋》的話說：「碓顙（音對嗓，意為高額）而深目，虎膺而熊背，戾於從難。」

想想看，為了鄰居潑他家門口一點水就能要人性命，豈不是給點好處就能上？

問題是，這麼多年過去，專諸還在嗎？

伍子胥悄悄地到了堂邑，抱著碰運氣的念頭去找專諸。

運氣不錯，專諸還在，專家樓也還在，專諸的老婆也還在，還為她生了一個兒子，而且，專諸還是那麼怕老婆。

一切，似乎都與從前一樣。

唯有一點明顯的不一樣：專家樓破舊了許多。

顯然，小店的生意不是太好。

伍子胥來到，專諸早已經不記得他。不過，這一點不重要。

伍子胥在專家樓吃了幾天的飯，專門點最貴的菜。所以三天之後，連專諸的老婆都對他另眼相待了。

到這個時候，伍子胥已經可以隨便跟專諸聊天，而專諸的老婆不會喊專諸去洗碗了。

專諸還像從前那樣「戾於從難」，不過他最近有些淺淺的憂愁，為什麼憂愁？

俗話說：一分錢難倒英雄漢。

專家樓的生意一向慘澹，維持生活而已。老婆的脾氣越來越古怪，大概更年期提前到達了，每天睡前醒後第一件事情就是罵專諸沒本事，說些「老娘當年花一樣的姑娘，怎麼就瞎了狗眼，嫁給了你這麼個窩囊廢」之類的話，讓專諸很鬱悶、很內疚，總想著怎麼去發個小財，也讓老婆孩子過得舒坦些。

伍子胥非常高興，高興的是專諸是個有追求的人，有追求就好。

這一天，伍子胥在專家樓直待到了打烊，然後約了專諸外面聊聊天。大客戶相約，專諸老婆自然巴不得讓專諸去。

在一棵大槐樹下，有一塊大石頭，伍子胥和專諸就在這裏聊上了。

伍子胥把自己的身世經歷對專諸講了一遍，聽得專諸兩眼發直，敢情眼前是個大英雄、大人物。

「伍大哥，有沒有什麼發財的路子，給兄弟指點一二啊。」專諸覺得伍子胥門路廣、點子多，能幫上自己。

「發財？」伍子胥看了專諸一眼，又看了第二眼，又看了第三眼，看過三眼之後，說話了：「發財是個很簡單的事情，也是個很困難的事情。怎麼說呢，俗話說：餓死膽小的，撐死膽大的。」

「大哥，我膽子大。」

「光膽子大沒用，要視死如歸、敢於犧牲。」

「那什麼，我就是這樣的。死嘛，碗大一個疤。」

「如果你真的不怕死，我倒有個朋友正在物色一位殺手，只要幫他殺了他的仇家，萬金為酬，讓你老婆孩子十輩子不愁吃穿，怎樣？」

「這——」

專諸略一猶疑，伍子胥起身就走。

「別別別，伍大哥，別別別。」專諸急了，急忙拉住，然後解釋：「伍大哥，不是我怕死，是我怕老婆不同意。」

「男子漢大丈夫，還怕老婆？專諸兄弟啊，你這輩子一事無成，都是因為怕老婆，你明白嗎？」

「我，我，我明白。這樣，我今天回去跟老婆說，她要是同意也就罷了，不同意的話，一拳打死她，也要跟你走。」專諸說。

「好，明天上午，還在這裏見。」

第二天上午，伍子胥早早來到，卻發現專諸來得更早。

「老弟，走吧。」伍子胥很高興，他看見專諸的臉上有幾道傷痕，估計是老婆在被打死之前用手抓的。

「伍，伍大哥，我，我老婆不同意。」專諸弱弱地說，看上去有些委屈。

「你沒有打死你老婆？」伍子胥大失所望。

「我，我不敢打她。」

現在伍子胥知道了，專諸臉上的傷痕就是挨打挨的。

「唉——」伍子胥歎了一口氣，搖了搖頭，說道：「有的人為什麼發不了財？沒膽量啊；有的人為什麼報仇這麼難，運氣不好啊。兄弟，回去吧，你老婆喊你回家吃飯了。」

專諸的臉色非常難看，羞愧就像錢塘江的潮水一樣衝擊著他的心靈。可是，他還是下不了決心。

「伍大哥，你能不能把你的地址告訴我，萬一我老婆想通了，我去找你。」專諸提出最後的一點要求。

「唉。」伍子胥又歎了一口氣，把地址告訴了專諸，之後揚長而去。

伍子胥知道，除非專諸的老婆死了，專諸是不會來的。

專諸來了

轉眼間又是一年過去。

吳王僚十二年冬天，也就是伍子胥到吳國的第九年，從楚國傳來一個消息。好消息還是壞消息？看對誰來說。

楚平王薨了，秦國夫人的兒子熊軫繼位，就是楚昭王。

「哈哈哈哈……」消息傳來，伍子胥大笑。

「嗚嗚嗚嗚……」大笑之後，伍子胥大哭。

公子勝在一旁，默然不語，他的心情有些複雜，畢竟，那是他的爺爺。對於他來說，愛恨交加。

蔡國夫人流下了眼淚，俗話說一日夫妻百日恩，那畢竟是她曾經恩愛，曾經花前月下、海誓山盟的男人，而那個男人對自己一直也不錯。

大哭之後，伍子胥對公孫勝說：「楚王死了算他便宜，我不能親手殺了他報仇。可是，楚國還在，我還能滅掉楚國來報仇。」

公孫勝沒有回答，他在想，如果父親沒有被廢掉，自己現在就是楚國的太子，將來就是楚王了。

「嗚嗚嗚嗚……」伍子胥找了一個角落，繼續哭去了。

伍子胥的第一次哭，是因為不能找楚平王報仇了；而第二次哭，是因為到現在還看不到一點能夠報仇的希望。

希望，說不來就不來，說來就來。

專諸找上門來了。

「伍大哥，我幹！」專諸說。

「你老婆同意了？」伍子胥覺得有些奇怪。

「同意了。」

「她怎麼說？」

「她說，你去死吧，永遠不要再回來了。」

原來，三天前，村頭的一位老姑娘想不開，投河自殺。恰好專諸

路過，將她救了起來，送回了家。原本這是一件好事，可是，死過一回之後，老姑娘不想死了，非要嫁給專諸，說是救命之恩無以為報，只能以身相許。專諸哪裡敢？偏偏那老姑娘不依不饒，找到了專家樓，表示就算做二奶也願意。

專諸的老婆本來就對專諸一肚子火，再加上經營狀況不好以及更年期症候群等等，如今又碰上這樣的事情，哪裡壓得住火？

「你給我滾，去死吧，永遠不要再讓我看見你。」老婆拿著 麵杖追殺專諸，專諸百口莫辯，還撞到了鄰居家的樹上，頭上撞起來一個大包。

怎麼辦？

你不是讓我死嗎？我就去找死吧。

就這樣，專諸來找伍子胥了。

行動

伍子胥帶專諸來見公子光。

公子光是一名戰將，閱人無數，眼光銳利，如今一看專諸，當時就讚歎：「壯哉！你不做殺手，真是可惜了材料。」

面試過關。

大家都是明白人，所以直接敞開天窗說亮話了。

「專諸，你跟我幹，我決不會虧待你。今天，我就派人去你家裏，給你老婆孩子送錢去，保證他們過上好日子，一輩子吃用不盡，專家樓想開多大開多大。」介紹完了情況，譴責完了吳王僚的不道德行為。接下來，公子光立即給了個承諾，他知道專諸這時候最想的就是這個。

果然，專諸的情緒一下子調動了起來。

「公子，你準備怎樣下手？」專諸問，現在他有積極性了。

有沒有積極性的區別是很大的，專諸的事蹟證明了這一點。

「我，說實話，從前沒幹過這事，還真不知道。」公子光說。他挺高興，因為專諸很主動，一定有想法。

公子光猜對了。

「公子，機會不是等來的，是要自己創造的。我問你，吳王喜歡什麼？他喜歡什麼，我們就投其所好，不愁沒有機會。」專諸幾句話出來，公子光聽得愣了。

別說公子光愣了，伍子胥也愣了。

「哎呀媽呀，太有才了。」公子光和伍子胥不約而同地這麼想，其間還交換了一下眼色。

按說，專諸也就是專家樓一跑堂的，怎麼能這麼有想法？這不奇怪，因為他從事的那是服務行業，服務意識強，投其所好就是他的工作。

「他要是愛泡妞，咱們就設計個色情謀殺；他要是愛喝酒，咱們就想辦法獻好酒，在酒中下毒；他要是愛打獵，咱們就在狩獵場佈置埋伏。諸如此類，公子您想想。」專諸不僅提出想法，還能舉例。

公子光想了想，以上幾條愛好好像吳王僚還真沒有，他喜歡什麼呢？想起來了。

「他喜歡美食，這有沒有辦法？」公子光問。

「喜歡什麼類的美食？」專諸反問。

「喜歡吃魚，烤魚，尤其是太湖的魚。」

「那好，我去太湖，學習做魚的手藝先。」

於是，專諸去了太湖，找當地名廚學習做魚。一學，就是三個月。專諸原本就是開專家樓的，烹飪頗有些底子，所以，三個月過去，已經做得一手好魚。

專諸學做魚去了，伍子胥和公子光也沒閒著。

「公子，專諸說得好：機會不是等來的，要靠自己去創造。如今，我倒有個創造機會的想法。」伍子胥最近信心重拾，狀態大好。

「快說來聽聽。」

「如今楚王嗚呼，楚國上下大亂。公子就去見大王，勸他乘楚國國喪討伐楚國，大王一定同意。公子找個藉口不帶兵，那麼，大王一定

派公子蓋余和公子燭庸領軍，他們一走，大王無人輔助，我們就可以乘機下手了。」伍子胥的主意，借著楚國國喪的名義，把吳王僚的兩個親弟弟支開，這邊好下手。

「好主意！可是，叔叔還在，就算我們幹掉了王僚，豈不是還要讓給他？就算他不要，一定也會唧唧歪歪。」公子光有點忌諱季札，畢竟那是他叔叔。

「這好辦，公子向大王再提個建議，派季札出使晉國，看看晉國最近是什麼狀況，能不能聯合起來討伐楚國。等他從晉國回來，那時候黃花菜我們都做好了，他還能有什麼辦法？」

「好！」

第二天，公子光去見吳王僚，按著伍子胥教的辦法提出了兩條建議，卻以痔瘡發作為由，表示無法領軍出征。吳王僚果然十分贊同公子光的建議，於是派公子蓋余和公子燭庸領軍，討伐楚國。同時，派季札出使晉國。

一切，都按照預想展開了。

第一八一章

專諸刺王僚

　　楚平王在上一年九月底去世，第二年一開春，吳國人就打了過來。

　　吳國人很喜歡趁楚國辦喪事攻打楚國，從前就幹過這樣的事情，楚共王去世的時候就攻打過楚國，結果大敗虧輸（事見第一六三章），這一次，他們還是不汲取教訓，又來了。

　　楚國原本不是個同仇敵愾的國家，可是如今吳國人乘人之危的做法還是令楚國軍民義憤填膺，反而激起了鬥志。

　　楚國令尹囊瓦（即子常）親自領軍，水路並進，分三路迎戰吳軍。而公子蓋余和公子燭庸輕敵冒進，結果被楚軍前後包夾在窮（今安徽堆縣），進退兩難，動彈不得。

　　這個時候，有人憂愁，有人高興。

刺僚

　　轉眼間到了三月底，前線吳軍多次求援，眼看撐持不住。

　　「王兄，恐怕只能你領軍救援了。」吳王僚找來公子光，要派他出兵。吳王僚知道，只有公子光才有能力完成這個任務。

　　「這，大王，其實我早就想請命出征，可是最近痔瘡好了，腳又摔壞了，你看看，青了這麼大一塊。」公子光脫了鞋子給吳王僚看，果然在腳踝處青了很大一塊，還有些發黑。

　　吳王僚沒有懷疑，怪不得公子光進來的時候一瘸一拐。

　　「可是，王兄恐怕要帶傷上陣了。」吳王僚也是沒有別的辦法，要強迫他出征。

　　「大王，這樣，容我養傷三五天，到時如果沒有惡化，我一定出征。」

　　吳王僚也不好強迫，只得答應了。

回到家裏，公子光急忙找來了伍子胥和專諸，專諸早已經學藝歸來，一直就跟伍子胥住在公子光家中。

「機會，絕對的機會。」伍子胥聽公子光把當天的事情說完之後，大喜。

「嗯，可以動手了。吳王兩個親弟弟都在前線被困，國內沒有能幹的大臣，我們再不動手，恐怕就沒有這樣的機會了。」專諸也說。

「好，那麼，怎麼動手？」公子光急切地問。

伍子胥沒有說話，他看看專諸，意思是該你說了。

「公子就說最近聘請了一個好廚子，魚做得十分可口，請大王來品嘗。等吳王來了，我端盤子上魚，貼近他之後，趁機下手。」專諸有了成熟想法，當然，魚也是他做，一條龍服務。

「可是，我擔心吳王不會來。」公子光有擔憂。

「放心，他一定來。」這一次，說話的是伍子胥：「他現在需要你領兵去救他的兩個弟弟，所以這個面子一定會給你。」

「也是，那麼就這樣。」公子光拍板了。

「不過，我聽說吳王出門都要內穿皮甲，一般刀劍難以刺透，不如用我的寶劍。」伍子胥又想到一個細節，因此把寶劍獻了出來。

伍子胥的寶劍熠熠生輝，滿堂金光。

「不行，這樣的劍雖然是寶劍，可是太扎眼，而且，我一個端盤子的，還帶著一把寶劍，那不是擺明瞭是刺客？我想要一把短劍，不知道公子有沒有？」專諸否決了伍子胥的意見。

公子光想了想，專諸說得有道理，吳王但凡在外用餐，都戒備森嚴，任何人不得帶武器接近。所以，必須要一把容易隱藏的短刀或者短劍。

公子光有這樣的劍嗎？有。

「當年越王允常曾經獻了三把寶劍給吳國，一把叫湛盧，一把叫磐郢，還有一把叫刺僚。刺僚就是一把匕首。這把短劍削鐵如泥，早年父親給了我，我一直放在床頭，不肯使用。如今正好拿出來用。」公子光說完，親自回到臥房，取出來一把寶劍，就是刺僚。

專諸拿過來一看，果然好劍。試一試刀刃，鋒利無比。

「唉，我要是早有這把劍就好了，殺豬宰羊方便多了。」專諸感慨。

「刺僚，刺僚，豈不是專門用來刺吳王僚？好意頭。」伍子胥大聲叫好。

隨後，三人商議了具體的細節，一一佈置停當。

第二天，各人去做各人的事。

告別

公子光興沖沖去見吳王僚。

「大王，腳好了許多，這樣看來，過幾日出兵應該沒有問題。」公子光先拋出個喜訊給吳王僚。

「太好了。」吳王僚很高興。

「另外，最近我府中新來了一個廚師，做得一手好魚，我知道大王喜歡吃魚，特地讓這個廚師做拿手好魚，請大王明晚去舍下品魚，也算為我餞行，怎樣？」公子光發出邀請。

「好啊好啊。」吳王僚不假思索，應承了。

公子光的任務完成了。

專諸行色匆匆，一路往家趕，他要在行動之前再看自己的老婆孩子和老娘一眼。他知道，這次行動，基本上就是九死一生。

公子光答應過他：「你的老娘就是我的老娘，你的兒子就是我的兒子，你的老婆就是我的嫂子，你放心吧。」

回到堂邑，站在自己的家門口，專諸驚訝得合不攏嘴。

專家樓還在，但是已經氣派了許多，旁邊的兩座房子都成了專家樓，裏面的家什也都換了，還有三個跑堂熱情待客。老闆娘坐在門口納涼，一身高檔新潮的衣裳，當然，那就是自己的老婆。

「老婆，我回來了。」專諸看見老婆，恭恭敬敬說了一句。

看見專諸，老婆吃了一驚。

「哎喲死鬼，死哪裡去了？」老婆罵了一句，站起來狠狠地給了專諸一記耳光，然後一把抱住專諸，親了起來，一邊親一邊說：「老公，親親好老公，你真是世界上最棒的男人，出門沒幾天就發了大財，派人送了好多錢回來，夠我們用好幾輩子了。」

看見老婆幸福的樣子，專諸放心了。

其實，專諸這趟回來，也是要看看這段時間公子光是不是在忽悠自己，如果公子光根本就沒有派人來給自己的老婆孩子送錢，那就不好意思了，我全家就跑楚國了，你另找人去。如今見公子光說話算數，專諸相信自己死後老婆孩子也能過上好日子，這才下定了最後的決心。

「老婆，我現在做大生意了，不比從前了。」專諸說。

「那，你回來還走嗎？」老婆問。

「我這只是回來看看，還有筆更大的生意這兩天要做，做成之後，我就回來接你們，咱們到大城市住去。」

「那，專家樓呢？」

「咳，這個專家樓還要他幹什麼？改廁所就行了。」

「你，你發財了，不會包二奶吧？」

「嘿嘿，有你在，誰敢來當我二奶啊？」

夫妻兩個說說笑笑，去見了老娘，老婆又把兒子叫來，專諸狠狠地抱了一陣，然後，走了。

專諸想辦的事情也已經辦完了。

魚腸劍

吳王僚準時赴會。

吳王僚其實也有些猶豫，不過想到還要公子光出力，又不好反悔。

既然決定了去，吳王僚把保安工作做到了家。什麼叫做到了家？就是從自己家做到了公子光的家。《史記》如此記載：「王僚使兵陳自宮至光之家，門戶階陛左右，皆王僚之親戚也。夾立侍，皆持長鈹（音批，兩刃刀）。」

從王宮到公子光的家，沿途佈置守衛。在宴會廳門裏門外，以及宴席座位兩邊，都有持刀侍衛。

這個陣仗，一般人嚇都嚇傻了，好在公子光不是一般人，他依然鎮定。

這個陣仗，實際上也就等於吳王僚告訴公子光：我不信任你，也不害怕你。

哥兩個落座，基本上是各懷鬼胎。

「上魚。」公子光下令。

魚一道一道上來，各種魚，都是專諸的傑作。

一邊吃魚，一邊喝酒。

魚是好魚，吳王僚吃得讚不絕口。

「大王，再有兩道，我這裏的鎮府之魚就要上來了，絕對讓你吃一次想兩次，吃兩次想三次。」公子光也吃得滿臉通紅，誇誇而談。

「好，好。」吳王僚想著，吃完了鎮府之魚，就可以回宮了。

突然，公子光「哎喲」了一聲。

「大王，不行，我這腳剛才又扭傷了，疼痛難忍，我先下去裹一裹再來相陪。」公子光說著，樣子非常痛苦。

「王兄快去吧，我等你。」吳王僚順口答應，他絲毫沒有想到這是公子光金蟬脫殼。

公子光一瘸一拐下去了，迅速躲進了暗室。

鎮府之魚上來了，由大廚親自送上來。歷來的大宴都是這樣，最後一道菜由大廚端上來，客人會表示感謝並且打賞。

大廚是誰？專諸。

沒有人懷疑他，因為他確實是大廚。

大廚進來之前，同樣要搜身，確認沒有武器之後，放他進來了。

大廚面帶微笑，端著手中的盤子，很穩，因為他本身就是端盤子的。盤中的魚很大，足有兩三斤，魚的顏色很棒，綻放著金黃的光，香味散發出來，整個宴會廳都能聞到，真香。每個人都想吃，可是，

不是每個人都能吃到，於是大家拼命地用鼻子來過癮。

吳王僚也聞到了香味，不愧是鎮府之魚，他在考慮怎樣賞賜他，然後請他去宮裏也為自己的老娘做一頓這樣的宴席。

大廚走到桌前，跪下，將盤子輕輕地放在桌上。

吳王僚看著魚，看得發呆，他在想是自己先開始吃呢，還是等公子光回來一同品嘗。

可是，突然，他看見大廚的手伸到了盤子上，然後一把抓住了魚。

「這是怎麼回事？難道這也是這道菜的程式？」吳王僚一時沒有想明白，沒等他想明白，大廚已經從魚的肚子裏抽出一把劍來，一把亮閃閃、殺氣騰騰的短劍。

變化突然，無人料到。

吳王僚現在來得及做的也就是坐起身來，沒等他站起來逃命或者抽劍，大廚的劍已經到了胸前。

皮甲很輕鬆就被刺穿了，那把劍隨後穿過了肋骨，直插心臟。

穩、準、狠，角度、力度、速度都恰到好處，沒辦法，大廚從前是殺豬的。

吳王僚慘叫一聲，血濺當場。

衛士們這個時候才反應過來，亂刀砍來，專諸瞬間倒在了血泊之中。

吳王僚死了。

專諸也死了。

隨後，公子光佈置的伏兵殺了出來，吳王僚的手下群龍無首，迅速崩潰。

當天，公子光占據王宮，將吳王僚的老母兒子等等一網打盡，斬草除根。吳王僚的兒子中只有一個人因為在外而僥倖逃生，這個兒子就是公子慶忌。

在前線的公子蓋余和公子燭庸聽說哥哥被殺，公子光篡位，怎麼辦？投降楚國吧。

於是，兩人向楚國投降，楚國自然高興，將他們安置在了舒。

公子光自命為吳王，不過，是代理的。

為什麼是代理的，因為還要等四叔季札回來，裝模作樣謙讓一番。

季札很快回來了。

「叔，您總算回來了，位置給您留著呢，我就代理了幾天。」公子光假惺惺地要讓位。

「別，別，我要是想當吳王，你爹當年讓給我的時候，我就當了。算了，反正人也死了，好在國家還在，也還是咱們的家，還是你當吧，我沒興趣。」季札當然拒絕了，隨後，季札去祭祀了吳王僚，回延陵種菜去了。

現在，公子光正式成為吳王，自號闔閭（音河驢），就是吳王闔閭。

吳王闔閭任命伍子胥為行人，就是當年巫狐庸的職位，負責外交事務。同時，任命專諸的兒子專毅為大夫，搬到了城裏來住，從此成為貴族，而專家樓被廢棄。

值得一提的是那把殺人的劍——刺僚，因為當初放在魚肚子中，因此更名為「魚腸劍」。

魚腸劍，中國名劍。

又是一個楚國人

篡位成功，該殺的殺了，該賞的也賞了。

「老伍，搞點什麼新意思吧。」吳王闔閭跟伍子胥商量，要體現自己的治國風格。

「大王，如果要稱王稱霸，以近制遠，那就要修建城郭，充實倉庫，提高軍備。咱們吳國雖然軍力強大，但是城郭太小，咱們的都城還不如人家楚國一個鄉政府氣派。現在是咱們占有攻勢，萬一哪一天咱們打了敗仗，敵軍長驅直入，咱們連個能守的城都沒有。」伍子胥的建議就是修建都城，搞個標誌性建築。

「善。夫築城郭，立倉庫，因地制宜，豈有天氣之數以威鄰國者

乎?」(《吳越春秋》)闔閭說。什麼意思?建城郭,修倉庫,怎麼才能因地制宜,符合天象?

之所以引用原文,在於闔閭貢獻了一個成語:因地制宜。

闔閭隨後下令由伍子胥主導,修建新的都城。

伍子胥成立了「新首都建設指揮部」,從魯國、鄭國、楚國、齊國等地請來建築師和風水大師,設計了新的都城。新都城在今天的蘇州,古稱闔閭城。

新首都分為內城和外城,外城周長四十二里三十步,內城周長八里二百六十步。陸門八座,以象徵天之八風;水門八座,以象徵地之八卦。後來《吳都賦》寫道:「通門二八,水道六衢。」西閶、胥二門,南盤、蛇二門,東婁、匠二門,北齊、平二門。

閶門,吳軍討伐楚國從這裏出發,因此又叫破楚門。胥門,伍子胥住在那裏,因此得名。盤門,又叫蟠門,門上刻蟠龍,以此鎮壓越國。蛇門,南面有陸無水,在巳地,屬蛇,因此稱為蛇門。婁門本來叫疁門,後改婁門。匠門,又叫干將門。齊門,齊景公的女兒嫁給了吳太子終累,後來太子夭折,齊女想念齊國,出此門北望齊國,哭泣至死,此門命名為齊門。平門,夫差平齊大軍從此門出,故稱平門。

到西晉,左思著有《吳都賦》,描寫闔閭城。再加上他的《魏都賦》和《蜀都賦》,合稱《三都賦》,《三都賦》面世之後,立即引發轟動,洛陽城內紛紛傳抄,一時導致洛陽紙貴。

「洛陽紙貴」這個成語,就出於這裏,順便提及。

伍子胥大興土木,修建都城,次年六月完工。

吳王闔閭大喜,就在新城舉行慶功大宴。

慶功宴怎樣?借用《吳都賦》中的一段:置酒若淮泗,積肴若山丘。飛輕軒而酌綠酃,方雙轡而賦珍饈。飲烽起,釂鼓震。士遺倦,眾懷欣。幸乎館娃之宮,張女樂而娛群臣。羅金石與絲竹,若鈞天之下陳。登東歌,操南音。胤陽阿,詠韎任。荊豔楚舞,吳愉越吟。翕習容裔,靡靡愔愔。

說來說去，六個大字：喝黃酒，看豔舞。

正在大家高興的時候，突然有人來報。

「報大王，外面有楚國人求見。」

「什麼楚國人？」

「楚國左尹伯郤宛的侄子伯嚭。」

「伯郤宛？」吳王闔閭和伍子胥都脫口而出，兩人對於楚國君臣都很蔑視，可是只有一個人得到兩人的共同認可，這個人就是伯郤宛。

伯郤宛是誰？楚國左尹，伯州犁的兒子。當初伯州犁被楚靈王所殺，楚平王登基之後，起用了伯郤宛。伯郤宛這個人性格溫和而正直，楚國人都很喜歡他。除了人品，伯郤宛的才能在楚國也是數一數二的，公子蓋余和公子燭庸在楚國被圍，就是伯郤宛的計策，而包抄吳軍的也是伯郤宛。

「伯郤宛的侄子來幹什麼？」吳王闔閭問，問完才發現這個問題應該直接問對方才對，於是，追了一句：「請他進來。」

伯嚭被帶了進來。

從第一眼開始，吳王闔閭就很喜歡他。只見伯嚭身材高大威武，雙眼炯炯有神，十分犀利，走起路來闊步挺胸，十分有力。一看就知道是世家子弟。

「你，是伯郤宛的侄子？」吳王闔閭問道。

「是，伯郤宛是我伯父。」伯嚭說。

「那麼，你來吳國，有何見教？」

「我，嗚嗚嗚嗚……」伯嚭竟然哭了起來，越哭越傷心。一邊哭，一邊跪拜在吳王闔閭的面前。

吳王闔閭略略有些吃驚，這麼一條大漢，怎麼還沒說話先哭了？

「你為什麼要哭？」吳王闔閭問。

「我，我伯父被費無極陷害，慘遭滅門，我們整個家族就逃出來我一個。聽說伍子胥也在吳國，因此特地趕來投奔大王，懇求大王收留，討伐楚國，為我報仇。」伯嚭忍住哭，將事情的原委說了一遍。

好嘛，又是費無極，又是一個要報仇的。

看看伯嚭，吳王闔閭忍不住又看看伍子胥，心說感謝費無極啊，把楚國的人才都滅了，剩下的又都送到吳國來了。

伍子胥的臉色有些難看，眼前的伯嚭又勾起了他的辛酸回憶，勾起了他報仇的念頭

第一八二章

被忽悠的勇士

伯郤宛是怎麼死的？費無極又使用了什麼辦法呢？

說起來，費無極是個人才，絕對的人才。

伯郤宛這人很正直，官也升得很快，這令費無極非常嫉妒。費無極還有一個朋友叫鄢將師，原本職位還在伯郤宛之上，可是現在伯郤宛成了他的上司，所以他也很氣憤。

就這樣，費無極和鄢將師要想辦法幹掉伯郤宛，出一口氣。

兩人很快想出了辦法，之後，費無極來執行。

伯郤宛之死

眼下楚國的令尹是囊瓦，此人很貪而且很蠢。

「令尹，左尹說要請你吃飯啊。」費無極來找到囊瓦，送了點禮，然後說伯郤宛邀請他吃飯。

「好啊好啊，我去我去。」囊瓦立即答應了，他以為一定是伯郤宛有事求他，這次又能發點小財，卻沒有去想伯郤宛請客為什麼要費無極來轉達。

從囊瓦家出來，費無極去了伯郤宛家。

「左尹啊，令尹想來你家做客啊。」忽悠了那邊，費無極又來忽悠這邊。

「歡迎啊，歡迎啊。」伯郤宛也說，領導要來，當然要歡迎。為什麼伯郤宛沒有懷疑？一來，他是個實在人；二來，費無極和囊瓦的關係一向不錯，經常給囊瓦索賄受賄充當托兒。

「那可要好好準備準備啊。」

「那是，可是，你看我家，確實沒什麼拿得出手的東西啊。」伯郤宛有點犯愁，他這人兩袖清風，一身正氣，家裏還真不富裕，也沒什

麼值錢的收藏。

「咳，這你就不知道了，令尹最喜歡的就是兵器。這樣，把你家的兵器拿出來，我給挑挑。」費無極話說得挺熱情，弄得伯郤宛還有些感動，心說老費沒有傳說中那麼壞啊，這不挺樂於助人嗎？

伯郤宛把家裏的兵器都拿來給費無極看，費無極裝模作樣從中間挑出來五樣兵器和五副皮甲。

「就這樣了，到時候你就把這些兵器放在門後，先擋起來，等令尹要看的時候，就拿出來給他看，順便就送給他就行了。」費無極叮囑了一番，走了。

伯郤宛就按照費無極的指點，宴請那一天，就把這些皮甲和兵器放在門後，然後用帳幔遮擋起來，專等囊瓦到來。

囊瓦正準備出發的時候，費無極來了。

「令尹，慚愧啊慚愧啊，你，你打我吧。」費無極哭喪著臉說。

「怎，怎麼回事？」囊瓦倒有些丈二和尚摸不著頭腦了。

「令尹啊，我差點害了您啊。伯郤宛這人看上去老實巴交，實際上包藏禍心，宴請是假，要殺害您是真啊。我剛才聽說，他在門後佈置了兵器甲士，您一去就衝出來殺了您。」費無極說得跟真的一樣，臉上還擠出慚愧和憤慨來。

囊瓦一聽，立即派人去打探，打探的結果就是：伯郤宛家的門後確實藏了兵器。

「伯郤宛，你膽兒肥了，敢害我？」囊瓦有些缺心眼，也不想想人家憑什麼要害你，也不說去抓人回來對質，直接下令：「調集軍隊，攻打伯郤宛。」

於是，鄢將師領著軍隊攻打伯郤宛，伯郤宛全家被滅。

隨後，鄢將師和費無極連帶著又滅了一向不順他們眼的陽令終和晉陳兩家，罪名是勾結伯郤宛謀殺令尹。

伍子胥和伯嚭

伯嚭哭訴完畢，泣不成聲。

「兄弟，咱們兩家同是被費無極所害，同是被楚國所害，如今流落吳國，此仇此恨，一定要報。兄弟，留下來，咱們輔佐吳王，一同報仇吧！」伍子胥的淚水也早已經忍不住，兩家的血海深仇，將他們的命運連在了一起。

「大哥，謝謝你。」伯嚭哭著說。

「大王，伯嚭兄弟一看就是個賢能的人，留下他吧。」

「伯郤宛家的人，肯定沒錯，留下來吧。你的仇就是子胥的仇，就是我的仇，我們一定幫你報仇。」吳王闔閭當即表態。

就這樣，伯嚭也投靠了吳國。

現在，伯嚭也成了吳國的大夫。

吳王闔閭、伍子胥和伯嚭經常在一起談論，很快吳王闔閭就發現伯嚭的才華並不遜色於伍子胥。不過，兩人的個性有很大區別。

伍子胥是個直率人，有什麼說什麼；相反，伯嚭比較謹慎沉穩，說話很講究時機和分寸。兩人談話的興趣點也不大一樣，伍子胥三句話不離報仇，對楚國的事情更感興趣；而伯嚭儘管也是要報仇的人，但是並沒有把報仇總掛在嘴上，相反，他願意多談些吳國的事情，並且很願意提出自己的看法。

漸漸地，吳王闔閭有了這樣一個印象：伍子胥更適合帶兵打仗，而伯嚭才是治理國家的材料。

伍子胥很喜歡談自己家族的榮耀史，但是每當這個時候，伯嚭就會沉默或者找話題岔開，而且，伯嚭從來不在伍子胥的面前談自己的家族。為什麼？

吳王闔閭想了很久，終於有一天明白了：伯嚭的爺爺伯州犁之死與伍子胥的爺爺伍舉有很大關係。那時候伍舉是楚靈王的頭號謀臣，在伯州犁之死中充當了費無極的角色。

兄弟的後代因為權力自相殘殺，而仇人的後代又因為共同的仇恨而成為盟友。

關於伯嚭來吳國，《吳越春秋》曾有這樣一段記載：

吳大夫被離承宴問子胥曰：「何見而信嚭？」子胥曰：「吾之怨與嚭同。子不聞河上歌乎？『同病相憐，同憂相救。驚翔之鳥，相隨而集；瀨下之水，因複俱流。』胡馬望北風而立，越燕向日而熙。誰不愛其所近，悲其所思者乎？」被離曰：「君之言外也，豈有內意以決疑乎？」子胥曰：「吾不見也。」被離曰：「吾觀嚭之為人，鷹視虎步，專功擅殺之性，不可親也。」子胥不然其言，與之俱事吳王。

簡單說來，就是大夫被離問伍子胥為什麼這麼信任伯嚭，伍子胥說兩人同病相憐，都有同樣的命運，都來自楚國，所以自然親近。被離就勸伍子胥說伯嚭這人看上去就很殘忍很貪，不可以親近。而伍子胥終究沒有相信他的話。

這一段記載，可信度極低，不必當真。之所以還要拿出來說，是因為這裏產生了一個成語：同病相憐。

費無極也死了

好消息和壞消息同時傳來。

先說好消息。

好消息是費無極被殺了，而且是滿門抄斬。誰殺的他？

自從伯郤宛無緣無故被殺，楚國的老百姓就對楚國政府失去了信心，編了很多罵囊瓦的段子。囊瓦也聽到一些，可是不太當回事，直到有一天遇上了沈尹戌，兩個人聊起國家大事來，沒說幾句，沈尹戌的火就上來了。

「人家伯郤宛和陽令終都是好人，可是都被你給滅了，你知道老百姓怎麼罵你嗎？我就覺得奇了怪了，人家正常人，誰不是想辦法少挨罵啊，你倒好，自己給自己找罵，而且一點也不在乎。費無極這人是

什麼人？專門進讒言的人啊，全楚國都知道，怎麼就你不知道？從前他逼走了朝吳，害死了伍奢，搞得太子建命喪異邦。平王那麼個溫和仁慈、恭敬勤儉的人，就是比成王和莊王也不差，就是因為被費無極蒙蔽，所以把個國家弄得烏煙瘴氣。現在他又騙得你殺了三個好人，滅了三個家族，這三個家族可都是楚國最優秀的家族，從來沒有犯過什麼錯誤啊，現在老百姓民怨沸騰，吳國人虎視眈眈，一旦發生什麼意外，你的地位就很危險了。到現在你還護著費無極，真是愚蠢至極。」沈尹戍不知哪裡來的勇氣，把囊瓦一通臭罵，罵得囊瓦臉上紅一陣白一陣。

「我，我，我錯了，我會採取行動的。」囊瓦弱弱地說，因為他知道沈尹戍說得確實有道理。

三天之後，囊瓦出兵，將費無極和鄢將師兩家滅門。同時，為伯郤宛等三個家族平反昭雪。

伍子胥得知這個消息之後，又是先笑後哭：「我不能手刃費無極了。」

伯嚭沒有笑，也沒有哭，他只是仰天長歎：「唉，人都死了，平反有個屁用！」

壞消息是在好消息之後一個時辰來到的。

吳王僚的庶子公子慶忌當初逃出了吳國，去了衛國。如今，在衛國招納死士，發誓要回吳國刺殺吳王闔閭，為吳王僚報仇。

消息傳來，吳王闔閭的臉色變得十分難看，為什麼？

公子慶忌號稱吳國第一勇士，勇到什麼地步？

《吳越春秋》如此記載：「慶忌之勇，世所聞也。筋骨果勁，萬人莫當。走追奔獸，手接飛鳥，骨騰肉飛，拊膝數百里。吳王闔閭嘗追之于江，駟馬馳不及，射之暗接，矢不可中。」

不用說了，基本上，此人就是李逵加戴宗加花榮。

就這麼一個人，身懷絕技力大無窮，還帶著滿腔的仇恨，而且對後宮的地形十分熟悉。這個人要來行刺暗殺，其能量是專諸的十三倍都不止。

吳王闔閭能不害怕嗎？

勇士要離

「兩位，想報仇嗎？」吳王闔閭問伍子胥和伯嚭。

「想。」兩人都說。

「有你們在，囊瓦一定睡不好。」

「大王怎麼知道？」

「因為有慶忌在，我就睡不好。」

伍子胥和伯嚭對視一眼，他們知道今天談話的主題了。

「如果我被慶忌報了仇，你們估計也就報不了仇了。所以，兩位想想辦法，怎樣才能除掉慶忌，之後我們才能全力為你倆報仇。」吳王闔閭說得很明白了，先除掉慶忌，再說你們報仇的事情。

要除掉慶忌，通過外交手段顯然是不現實的，以吳國現在和衛國的關係，要求衛國幫忙除掉慶忌是完全沒有可能的。而要求衛國驅逐慶忌則是很蠢的想法，如果慶忌去了楚國，只會更糟糕。

所以，通過外交手段的提議沒有人提出，大家都是聰明人。

「只能派人刺殺他。」伍子胥說。

「刺殺慶忌？世上有人能刺殺慶忌嗎？」吳王闔閭覺得這不可能，沒有人是慶忌的對手。

「我有一個人，能夠刺殺慶忌。」伍子胥說。他似乎早有準備。

「誰？」

「此人名叫要離。」

「要離？比慶忌還強壯？」

「不，矮小乾瘦。」

「那他憑什麼刺殺慶忌？」

「大王，我給你講一個故事，你就知道了。」

「快講。」

兩年前，齊國派了一個使者出使吳國，這個人叫做椒丘欣。

椒丘欣是齊國著名的勇士，過淮津的時候，要在淮河飲馬。當地人告訴他說：「水中有神，看見馬就出來，吃你的馬。」

「嘿，我是齊國第一勇士，什麼神敢吃我的馬？」椒丘欣不信。

椒丘欣的隨從在淮河飲馬，結果真的就有水神出來，把馬給吃了。椒丘欣大怒，脫了褲子就下水了，結果與水神大戰數日而出，被水神刺瞎了一隻眼睛。

大戰水神這一段見於《吳越春秋》，明顯誇張，不知道是椒丘欣在吹牛，還是伍子胥在忽悠，或者趙曄在編故事。

到了吳國，辦完正事，吳國當地的民間勇士設宴招待，算是兩國同行之間的友好交流。三杯下肚，椒丘欣就開始吹上了，滿口「我」怎樣，「你們吳國」怎樣。

大家都有些不忿，不過掂量一下，能跟椒丘欣對抗的還真沒有。這個時候，要離說話了，他就坐在椒丘欣的對面。

「我聽說啊，真正的勇士，那是勇往直前，寧死不受屈辱。你跟水神惡鬥，馬被人家吃了，御者也被人家咬死了，自己的眼睛還給弄瞎了，算三級殘廢吧。你這樣還不去死，反而要苟且偷生，你有什麼好吹的？」要離沒鼻子沒臉，羞辱了椒丘欣一通。

「嘿，你個小赤佬，小樣兒，我兩根小指頭也能捏死你，敢這樣跟我說話？」椒丘欣大怒，就要起身來打要離。

大家一看，紛紛來勸，椒丘欣也不好當著大家的面動手，忿忿然坐下，吹牛的勁頭被打消，酒喝得很不爽。

酒席散後，各自回家。

椒丘欣回到國賓館，怎麼想怎麼憋氣，於是溜了出來，要到要離家裏找他算賬。

來到要離的家，只見要離家大門開著，小門也開著，要離脫得個赤條條，一個人躺在床上呼呼大睡。

椒丘欣上去就把要離給揪了起來，啥也沒穿，揪哪裡？頭髮。這下，要離醒了，一看是椒丘欣，笑了。

「夥計，你有三大該死之處，知道嗎？」椒丘欣一手揪著要離，另一隻手握著一把利劍。

「說說看。」要離一點也不害怕，他故意盯著椒丘欣的那隻瞎眼看。

「在公眾場合羞辱我，這是第一；回到家裏還不關大門，這是第二；不關大門，還不關小門，這是第三。知道不？」

「你這三條都不成立，你倒是有三條很不男人的，你知道不？」要離學著椒丘欣的口氣，反問他。

「你說。」

「我當眾羞辱你，你不敢當眾跟我拼命，這是其一；非法進入民宅，像小偷一樣不敢出聲，這是其二；一手拿劍，一手揪住我的頭髮，這時候才敢跟我說話，這是其三。有這三條，你還是個男人嗎？」

椒丘欣被問得愣了，半天才算想明白，然後鬆開要離的頭髮，扔掉手中的劍，歎了一口氣：「唉，我如此勇猛，以至於沒人敢跟我瞪眼，而你竟然三番五次羞辱我，還說得這麼有道理。唉，我服了，我服了還不行嗎？」

忽悠

地點：王宮。

人物：吳王闔閭、伍子胥、要離。

「啊，你竟然這麼瘦小，看上去弱不禁風啊，你能讓齊國第一勇士椒丘欣服氣？我有點不信。」吳王闔閭說，語氣有些藐視。

「大王，俗話說：瘦是瘦，有肌肉。我確實弱不禁風，連肌肉也沒有。可是，我有勇有謀啊。」要離見闔閭藐視他，急忙說。

「我知道椒丘欣在吳國只服一個人。」闔閭看都沒看他一下，接著說。

「大王，那就是要離先生啊。」伍子胥在旁邊說了。

「服不服要離先生我就不知道了，但是我知道他服另外一個人，說這個人才是天下第一勇士，他只能算第二。」闔閭看了要離一眼，卻還

是沒有說出來這個人是誰。

「是誰？」要離忍不住問。

「別問了，他不在吳國了。」

「大王，告訴我是誰。」要離更想知道了。

「這——」闔閭又看要離一眼，似乎猶豫了一下，「告訴你有什麼用呢？這個人你肯定對付不了。」

要離沒有說話了，看上去很失望。

「大王，說說也無妨啊。」伍子胥再次插話進來。

「好吧，」闔閭再看要離一眼，似乎很勉強地說，「這個人，就是公子慶忌。目前正在衛國養精蓄銳，要來刺殺我。我想找人去先刺殺他。可是，無人能用啊。」

說完，闔閭搖搖頭，滿臉的失望。

「大王，讓我去殺了公子慶忌。」要離挺身而出，主動請纓。

「你？你知道公子慶忌嗎？那是萬夫不當之勇啊，就你這樣的小體格，上一百個也是白給啊。算了，你還是回家帶孩子去吧。」闔閭好像有些意外，語氣還是很輕視。

「大王，你羞辱我。你羞辱我就等於殺了我，你殺我不如讓慶忌殺我，慶忌殺我，不如我殺慶忌。大王，刺殺慶忌這活我做定了。」要離堅決請戰。

「這——」闔閭似乎還有些猶豫。

「大王，我看，要離既然能讓椒丘欣折服，也就一定有辦法對付慶忌。」伍子胥又適時地插了進來，對闔閭說完，又對要離說：「壯士，我相信你才是吳國的第一勇士。不過，慶忌可確實比椒丘欣難對付得多，你有什麼辦法對付他？」

「我想想。」要離開始思考。

吳王闔閭和伍子胥也開始思考。

片刻，要離想到了辦法。

「大王，大丈夫做大事就不能兒女情長，為了國家就要犧牲小家。這樣，我就假裝得罪大王，負罪出逃，然後大王殺了我的老婆孩子，

我就投奔慶忌，他一定會信任我的，那時候，伺機下手。」要離的主意——殺老婆孩子。

「這，這不太好吧。」伍子胥說。

「不，我已經下定了決心。」

「這就騙得了慶忌嗎？」闔閭好像有點懷疑。

「對了，把我的右手也砍掉，慶忌就一定會相信了。」要離來了勁頭。

「太殘忍了吧。」伍子胥說。

「要做大事，就要受大苦。」要離說。

「不，這樣你會怨恨我的。」闔閭說。

「這是我自願的，我不會怨大王，我還要感謝大王給了我這樣揚名立萬的機會。」要離說。

「你不會後悔？」

「我要離什麼時候後悔過，現在就砍吧。」

「那好。」闔閭終於接受了要離的請求，然後對侍衛喊道：「來人，拿刀來。」

第一八三章
要離刺慶忌

俗話說：死要面子活受罪。

要離就是一個死要面子的人。

一輩子在勇士的圈子裏混，雖然伶牙俐齒讓肌肉發達的勇士們佩服，可是畢竟沒有什麼事蹟，靠嘴皮子終究還是虛的，所以要離想要做一件實事也就可以理解了。

伍子胥和闔閭的一通忽悠，讓要離有點雲裏霧裏，他要做天下第一勇士，就一定要殺掉慶忌。所以，他別無選擇。

所以，伍子胥投其所好。而這，還是跟專諸學的。

專諸殺人，是為了老婆孩子過上好日子。

可是要離呢？

由此可見，《史記》「刺客列傳」收錄專諸而不收要離，是有道理的。

勇士見勇士

公子慶忌在衛國，他時刻想著報仇。他有多想報仇？跟伍子胥一樣。

按照政治避難國際準則，在衛國，慶忌享受大夫待遇。

慶忌很明白，要想借兵攻打吳國，那是不可能的，晉國也不能。所以，乾脆連晉國都不去，就在衛國，招納當地的亡命之徒，策劃謀殺吳王闔閭。

眼看著準備工作做得差不多了，公子慶忌派人回吳國打探情報，準備動手。

過了一陣，有人報告說吳國來人了。

「噢，情報探聽好了，快讓進來。」公子慶忌以為是探聽情報的人

回來了。

等到人進來之後，才發現不是派出去的人。

「你，你誰啊？」慶忌見是一個生人，乾瘦矮小，一臉菜色。

「我，我是要離啊。」來人是要離。

「要離？吳國勇士要離？你就是要離？」慶忌聽說過要離，可是沒見過，沒想到長這副德性。

「公子，我就是要離。」

「你，你來幹什麼？」

「我來刺殺你。」

「刺殺我？哈哈哈哈……」慶忌大笑，這麼個人，吹口氣也能把他吹跑，他竟然敢來刺殺自己。

「對，吳王闔閭讓我來刺殺你，我要是不來，就殺我全家，還砍掉我的右手。」

「所以，你就來了？」

「我沒有來。」

「可是你來了。」

「因為我不來，吳王闔閭就殺了我全家，還砍了我的右手。所以，我還是來了。」要離說著，用左手拉開右邊的袖子，露出胳膊來。果然，右手已經被砍掉。

「啊——」慶忌吃了一驚，問：「那你還來幹什麼？」

「我要報仇，公子，我要跟著你，向闔閭報仇，為我冤死的老婆孩子討個公道。」要離咬牙切齒地說。

要離的老婆孩子是夠冤的，可是真不賴人家吳王闔閭。

「好，你先住下養傷，報仇的事情，咱們慢慢計議。」慶忌讓人安頓好了要離，不過，他瞭解吳王闔閭，他擔心這不過是一個苦肉計。所以，他並沒有太親近要離。

幾天之後，派去吳國探聽消息的人回來了。

「據說，吳王闔閭要派要離來刺殺我，要離不來，闔閭就殺了他的

老婆孩子，有這事嗎？」慶忌問。

「有啊，真慘啊。那孩子才三歲，就被摔死了，母子倆的屍首在大街上放了三天，最後被扔到荒郊野外，估計被野狗吃了。唉，吳王闔閭真是太沒有人性了。」派去的人證實了這一點。

現在，慶忌徹底相信了要離。

「唉，同命相憐啊。」慶忌對要離有了一種特殊的親近感，他以為他們都是闔閭的仇人，都有一個共同的目標。

可是，他不知道的是，要離的目標與他不一樣。

勇士殺勇士

要離迅速成了慶忌的親信，無話不談的親信。從要離那裏，慶忌得到了大量的吳國的情報，並且要離承諾，他將把自己的朋友圈子納入到慶忌的勢力範圍之內，共同對付吳王闔閭。

「先生，從此我們同舟共濟，同富貴。」慶忌伸出了右手去與要離握手，可是立即發現對方沒有右手，於是換了左手。

按照計畫，三個月之後，慶忌帶領著手下，出發前往吳國，實施刺殺吳王闔閭的計畫。要離作為副手兼嚮導，一同上路。

一路順利，這一天來到了淮河。渡過淮河，就是吳國。

一行人上了渡船，大家看著對岸的吳國，心情未免都有些激動，慶忌坐在船頭，遠望著吳國。水上涼爽的清風吹來，頗有些豪氣勃發的意思。

要離站在慶忌的身邊，很自然地用左手拄著一隻短矛，那是專門為他打造的，基本上就算是個裝飾，因為他一隻左手根本掄不起來。

河上有些波浪，不過對於江南人來說，這算不得什麼，大家一路說笑，向對岸划去。

突然，一個大浪打來，要離猛地將原本拄著的矛提了起來，夾在左臂下，矛尖就對著慶忌，然後乘著船的顛簸，順勢連人帶矛刺向慶忌。

　　慶忌完全沒有料到，浪來的時候他的雙手都扶在船邊上，等他回過神來要用手去擋的時候，早已經來不及了。

　　「嗤——」鋒利的矛尖刺進了慶忌的肚子，然後穿過肚子到了後背。

　　「啊——」慶忌驚叫一聲，他吃驚於自己竟然被這個喪失了戰鬥力的殘廢暗算，而這樣的借力方式應該是要離唯一的機會。他此時明白了一切，於是更加吃驚，世上還有這樣瘋狂的刺客，竟然以自己的身體和老婆孩子的性命作為代價。

　　雖然被刺穿了身體，慶忌並沒有立即倒下，他一把揪住要離，將他順勢摁進水中；提出水來，再摁進水中；再提出來，再摁進水裏，然後再提出來。

　　要離嗆了幾口水，在那裏倒氣。

　　「公子，殺了他！」大家一致要求。

　　慶忌笑了，他搖了搖頭。

　　「能夠殺我，要離是天下第一勇士了，怎麼能一天殺兩個勇士呢？送他回吳國去吧，他應該接受獎賞。」慶忌說著，釋放了要離。

　　隨後，慶忌用力將肚子上的矛拔了出來，血隨後噴出，慶忌倒在了船頭。

　　天下第一勇士就這樣死了，死得很沒面子，但是很有風度。

　　要離還在那裏吐水倒氣。

　　首領死了，大家開始商量下一步怎麼辦。

　　首先，首領沒了，最緊要的是要確定新的首領。

　　大家沒花什麼時間就達成了一致：既然首領是被要離殺的，那就乾脆奉要離為首領，送他回吳國。這也算繼承了慶忌的遺志，當然，還能跟著要離去領賞。

　　「壯士，好些沒有，我們都聽你的。」既然決定了，大家就開始幫著要離空肚子，三壓兩倒，要離吐乾淨了水，長出兩口氣，算是緩過氣來了。

現在，要離有時間思考了。

首先，自己成功刺殺了天下第一勇士，自己就算天下第一勇士了，從此揚名立萬沒有問題。

其次，自己現在這副模樣，實在是不能再回去了，回去一定受到嘲笑。當初椒丘欣瞎了一隻眼就被自己諷刺，如今自己斷了一隻胳膊，估計沒人說自己的好話。

第三，自己殺了慶忌，人家慶忌那風度沒得說，放了自己一條生路。如果自己的風度比不上慶忌，恐怕也不能說自己就是天下第一勇士。

綜合以上三點，要離認為，自己要保持天下第一勇士的榮譽，只能有一個選擇：去死。

想到這裏，要離站了起來，然後在眾目睽睽之下，縱身跳進河中，他要自殺。

可是，想自殺就能自殺嗎？

艄公毫不猶豫地跳了下去，三下兩下把要離給撈了上來。

「大，大哥，我老婆孩子都死了，慶忌對我這麼好，我也把他殺了，我還有什麼臉活著？你就讓我去死吧。」要離說。

「別這樣，我當了一輩子艄公，窮了一輩子，如今就指著你脫貧致富了，怎麼能讓你死？」艄公說得挺直接，大家聽得直點頭。

「不行，我，我要死。」要離說完，又是一縱身，往河裏跳。

這一回，剛剛沾到水就被提上來了。

誰的動作這麼快？慶忌從衛國招聘的一位勇士。

「壯士，別啊，我大老遠的到吳國來，就是想發財啊，大哥行行好，提攜提攜兄弟們唄。」衛國勇士誠懇地說，大家都獻出媚笑。

「我，我要死。」要離的態度還是那麼堅決，又是縱身一跳。

這一回，連跳都沒跳起來，就被慶忌的貼身衛士給抱住了。

「大爺，求求你了，我們立功贖罪，升官發財都靠你了，給點面子吧。要死，等領了獎賞再死啊。」這位也憋不住了，慶忌死了，現在是爹死娘嫁人，各人顧各人了。

　　要離再也沒有機會跳河了，船上的每個人都像盯小偷一樣盯著他，還有兩個人專門拉著他的衣服。

　　眼看到了對岸，大家紛紛下船，慶忌的屍首也被搬下船，落葉歸根，他們要把他帶回吳國安葬，這一點道義還是要講的。

　　慶忌的屍體很沉重，於是大家都來幫手，要離也忍不住上去幫了一手，他只能幫一手，因為他只有一隻手。

　　幫了慶忌一手之後，要離趁機幫了自己一手。

　　要離用左手抽出了自己的短劍，然後在眾人的驚叫聲中用短劍抹了自己的脖子。

　　血，飛濺而出。

　　河上，一水的殘陽。

　　新科的天下第一勇士也倒下了。

　　一天之內，兩個勇士倒下了。

　　吳王闔閭得到了兩具屍首，一個是慶忌，一個是要離。

　　看見死人，闔閭忍不住還是哭了。

　　「大侄子啊，何必呢，何必呢，都是一家人，有什麼想不開？你要是想回來，說一聲不就回來了，大伯我還會虧待了你嗎？」闔閭一邊哭一邊說，好像謀殺慶忌的不是他。

　　慶忌以公子的身份被隆重安葬，就葬在吳王僚的旁邊。如今，江蘇吳縣有公子慶忌墳，被稱為慶墳。

　　「要離兄弟啊，壯哉啊壯哉啊。你放心，你孩子就是我孩子，你老婆就是……」吳王闔閭沒有說下去，他想起要離的老婆孩子都被自己給殺了。

　　要離被葬在閶門外，今有要離墳。

伯嚭的反思

　　慶忌被殺，吳王闔閭的心腹大患已經除掉。這個時候，可以為伍

子胥和伯嚭攻打楚國，報仇雪恨了吧？

沒有，闔閭根本就不提這件事情，似乎早已經忘記了。

伍子胥和伯嚭原本以為闔閭會主動提出來，可是左等右等等不到闔閭發話，伍子胥急了，拉著伯嚭去見闔閭。

「大王，慶忌已經除掉，從此可以安枕了吧？」伍子胥先用這句話過渡一下。

「啊，怎麼能安枕呢？我三叔一家被我滅門，從此斷子絕孫，我慚愧啊，怎麼能安枕呢？」闔閭說得若有所思，還帶著幾分慚愧。

「沒有啊，公子蓋余和公子燭庸還在楚國啊。」伍子胥覺得很奇怪，闔閭怎麼連這個也忘了。

「噢，是嗎？公子蓋余和公子燭庸還在楚國？」闔閭眨眨眼睛，似乎是才知道，或者才想起來。

之後，闔閭像是陷入了沉思。

伍子胥還要說話，伯嚭拉了他的衣襟一下，示意他不要再說了。

於是，兩人又搭訕了幾句，告辭出來了。

「兄弟，你怎麼不讓我說了？」伍子胥問伯嚭。

「子胥，俗話說：話多了不甜，尿多了不鹹。這報仇的話說得太多，大王也會煩的。大王當然知道公子蓋余和公子燭庸還在楚國，故意自己不說而是讓我們說出來，意思很明顯啊，那就是想要報仇，先要除掉這兄弟兩個。」伯嚭察言觀色的能力很強，看出了吳王闔閭的意思。

「果然啊，兄弟，多虧你提醒啊。」伍子胥說著，忍不住看了伯嚭一眼，心說這兄弟不尋常，有他在，真是多了一個好幫手。

「子胥，你是報仇心切啊。」伯嚭的意思是，你其實也應該能看出來的。

「我怎麼能不報仇心切？想當初我們家從祖爺爺伍參開始就幫助楚莊王稱霸，後來我爺爺伍舉又受楚康王重用，我爹也是對楚平王忠心耿耿，全力輔佐太子建。可是，就這麼一個忠義之家，我爺爺伍舉就幾乎被殺，被迫逃亡晉國；我爹就沒有這麼好運，被楚平王所殺，連

我哥哥也搭進去了。所以，我恨楚王，我恨楚國，這是一個不能容忍好人的國家，我要滅了他們。」伍子胥說著，又有些激動起來。

「伍兄說得也對，不過，小弟還有一點自己的看法，不知道子胥有沒有興趣聽一聽。」伯嚭沒有伍子胥那麼激動，語調很平靜地對伍子胥說。

「兄弟說，我聽聽。」

「說起來，我們家比你們家還要冤，我祖爺爺伯宗在晉國就是廣受稱讚的好人，可是怎樣？被人滅門；我爺爺伯州犁對楚國又是忠心耿耿，可是怎樣？又被人殺；到了我伯父，又是精忠報國，可是怎樣？還是被殺，連我爹也搭進去了。

我們家冤不冤？冤，比你家還冤。

可是，回頭想想，為什麼我們家在晉國被殺，在楚國也被殺呢？賴昏君？賴奸臣？可是別人怎麼就不被殺呢？我在想，到了我這輩，會不會在吳國也被殺？

我感覺，問題不是出在別人身上，是出在我們自己身上。

所以，仇要報，自己也要反思，不能讓前人的悲劇再發生在我們的身上。我反思的第一個結論就是，別太死心眼，說話不要太直，反正國家也不是咱的；反思的第二個結論是，幹革命要跟對人，我爺爺的死就是因為沒有跟對人；反思的第三個結論就是，不要輕易相信別人，我伯父就是這麼死的。

子胥，我說的也許你不愛聽，可是，真就是這麼回事。」伯嚭說完，看著伍子胥。

伯嚭的一番話讓伍子胥吃了一驚，他萬萬沒有想到這個人有這麼深的城府。可是，伯嚭的話句句都是真話，都是實話。

「兄弟，我知道你說的都是心裏話，也都有道理。可是，江山易改稟性難移，我做不到。」伍子胥有點感動，但是心裏有點怪怪的味道，看著伯嚭似乎沒有從前那麼親近了。

吳王闔閭非常高興，因為伍子胥和伯嚭又來了，而且，這次他們絕口不談報仇的事情，卻說起了楚國人扶持公子蓋余和公子燭庸，在

舒地（今安徽盧江縣）為他們修建城池，今後作為攻擊吳國的據點。

「大王，我們請纓率領吳軍討伐楚國，剷除叛徒。」伍子胥請戰了。

吳王闔閭看了伯嚭一眼，笑了，他就知道伍子胥想不到這一點，一定是伯嚭的意見。

「好。」吳王闔閭任命伍子胥和伯嚭為主帥，率領吳軍討伐楚國的養地。

在舒地為兩位吳國公子築城的主意是囊瓦出的，當時子西（楚平王庶長子）就勸他說：「現在吳國總是打我們，沒事還找點事，而咱們總是打不過他們。如今你在舒地給兩個公子築城，那不是故意招惹他們嗎？」

「嘿，老夫自有妙計。」囊瓦不聽，還是實施了築城計畫。

城剛修好，吳國人就來了，兩個楚國人帶著。

伍子胥和伯嚭的能力原本就很強，他們不僅熟悉吳國人的戰法，還瞭解楚國人的戰法，真正的知己知彼。知己知彼，再帶著仇恨，誰能抵擋？

不過兩人並不是有勇無謀的人，他們決定採取攻心戰術。

「兄弟們，鄉親們，祖國的親人們想念你們，投降吧。」吳國軍隊向守城的楚軍高聲勸降，而守城的楚軍都是當初隨兩個公子投降的吳軍，聽到鄉音，一個個都有些動搖。

（伴奏音樂：故鄉的雲。）

這邊還沒有攻城，城裏面就開始有人偷偷翻牆出來投降了。

與此同時，囊瓦緊急派司馬沈尹戍領軍馳援，可是沈尹戍知道去了也打不過，於是在路上磨蹭，遲遲不到。

吳軍圍城七天，城裏的楚軍就都變成了吳軍，剩下了公子蓋余和公子燭庸兩個光桿司令。結果，兵不血刃，吳國占領了舒城，活捉了公子蓋余和公子燭庸。

「砍了。」伍子胥下令。他是個聰明人，他知道這樣的活不要留給吳王闔閭。

隨後，吳軍一把火燒了舒城，浩浩蕩蕩回國了。

等到沈尹戌率領楚軍來到，只看見一座被燒焦的爛城，和兩具無頭男屍。

「唉。」沈尹戌歎了一口氣，因為這城就是他奉命修的，修的時候就猜到了會是這個結果。

第一八四章

孫武練兵

「兩位，商量一下怎麼討伐楚國，為你們報仇吧。」吳王闔閭非常高興，內部問題解決完了，可以考慮國際問題了。

可是，闔閭沒有想到的是，從前急吼吼要報仇的伍子胥這一次卻不急了。

「大王，楚軍的實力依然很強，我們不能匆忙討伐他們，要先消耗他們。」伍子胥這樣說，伯嚭也在一旁點頭。

吳王闔閭有點驚詫，不過隨後他笑了，他懷疑這個主意是伯嚭出的。不過不管怎樣，他覺得這是一件好事。

「怎麼消耗他們？」吳王闔閭問。

「當年晉國的荀罃用三軍輪流出擊的辦法折騰得楚國服了軟，如今我們照方抓藥就行，同樣分為三軍，輪流侵襲楚國，讓他們疲於奔命，拖垮他們，然後三軍齊出，大舉討伐。」伍子胥的主意，還是跟晉國人學。

「好主意。」

薦賢

吳國將軍隊分為三軍，輪流出擊。

第二年，吳軍先後進攻楚國的夷、潛、六，楚軍由沈尹戌領大軍救援，結果每到一處，吳軍都事先撤走。一年之中，吳軍數次進攻楚國，但是沒有與楚軍交手過一次，而楚軍果然四處救援，疲於奔命。

看到效果不錯，吳王闔閭非常高興。

「兄弟，這樣下去，再過兩年我們就可以報仇了。」伍子胥也很高興，對伯嚭說。

「子胥，依我看，大王雖然對我們親近，可是我們畢竟是兩個楚國

人，他始終還是不太放心。如果要大舉討伐楚國，恐怕必須要再找一個人，而這個人最好是吳國人，至少不能是楚國人。這樣，大王才會放心。」伯嚭比伍子胥善於揣摩上意，早就看出來吳王闔閭的顧慮。

「好，我還恰好有一個朋友，這個人推薦給大王，他一定喜歡。」伍子胥恍然大悟，立即答應。

從專諸到要離，再到現在要推薦的朋友，伍子胥怎麼這麼多朋友？

這跟伍子胥的性格有關，伍子胥性格直爽，為人又很慷慨大方，喜歡結交朋友，因此，容易交到朋友。

「大王，我有一個朋友，精通兵法，著有兵書十三篇。這個人的能力在我之上十倍都不止，我想把他舉薦給大王。」伍子胥來找吳王闔閭，他是個實在人，誠心舉薦。

「啊？比你強十倍？不可能吧。」吳王闔閭說。他倒不是裝模作樣，而是確實不相信。不過他也知道伍子胥是個實在人，應該不會信口雌黃。

「大王，決不誇張。」

「這人是誰？」

伍子胥於是將這個朋友的來龍去脈說了一遍。

此人姓孫，名叫孫武。說起來，身世比較複雜。

孫武是誰？

按《吳越春秋》：孫子者，名武，吳人也，善為兵法。辟隱深居，世人莫知其能。

按《史記》：孫子武者，齊人也。

按《唐宰相世系表》：齊陳無宇之子書，伐莒有功，景公賜姓孫，食采于樂安，子孫因亂奔吳，孫武為吳將，其後也。

按《史記》：陳無宇卒，生武子開與僖子乞。

而《左傳》對孫武沒有任何記載。

那麼，孫子究竟是齊國人，還是吳國人？究竟是不是陳無宇的後人？這些，都是千古之謎。

如果按《史記》，那麼，陳無宇根本沒有陳書這個兒子。

如果按《唐宰相世系表》，那麼可以在《左傳》的「魯昭公十九年（齊景公二十五年，即前523年）」中找到孫書的記載：孫書伐莒，拿下紀鄣。如果這個孫書就是陳書，那麼，他就是在這一次戰鬥中立功，然後被賜姓孫的。

可是問題是，孫武被推薦給吳王闔閭大致在魯昭公三十年（前512年），而這十一年間，齊國並沒有發生動亂，不存在「因亂奔吳」的條件。而且，陳家此時在齊國權傾朝野，正在拓展宗族，招募人才，拉攏人心，積極準備篡奪君位。在這樣的情況下，孫武這樣的超級人才在齊國有大展宏圖的機會。不留在齊國，卻反而遠離家族，南下蠻夷吳國去隱居的可能性可以說是微乎其微。

而孫武在吳國大獲成功，辭官之後，也並沒有回到齊國，而是留在了吳國。這基本可以說明，他與齊國陳家之間並沒有淵源。

而更大的疑點是，魯哀公十一年（前484年），齊國與吳魯聯軍交戰，《左傳》有這樣的記載：

陳僖子謂其弟書：「爾死，我必得志。」陳書曰：「此行也，吾聞鼓而已，不聞金矣。」吳魯大敗齊師。獲國書、公孫夏、閭邱明、陳書、東郭書，革車八百乘，甲首三千，以獻於公。

毫無疑問，這裏的陳書就是陳無宇的兒子，而且被吳軍活捉。也就是說，在孫武成為吳國將軍二十八年之後，陳書成了吳國的俘虜。如果說孫武是陳書的子孫，不是太滑稽了嗎？

除了這些明顯的錯誤，還有一個問題，那就是春秋時期國君並沒有賜姓的習慣。

所以，可以確定無疑，陳書不是孫書，而且陳書也沒有被賜姓，陳書也不會是孫武的父親或祖父。

所以，孫武不是陳無宇的後人。

事實上，直到唐朝以前，還沒有孫武是齊國陳家後代的說法。

如果孫武不是齊國陳家的後代，他應該或者最可能是來自哪一家？來自哪一個國家呢？

孫武很可能是衛國孫林父的後人，理由如下。

首先，魯襄公二十六年（前547年），衛國發生內亂，孫林父家族被趕出衛國，當時他的一個兒子孫襄被殺，另一個兒子孫嘉恰好出使齊國，很可能孫嘉就留在了齊國。

之後在晉國的幫助下，孫林父占領了衛國的戚地。但是三年之後，季札路過戚地，曾經警告孫林父「夫子在此，猶燕之巢在幕上」，說孫林父隨時可能被衛國所滅。孫林父之後十分憂慮，終身不聽音樂。衛國緊鄰齊國，孫林父很有可能預作防範，將自己的子孫移民齊國，上文那個孫書就有可能是孫林父的子侄。

其次，當時的世界上，晉國的軍事理論水準遠超其餘國家，齊國要落後很多。而孫家雖然是衛國人，卻跟晉國關係更密切，往來十分頻繁，因此，孫家對晉國的典籍應該有所接觸，對於晉國先進的軍事思想很可能有研究。孫武的軍事思想明顯受到晉國的啟發和影響，所以，他或者他的家族應該與晉國關係密切。

第三，衛國國家小，而且夾在大國中間，因此衛國的人才多半不會留在衛國發展。孫武之後的吳起、商鞅等都是衛國人，可是都去了國外。

綜合以上三條，孫武很可能是孫嘉或者孫書的兒子，雖然是衛國人，可是生長都在齊國，屬於衛國裔齊國人。由於家學淵源，對晉國文化和軍事思想比較瞭解。而且，孫家在齊國缺乏背景，到了孫武這一輩也就是一個士，在齊國沒有前途，從而南下吳國尋找機會。

因此，孫武應當是衛國裔齊國人，孫林父的後代或者族人，客居吳國。

孫武練兵

伍子胥把孫武說得花兒一樣，以為這樣一定能夠打動吳王闔閭。

可是，他錯了。

吳王闔閭有些奇怪，因為這不是伍子胥的風格，他是一個很驕傲的人，從來沒有這樣推崇某個人。如今他這樣極力推薦這個齊國小子，一定有什麼企圖，大概這人是他的心腹吧。

有了疑心，吳王闔閭就開始找藉口了。

「啊，太年輕了，才二十四五歲，難當大任啊。」吳王闔閭拒絕了。

伍子胥萬萬沒有想到會遭到拒絕，他不知道，他太急了。

任何事情，當你太迫切的時候，一定會被懷疑是別有企圖的。

這是伍子胥的弱點，他總是很急。

可是，伍子胥還有一個優點，這個優點往往能夠抵消他的缺點。

什麼優點？執著。

每次去見吳王闔閭，伍子胥都會推薦孫武。

在被拒絕了六次之後，終於，吳王闔閭被打動了。

「好，請他來看看吧。」第七次的時候，吳王闔閭鬆口了。

孫武來了。

孫武出場了。

禮炮二十一響。

孫武帶來了一本書，原創的，書名叫做《孫子兵法》。

「子胥說你熟知兵法，來，講講看。」吳王闔閭還算客氣，他本身是會打仗的人，因此想要看看這個齊國人的真材實料。

「好，那就從第一章開始吧。」孫武說，聲音並不大，但是很沉著。

放下了兵書，孫武開始了。

「兵者，國之大事，死生之地，存亡之道，不可不察也。」（《孫子兵法》）孫子說完第一段話，吳王闔閭的眼睛就瞪大了。

就這一段話，吳王闔閭就知道此人的境界在伍子胥之上了，太冷靜了，太清醒了。

隨著孫武的講解，吳王闔閭的眼睛越瞪越大。《吳越春秋》記載：

「每陳一篇，王不錯口之稱善，其意大悅。」

等到孫武把十三篇大致講解一遍之後，吳王闔閭已經對這個年輕人佩服得五體投地了。

「先生，您說得太好了。」吳王闔閭現在改口稱先生了，滿臉的笑容也堆了上來。「可是，能不能找個什麼地方演練一下，試一試，讓我也感受感受？」

「沒問題啊。」

「那，給你一支隊伍，去打楚國，或者越國？」

「不可以，兵者，國之大事也，沒有正當的理由，沒有充分的準備，怎麼能挑起戰端呢？」孫武拒絕了，拒絕的理由完全符合他的兵法。

吳王闔閭笑了，這是他故意要考驗孫武的。

「不錯。既然不能輕易攻打鄰國，那我就給你一支隊伍訓練，怎樣？」吳王闔閭要繼續考驗。

「沒問題，什麼樣的隊伍都可以。」

「什麼隊伍都行？」吳王闔閭想了一下，猛然想起來一個好主意。「你說什麼都可以，我把後宮的女人交給你訓練，行嗎？」

「當然行。」出乎吳王闔閭的意料，孫武毫不猶豫地答應了。

後宮大院，宮女三百。

在孫武的要求下，吳王闔閭派了兩個寵姬來擔任隊長。孫武把三百宮女分為兩隊，每隊一名隊長，就是那兩個寵姬。

宮裏有現成的裝備，三百女兵都穿上盔甲，左手持盾，右手握劍。

女人穿上盔甲，那是別有一番英姿，古來就是如此，如今叫做制服誘惑。宮女們把這當成了一種特殊的梳妝打扮，互相看著，都覺得好笑，嘻嘻哈哈笑個不停。

「各位，肅靜。現在，你們不再是宮女，而是大王的士兵。」孫武大聲說著，勉強把宮女們的嘰嘰喳喳壓下去。

「士兵，嘻嘻，嘻嘻……」宮女們互相說著，又笑了起來。

「擊鼓。」孫武命令身後的士兵擊鼓。

鼓聲大起，一通戰鼓之後，宮女們算是靜了下來。

「行軍打仗，重在步調一致。軍中指揮，鼓和旗為號，今天，先練習以鼓為號。」孫武終於可以開始了，然後命令士兵擊鼓示範，怎樣的鼓點是前進，怎樣的鼓點是左轉，怎樣的鼓點是停止前進，等等。

講解完了一遍，孫武高聲問：「記住了沒有？」

「嘻嘻，嘻嘻……」宮女們只管笑，沒人應聲，只有人竊竊私語，說這個指揮官好年輕、好英俊。

「好，既然大家不說話，想必就是記住了。下面，以鼓聲為號，第一遍鼓，都要做好準備，原地踏步；第二遍鼓，開始前進；第三遍鼓，就要提盾持劍，準備戰鬥。」孫武決定開始第一遍演練。

鼓聲起來。

「嘻嘻，哈哈，哈哈哈哈……」宮女們沒有動，都在原地你看我看你，嘻嘻哈哈，覺得很搞笑。

第二通鼓聲起來。

宮女們還在笑，並且開起了玩笑。

第三通鼓聲起來。

宮女們笑得彎了腰，有人蹲了下來，甚至有人就乾脆坐到了地上。

孫武的臉色變得很難看。

「好，大家不要笑了。這一次，可能是大家沒有理解，那麼，我再說一遍。」孫武壓住火，把命令和注意事項又講了一遍。

第二次演練開始，孫武親自擊鼓。

第二次演練與第一次演練一樣，宮女們一步也沒有前進。

孫武的臉色更難看了。

「我再把注意事項向大家講解一次，此外，兩個隊長注意，約束好自己的部下。」孫武又耐心地講解了一次，然後，第三次演練。

第三次演練的結果與前兩次毫無區別。

「哈哈哈哈，哈哈哈哈……」笑聲一片，宮女們笑得花枝亂顫，一邊笑一邊用手指著孫武，看他的笑話。

《史記》曰：「約束既布，即三令五申之。」

三令五申這個成語，就出自這裏。

三令五申的結果是依然如故，這時候孫武怎樣了？

《吳越春秋》記載：「孫子大怒，兩目忽張，聲如駭虎，髮上衝冠，項旁絕纓。顧謂執法曰：『取鈇鑕。』」

什麼是鈇鑕（音夫質）？就是鍘刀。

孫武要幹什麼？

「約束不明，申令不信，將之罪也。既以約束，三令五申，卒不卻行，士之過也。軍法如何？」（《吳越春秋》）孫武說了，三令五申之後而無法執行，那就是隊長的問題了，怎麼處置？

一旁的執法官回答：「斬！」

「斬！」孫武下令。

一聲令下，大內侍衛們一擁而上，把兩個隊長抓了出來。

「啊──」一片尖叫聲。

尖叫聲驚動了吳王闔閭，這時候他正在遠處高臺上觀賞孫武練兵，隨著尖叫聲仔細一看，自己的兩個寵姬已經被人老鷹抓小雞一樣抓出了佇列，向鍘刀走去。

「快快，快去救人。」吳王闔閭急忙下令，身邊的侍從飛奔而去。

兩名隊長現在嚇得是花容變色、渾身發抖，被按在鍘刀之下。

正在這個時候，吳王特使趕到。

「孫先生，大王說了，沒有這兩位寵姬，大王食不甘味啊。大王已經知道先生能用兵了，就把這兩位寵姬放了吧。」特使傳令。

「不好意思，大王已經任命我為將，將在軍中，君命有所不受。」孫武拒絕了，隨後對執法軍士喊道：「還等什麼？斬！」

大鍘落下，香消玉殞。

三百宮女，鴉雀無聲。

隨後，孫武再次任命了兩個隊長。

鼓聲響起，宮女們戰戰兢兢，小心翼翼地邁出了第一步。

吳王闔閭很生氣，可是他沒有辦法，人死不能復活。

他很後悔讓孫武拿宮女做實驗，可是現在後悔也來不及了。

他沒有辦法再在高臺上看下去了，於是回到宮裏，找了幾個剩下的宮女來表演歌舞，以便抵消外面的陣陣鼓聲。可是實際上他根本沒有心思去看歌舞，他滿腦子都是那兩個寵姬的曼妙身姿。

終於，鼓聲消失了。

不一會，孫武來了。

「大王，操練結束，現在已經整齊劃一，請大王親自指揮，赴湯蹈火她們也不敢違抗。」孫武來彙報成績，看來，兩顆人頭的作用不小。

「行了行了，我知道你確實很厲害，你，你回去休息吧，我不想去看。」吳王揮揮手，讓孫武出去，其實他想說「你回家種地去吧」。

孫武笑了笑，說：「看來，大王也就是喜歡說說而已，並不願意來真的。」

說完，孫武走了。

伍子胥在旁邊看著，趕緊來勸：「大王，不能這樣啊。孫武的能力您也看到了，要稱霸，就得靠他這樣的人啊。再說了，咱們不用，楚國就會用，那咱們可就危險了。再說了，不就兩個寵姬嗎？寵姬易得，大將難求啊。有了孫武這樣的大將，還愁沒有美女？」

吳王闔閭聽完這段話，尋思一陣，然後歎了一口氣：「子胥，寵姬被殺，我，我生會兒氣還不行嗎？」

伍子胥笑了，他知道吳王闔閭這個人的性格，所以他也知道，生氣是生氣，吳王闔閭知道自己該怎麼做。

果然，第二天，吳王闔閭任命孫武為將軍，與伍子胥共同訓練軍隊。

孫武，終於站上了歷史的舞臺。

第一八五章

一件皮衣引發的戰爭

孫武擔任將軍之後，向吳王闔閭提出一個建議：「專心練兵，不要騷擾楚國人。」

「為什麼？」吳王闔閭有些奇怪，因為現在分兵騷擾楚國的策略很成功。

「俗話說：沒有外患，必有內憂。楚國現在已經非常腐敗，國君軟弱，大臣貪婪，之所以還沒有分崩離析，就是因為他們有外患，因此還能團結。如果沒有外患，他們的內鬥就會加劇，腐敗就會升級，附庸國就會變心，整個國家就會喪失戰鬥力。那時候，就是我們討伐他們的時機。」孫武的說法，站在了更高的高度。

「這就是上兵伐謀了吧。」吳王闔閭眼前一亮，他越來越看出來了，孫武確實不是伍子胥和伯嚭可以相比的。

於是，吳國停止了對楚國的騷擾。

囊瓦索賄

從吳王闔閭五年（前 510 年）開始，吳國不再騷擾楚國。

一切都在孫武的預料之中。

楚國令尹囊瓦感到很輕鬆了，現在可以集中精力搞點個人福利。當然，大家都是這個想法。

第二年的時候，楚國的屬國都來朝見楚昭王。當然，囊瓦等楚國的國家領導人們也都能發筆小財。

蔡昭公專門製作了兩塊佩玉和兩件皮衣，到了楚國，就給楚昭王獻了一塊佩玉和一件皮衣。後來楚昭王宴請蔡昭公，蔡昭公自己就把另外一件皮衣穿上，另外一塊佩玉戴上了。

沒承想，蔡昭公的皮衣和佩玉被囊瓦看上了，於是派人來要。偏

偏蔡昭公是個捨命不捨財的人，說什麼也不給。

「不給？扣了他。」囊瓦一生氣，找了個藉口，把蔡昭公就給扣押在楚國了。

蔡昭公並不是唯一的倒楣蛋，他還有個同命相憐的。

唐成公也來了，來的時候呢，帶來兩匹名叫肅爽的好馬，這兩匹馬也被囊瓦看上了。於是，囊瓦也派人來要這兩匹馬，誰知道唐成公又是個捨命不捨財的主，也不給。

「咳，不把土地爺當神仙，扣了。」囊瓦又找了個藉口，把唐成公也給扣了。

就這樣，囊瓦扣押了兩個國家的國君。

到吳王闔閭七年（前508年），囊瓦見吳國總不來騷擾自己，還挺想念吳國。於是，囊瓦竟然還出兵討伐吳國，挺進到了兩國交界的豫章。

楚軍來了，怎麼辦？那還用說，打回去。

結果，吳軍採用了孫武的計謀，在豫章用水軍誘敵，主力繞到楚軍背後，然後兩面夾擊，打得楚軍丟盔棄甲，大敗虧輸。隨後吳軍占領了楚國的巢，活捉了守將公子繁。

打完敗仗，囊瓦也不擔心，因為吳國人並沒有乘勝追擊。

「狗日的蔡侯，這麼小氣，那件衣服還不給我。」逃回郢都的第二天，囊瓦就想起這將事情來了。

「狗日的唐侯，馬也不給我。」然後，又想起了這件事情。

還好，唐侯並沒有讓他惱火太長時間。

第二年，也就是吳王闔閭八年，唐國派人來，說是唐成公在楚國待著沒什麼關係，可是幾個侍衛家裏不是老婆死了就是孩子病了，反正，派人來接替他們回去。

楚國人同意了，於是，新來的侍衛們就去接替老侍衛們。在換防當天，兄弟們痛喝了一頓送行酒，老侍衛們都倒了，然後新來的兄弟們把那兩匹好馬偷偷牽出去，送給了囊瓦。

囊瓦一高興，第二天就把唐成公給放了。

直到回到唐國，唐成公才算過賬來：「唉，早給他，不早回來了嗎？」

聽說唐成公回國了，蔡國人民就有點急了。

於是，蔡國派人來到楚國，見到蔡昭公，強烈要求他把那衣服和佩玉給囊瓦，早點回國。

沒辦法，蔡昭公忍痛割愛，把兩件寶物獻了出去。

於是，蔡昭公終於也可以回家了。

「哈哈哈哈，跟我鬥？」囊瓦穿著那件皮衣，戴著那塊佩玉，坐在那兩匹好馬拉的豪華車上，放聲大笑，得意忘形。

他沒有想到的是，他得意得太早了。

天下烏鴉一般黑

被扣押了三年，蔡昭公很窩火。

被扣押了三年，皮衣和佩玉還是沒保住，蔡昭公就更窩火。

回到蔡國的第二天，蔡昭公就又上路了，去哪裡？晉國。

「楚國人太可惡了，我們不能跟蠻子混，我們請求貴國出兵討伐楚國，我們願意做前導。為了表達誠意，我把兒子帶來了，在晉國做人質。」蔡昭公要投入晉國的懷抱，要找楚國報仇。

看來，蔡昭公真是豁出去了。

這個時候的晉國六卿早已經換了陣容，韓起已經去世，兒子韓須接班；中行吳也已經去世，兒子中行寅接班；魏舒在韓起去世之後接任中軍帥，此時也已經去世，兒子魏侈接班；趙成已經去世，兒子趙鞅接班。上一屆內閣就只剩下了范鞅和智躒。

現在，是范鞅為中軍帥，智躒為中軍佐。而負責諸侯事務的，是中行寅。

蔡昭公首先見到的就是中行寅。

聽完了蔡昭公的彙報，中行寅翻了翻白眼，看了看蔡昭公，突然眼前一亮。

「楚國人真是太貪了，不過呢，說實話，你這身皮衣還真不錯，這塊佩玉也很精巧啊。」中行寅看上了蔡昭公現在這身行頭了。

蔡昭公一聽，只知道楚國有個囊瓦，現在看來晉國也有個「囊瓦」啊。

俗話說得好：天下烏鴉一般黑。

「嘿，這身衣服，我也是借別人的。」蔡昭公還是那個捨命不捨財的勁頭，也是賭氣，心想：「你要啊，我偏不給。給了囊瓦就夠心疼的，我吃飽了撐的再來給你送上門？」

中行寅一看，不給？心想：「好啊，你不捨得，那我就讓你白跑一趟。」

中行寅去向范鞅彙報，按照以往的慣例，首先中行寅會告訴范鞅有什麼好處。這一次，中行寅什麼也沒提，范鞅就知道蔡昭公看來不太會做事。

「老蔡來，什麼意思啊？」范鞅問。

中行寅把意思大致說了一遍，然後說：「元帥，現在咱們自己還顧不過來呢，國內又是水災又是旱災的，外面還有鮮虞人老騷擾我們。再者說了，楚國人也不好對付啊。我看，打發他走算了。」

「也是啊，又沒什麼實惠。」范鞅也這意思，想了想說：「你打發他走吧，不過告訴他，三月的時候王室要搞個什麼盟會，號召中原諸侯討伐楚國的，到時候他可以去看看，說不定能實現他的願望。」

就這樣，蔡昭公算是白跑一趟。

中行寅的壞主意

三月份，王室還真的搞了一個盟會。說是王室，實際上是王室的上卿劉文公搞的，他聽說楚國現在不行了，想著號召中原諸侯討伐楚國，搶點地盤過來充實王室的土地。當然，主要是給自己弄點實惠。

對於這個盟會，大家都在暗地裏笑劉文公太天真，這世界上誰也不是傻瓜，誰願意給你當長工啊？雖然大家都覺得這件事情很無厘頭，可是大家也都願意來看看熱鬧。就這樣，三月的盟會真就開成了。

晉國派出了中行寅，這哥們路過鄭國的時候，從鄭國借用羽毛，然後就用這些羽毛裝飾旗子，去了盟會。大家一看，好嘛，連這也要貪。

衛國和蔡國也都參加了，還為了排名先後發生了爭執。

整個盟會，除了吃吃喝喝，談到楚國的時候大家就打哈哈。劉文公後悔死了，白白花了許多接待費。

蔡昭公也很鬱悶，看這樣子，在楚國的這口惡氣是出不了了。

中行寅也很鬱悶，原本指望著蔡昭公這段時間能想明白，這次帶點什麼實惠過來，沒想到還是這麼不懂事。

中行寅想了一個壞主意，於是悄悄來找蔡昭公。

「老蔡啊，你不是想打楚國嗎？說實話，我們很支持你們。可是，你也知道，我們跟楚國簽有和平協議，我們是講信用的文明人，不能說撕毀就撕毀，怎麼辦呢？我來之前跟范鞅元帥商量好了，給你出個主意，讓你報仇。」中行寅態度很客氣，話說得也很真誠。

「太好了，什麼主意？」蔡昭公很高興，看到了希望。

「這次啊，沈國不是沒有來嗎？這是違反和平協議的事情。所以，你們就以沈國違反和平協議為由，討伐沈國。你們討伐沈國，楚國一定來打你們，到時候你們向我們求救，我們就有理由攻打楚國了，你看這主意怎麼樣？」

「好主意。」蔡昭公也不知道是腦子不好使，還是報仇心切，竟然絲毫沒有懷疑。

春天開完會，夏天，蔡昭公就率領蔡國軍隊討伐沈國。蔡國雖然是個小國，可是沈國更小。三下五除二，蔡國滅掉了沈國。

沈國是楚國的屬國，蔡國滅了沈國，楚國當然不會善罷甘休。

夏天蔡國滅了沈國，秋天，楚國就出兵攻打蔡國。

放在過去，楚國大軍一到，蔡國就徹底淪陷。可是現在不一樣了，楚國已經腐敗到家，軍隊也已經沒有戰鬥力，各自為戰，指揮不靈。因此，楚軍也只能包圍蔡國，無法強行拿下。而這，也是蔡昭公敢於跟楚國鬥一鬥的原因。

楚軍一到，蔡昭公的特使就前往晉國求救了。

「我們晉國一向堅持以和平方式解決國際爭端，從不粗暴干涉別國內政。我們強烈呼籲貴國和楚國坐下來，擱置爭議，共同……」范鞅搞了一套套話來敷衍蔡國人，說到這裏，蔡國特使可就急了。

「范元帥，不是這麼說吧？上次盟會的時候中行元帥對我家主公說好了啊，我們討伐沈國，然後楚國來打我們，貴國就趁機出兵討伐楚國啊。」蔡國特使有些憤怒，但是還不敢發火。

「有這事嗎？」

「當然了，當時我就在旁邊啊。」

「那什麼，請中行元帥。」

沒多久，中行寅來了。

「中行元帥，你上次不說一旦楚國出兵，你們就攻打楚國嗎？」特使看見中行寅，急忙說。

「我，我說過嗎？」中行寅開始抵賴。

「說過啊，那時候我就在旁邊啊。」

「那，你弄錯了。我那次是說，如果蔡國遭到楚國侵犯，我願意幫你們去求情，實在不行，我出動我們家的兵力幫助你們。你想想啊，我怎麼敢說出動晉國的軍隊呢。晉國軍隊出動，那只有范元帥才敢說啊。」中行寅說得自然，好像真是這麼回事。

「你，你——」蔡國特使氣得說不出話來了，他一轉身，走了。

「哈哈哈哈……」身後，范鞅和中行寅放聲大笑。

蔡昭公傻眼了。

「晉國人比楚國人更壞啊。」蔡昭公感慨，現在是被楚國人討伐，被晉國人忽悠，活路在哪裡？

緊急會議。

有人建議投降，實在不行就肉袒。

「別肉袒了，肯定直接扔鍋裏了。」蔡昭公說。現在他頭腦倒很清楚。

有人建議逃跑。

「跑，跑哪裡去啊？」蔡昭公真是無路可逃。

關鍵時刻，有人頭腦清醒了。

「我們為什麼不向吳國求救呢？楚國最怕他們。」有人提出。

「好。」蔡昭公又看到了希望。

當晚，蔡昭公派出太子公子乾前往吳國求救。

孫武妙計

公子乾走的第二天，吳國人來了，誰？伍子胥。

「哎呀媽呀，我兒子是飛過去的？怎麼才走一天就把吳國人請來了？」蔡昭公又驚又喜，弄不明白。

公子乾當然不會飛，因為吳國人根本不是他請來的，吳國人是自己找上門來的。

當楚國討伐蔡國的消息傳到吳國之後，吳國人就召開了五人會議。哪五個人？吳王闔閭、闔閭的弟弟夫概、伍子胥、伯嚭、孫武。

「看來，孫武的策略是對的，我們沒有騷擾楚國，楚國的內部就出了問題。如今，楚國的屬國都無法忍受而要公開背叛楚國，說明楚國已經國力衰弱了。現在，楚軍包圍了蔡國，我們是不是可以行動了？」吳王闔閭提出問題。

「可以。」有人回答，誰？全部。

「上兵伐謀，其次伐交。大王，我建議我們立即聯絡蔡國和唐國，聯軍討伐楚國。這兩個國家雖然沒有戰鬥力，但是他們加入討伐楚國的行列，對於楚國人的心理是沉重打擊。」孫武提出建議，按照《孫子兵法》的原則。

於是，伍子胥就這樣來到了蔡國。

「楚國人是強盜，晉國人是騙子，吳國大哥真是好人吶。」蔡昭公高興得瞎貓碰上死耗子一般。

唐、蔡兩國紛紛響應，吳國準備出兵。

怎樣出兵？

五人會議再次召開。

「我建議圍楚救蔡，我們直接攻打楚國，等楚軍回來，我們再以逸待勞。」這是伍子胥的建議，也就是吳軍出巢湖，過長江，自東向西攻擊楚國本土。

伍子胥的建議得到伯嚭的支持，吳王闔閭點點頭。不過，他還是要聽聽另外兩個人的想法。

「這樣太示弱了，我建議我們直撲蔡國，與楚軍主力決戰。」夫概是這個意見，他是一名猛將，喜歡直來直去。

吳王闔閭皺了皺眉頭，問孫武：「孫先生，你看呢？」

「我支持公子的意見。」孫武說。話音剛落，在座的另外四人都覺得出乎意料。

「為什麼？」伍子胥問。他覺得夫概的方案缺乏技術含量。

「圍楚救蔡，只能救蔡國。如果楚軍不來與我們決戰，而是固守城池，我們就很被動。這是第一。目前已經是臨近冬季，地裏都沒有了糧食，很難就食於敵。如果我們向東行進，一路山水不斷，輜重運輸困難，不等楚軍來到，我們就會因補給不足而撤軍。再來看公子的方案，如果我們直撲蔡國，就是逼迫楚軍與我們決戰，這樣就能殲滅楚軍主力；此外，我們可以走北線，沿淮河進入蔡國，這樣，我們的糧食輜重就可以由船運解決，就沒有了後顧之憂。所以，走淮河，由蔡國攻擊楚國是更好的路線。」孫武一番話，說得清清楚楚。

「哇噻！」在座的人都恍然大悟。

沈尹戌妙計

秋天楚國攻打蔡國，冬天，吳國就出兵攻打楚國。

吳軍多少人？精兵三萬。

《左傳》記載：「冬，蔡侯、吳子、唐侯伐楚，舍舟於淮汭，自豫章與楚夾漢。」

吳軍北上，然後沿淮河向西，直到淮河口（今河南潢州西北）棄舟登陸，這時候已經是蔡國境內，而船隻順淮河而下，再運糧沿淮河而上。

吳軍登陸，會合蔡國軍隊，而唐國軍隊隨後趕到。

楚軍統帥是囊瓦，聽說吳軍到來，二話沒說，撤。

楚軍一口氣撤到了豫章（今湖北省安陸縣），然後渡過漢水，沿漢水西岸隔江佈防。

吳軍不依不饒，翻越大別山，挺進到漢水東岸，與楚軍隔江相望。

囊瓦這時候很後悔，跟吳國人打仗，從來沒有打贏過，而且從來沒有全身而退過。原本以為吳國人已經變成了愛好和平的人民，誰知道這次竟然又來了。早知道他們會來，就不打蔡國了。

到這個時候，進攻是絕對不敢的，想都不敢想。撤退呢？現在已經是自家的地盤了，還往哪裡撤？再說了，如果把漢水讓給了吳軍，後面更是無險可守。

怎麼辦？囊瓦這叫一個愁，自從當上令尹之後，還沒有這麼愁過。

還好，楚軍中還有一個有點想法的人，誰？司馬沈尹戌。

「令尹，準備怎麼辦？」沈尹戌來找囊瓦。

「怎、怎麼辦？還能怎麼辦？據險死守，等吳軍沒有糧食了，自己撤退。」囊瓦說。他也只有這個辦法了。

「恐怕不行，吳國現在用淮河運糧，估計等他們撤軍，要到明年秋天了。」

「那，那怎麼辦？」囊瓦倒真沒有想到這一點，更加傻眼。

「我有一個辦法，吳軍主力都在漢水對面，令尹在這裏拖著他們。我率領本部人馬從漢水上游，繞道隨地過漢水，然後包抄到淮河口，燒掉他們的運糧船。隨後占據大別山的大隧、直轅、冥阨三個關口，斷絕吳軍回蔡國的道路。這樣，吳軍無糧，並且沒有歸路，一定軍心大亂。然後，令尹渡過漢水，我則率部從背面殺來，兩面夾擊，一定大敗吳國人。」沈尹戌的主意很正，並且很有可操性。

「好主意，就這樣。」囊瓦喜出望外，命令沈尹戌立即出發。

現在，楚國人要反客為主了。

可是，俗話說：不怕沒好事，就怕沒好人。

第一八六章
楚國淪陷

沈尹戌的計畫太完美了。

吳國人想到了沒有？孫武想到了沒有？沒有答案，因為不需要答案。

沈尹戌的計畫太完美了。

所以囊瓦在夢裏也能夢到楚軍大勝，他不再憂愁，面帶笑容，似乎勝利就在眼前。

可是，很多人不高興。

沈尹戌是楚國的另類，或者說是楚國官場的另類，他不貪污不受賄不拍馬屁不買官賣官，所以大家都不喜歡他，所以大家都不想讓他的計畫獲得成功。

所以俗話說：不怕沒好事，就怕沒好人。

誘敵之計

武城黑是楚國武城大夫，很黑，人送綽號「五成黑」。

「令尹，我們的戰車是包皮的，吳國的戰車是實木的，現在動不動下場雨什麼的，我們的戰車很容易損壞啊。所以啊，趕緊跟吳國人交戰吧，否則戰車都壞了，還怎麼打？」五成黑就屬於「沒好人」，他很擔心沈尹戌會成功。為什麼包皮容易壞呢？因為包皮是用膠粘在木頭上的，見水潮濕就容易脫落。

「這個，這個，老黑說的也對啊。」囊瓦其實也不喜歡沈尹戌，他覺得「五成黑」說的包皮確實是個問題。

老黑並沒有能夠說服囊瓦，於是，又來了一個「沒好人」。

「令尹啊，楚國人一向對您有意見，都說沈尹戌好。如果這次沈尹戌打敗了吳國人，嘿嘿，估計您這令尹的位置就保不住了。我看啊，咱們別等他了，跟吳國幹吧。」說話的叫史皇，外號「屎黃」，是囊瓦

的親信。

「這個，這個還真沒想過。」囊瓦現在開始想，越想越覺得「屎黃」的話有道理。「如果等沈尹戌打敗了吳國人，我是肯定要完蛋。如果不等他，我先跟吳國人交手，不是還有贏的機會？」

囊瓦分析得挺有道理，一個是必然完蛋，一個是還有機會，兩害相權擇其輕，最後囊瓦一拍桌子：「明天渡江，幹吳國人去。」

不怕沒好事，就怕沒好人。

楚軍渡過漢水，與吳軍決戰。

第一戰，不分勝負，吳軍後撤。

「吳國人害怕了，追擊。」囊瓦高興，楚軍追擊。

第二戰，又是不分勝負，吳軍繼續後撤。

「吳國人怎麼這麼差？國內出問題了？」囊瓦有些奇怪，下令繼續追擊。

第三戰，還是不分勝負，吳軍還是後撤。

「追，還是不追？」囊瓦有點猶豫了，他覺得有點不對勁。

「追啊，誰怕誰啊？」五成黑和屎黃們說。

於是，繼續追擊。

這個時候，楚軍已經從豫章追到了柏舉，也就是從湖北安陸追到了麻城，再追，就該上大別山了。

表面上，吳軍在撤，但是，一切都掌控在吳軍的手中。換句話說，吳軍掌握著節奏。

按照孫武的部署，吳軍不在平原地帶與楚軍交戰，因為雙方的兵力對比是三萬對九萬。吳軍更適合在地勢狹窄，地形複雜的地帶戰鬥，這樣楚軍的人數優勢就無法發揮了。

所以，吳國且戰且退，將楚軍引到了柏舉。

與此同時，雖然節節挺進，囊瓦卻越來越心虛。一來，吳軍雖然撤退，但是並沒有戰敗，而是有秩序地撤退，看得出來，吳軍的紀律

性比從前要好很多，戰術也非常清晰；二來，雖然楚軍在前進，但是每戰的傷亡都遠遠大於對方，逃兵一天比一天多，各部的將領們也都互不服氣，隨時準備逃命。

眼下，來到了柏舉，囊瓦怎麼看怎麼覺得不對勁，似乎每當到了這樣的地形，楚軍就必敗無疑。

「不行了，我，我想逃跑了。」囊瓦感到很絕望，也很恐慌。

「不行，和平時期你想著執掌大權，戰爭來了就想逃跑。你跑了倒輕鬆，兄弟們怎麼辦啊？你必須要拼死一戰，萬一打贏了，你就是民族英雄，過去的惡名就能一筆勾銷了。」屎黃反對，囊瓦的親信們都反對。

囊瓦歎了一口氣，一個大腐敗，下面牽著一群小腐敗，大腐敗要逃，小腐敗們當然不幹了。

柏舉之戰

十一月十八日，楚軍和吳軍在柏舉進行第四次決戰。

一大早佈陣之前，夫概就來找闔閭了。這些天夫概感覺很不爽，他覺得這幾仗打得不過癮，好像還沒活動開就收兵了。從前跟楚國人打仗，不把楚國人打得哭爹喊娘而逃是絕不甘休的，如今搞得這麼娘娘腔，不爽，太不爽。

「大王，囊瓦不得軍心，他的手下沒人願意為他賣命。我請求派我率精兵先行攻擊囊瓦，他的手下必然逃奔。然後我們大軍跟進，楚軍一定崩潰。」夫概請戰，要充當先鋒直搗楚軍中軍。

「《孫子兵法》這麼說：夫用兵之法，全國為上，破國次之；全軍為上，破軍次之。是故百戰百勝，非善之善者也；不戰而屈人之兵，善之善者也。急什麼？楚軍就快自行崩潰了。」吳王闔閭現在是孫武的粉絲，隨時背幾段《孫子兵法》出來。

夫概一看，這位還挺能拽，算了，不跟他囉唆了。

雙方佈陣，還是吳國快楚國慢。

夫概的部屬在吳國中軍，一共五千人。夫概這時候來到軍前，大

聲說道：「兄弟們，有利於國家的事情，就不必等主帥下令了。今天，我們率先衝鋒，就算戰死，也能讓吳國戰勝楚國，跟我衝！」

五千吳軍，都是精銳中的精銳。五千紅了眼不要命的吳軍，發瘋一樣撲向了楚國中軍大帥的旗下。

本來就是膽戰心驚的楚軍害怕了，本來就痛恨囊瓦的士兵們決定不再為這個腐敗分子賣命了。

囊瓦的衛隊第一個崩潰，隨後是整個中軍。

「擂鼓！」吳王闔閭終於下令衝鋒了。

楚軍崩潰。

除了逃命，囊瓦已經沒有別的想法了。這個時候，他倒很清醒，他不敢向南逃，他知道逃回楚國的結果只能是死得更沒有面子。所以，他向北逃去，逃到了鄭國。而屎黃運氣不佳，被打成了黃屎；五成黑也沒有能夠逃脫，被打成了五成紅。

看上去，夫概首功，實際上，孫武的計畫是中路誘敵，兩翼包抄，聚殲楚軍。

楚軍的殘兵敗將一路奔逃，到了清發。後面，吳軍緊緊追趕。

「大王，古人打仗，不追逃啊。」伯嚭提出一個看法。

「孫先生，你看呢？」吳王闔閭問。

「我們是蠻夷，不講這個。」孫武說得毫不猶豫，《孫子兵法》裏可沒有什麼禮法。

前面是滇水（漢水支流），楚軍在岸邊集結。

「看你們往哪裡跑？準備攻擊！」吳王闔閭笑了，要將楚軍聚殲在滇水河畔。

「困獸猶鬥，況人乎？」（《左傳》）夫概又發表意見了，不過這一次他反對進攻。「如果人知道自己要死，一定會拼命，如今楚軍人數多於我們，如果他們拼命，我們恐怕就要失敗了。不如讓他們渡河，前面的過河就跑，後面的急著渡河，渡過一半的時候，我們發起攻擊，一定大勝。」

困獸猶鬥，這個成語由夫概發明，意思是野獸被逼到了絕路也會跟你拼命。

「嗯，對，《孫子兵法》說道：『投之亡地然後存，陷之死地然後生。』就是這個意思，對吧？孫先生。」吳王闔閭現在對《孫子兵法》倒背如流，隨時應用。

孫武笑了。

果然，楚軍開始渡河。剛開始的時候，陣形還算整齊。之後不久，就開始亂了，等到渡過一半的時候，就已經沒有陣形了，人人都要搶著過河。

戰鼓響起，吳國人的戰鼓。

衝鋒。

馬的嘶叫聲，車的奔馳聲，士兵的喊殺聲，隨後是楚國士兵的慘叫聲。

已經渡河的楚軍回頭看對岸自己的兄弟們，不是被殺就是跳進河中，被滔滔江水沖走。

逃生的楚軍拼命奔逃了一陣，沒有看見吳軍追上來，於是開始埋鍋造飯。

飯剛熟，還沒有來得及吃，後面殺聲又起，夫概帶著吳軍精兵，追殺而來。

「快跑吧，吳國人來了。」楚軍哪裡還有心思吃飯，拔腿就跑。

吳國人也餓了，現成的飯。

吃飽了喝足了，吳國人繼續追擊。

可憐的楚國士兵，饑寒交迫，狼奔豕突。

就這樣，楚國人在前面跑，吳國人在後面追。

十一月二十八日，吳軍進抵郢都。

郢都城裏，楚昭王在一天前落荒而逃，公卿大夫能逃的都逃了。

「進城。」吳王闔閭下令，連攻城都免了。

從柏舉之戰到首都淪陷，僅僅十天時間，楚國的脆弱超乎想像。

那麼，這邊全線崩潰，首都淪陷。那一邊，包抄敵後的沈尹戌怎樣了？

沈尹戌率領本部從漢水上游過江，一路包抄，已經到了息（今河南息縣），距離淮河口咫尺之遙。可是，就在這個時候，得知囊瓦的楚軍主力大敗，吳軍勢如破竹，向郢都挺進。

「唉，不怕沒好事，就怕沒好人啊。」沈尹戌仰天長歎，之後下令全軍南下，迅速回救郢都。

沈尹戌的部隊最終並沒有到達郢都，而是在今湖北京山縣境內遭遇吳軍，結果，楚軍戰敗，沈尹戌為國捐軀。

報仇

在吳軍進入郢都之前，孫武曾經提出建議。

「此次討伐楚國，進展之順利出乎意料。下一步，大王準備怎麼辦？」孫武問。他也沒有想到這樣快就打到了郢都。

「怎麼辦？兄弟們先進去爽一爽再說，哈哈哈哈……」吳王闔閭更是沒有想到楚國如此不堪一擊，真沒有想過今後怎麼辦。

「不可，希望大王約束軍隊，進城後不要擾民。與此同時，一邊追殺楚王，一邊迅速把公孫勝從吳國弄來，立他為楚王。這樣，楚國就可以在短期內安定下來。」

「啊？我們辛苦一場，為公孫勝打工了？」吳王闔閭有點吃驚，很不願意。

「不然，等到楚國安定之後，大王就可以把公孫勝貶為縣公，給幾畝地讓他做個小地主，那時候，楚國自然就成了吳國的地盤。」孫武想得夠周到，也夠長遠。

「不好，這會節外生枝。」吳王闔閭還是不願意。

「那，即便不這樣，進城之後，也要找到在楚國德高望重的人出來擔任令尹，安定人心。」孫武見吳王闔閭不願意，退了一步。

「孫先生，有什麼事，咱們進城再說。」吳王闔閭已經有些不耐煩

了，隨即下令進城。

吳國大軍進城了，吳軍將士們嗷嗷亂叫，一陣狂歡。

孫武歎了一口氣，他知道隨後會發生些什麼。

　　吳王闔閭帶著親兵衛隊直撲楚王的後宮，楚昭王逃得匆忙，只來得及帶著妹妹季芊出逃，一眾妻妾都留在了宮中，甚至連他親娘秦國夫人也沒有逃走。

吳王闔閭帶著人馬闖進宮中，下令：男人全部殺死，女人統統留下。

「哇噻！」看著眼前的女人們，吳王闔閭發出驚歎，這裏的後宮比自己的後宮實在是牛太多了，美女們風格多樣，形態各異，美不勝收，什麼叫楚楚動人？就是楚國的美女很動人。正是：東西南北中，美女在楚宮。

楚昭王的大床很大，逃得匆忙，連被子都沒有疊。

吳王闔閭跳到了床上。

「好床。」吳王闔閭再次發出讚歎。

從那之後，一天之內吳王闔閭就沒有下過床。

楚昭王的夫人和楚昭王的母親，先後都上了吳王闔閭的床。

而吳王闔閭的親兵們也沒有閒著，宮女們成了他們發洩的對象。

　　夫概領著親兵，四處打聽囊瓦的家在哪裡，一路打聽，來到了囊瓦的家。

「哇噻，富麗堂皇啊。」夫概讚歎，這裏比吳國的王宮還要豪華。「弟兄們，這裏是老子的了。」

可是，他沒有想到，這裏早已經名花有主了，他來晚了一步。

是誰這麼大膽，明知道夫概看好了這裏，卻搶先來占了？要知道，在吳國，除了吳王闔閭，就是夫概最有權勢了。

可想而知，這個人的來頭也不小。

誰？公子子山，吳王闔閭的兒子，夫概的侄子。

「去你大爺的，敢跟我搶，給我滾開！」夫概大怒，也不管子山是

誰，破口就罵。

「叔，凡事有個先來後到啊。」子山當然不想讓出。

「狗屁，老子殺人的時候，你還尿褲子呢，還跟我講什麼先來後到？立即給我滾，否則，別怪老子不客氣。」夫概是個天不怕地不怕的人，就是吳王闔閭平時也讓他三分，這時候紅了眼，竟然要動手。

「我的媽呀，我走還不行嗎？」子山是真害怕了，心裏一邊罵著，一邊命令手下趕緊撤走，給叔叔騰地方。

「哎，把那個小妞留下來。」夫概眼尖，見子山的手下要帶走囊瓦的一個小妾，大聲喝道。

就這樣，夫概占據了囊瓦的家，囊瓦的財寶和女人都屬於他了。

被從囊瓦家趕出來之後，子山又找了一個大夫家，尋歡作樂去了。

吳國的將軍們忙著找地方尋歡作樂，可是有兩個人暫時還沒有這樣的心情，誰？伍子胥和伯嚭，他們先要把仇報了再說。

兩人的大仇家都是費無極，可惜費無極已經死了，而且全家被滅，弄得兩人拿著刀砍不到仇人。

不過，既然回來了，大仇人砍不到，小仇人還有不少。兩人早早擬了一個名單，此時按單抓人，兩人都是楚國人，倒也熟門熟路，抓住人就砍了。

小仇家們殺得差不多了，最後一件事情就是徹底了結恩怨。

伯嚭來到了囊瓦家，進城之前他就跟夫概打過招呼：囊瓦家裏，女人都歸你，男人給我留下。

囊瓦家裏，年輕貌美的女人們都被抓去了房裏由夫概姦淫，其餘的留給弟兄們發洩。男人們則被關押起來，等候伯嚭來處置。

等到伯嚭來到，把囊瓦家的這些男人不分老少，一刀一個，全部殺死。

「走，兄弟們也找地方爽去。」報完了仇，伯嚭帶著自己的手下，找地方姦淫擄掠去了。

伍子胥要做的事情比伯嚭略複雜一些，他帶著手下到城外，找到了楚平王的墳墓，將屍體挖了出來，然後親自動手，在楚平王的屍體上抽了三百鞭，算是解恨。

楚平王的屍體原本就已經腐爛，再加上這三百鞭，被抽得支離破碎。這還不算，又被拋到荒郊野外，楚平王落得個屍骨無存。

「父親，哥哥，我給你們報仇了。」伍子胥對天長嘯。

沒有回音，因為不是山谷。

「兄弟們，走，找地方樂呵樂呵。」伍子胥帶著親兵，又進城去了。

腐敗分子死了

當自己老婆和老娘都被吳王闔閭糟蹋的時候，楚昭王去了哪裡？

楚昭王在吳軍攻到郢都的頭一天傍晚倉皇出逃了，渡過沮水和長江，逃到了雲夢澤，這原本是楚王打獵的地方，如今成了逃難的地方。

到了雲夢澤，總算可以休息一下，於是住到了原先打獵的行宮。

俗話說：人要倒楣了，喝水都能塞牙。

此時兵荒馬亂，雲夢澤這裏也是一樣。到了晚上，當地一幫土匪前來搶劫，還好，他們的目標是財物，因此楚昭王一行又是倉皇出逃，土匪們也並沒有追殺。

一路逃，逃到了鄖地（今湖北京山縣境內），投奔鄖公鬥辛。

鬥辛是誰？蔓成然的兒子。想當年，蔓成然被楚平王所殺，鬥辛與楚昭王的父親有殺父之仇。

正是：才出狼潭，又入虎穴。

「殺了楚王，為咱爹報仇。」有人動了殺心，鬥辛嗎？幸虧不是鬥辛，而是鬥辛的弟弟鬥懷，他想學習伍子胥和伯嚭了。

「不行，咱爹被殺，是因為咱爹貪污腐敗。楚平王雖然殺了咱爹，可是對咱們家還是不錯啊，否則，咱們還能在這裏吃香的喝辣的？你要是殺楚王，我就先殺了你。」鬥辛不同意。

就這樣，楚昭王總算找到個地方喘口氣。

可是，也就是喘口氣而已。

轉眼間，吳國的追兵到了。

怎麼辦？還能怎麼辦？繼續逃命吧。

鬥辛和另一個弟弟鬥巢帶著家兵，保護楚昭王逃到了隨。

吳軍追到了隨地，但是，卻不敢輕舉妄動了，為什麼？一來，此地地形複雜，吳國人不敢深入；二來，吳軍數量不多，大部隊在郢都享受花花世界，這只是小股部隊。本來人少膽就不壯，再加上想起兄弟們正在郢都抱著美女睡覺，自己卻在這荒山野嶺忍饑挨餓，誰還有心情去抓人？

於是，吳軍首領派人去找隨地的部族首領，要他們交出楚昭王。

當地部族權衡利弊之後，覺得還是不交出去比較好，於是派人告訴吳軍：「楚王是在我們這裏，可是，我們不能這麼隨便交給你們，誰知道你們能待多久啊？這樣，等你們平定了整個楚國，我們把人給你們送去。」

「好好好，替我們看管好啊。」吳軍撤了，要趕回郢都去享受享受，雖然只能吃吃別人的剩飯，撿個殘花敗柳之類，總好過什麼也沒撈到吧。

楚昭王算是有驚無險，就躲在了隨地。

囊瓦呢？囊瓦就沒有這麼好運了。

囊瓦逃到了鄭國，把鄭國人給愁壞了。囊瓦這人名聲太差，鄭國人一點也不歡迎他，可是人都來了，要趕他走又好像有失風範；不趕走他呢，遲早是個麻煩。

沒辦法，鄭國人對他也還是好吃好喝好招待，不過就暫時沒有按照政治避難國際準則的待遇給他具體的級別，只當個臨時客人。

沒過幾天，麻煩真來了，吳國的特使來到，說囊瓦是吳國的敵人，害死了伯嚭的全家，因此吳國一定要捉住他，請鄭國把人送來，否則，吳軍將攻打鄭國。

鄭國人會為了囊瓦而得罪吳國？傻瓜才會。

262

鄭國派人去見囊瓦，把吳國的意思說了一遍。

　　「那，那我逃到晉國去吧。」囊瓦還想逃，他很怕死。

　　「那什麼，忘了告訴你，晉國特使昨天也來了，說不歡迎你。」鄭國人說。其實是編的。

　　「那，那我逃到秦國去？」

　　「算了吧，秦國也不一定歡迎你。我們給你準備了一頓好酒好肉，吃完之後，我這裏還有一包楚國產的七步倒，你吃了之後，也算是葉落歸根吧。」鄭國人早已經準備好了，把藥放下，走了。

　　囊瓦就這樣死在了鄭國。

第一八六章　楚國淪陷

第一八七章
楚國光復

楚國淪陷，楚軍主力被殲滅。那麼，楚國是不是就算是亡國了呢？
沒有。

楚昭王還在，所以，楚國人還有盼頭，楚國人還可以團結在一起。

除此之外，更重要的是，吳軍占領郢都之後，沒有繼續向周邊擴張，而是留守郢都，安於淫樂。

而更更重要的是，吳軍十分暴虐。如果說楚國人民此前生活在水深火熱之中，那麼現在就是朝不保夕。吳軍沒有扮演解放軍的角色，而是扮演了強盜的角色，趕走吳國侵略者成了楚國人民的最大願望。

鬥辛對楚昭王說：「大王放心，我們一定能夠重新回到郢都。我聽說吳國人在郢都爭權奪利，很不團結。一支不團結的軍隊是不能遠征的。如今吳國人在楚國內鬥，一定會內亂的，只要內亂，他們就只能回國，絕對安定不了楚國。」

鬥辛看得非常清楚。

鬥辛看到的，孫武早已經看到。

孫武很清楚，吳王闔閭並沒有遠大志向，同樣沒有遠大的謀略，他只是滿足個人的欲望；夫概的眼中已經沒有任何人，他將是一個危險人物；伍子胥和伯嚭都只是為了報仇，而不會去考慮吳國的利益。

「這不過是一群暴徒，他們躺在楚國人的大床上姦淫楚國人的妻女的時候，大概怎麼也想不到他們正在錯過一個千載難逢的良機吧。」孫武暗自感慨，對眼前的一切都很失望，他知道自己下一步應該怎樣選擇了。

申包胥哭秦庭

吳軍的暴行激怒了所有的楚國人，如果說從前囊瓦們的貪污腐敗

令他們難以忍受的話，現在吳國人的殘忍和暴虐就讓他們隨時準備奮起反抗了。

一個楚國人，伍子胥的朋友，派人給伍子胥帶了幾句話。此人是誰？申包胥。

「子之報讎，其以甚乎？吾聞之，人眾者勝天，天定亦能破人。今子故平王之臣，親北面事之。今至於戮死人，此豈其無天道之極乎？」（《史記》）申包胥嚴厲斥責伍子胥，話的意思是：你如此報仇太過分了，怎麼說楚平王也曾經是你的君主，如今你掘墓鞭屍，還有比你這樣更沒有天道的嗎？

伍子胥怎樣回答？

「為我謝申包胥曰：吾日暮途遠，故倒行而逆施也。」替我謝謝申包胥吧，告訴他，我現在是太陽要落山，可是前面的路還遠，沒辦法，只好往回走了。

日暮途窮，倒行逆施，這兩個成語被伍子胥在一句話裏發明了出來。不過，現在多半分開來用。

申包胥並沒有等到伍子胥的回答，因為他要行動。

如果說伍子胥是一個性格男，申包胥也同樣是一個性格男，這也許就是他們成為朋友的原因。

現在，是申包胥實現他當初「你能滅楚，我必復之」諾言的時候了。

申包胥知道，靠自己的力量，甚至靠楚國本身殘存的力量，要驅逐吳國人都是不可能的，到了這個時候，必須借助外部的力量了。綜觀天下，能夠借助的力量只有兩個國家。一個是晉國，另一個是秦國。

申包胥是不會去找晉國人的，不錯，晉國人有這樣的實力，但是晉國人靠不住，依靠他們只能有兩種結果，要麼忽悠你，要麼就是引狼入室。

而秦國人不一樣，他們淳樸可信，而且，他們是楚國的親戚，秦國國君秦哀公是楚昭王的親外公。

於是，申包胥上路了，一個人上路了，就像當初伍子胥離開楚國的時候。只不過，伍子胥向東，申包胥向西。

雖然沒有追兵沒有關卡，申包胥的求救之路走得比當年伍子胥的逃亡之路一點也不遜色。《吳越春秋》寫道：「晝馳夜趨，足踵蹠劈，裂裳裹膝。」不分白天黑夜地走，腳腫了，腳趾裂了，膝蓋磨得血肉模糊，用衣服裹著。

一路辛苦，申包胥來到了秦國，冒充楚昭王的特使，緊急求見秦哀公。

吳國滅楚國的事情秦國早已經知道，這樣大的事情全世界都早已經知道。所以，廢話就不用說了。

「主公，吳國人就像野豬和毒蛇，他們不是人，他們多次侵犯我們中原國家，楚國最先受害。現在，楚國瀕於滅亡，您外孫楚王流落荒郊野外，特地派我前來求救。吳國這樣的蠻夷是貪得無厭的，如果他們占領了楚國，下一步就是貴國了。如今主公何不趁吳國人立足未穩，發兵入楚，攻擊吳軍。如果楚國就這樣滅亡的話，那麼楚國就是吳國的了；如果上天有眼，讓楚國留存下來，那麼楚國人民世世代代都會念您的好。主公，行行好吧。」申包胥這一番話，一邊哭一邊說，說服力是有，但是並不是太強。

秦哀公想了想，秦國跟楚國之間其實一向關係一般，再加上吳軍這麼兇悍，秦國出兵會不會惹火上身呢？

「那這樣，你呢，先去賓館休息，讓我們商量商量再答覆你。」秦哀公說著，明顯在推託。

「楚王流離失所，無處安居，我怎麼能貪圖安逸呢？」申包胥看出來秦哀公的意思，不肯走。

不肯走又能怎麼樣呢？

申包胥就在秦廷門口開始哭泣，時而高亢，時而低沉。

於是，在秦廷外面，人們發現一個大漢，此人頭髮蓬亂，衣衫襤褸，面容憔悴，時而哭泣，時而哀歎。

整個，又是一個「犀利」哥。

想一想伍子胥當年在吳國當犀利哥，再看看如今申包胥在秦國當犀利哥，真是一個比一個犀利啊。

犀利哥在朝廷外面，整整哭了七天。

秦哀公並沒有去管犀利哥，儘管他知道犀利哥就在外面，並且宮裏的宮女們也在談論犀利哥。

秦國駐楚國地下辦事處的線報終於又來了。

根據線報，吳國軍隊四處尋歡作樂，已經沒有士氣可言。同時，楚國殘軍正向隨地集結，準備向吳軍發起反擊。而楚昭王的母親秦國夫人被吳王闔閭姦淫之後，又先後轉手給伍子胥和伯嚭，最終不堪受辱，自殺身亡。

「吳國人，禽獸不如啊。」秦哀公大怒，自己的女兒受到這樣的屈辱，這也是整個秦國的恥辱。

秦哀公知道，現在出兵，已經是時候了。

「來人，請外面那個楚國人進來。」秦哀公下令。

犀利哥再一次見到了秦哀公。

「楚國人，我送你一首詩。」秦哀公清了清嗓子，高聲吟誦起來：「豈曰無衣，與子同袍……」

這首詩收於《詩經》，全詩如下：

豈曰無衣？與子同袍。王于興師，修我戈矛。與子同仇！
豈曰無衣？與子同澤。王于興師，修我矛戟。與子偕作！
豈曰無衣？與子同裳。王于興師，修我甲兵。與子偕行！

——《詩經·秦風·無衣》

這是一首非常著名的詩，描寫的是秦國軍隊準備戰鬥的情形。

秦哀公的詩朗誦完的時候，申包胥已經跪在了地上，緊接著磕了九個響頭。

廢話不用再說。

秦哀公下令，秦軍集結，子蒲、子虎兩人率領五百乘戰車，跟隨申包胥救楚國。

「哭秦庭」成為後來諸多劇種的經典劇碼，與「文昭關」遙相呼應。

越國的由來

吳王闔閭在郢都的日子過得很爽，一轉眼冬去春來，再一轉眼，春天過去，夏天到了。

秦楚之間，道路難行，秦軍還在路上。

秦國出兵的消息早已經傳到吳王闔閭這裏，他已經安排了夫概預作防範，雖然夫概很不願意，還是帶著滿營的美女出了郢都。

可是，西線戰事還沒有開始，東線卻傳來了戰爭的消息，吳國本土受到攻擊。

是誰這麼大膽？是哪個國家比吳國還要兇悍？

答案只有一個：越國。

越國趁著吳國國內空虛，竟然出兵攻打吳國本土。

我們來大致看看越國的情況。

越國是夏朝的後裔，說起來，倒跟北狄同宗同源了。

按《吳越春秋》，當年大禹巡行天下，回到大越，登上茅山（今浙江紹興的會稽山）接見四方諸侯，死後就葬在這裏。至夏朝少康的時候，國君擔心大禹香火斷絕，就封自己的庶子於越，稱為「無餘」，越國就這麼來的。

近年有說法認為會稽本來是在泰山附近，商朝時越國的封地也本在古雷澤地區，也就是如今山東菏澤地區。再後來卻在周朝諸侯的排擠下一路南遷，周朝初年遷到今江蘇吳中，到吳王闔閭初年，被吳國排擠，遷到了今浙江紹興，當時叫做會稽。

不管怎麼說，歷經了夏商周，到了這個時候，越國的王叫做允常。

歷史有個規律：不管從前怎麼親，只要是鄰居，最後都要變成仇人。

秦晉之好，現在是仇人了；齊魯之好，現在是仇人了；吳楚之間，那是從來就沒有好過。

吳越之間呢？原本，兩個國家都是小國寡民，地大人少，八竿子打不到一塊，風馬牛不相及的那種。後來，兩個國家都在擴張，尤其是吳國，於是終於有了接觸。四年前，吳國曾經攻打過越國，越國知道不是對手，沒敢還手，不過，樑子結下了。

現在，吳軍主力出征楚國，一去半年多，看那架勢還不知道什麼時候回來，越國人就動了趁機報仇的念頭。

「搗他們老窩。」越王允常下令，於是越軍出動，偷襲吳國。

好在，吳國有所防範，還沒有吃大虧。不過畢竟國內空虛，有些吃緊，於是鎮守國內的太子終累派人緊急前往郢都請求救援。

吳軍敗逃

這邊剛剛收到國內的告急，另一邊，秦軍已經趕到，會合楚國北方邊防軍，向隨地進發。

夫概率領吳軍北上迎敵，雙方在沂（今河南信陽境內）相遇。於是，秦楚聯軍與吳軍交手了。

「我們不清楚吳軍的打法，你們先上，我們策應。」秦軍主帥子蒲對傳說中的吳軍有些忌憚，要讓楚軍墊底。

放在過去，楚國人是不幹的。可是事到如今，一來是沒有討價還價的資本，二來，楚軍也是憋著一股火要跟吳軍拼命，畢竟老婆孩子都慘遭吳軍蹂躪。

於是，楚軍在前，秦軍在後，以這樣一個奇怪的陣形迎戰吳軍。

換了過去，這樣一個陣形就是一個找死的陣形，因為吳軍一衝，楚軍必然崩潰，也就必然衝亂秦軍陣形，隨後吳軍掩殺，秦軍也是挨宰的命。

可是，現在不是過去。過去，楚軍士氣低迷，吳軍兇悍無比。現在，楚軍士氣高漲，吳軍則被淘空了身子。

此消彼長。

紅了眼的楚軍與酒色過度的吳軍交手了，這一次，被砍殺的不是

楚軍，而是吳軍。秦軍則錦上添花，乘勝追擊。

吳軍大敗。

秦楚聯軍乘勝挺進，直達隨地，與楚昭王勝利會合。

吳國有兩個要報仇的人，就能讓楚國幾乎滅亡。

而現在，楚國有成千上萬要報仇的人，吳國又怎麼能夠抵擋？

兵敗如山倒。

到了這個時候，就是孫武也無能為力了。

此後，楚秦聯軍與吳軍交手三次，吳軍三次大敗。

吳國人有點麻煩了，怎麼辦？吳王闔閭拒絕撤軍。

可是，有一個人先撤了，這讓吳王闔閭不得不撤軍。誰敢先撤？
夫概。

夫概不怕吳王闔閭跟他秋後算賬？不怕，因為他造反了。

用夫概的話說：你占了楚王的後宮，我就占你的後宮。

夫概眼看吳軍在楚國已經待不下去，而吳王闔閭還要硬撐，乾脆
率領本部人馬悄悄回到吳國，自立為王。夫概的意思，乾脆楚國人把
吳王闔閭給宰了，大家都省事。

老窩出事，吳王闔閭就不得不撤軍了。

於是，吳軍全面撤軍。

秦楚聯軍並沒有追趕，而是找個空子把唐國給滅掉了，算是小出
一口惡氣。

光復楚國

上一年十一月，郢都淪陷；今年的九月，楚昭王終於又回到了郢都。

一轉眼十個月過去，楚昭王回到自己後宮，女人還是那幫女人，
可是都已經被吳國人用過了，物是人非啊。

「把那張大床拉出去燒掉。」楚昭王下令。

隨後，楚昭王開始獎賞有功之臣。

一等功共有九個人，他們是鬥辛、王孫由於、王孫圉、鐘建、鬥巢、申包胥、王孫賈、宋木、鬥懷。

其中，幾位王孫和鐘建、宋木都是全程跟隨，貼身保護的人，申包胥從秦國請來救兵，鬥辛、鬥巢兄弟從鄖地率領甲兵保護楚昭王，這些，都沒有異議。可是，鬥懷不僅曾經圖謀殺害楚昭王，而且也沒有隨同楚昭王前往隨地。

「大王，鬥懷也算有功之臣？」楚昭王的哥哥子西提出異議。

「我們剛剛復國，要以德報怨啊，這樣人們才會安心。獎賞鬥辛，是因為他忠於國君；獎賞鬥懷，是因為他沒有忘記父親的仇恨。倒是藍尹亹這廝可恨，當初去隨地過白水的時候，說什麼也不讓我上船，非要先把他老婆孩子渡過去再來渡我，要收拾他。」楚昭王算得挺清楚，有原諒的有不原諒的。

「大王，既然以德報怨了，乾脆藍尹亹也就一塊報了吧。當年囊瓦就是因為總是記著舊怨，因此大家都很討厭他，何必要學他呢？」這回，輪到子西來扮大度。

於是，楚昭王決定放藍尹亹一馬，讓他官復原職。

大家都在請功，可是申包胥卻拒絕接受賞賜。

「國家已經安定，我的目的已經達到了。我很瞧不起貪得無厭的人，如果接受賞賜，豈不是也成了這樣的人？」申包胥沒有領賞，悄悄地溜了。

申包胥，真的很犀利。

所有人中，鐘建的獎賞是最實惠的，他原本是個宮廷樂師，跟隨楚昭王出奔，因為在過河的時候背了楚昭王的妹妹季羋，兩人由此而一背定情，發生了一段戰地愛情故事。回到郢都，季羋強烈要求嫁給鐘建，於是，鐘建就成了楚昭王的妹夫，官升樂尹。

自古以來，背人也是門學問。當年晉景公的小內侍背了晉景公，結果被殉葬了；而鐘建背了楚昭王的妹妹，於是攀龍附鳳了。

現在，楚國政局重新洗牌。

子西擔任令尹，他是楚昭王的庶兄大哥。子西這人忠誠而且有才能，郢都失守的時候，子西逃到了脾泄這個地方，於是假楚昭王之名，在當地收攏楚軍，安撫人心。之後得知楚昭王在隨，於是率領自己收攏的人馬前去與楚昭王會合。

子期擔任司馬，他也是楚昭王的哥哥。當初逃亡在隨地的時候，吳國軍隊要求隨地人交出楚昭王，子期挺身而出，要求冒充楚昭王，把自己交出去。最終雖然沒有這樣執行，但是子期的精神感動了所有人。在與吳軍的幾次交鋒中，子期表現得極其出色。

子西這個人是個實在人，當初楚平王薨的時候，楚昭王歲數還小，於是囊瓦建議子西繼位，被子西嚴詞拒絕。

此時趕走了吳國人，楚國上下都有一點浮躁，認為吳國人不過如此。楚昭王回到郢都之後，也有些不思進取。這些，都讓子西感到憂慮。

第二年，楚軍與吳軍發生兩次戰鬥，結果楚軍兩次大敗。楚國人這才知道，楚軍的軍力依然不是吳軍的對手。而兩次戰敗讓子西非常高興，因為這令楚國人重新清醒。

於是，在子西的主持下，楚國遷都到都（今湖北宜城），並著手採取了一系列民生措施，這才安定了楚國。

需要一提的是，吳軍攻破郢都之後，將楚國記有治國典章的文獻大部分運回了吳國，剩下的則全部毀掉。因此，楚昭王復國之後，竟然沒有典章可以使用。直到遷都之後，大夫蒙谷才重新製作了一套典章獻給楚昭王，這樣，楚國才重新有法可依。

順便說說蒙姓的起源。顓頊後代在商朝被封到蒙雙城，其後代中有的以地名中的蒙和雙字作為姓氏，分別稱為蒙氏和雙氏，這是今天蒙姓的最早起源。還有一支蒙姓起源於周朝，那時朝廷在蒙山（在今山東省中部）設了祭壇，並設有專門主持蒙山祭祀的官員，稱為東蒙主。東蒙主的後代有的定居在蒙山，他們以地名作為姓氏。後世的蒙姓多出於東蒙主，因此蒙姓主要來自姬姓。

　　吳國人在楚國是去得快，回得也快，跟旅遊差不多。

　　吳王闔閭率領大軍匆忙回國，第一件事情就是要把王位奪回來。

　　夫概是個一勇之夫，就算想當王，也該做得有點技術含量啊。在楚國的時候找個機會把吳王闔閭給刺殺了，吳國大軍就是自己的了，當上吳王豈不是順理成章？如今偷偷跑回來稱王，一看就沒底氣。

　　吳國大軍殺回，人人都憋著氣，都認為吳軍在楚國戰場上的失敗是夫概造成的，都認為夫概暗通越國，再加上孫武的指揮，夫概哪裡是對手？

　　三下五除二，夫概的隊伍就崩潰掉了。

　　於是，夫概在占領吳王後宮之後沒一個月，倉皇出逃到了楚國。看在夫概為自己報仇的份上，楚昭王將夫概封在了棠溪（今河南遂平縣）。

　　吳王闔閭回到了後宮，下的第一道命令和楚昭王一樣：「把那張大床拉出去燒掉。」

　　自古以來，說來說去，打來打去，無非都是為了搶占別人的大床。

　　而搶占別人的大床，往往自己的大床也會被別人搶占。

　　楚國國力大傷，自尊大傷，需要休息。

　　吳國男人們淘空了身子，傷了筋骨，也需要休養。

　　「大王，身體不佳，請求退休。」孫武要求退休，所謂道不同，不與謀，經過這一次戰爭，孫武對吳國徹底失望。

　　「休息吧，大家都該休息休息了。」吳王闔閭批准了，大家這段時間把一輩子的壞事都做完了，也該休息了。

　　「是啊，累了，該休息了。」伍子胥和伯嚭大仇已報，人生目標基本實現，也沒有了繼續折騰的動力。

孫武退休了，幾年後英年早逝於吳國。

如今，蘇州有孫武墓。

孫武的一生並不長，而且有些顛沛流離，甚至搞到身世不清。對楚作戰，孫武不過是統帥之一，但絕對不是主帥，否則《左傳》不會沒有他的名字。所以說，以戰功而論，孫武並不出眾。

然而，憑一部《孫子兵法》，孫武可以不朽。

吳國人確實休息了，從吳王闔閭十一年（前 504 年）開始，八年內吳國人竟然沒有對外開戰。

八年時間，可以做很多事的。

吳國人休息了，楚國人休息了。

可是，晉國人沒有休息。

自找沒趣

吳楚大戰的時候，另一個超級大國晉國卻沒有發出聲音，不是很奇怪嗎？

世界大戰，哪個有實力的國家不出來報個仇或者趁火打劫啊？不說別的，鄭國還趁著這機會把許國給滅了呢。

晉國衰落了，衰落得厲害。

齊國已經完全不尿晉國這一壺了，鄭國也不理晉國了，衛國也在動搖，只有魯國還保持著「擦掉一切陪你睡」的原則。

魯定公六年（前 505 年），也就是吳軍撤離楚國的第二年。

宋國的樂祁在分析了國際形勢之後，發現現在全世界真正還能忠於晉國的好像只有宋國了，於是有了一個想法。

「主公，現在全世界都不尿晉國了，只有咱們還是忠貞不渝，這時候咱們要是去聘問聘問，那晉國人不是會對咱們另眼相看？」樂祁去找宋景公，這算是逆向思維法。

「好，我考慮考慮。」宋景公覺得有道理，不過沒有立即決定。

樂祁回到家裏，把這事情對自己的家宰陳寅說了。

「等著瞧，肯定派你去。」陳寅斷言，很簡單，因為沒人願意去。

果然，幾天之後，宋景公叫來樂祁。

「我這幾天諮詢了一下，大家都說不該去，可是我覺得還是該去，那什麼，你提出來的，你就去吧。」宋景公把活兒真就派給了樂祁，不過樂祁還挺願意。

回到家裏，樂祁又把這事情告訴了陳寅。

「你怎麼知道會派我去？」樂祁問陳寅。

「除了你，誰還願意去啊？晉國遍地腐敗分子，六大家族一個比一個貪，伺候好這個，伺候不好那個，花了錢還得罪人，誰去啊？」

「不至於吧？我心底無私天地寬，誰還能把我怎麼樣？」樂祁不太相信。

「我看，懸。我建議，走之前，先把繼承人給立好了，萬一你有個三長兩短的，樂家也不至於沒落了。」陳寅提這麼個建議，也不講什麼忌諱不忌諱了。

樂祁一看，弄得跟上刑場一樣。

不管怎樣，樂祁接受了陳寅的建議，走之前帶著兒子樂溷（音混）去見宋景公，明確了這就是自己的繼承人。

溷是什麼意思？廁所、豬圈。給兒子取這麼個名字，也就可以理解樂祁為什麼這麼缺心眼了。

樂祁出使晉國了，帶著陳寅。

到了晉國，趙鞅出來迎接，並且設宴招待。

三杯小酒下肚，趙鞅又給拍了拍小馬屁，說了些晉國和宋國人民世代友好之類的套話，樂祁就有些雲裏霧裏了。

「趙元帥，咱哥倆，沒得說。那什麼，我帶了六十副楊木盾牌，都，都給你。」喝多了一激動，樂祁把六十副盾牌送給了趙鞅。

陳寅一看，好嘛，原本準備給晉國六卿每家十副的，一激動都給了趙鞅了。趙鞅發財了，那另外五家怎麼打發？

等到第二天樂祁酒醒了，陳寅就來說事了：「主人啊，從前咱們家主要是跟范家關係好，每次來都是先到范家，禮物呢也是單獨給范家備一份不同的。如今范鞅還是中軍帥，您把這些禮物全給了趙家，我看，一定有麻煩。」

「那，那你當時怎麼不攔著我？」樂祁有點慌了。

「我哪裡攔得住你？就算攔得住你，我也攔不住趙鞅啊。你剛說完給他，他的人就來搬來了，你後悔都來不及啊。」陳寅苦笑，晉國六卿都專門有搬禮物的人，每當外國使節來了，這幫人就守在國賓館外，隨時等著搬禮物。

怎麼辦？撞大運吧。

這個時候樂祁後悔自己不該攬這趟差事了，可是後悔有什麼用？

陳寅的擔憂立即變成了現實，腐敗分子的效率有的時候是驚人的。

范鞅第一時間知道了樂祁給趙鞅送禮的事情，第二時間就去找晉定公了。

「主公，樂祁奉了宋國國君的命令出使我國，可是還沒來見您，就私自喝別人的酒，這是違背禮節的，是對雙方國君的不敬。這樣的行為，難道我們能夠容忍嗎？」范鞅如此說。實際上外國使臣到晉國來，多半是要先喝他的酒的。

「那，怎麼處置？」中軍元帥說話了，晉定公也不能反對。

「把他扣起來。」

倒楣的樂祁就這麼被扣在了晉國。

「我，我不是吃飽了撐的嗎？」樂祁仰天長歎。

「哈哈，宋國人，腦袋被門夾了。」全世界都在嘲笑樂祁。

所以，國際事務有的時候就像出去吃飯。客人少的館子千萬別去，你好心幫襯他，他卻一定會宰你。

看清形勢

齊國和鄭國暗通款曲，第二年決定結盟，與晉國徹底決裂。為了擴大聯盟，他們邀請了衛國參加盟會。

衛國國君衛靈公早就想背叛晉國，這麼多年來，晉國人除了壓榨衛國，沒有給衛國公室帶來一點好處，長期支持孫家對抗衛國國君。

衛靈公想跟齊國人鄭國人結盟，可是大臣們不願意，怎麼辦？衛靈公自己想了個辦法。

秋天的時候，三國領導人在鄭國會見，結果齊國人和鄭國人把衛靈公給綁架了，然後發兵攻打衛國。

「只要你們結盟，我們就放了你們國君。」齊國人和鄭國人提出要求。

「那，那就結盟吧。」

於是，衛國和齊國鄭國結盟。

其實，這場綁架案就是衛靈公自己設計的。

現在常聽說自己綁架自己的，祖師爺就是衛靈公了。

結盟一完，齊國就開始攻打魯國。

魯國一開始還想求救，睜開眼一看，齊國衛國鄭國都是一夥的，宋國也惦記著加盟呢，算來算去，整個聯合國現在就只剩下晉國和自己了，一個盟主加自己一個兵。

去晉國求救嗎？

「我們有病啊？」所有魯國大夫拒絕前往晉國，樂祁還在晉國關著呢，魯國歷史上，特使被晉國人扣押的例子數不勝數，連國君都被扣過好幾次。「誰去誰傻逼。」

是啊，又要花錢，又不一定能請來救兵，還有可能被扣押，去幹什麼？

晉國人是肯定靠不住了，別人也沒法靠，這個時候，只能靠自己了。

結果，魯國人靠自己的力量抵禦齊國人，竟然也讓齊國人沒有辦法。

「看來，我們今後也不用再尿晉國人了。」魯國人終於也看清楚了

形勢。

流氓國家

　　眼看聯合國已經分崩離析，背叛的背叛，沒背叛的也不信任自己了，晉國人開始反思了：這樣下去，還怎麼發財？

　　不管怎麼說，魯國人竟然沒有來求救，讓晉國人的心靈受到了很大的衝擊。

　　第二年春天，趙鞅找了個機會去見晉定公，於公於私，他覺得都應該幫樂祁一把了。

　　「主公，現在諸侯當中也就是宋國還在事奉我們，他們的使者來了，我們好好款待還來不及呢，可是我們卻把人家抓起來了，今後哪個諸侯還願意跟我們來往啊？」趙鞅來為樂祁求情，儘管這樣會得罪范鞅。

　　「這，也是啊。范元帥，你怎麼看？」晉定公也不敢拿主意，還要問范鞅。

　　「這個，咱們扣了人家三年了，無緣無故放他走，那不是等於承認咱們做錯了？那不是逼著宋國背叛我們？」范鞅還不同意，不過，這並不等於他不放樂祁回去，而是他不希望把這個人情給趙鞅。

　　果然，范鞅來找樂祁了。

　　「老樂啊，不是我想留您哪，是我們國君擔心貴國國君不再事奉我國國君，所以款留了您三年。這不，您要是想回去，我們也不能攔著您啊。我跟國君據理力爭了，只要您讓你兒子樂溷來替代您，您就可以回去了。」范鞅一番話，把扣留樂祁的責任推到了晉定公的身上，自己做好人，然後還要樂祁派他兒子來做人質，防止宋國背叛。

　　「那，我尋思尋思。」樂祁不知道范鞅什麼意思，一時也沒想明白。

　　范鞅走後，樂祁把陳寅找來，把事情告訴了他。

　　「范鞅真不是東西。」陳寅先罵了范鞅一句，然後開始分析：「這是晉國人迫於國際形勢，要放您了。但是，千萬別讓樂溷來，因為宋

國跟晉國決裂是遲早的事情，樂涸來了，那就是害了他。咱們啊，就跟他們熬，看誰能熬過誰。」

別說，陳寅比樂祁高明太多了。

樂祁回絕了范鞅，說自己在晉國過得挺好，過幾天準備娶個小老婆，就在晉國安家了。

「那，那你還是走吧。」范鞅沒脾氣了，要訛沒訛著，心裏說：「世界真變了，宋國人也不好忽悠了。」

現在，樂祁可以回家了。

可是，人算不如天算。

還沒出晉國，樂祁就病倒了，而且是一病不起，緊接著一命嗚呼。

范鞅聽說樂祁死了，又來事了。

「不行了，豎著來，躺著回去，宋國人肯定不幹啊。不能讓樂祁回去了，把屍體扣了，宋國人想要屍體，就必須跟我們結盟。」范鞅，晉國中軍元帥，想的主意都跟流氓沒有區別。

所以，這時候的晉國，也就是一個流氓國家了。

就這樣，樂祁的屍體被扣下來了。

決裂

當年的夏天，齊國再次攻打魯國。這一回，魯國還是不去向晉國求救。

世界上的事情就是這樣，你不去求他，他反而主動來幫你。

「就魯國這麼個朋友了，要是他們也投降了齊國，咱們還玩什麼？」范鞅這時候也急了，也不索賄受賄了，主動提出來領軍救援魯國。

於是，范鞅、趙鞅、中行寅三人率領著晉國軍隊前去救援魯國。不僅去救援，態度也謙卑了，見到魯定公的時候，范鞅手持羊羔，趙鞅和中行寅手持大雁，給魯定公獻禮。

魯國人被感動了，或者說叫受寵若驚了。一輩子擦掉一切陪你睡，如今你給我倒了一回洗腳水。

晉軍來到，於是齊軍撤退。

齊軍撤退，晉軍也撤退。到了這個時候，晉軍也沒有把握戰勝齊軍了。

晉軍撤軍路過衛國，想想衛國現在跟著齊國混，於是準備派人去跟衛靈公結盟。

「誰去？」按級別說應該是中行寅，可這哥們打死不去，這些年來敲詐了衛國不少，怕衛國人砍他。

中行寅不去，范鞅和趙鞅更不去。

「誰敢去？」趙鞅發出號召。

結果，真有兩個想出風頭的，誰啊？涉佗和成何，兩個大夫。

晉國人提出盟誓，並且大軍就駐紮在衛國，衛靈公不敢拒絕。於是，雙方就在衛國的專澤盟誓。衛靈公親自出馬，而晉國方面就派了兩個大夫。

本來晉國派的大夫級別就低了，可是就這兩個大夫，也沒把衛靈公放在眼裏。

「衛國也就是我們兩個縣那麼大，算個狗屁諸侯啊？」成何公開就這麼說。

盟誓的時候，衛靈公執牛耳，涉佗看著就不順眼，故意用手去推衛靈公的手，血順著手一直流到腕子上。

衛靈公大怒，本來看見晉國只派了兩個大夫來，他就憋著一肚子火的。如今這兩個大夫也不把自己放在眼裏，能不惱火？

衛靈公正要發作，衛國大夫王孫賈急忙上前攔住了，然後對兩個晉國人說：「結盟是一件很嚴肅的事情啊，要像我們主公這樣才行，你們這樣不講禮法，結盟還有什麼意義呢？」

兩個晉國人嬉皮笑臉，不當回事。

衛靈公一甩袖子，下壇去了。

盟誓流產。

衛靈公是越想越氣，越氣越想，暗自發誓一定要跟晉國人對著幹。可是，他知道衛國的大夫害怕晉國，恐怕很難說服他們。怎麼辦？王孫賈給他出了個主意。

回到楚丘，衛靈公乾脆不進城，就在城外住下了。

大臣們不知道發生了什麼事，都跑到城外去見衛靈公，問問原因。

「各位，這次跟晉國人結盟，喪權辱國啊。」衛靈公開始忽悠，把晉國人怎樣羞辱自己，添油加醋說了一遍，最後一把鼻涕一把淚地說：「我給衛國丟人了，沒臉回來了，所以不敢進城，我，我辭職不幹了行嗎？各位，另請高人當國君吧。」

衛靈公話音一落，當時就炸了鍋了。

「不行啊，這事不怪主公啊，這晉國人太不是東西了。」大夫們紛紛為衛靈公抱不平，對晉國人不滿。

「還有啊，晉國人提條件了，說我們必須派國君的兒子去晉國做人質。這也罷了，還要大夫們也都把兒子送過去做人質。時間都定好了，這個月底必須要出發。」這一段是衛靈公即時創作的，不過大家都沒有懷疑，因為晉國人既然能把宋國人的屍體都當人質了，還有什麼做不出來的。

「那，主公都把兒子犧牲了，我們的兒子也只好跟著去了。」大家有點無奈，可是也沒辦法。

效果還行，不過還沒有到大家喊出「不跟狗日的晉國人玩了」的地步。

所以，王孫賈又加了一條。

「晉國人還提了個條件，還我們五百名商人和工匠。」王孫賈能想到的也就是這個了。

「那，那怎麼辦？去吧。」衛國人被晉國欺負慣了，逆來順受慣了，到這個程度，還不敢跟晉國決裂。

衛靈公有點傻眼，王孫賈也有點傻眼，看來激將法不靈啊。

事情弄假成真了。

大夫們回去組織了五百名商人和工匠，把自己的兒子們也都編好

了名冊，哭哭啼啼準備送他們上路，沒辦法，衛靈公也只好假模假式派一個兒子去晉國。

眼看就到了月底。

各家各戶都準備送兒子上路，去晉國可不是西部旅遊，除了自己兒子的衣物等等要準備，還要準備些方方面面打點的東西。除了這些，還要叮囑兒子「情況不妙就偷偷跑回來，別等死」之類。

總之，跟送兒子上刑場很接近了。

衛靈公讓王孫賈召集大家開個會，說是談一談注意事項。大家都到齊了，衛靈公卻不肯出來，於是大家都問為什麼。

「主公因為要送兒子去晉國，傷心過度，正哭呢。」王孫賈解釋。不解釋也就罷了，他這一解釋，大家全哭了。

效果很理想。

「那什麼，主公讓我問問大家，如果晉國人來攻打我們，我們能不能抵抗？」王孫賈趁熱打鐵，引導大家。

「當然能，就算打我們五次，我們也能抵抗。」群情激奮。

「那好啊，那我們傻乎乎把兒子們送去幹什麼？我們不理他們，如果他們來打我們，我們實在頂不住了再把人送去也不晚啊。」王孫賈順著大家的意思說。

「對，我們不跟晉國人玩了，跟他們絕交！」大家喊了出來，現在，這是大家的一致呼聲。

衛國人徹底投向了齊國。

第二年，齊國攻打晉國的夷儀（今山東聊城境內），衛國出兵相助，正式宣佈與晉國決裂。

又是第二年，齊國與魯國結盟，這一次盟會孔子作為魯國的相禮參加。

連續這兩件事，宣告聯合國徹底崩潰，晉國成了光杆司令。

晉國人又有點急了，具體說，趙鞅有點急了。范鞅沒有急嗎？沒機會急了，因為他已經死了，現在是智躒出任中軍元帥，趙鞅為上軍元帥，而范鞅的兒子范吉射接了他爹的班。

趙鞅和范鞅雖然都是鞅，可是此鞅非彼鞅，范鞅愛占小便宜，趙鞅瞄準的都是大便宜。

趙鞅死後諡號為簡子，因此後世稱之為趙簡子。

趙簡子最有名的一件事情出現在《中山狼傳》中，這個故事就是「東郭先生和狼」的故事，追殺狼的那個人就是趙簡子。

從這裏開始，我們改稱趙鞅為趙簡子。

趙簡子是個人物，為什麼是個人物？看看再說。

趙家自從趙氏孤兒趙武復興之後，趙武和趙成父子都很小心謹慎。趙成去世，兒子趙簡子接任。

三代才能培養出貴族，趙簡子現在就是貴族了。與其他各家相比，其實趙家是資歷最淺的，所以趙簡子身上那種公子哥兒的惰性也就最少。看到公室越來越弱，趙簡子也就看到了歷史將向哪裡走。

「讓他們占小便宜去吧，老子玩大的。」趙簡子不簡單，他要玩大的。

趙簡子的性格很像趙盾：能看到人的優點，能大膽使用能人，同時，夠狠。

趙簡子仔細研究了晉國的歷史,他研究晉國歷史有一個方便之處,那就是晉國史官不知道怎麼回事由趙家人出任了。借著這個便利,就能看到晉國的史籍,從中學習歷史。

研究的結果,趙簡子總結如下。

首先,要有人;其次,要有地;第三,其他的都無所謂。

有了這三大原則,趙簡子開始照方抓藥了。

趙簡子籠絡人心

「有人」分為兩個部分,一個部分是人心,另一個部分是人才。

當初,范匄為中軍帥的時候,曾經制定了一部刑法,後世稱為「范宣子刑書」,這是中國歷史上第一部刑法。不過,這部刑法由范匄自己保存,老百姓根本不知道內容。說起來,這也演算法治,但卻是只有法官才瞭解內容的法治。

後來,趙簡子主持訴訟的時候,做了一個鼎,把刑法都刻到了鼎上,放在公共場合。於是,全國人民都知道刑法內容了。當然,這個刑鼎比鄭國子產的刑鼎要晚,但是因為是在晉國,其影響力並不小於子產的刑鼎。

就因為鑄刑鼎,趙簡子在普通百姓心中的形象大大提高。

晉國六卿都有大量的土地,全國人民幾乎都在為他們打工。

為了吸引更多的人來自己這裏打工,六卿先後推出勞務工優惠政策。

按照規定,「百步為畝」,即每畝地長寬均為百步。所有公室的畝制都遵循百步的原則,也就是「國有企業」還按照傳統的規格。

那麼,六卿們的「集體企業」呢?他們紛紛改制,范家、中行家、智家的畝制改為八十步乘一百六十步每畝,韓家、魏家為一百步乘二百步每畝,趙家的畝制最大,為一百二十步乘二百四十步每畝。

畝制的大小有什麼區別?

按照規定,每畝地要納稅和繳租。六卿的土地納稅按照收成的百

分之十，交給公室，這相當於國稅。繳租按照固定額繳給六卿，這相當於地稅。公室的土地沒有地租，但是稅的比例高。

按照以上的規定，其實給公室種地和給六卿種地沒什麼區別。

現在，六卿的畝制改了，區別來了。

畝制大了，但是每畝地的地租沒有變，所以農民得到了實惠，在這一點上，趙家的農民明顯實惠更大。

但是，更大的實惠不在這裏。

六卿都調整了國稅的比例，從百分之十減少到百分之五，也就是說，拿百分之五的國稅來補貼了自己的農民。國家收入減少了，可是晉國國君也沒脾氣，乾瞪眼。

而趙家更絕，索性連百分之五的國稅也免了，免農業稅。那麼，這百分之五的國稅怎麼辦？趙家從自己的地租裏出。

這樣，趙家在畝制上已經比其他五家大了，而且比他們少徵百分之五的稅。

於是，勞務工紛紛從公室流向六卿，而主要流向了趙家。

趙家，被評為春秋時期的最佳雇主。

人心，正在向趙家聚攏。

讓利於民，固然大得人心，但是，趙家的收入不是就少了很多？實力不是就會下降？

不錯，收入比其他六家少了很多。但是，錢多就是好事嗎？

吳王闔閭曾經跟孫武探討過這個事情，說到晉國六卿誰會先滅亡，孫武作了非常精闢的闡釋。

孫武這樣說：范家和中行家兩家畝制最小，最富裕，家裏養的士就最多。但是這兩家富了很多代了，現在又這麼富，「主驕臣奢，冀功數戰」，很驕縱蠻橫。所以，這兩家先完蛋。

智家畝制也不大，但是連續兩代早亡，因此家風沒有這麼驕橫。所以，他們第三個滅亡。魏韓兩家的畝制較大，因此更晚滅亡。而趙家畝制最大，家裏錢不多，養的士也不多，但是都很精幹，「主儉臣收，

以御富民，故曰固國」，主人謙恭，屬下收斂，而員工很富有，這樣的家族，穩定而且團結。所以，晉國最後恐怕要歸了趙家。

這段分析，一針見血，隨後的發展驗證了這一點。只不過，孫武沒有料到三家分晉的結局。

趙簡子招攬人才

趙家養士是有傳統的，而且是非常有心得的。趙家能夠在滅門之後起死回生，就得益於養士。所以，趙家復興之後，繼續養士。

趙簡子一開始的養士方法與其他五家沒有區別，那就是拼命養，以量取勝。可是，他很難從中發現令他滿意的人才，所以他很犯愁。

一天他到西河去遊玩，坐在船上，發出一聲歎息：「唉，怎麼樣才能得到賢能的人呢？」

話說完，旁邊的船夫咕咚跪在了面前，嚇了趙簡子一跳。什麼意思？要告誰？

「元帥啊，珍珠和寶玉沒有腳，卻能從幾千里外來到這裏，為啥？因為有人喜歡它們。現在賢能的人有腳卻不來，大概是主人不喜歡他們吧。」船夫壯著膽子，說了這樣一段話。

趙簡子看他一眼，覺得這人挺有膽量。

「不是這麼說啊，我們下養了門客上千人，早上的飯不夠，晚上就到市場上去徵稅；晚上的飯不夠，早上就去市場上徵稅，我這還不算喜歡士人嗎？」趙簡子說，倒沒有生氣。

「鴻鵠飛得高，飛得遠，是依靠翅膀上的六根大羽毛，別的地方的毛，多一把少一把都沒什麼區別。不知道您手下的這些門客，是翅膀上的大羽毛呢？還是肚子上的絨毛呢？」船夫見趙簡子挺和藹，繼續說。

「你叫什麼？」

「我，我叫古乘。」

「別撐船了，跟我吧。」

這就是趙簡子的風格。

古乘的話讓趙簡子決意裁減門客，這樣，才能提高真正人才的待遇，也才能給自己的農民提高福利。問題是，這一千多門客，你趕誰不趕誰？如果用一刀切的辦法趕人，不僅名聲壞了，另外幾家也可能趁機搗亂，那麻煩就大了。所以，最好的辦法是讓沒什麼才能的門客們自覺自願地滾蛋。可是，怎麼樣才能做到這一點呢？趙簡子有點發愁。

「元帥，你看，風景如畫，來杯酒抒抒情懷？」旁邊有人遞上一杯酒來，趙簡子一看，是欒激。

欒激是他非常喜歡的一個門客，平時吃喝玩樂都由他安排。這一次趙簡子來玩水，就是他安排的，連這船也是他督造的。

看見欒激，趙簡子眼前一亮，計上心頭。

「來人，把欒激給我扔河裏去。」趙簡子接過酒杯，將酒杯扔到了河裏，喝了一聲。

「元帥，開，開玩笑吧？」欒激嚇了一跳，趕緊問。

「開什麼玩笑？快。」趙簡子黑著臉，接著下令。

於是，欒激被扔進了河裏，這兄弟還不會游泳，冒了兩下泡就跟河神走了。

所有人都驚呆了，不知道趙簡子為什麼要殺欒激。

「大家想知道為什麼欒激該死嗎？我告訴大家。狗日的欒激，跟隨我已經六年了。六年來，知道我喜歡泡妞，就到處給我找妞；知道我喜歡宮榭樓臺，就到處找地方給我修別墅；知道我喜歡馬，就到處給我找馬。可是，知道我喜歡賢士，卻一個也沒有推薦。這樣的人，給我做的事情都是花錢的，教我做的事情都是缺德的，這不是在害我嗎？好在我現在覺悟了，所以，這樣的人必須殺。」趙簡子說完，掃了大家一眼，大家都感到害怕。

欒激的死迅速在趙簡子的門客中傳開，隨後幾天，大批門客前來辭職，要麼就是不辭而別。人人心裏都有數，像欒激這樣的都被殺了，自己好像也不比欒激強，再不走，說不清什麼時候也是欒激的下場。

就這樣，殺了一個欒激，精簡了門客隊伍。

說起來，政府精簡機構難以推進，就是沒有樹立幾個欒激這樣的

典型。

趙簡子，夠狠。

反面典型樹立了，效果不錯，正面典型也要樹立。

一個士人來求見趙簡子，趙簡子正在精簡人員呢，也沒有聽說這人有什麼能耐，於是拒絕接見。

這人倒挺有韌性，就是不走，一口氣在趙簡子的門前待了三天三夜。再這麼下去，就趕上申包胥了。

趙簡子一看這人這麼有性格，那就見見吧。

「先生，你非要見我，你有什麼本事啊？」趙簡子問，還有點不耐煩。

「我這人沒別的本事，我就能拿個筆記本，整天跟在您後面，看您辦哪些缺心眼或者缺德的事情，隨時給您記下來。每天都記，每個月作總結，每年寫本反思錄。我就會幹這個。」這人直愣愣地說，說完看著趙簡子，好像就要開始準備記了。

「那什麼，你叫什麼？」趙簡子問。

「我叫周舍。」

「行了，你被錄用了。」

周舍此後就成了趙簡子的隨從人員，趙簡子天天跟他交談，看他記了什麼。還真行，趙簡子怕被記什麼，周舍就記他什麼。趙簡子罵了他兩回，結果罵人的話也被記下來了，趙簡子再也不敢罵他。

趙簡子，夠有胸懷。

俗話說：好日子總是很容易到頭，就如壞日子總是望不到頭。

沒多長時間，周舍竟然心臟病突發死了。

「嗚嗚嗚嗚……」趙簡子很傷心，親自操辦喪事，厚葬了他。

周舍的事蹟很快傳開，真正有才能的人紛紛前來投奔趙簡子。

三年之後，有一次趙簡子請大家喝酒，喝得正高興，突然趙簡子哭了起來，而且越哭越傷心。

「主公，為什麼哭？我們有什麼過錯嗎？」大家都很驚慌，急忙問，「跟你們沒關係啊，是我想起好朋友周舍來了。當年周舍活著的時

候曾經對我說過:『千羊之皮,不如一狐之腋。』眾人之唯唯,不如周舍之諤諤。古時候商紂王稀里糊塗就亡了國,周文王身邊則有很多人給他提意見,因此周朝就興起了。自從周舍死了以後,再也沒有人批評我了。故人君不聞其非,及聞而不改者亡。我懷疑我們趙家就快完蛋了,所以我要哭。」趙簡子想起周舍來了。

大家都哭了,被趙簡子感動了。

「眾人之唯唯,不如周舍之諤諤。」這句話,就成了千古美談。

「故人君不聞其非,及聞而不改者亡。」趙簡子的胸懷和遠見,不是每個君主都能有的。

對這個故事,司馬遷評說道:「簡子由此能附趙邑而懷晉人。」(《史記》)

趙簡子做秀

兩面的典型都樹立了,這還不夠,趙簡子還要做秀。

趙家在六家中最窮,因此對士們的待遇相比其他幾家就有點差距。那麼,怎樣留住這些人才?趙簡子用心去留住他們,感動他們。

趙家最好的車、最好的衣服都給士們穿用,趙簡子本人的車就是一輛舊車,拉車的馬也都是些瘦馬,穿的皮衣也都是最差的羊皮。

「元帥,換輛車吧,換幾匹好點的馬,別讓別人笑話。還有,天冷了,穿件狐狸皮的衣服吧。」有人就勸他。

「不行,你說的我也知道。可是我聽說,君子穿上華美的衣服,依然會很謙恭;可是小人穿上好衣服就會驕傲。我不知道自己是不是君子,所以我不敢穿好衣服。《傳》注上說:周公越是地位高就越謙恭,越是打勝仗就越畏懼,越富有就越節儉。我怕自己做不到,所以,還是把好用好穿的留給賢能的人吧。」趙簡子的話後來傳了出去,手下的門客們非常感動。

所以,早在春秋時期,趙簡子就告訴了我們:錢,不是萬能的。

還有兩件事情也讓趙家的門客們感動。

趙簡子有兩匹白色騾子，平時非常喜歡。手下一位門客生了急病，郎中看過之後，說是騾肝可以治，趙簡子毫不猶豫，當即殺了白騾，取出肝來給這位門客治病。後來這位門客病好了，對趙簡子是死心塌地，在一次與狄人的戰鬥中，帶領手下士兵，率先攻破城池。

這是一件。

那一年，趙簡子率領部隊攻打陶丘，手下有兩位門客十分英勇，攻上了城頭，但後續沒有跟上，兩位門客孤軍作戰，結果雙雙犧牲，死在城頭。

「把屍體還給我們。」趙簡子派人去談判，沒有別的條件，也沒有別的要求，就這一條。

「你們撤軍，我們就還屍體。」陶丘守軍提出條件。

「不行，無條件還屍體，之後再說別的。」趙簡子不同意，就是要屍體。

陶丘守軍不幹。

「不幹是吧？老子挖你們的祖墳，焚骨揚灰。打不破陶丘，決不撤軍。」趙簡子發狠，用當年狐偃對付曹國人的招數來威脅陶丘人。

「那，那，那我們把屍體還了還不行嗎？」陶丘人害怕了，先還了屍體，然後求和。

趙簡子厚葬了兩個戰死的門客。

這一次，手下們又感動得夠嗆。

趙簡子愛士固然有做秀的成分，但還是真的能夠聽進勸說的。

有一次，趙簡子帶著大家去郊外登山，上山的時候，馬拉得很吃力，趙簡子坐在車上，家臣們都光膀子，下去推車，要爭著表現，只有一個叫虎會的兄弟不肯推車，扛著自己的戟，一邊走一邊唱流行歌曲，歌曲的內容大致就是「財主有腿不走路」之類。

「虎會，你是侮辱我嗎？」趙簡子有點生氣。

「我錯了，對不起。可是，你也錯了你知道不？你讓我們推車伺候

你，這不是侮辱我們嗎？誰還會為你賣命？」虎會竟然頂撞起來。

「哎呀媽呀，你說得對啊，我是錯了，我改行不？」

趙簡子跳下車來，給大家轉圈道歉，之後山也不上了，直接下山找館子撮了一頓，虎會從此得到重用。

那一年，趙簡子決定出兵討伐總是跟晉國作對的齊國，並且下令：「誰也不要勸我，誰勸我砍了誰。」

趙簡子的意思，要借這個機會提高自己在國內和世界上的聲譽。

趙簡子願意去，其餘的五卿懶得管，你愛去就去，我們不愛去就歇著。

出征之前檢閱軍隊的時候，一個叫公盧的門客穿著鎧甲，對著趙簡子大笑，笑得趙簡子莫名其妙，非常惱火。

「你笑什麼？」趙簡子問。

「沒什麼啊，我這人就喜歡笑，沒事就笑笑。」

「胡說，你一定要解釋清楚，否則算你犯上，砍了你祭旗。」趙簡子更加惱火。

「那我說說吧，當初我還在種地的時候，鄰居有兩口子去地裏採桑葉，看見一個女人長得不錯，那個男的就去追那個女人。結果，漂亮女人沒追上，回來的時候，老婆也生氣走了。我現在啊，就是在笑那個男人太放肆了。」公盧話裏有話，表面上說你想搞婚外情，結果婚外情沒搞到，老婆還跟別人跑了。實際上呢，是說你現在去打齊國，可是另外的五個卿都盯著你的地盤呢。

「噢。」趙簡子恍然大悟。

晉國和齊國之間隔著衛國，就算打贏了，也沒什麼好處；如果打了敗仗，那後果就不堪設想了。

「怪不得范家父子和韓起都不肯對外用兵，原來是這樣考慮啊。」

想明白了之後，趙簡子決定不出兵了。

就因為趙簡子對士們很尊重而且聽得進批評，所以他的門下聚了很多能人，譬如董安于、尹鐸、張孟談、成摶、羊殖、史魘、史臾、武子勝、赦厥、尹綽，等等。

第一九〇章

六卿咬起來了

　　在籠絡人心、招賢納士的同時，趙簡子一直在拓展地盤，建立大本營。

　　趙家從祖上趙夙開始，被封在耿。其後趙衰先後被封在溫、原等地，趙盾、趙朔又都有封賞，但是按當時的規矩，封地隨時在變，因此趙家並沒有固定的地盤。

　　趙家光復之後，得到了原來的封地，但是地盤並不大。而之後六卿之中趙家實力較弱，好一點的地盤多被中行、范和韓家拿走，其餘三家的地盤多半在邊遠地區。

　　趙家的地盤主要集中在晉國東北部，也就是現在的山西中部和河北南部一帶，而這一帶從前是北狄的地盤，地處偏遠而且人口稀少。

　　「營造晉陽。」趙簡子果斷地做出了決策，他決定把大本營放在晉國的發源地：太原。

　　太原是唐叔虞初封的地盤，但是之後晉國向南拓展，中心南移，太原竟然成了晉國的飛地，被北狄所包圍，沒人願意去那裏。只是到了近年，晉國持續向北拓展，才將太原和晉國本土連在了一起。儘管如此，太原依然是很偏僻落後的地區。

　　趙簡子要營造的晉陽城在太原西南，緊靠晉水。

　　趙簡子派了董安于修建晉陽城，按照大城修建，也就是按照國家國都的規格興建。城牆極厚，利於防守；城裏有宮室、官府、倉庫，等等。按照當時當地的人民數量來說，這是提前二十年的規模。

　　董安于修建了晉陽城之後，就留在晉陽進行治理。

　　城修好了，現在新的問題出現了：人呢？

　　晉陽城中需要大量的移民，現成能夠移進去的，就是周圍一帶的百姓。可是，這些人不僅數量不足，更糟糕的是這些人多半是北狄的

後代，素質不行。

怎麼辦？沒有什麼能夠難倒趙簡子的。

衛國移民問題

現在，衛國和齊國聯手侵擾晉國，趙簡子決定，攻打衛國。

這一次，誰勸也沒用，趙簡子決心已下，他有他的算盤。

晉國軍隊來到了衛國，說是晉國軍隊，實際上就是趙家的部隊，因為其餘五個卿都找藉口請假了。現在的晉國六卿，誰也不願意得罪誰，誰也不尿誰。有好處就混在一起，沒好處各幹各的。

趙家的部隊裝模作樣攻打楚丘，衛國人既不敢出城迎戰，也不投降，據城死守。衛國人倒也不怕，現在看透了晉國人。

折騰了幾天之後，趙簡子派人來了，質問衛靈公為什麼要跟晉國作對。

「這不怪我們，是你們涉佗、成何羞辱了我，士可殺不可辱啊，怎麼說我一個堂堂國君，比士還高幾級吧？」衛靈公把事情的原委說了一遍，拒絕跟晉國人講和。

趙簡子於是把涉佗給抓起來了，再次派人去跟衛靈公講和。

「不行，除非你們殺了涉佗。」衛靈公還不幹，順口提了個條件。

「老涉，對不起了啊，為國捐軀也是件光榮的事情，啊，算你烈士。」趙簡子夠狠，一點沒猶豫砍了涉佗，成何嚇得半死，急忙逃命了。

涉佗的人頭就被送到了衛靈公的面前。

不管怎麼說，晉國人還是表現出了和平的誠意。

於是，雙方講和。

現在，晉國人提出來一個條件：不用人質了，你們衛國不是人多地少嗎？給我們五百家老百姓就行，保證享受國民待遇。

衛靈公算了算，這個條件倒不算苛刻，甚至還挺好，不就是給你五百家移民嗎？成交。

就這樣，衛國向晉國移民五百家。不過，衛靈公提出一個附加條

件：都是鄉里鄉親的，移民可以，不能太遠，這樣回老家探個親什麼的也方便。

「沒問題，就邯鄲吧。」趙簡子滿口答應，把五百家移民放到了邯鄲。

這，才是趙簡子的目的，他要的是人。

這一年，是吳王闔閭十五年（前500年）。

三年之後，到了吳王闔閭十八年（前497年），趙簡子決定兌現人口紅利了，他決定把放在邯鄲的五百戶衛國移民遷移到晉陽，增加晉陽人口，提高人口素質。

於是趙簡子給邯鄲大夫邯鄲午下令，搬遷衛國移民。

邯鄲午是什麼人？

說起來，邯鄲午跟趙簡子還是親戚，同宗。

原本邯鄲是衛國的地盤，後來被晉國給占了。於是，趙穿的後人被封在了邯鄲，改姓邯鄲了。所以，邯鄲午也可以叫趙午。

不過話說回來，儘管是同宗，邯鄲是邯鄲午的地盤，不是趙簡子的地盤。當初衛國的五百家安置在邯鄲的時候，趙簡子就跟邯鄲午說好了：暫時安放，過幾年我把他們都遷走。

所以，當趙簡子的命令下達的時候，邯鄲午立即就答應了。

邯鄲午答應了，可是邯鄲午的兄弟們不願意了。要知道衛國人是周人和商人精英的混血後代，素質明顯高於周邊國家，再加上邯鄲本來是衛國的地盤，這五百戶衛國移民已經在這裏生活習慣了，根本不願意再搬了。

所以，邯鄲上下都希望留下這五百家。

「當初跟人家衛國說好了移民到邯鄲，現在又要移去晉陽，這不是忽悠人家衛國嗎？這以後還怎麼讓衛國相信我們？」大家都這麼說。

邯鄲午被大家說動了，於是動了貪念。可是，不給也不行啊。

商量來商量去，最後商量了一個主意，這主意是邯鄲午的弟弟邯鄲稷也就是趙稷出的：「這樣，咱們去招惹齊國人，讓他們來攻打我

們，我們不是就有藉口說沒時間移交移民了？」

大家覺得可行，問題是，這種小伎倆能騙得過趙簡子嗎？

低估趙簡子的智商是危險的。

邯鄲午親自到晉陽去回覆，他覺得自己的理由很充分，就算趙簡子不滿意，看在同宗的份上也不至於把自己怎麼樣。

「什麼？忽悠我？」趙簡子一輩子忽悠人，什麼時候被人忽悠過？「給我抓起來。」

邯鄲午萬萬沒有想到，自己連忽悠的機會都沒有，就被抓了起來。

「你們，把劍都交上來。」趙簡子隨後命令邯鄲午的隨從解除武裝。

「不給。」隨從們拒絕，並且做出要拼命的架勢來。

「好，既然你們不交，別怪我不客氣。回去告訴邯鄲人，我以私人的名義殺掉了邯鄲午，你們隨便選個人作邯鄲大夫吧。」趙簡子懶得跟他們廢話，立即下令處死邯鄲午。

邯鄲午就這麼死了，死在了同宗趙簡子的手下。

血濃於水，再一次被證明是靠不住的。

趙簡子，夠狠。

三卿會戰

邯鄲午被殺，邯鄲午的弟弟邯鄲稷宣佈獨立。

趙簡子料到了這個結局，他要借這個機會把邯鄲拿下，變成自己的地盤。

五月殺了邯鄲午，六月，趙簡子出動上軍包圍了邯鄲。說是上軍，實際上就是趙家的家族軍隊。

事實證明，這一次，趙簡子有點冒失了。

邯鄲人民同仇敵愾，堅決抵抗，趙簡子的部隊竟然無法拿下。

與此同時，晉國國內有人對趙簡子有想法了。

邯鄲午是中行寅的姐姐的兒子，也就是中行寅的外甥。俗話說：

打狗還要看主人。你趙簡子隨隨便便就把人家外甥給殺了，中行寅當然很氣憤。何況，中行家一直把邯鄲當做自己的地盤，豈能容你趙家奪走。

而中行家和范家是通家之好，兩個腐敗家族之間是數代姻親，舅舅姥姥的叫著，早已經是攻守同盟。

而且，兩家對趙家的勢頭一向就很不滿。

中行寅和范吉射一拍即合，兩家要聯手收拾趙家。

中行寅和范吉射開始準備，而趙家的臥底很快知道了消息。

消息第一時間報到了董安于這裏，為什麼報到了董安于這裏？因為董安于是趙家的頭號謀臣，服務了趙家三代人，在趙家的威望甚至高於趙簡子。

「我們先發制人吧。」董安于向趙簡子彙報之後，提出建議。

「不行，按晉國法律，先發動禍亂是首罪，我們等他們先動手，然後後發制人吧。」趙簡子不愧鑄過刑鼎，法律意識超強，對法律條文的理解非常到位，這一點，又很像趙盾。

「那，恐怕不妥。」董安于有些擔憂，中行家和范家實力雄厚，在另外四家之上，他們聯合起來攻打趙家，只怕趙家沒有後發制人的機會了。「要不，把攻打邯鄲的責任推給我，處死我算了，這樣他們就不會攻打我們了。」

「那怎麼行？不行。」趙簡子斷然拒絕，然後安慰董安于：「怕什麼？我們還有晉陽呢。」

說到晉陽，董安于略微放了一點心，那是他營造的地盤，他心裏有數。

七月，該來的終於來了。

中行家和范家聯軍攻打趙家，趙家早有防範，在兩家攻打之前已經撤出新絳，逃往晉陽。實際上，趙家的家底大部分早就搬到了晉陽。

「跑？沒那麼容易。」中行寅和范吉射率領著兩家的部隊，包圍了晉陽。兩個人想得很好，滅了趙家，分掉趙家的地盤。

可是，晉陽沒有那麼容易拿下，晉陽城的堅固的程度比新絳要強得多，中行家和范家雖然人多勢眾，也拿不下晉陽。

這樣，三家在晉陽僵持。

這時候，要想想公盧的那個故事了：泡別人的妞的時候，自己的老婆也許正在被別人泡。

六卿會戰

螳螂捕蟬，黃雀在後。

這個成語的出處在後面將會交代，不過在這裏先借用一下。

中行寅和范吉射在晉陽攻打趙簡子，後方，有人有想法了，不是一個人，而是一群人；不是一家人，而是三家人。

韓須這個時候已經去世，兒子韓不信（韓簡子）接掌韓家，韓不信跟中行寅有仇；魏家依然是魏侈（魏襄子），他跟范吉射也是仇人。這兩家是仇人也就罷了，智躒跟中行家和范家也不對眼。智家和中行家也是同宗，可是同宗算個屁，趙簡子和邯鄲午還是同宗呢。智躒和梁嬰父是好朋友，一直在想著幫梁嬰父弄個卿當當，早就盤算整垮一家，騰個位置出來。整誰家呢？左看右看，就覺得中行家最可惡。

外部有仇人也就罷了，最可怕的是，內部也有內奸。

范皋夷是范家的人，可是不是嫡出，總是受氣，於是范皋夷平時就跟另外幾大家族走得近，一向就想著要靠外部力量把范家奪過來。

這些人找了個時間聚在一起開了個會，一致同意驅逐中行家和范家。於是，智躒去找晉定公，首先說了一通中行家和范家貪污受賄、買官賣官的罪行，最後說了：「現在晉國內亂，三家在那裏打仗，這三家誰也沒有經過主公您同意就出兵了。按照晉國的法律，首先發起禍亂的都有罪，可是現在僅僅驅逐了趙家，太不公平，中行家和范家也要被驅逐。」

「好好好好。」晉定公現在根本沒有實力跟卿們討價還價，誰說什麼就是什麼，就算這時候中行寅來說驅逐智家，晉定公也是這樣回答。

有了晉定公的話，十一月初，智家、韓家和魏家三家出兵，攻打范家和中行家。

這下新絳熱鬧了，除了被趕走的趙家，另外五家都幹上了。

要說，中行家和范家實力確實雄厚，儘管大部隊在晉陽，家裏的小部隊竟然也戰鬥力不減，兩家互為犄角，三家聯軍竟然無法攻破城門。

中行寅和范吉射得到後院起火的消息之後，立即撤軍。

現在，趙家沒事了，可以看熱鬧了。

中行寅和范吉射回到新絳，另外三家都有點發毛，實力對比來看，那兩家比這三家還要強。怎麼辦？三家現在加強防守，專攻為守了。與此同時，趕緊聯絡趙家，回來四家戰兩家。

「好好好。」趙簡子這麼答應，實際上屁股根本沒動窩，等著看熱鬧。

中行寅和范吉射很惱怒，兩人在一起商量怎樣收拾這個局面。

按照正常思維，這個時候最應該做的是爭取晉定公的支持，然後瞄準一家先行殲滅，再各個擊破其餘各家。這樣做的操作性很強，因為晉定公現在只會說「好好好好」，而智韓魏三家之間也並不團結。

可是，中行寅和范吉射的思維是不正常的，兩人從小就驕橫跋扈，目中無人。兩人算了算，就覺得智韓魏三家雖然可惡，可是畢竟這裏還有他們的利害關係，倒是晉定公吃飽了撐的也跟他們混，實在是讓人氣憤。

「不行，攻打定公，廢了他再說。」這兩位商量的結果就是這樣，手下有人勸，勸也沒用。

就這樣，中行家和范家聯手攻打晉定公。

聽到這個消息，另外三家笑得前仰後合。往天堂的路有一百條，可是這兩位偏偏挑上了唯一一條下地獄的路。

三家立即聯手去救晉定公，首都人民聽說中行家和范家竟然攻打國君，紛紛前來支持三家聯軍，送水的送飯的就不說了，還有好多人

扛著鋤頭、舉著火把去攻打中行家和范家。

激起公憤了。

任何時候，激起公憤都是要命的。

中行家和范家戰敗了，十一月十八日，兩大家族倉皇出逃，逃到了朝歌，這裏是中行家的地盤。

明爭暗鬥

現在，六卿中，三家被驅逐，剩下了三卿。

剩下的三家當中，智家實力最強。於是，另外兩家就有點發慌了。

「老魏，你看現在的形勢，智家的實力明顯強於我們兩家，我們為什麼不把趙家弄回來呢？」韓不信來找魏侈商量，話沒有說得太明白，因為大家都是明白人。

魏侈其實也在想這個問題，他知道韓家和趙家的關係非同一般，而且是姻親，趙家回來，對韓家的好處大於自己。可是，這個時候，似乎也只能這麼辦了。有韓魏趙三家，智躒就不敢輕舉妄動了。

「好，我同意。」魏侈同意了，可是，僅僅他同意還不行，人家智躒是中軍元帥，還要智躒同意才行。

於是，韓不信和魏侈來找智躒。

「智元帥，中行寅和范吉射雖然被趕走了，可是實力還非常強啊，如果再勾結齊國，我們就很危險了。所以我建議，把趙家弄回來。」韓不信和魏侈來忽悠智躒。

智躒當然知道這兩位在想什麼，可是想想，這兩位說的也有道理。再說了，如果不讓趙家回來，豈不是一次得罪了三家？如果這三家聯合中行家和范家，自己不是死翹翹？

「好，我支持，你們去跟主公彙報一下。」

之後，韓不信和魏侈又來找晉定公。

「什麼？趙家回來？智元帥什麼意思？」晉定公根本沒有主意，他只聽中軍元帥的。

「智元帥讓我們來的。」

「那還有什麼問題？好好好好。」

十二月十二日，趙簡子從晉陽回到了新絳。

趙簡子回來了，智躒就後悔了。可是這時候後悔，有點來不及了。

梁嬰父給他出了個主意：「趙鞅確實很厲害，不過，趙家最厲害的還不是他，而是董安于。沒有董安于，趙鞅就不可怕了。所以，借機除掉董安于就行了。」

智躒一聽，恍然大悟，於是就派梁嬰父去找趙簡子。

「趙元帥，智元帥派我來的。你們三家鬧矛盾，人家另外三家仗義執言了。按照晉國的法律，首先發動禍亂的要處死，現在另外兩家都被趕走了，可是你們實際上是最先挑起事端的，不處罰你們的話，全國人民都不答應啊，也太不公平了。我們聽說攻打邯鄲都是董安于指使的，怎麼處置，你們自己先拿個意見吧。」梁嬰父的話說得很明白，你們必須殺了董安于。

趙簡子這下有點傻眼，他沒想到智躒會來這麼一招。殺董安于吧，於情於理說不過去；不殺吧，智躒這邊又說不過去。

沒辦法，趙簡子請董安于來商量。

「咳，誰還能不死呢？我死了，能換來國家的安定，趙家的幸福，我死得值啊。」趙簡子沒想到的是，董安于這麼想得開。

當天，董安于上吊自殺。

趙簡子把董安于的屍體放到了大街上示眾，然後告訴智躒，智躒這才沒話可說。

之後，趙簡子把董安于安葬在了趙家祖墳，在趙家祖廟安放了董安于的牌位。

這樣，趙家祖廟就有了兩個外姓人的牌位：程嬰、董安于。

第一九一章

犀利哥戰術

晉國內亂，世界震驚。

晉國內亂，天下歡慶。

「狗日的晉國，想不到你們也有這一天。」沒有一個國家不為此而幸災樂禍的，恨不得晉國從此分崩離析。

對於晉國這場狗咬狗的戰爭，以齊國為首的國家秉持這樣一個原則：咬的時間越長越好。在這個原則下，要做的就是幫助弱勢的一方對抗強勢的一方。

第二年，也就是晉定公十六年（前 496 年），智趙韓魏四家聯軍決定討伐中行寅和范吉射。很明顯，范家和中行家兩家處於劣勢。

大家打晉國

穿梭外交開始，交戰雙方都派出使者前往各國尋求支持。

從情理上講，各諸侯國更討厭中行家和范家，這兩家是最貪的，也是最傲慢無理的。因此從情感上說，大家都希望滅掉這兩家。可是，從利益上說，幫助這兩家對付另外四家，以此來削弱甚至搞垮晉國，則是最好的選擇。

在感情和理智之間，在心情和利益之間，大家擺得非常清楚。畢竟，已經到了春秋末期，大家都成熟了很多。

支持中行家和范家，這是所有國家的選擇。

晉國混到這個份兒上，悲哀啊。

齊景公、魯定公、衛靈公、宋景公和鄭聲公接連舉行了幾次峰會，商討怎樣支援范家和中行家，對抗另外四家。

大家的願望是一致的，可是到了具體的操作層面上，問題就出來

了。齊國和鄭國比較堅決，衛國也還能雄起，可是魯國和宋國就有點陽痿了。魯國還是「擦掉一切陪你睡」的勁頭，提起晉國來就有點發抖的意思；宋國也還是那種「我們是周朝的客人」的意思，既不敢出頭，又不想當跟班。

所以，商討來商討去，也沒商討出個結果來。

這邊沒結果，那邊中行寅和范吉射等不及了。

「這些屁國家，就該是受欺負的命。」兩人本來就瞧不起這些國家，現在更瞧不起。到現在，也知道靠這些國家沒戲，到頭來還要靠自己。

於是，兩人索性起兵主動反攻，向新絳挺進。結果，四家聯軍在潞與中行、范兩家聯軍進行了一場決戰。決戰的結果是中行家和范家大敗虧輸，狼狽而逃。

四家聯軍隨後追趕，追到百泉（今河南輝縣境內），鄭國軍隊前來支援中行寅和范吉射，結果雙方再次決戰。

不幸的是，鄭國軍隊、中行寅和范吉射的隊伍再次慘敗。

順勢，四家聯軍包圍了朝歌。

中行家和范家死守朝歌，這裏是中行家的大本營，因此也是大城規模，城裏儲備了大量的糧草。

轉眼到了第二年的四月，朝歌被圍半年，情況越來越糟。

齊國、衛國和魯國決定救援這兩家，但是又不敢跟晉軍正面作戰，於是，三國聯軍包圍了五鹿。五鹿原本是衛國的地盤，後來被晉國奪走，現在是趙家的地盤。

到八月，五鹿還是拿不下來，於是三國聯軍又拉上鮮虞人，算是四國聯軍，終於拿下了晉國的棘蒲。

然而，這幾個國家的小打小鬧根本不解決問題，由趙簡子統帥的四家聯軍緊緊包圍朝歌，根本不理會這幾個國家的行動。

轉眼又是一年過去，朝歌城裏接近斷糧。

齊國緊急準備了一千輛車的糧食，由鄭國出兵護送，要把糧食送進朝歌。結果，被趙簡子親自率軍在戚進行攔截。鄭軍的戰鬥力超強，

趙簡子在戰鬥中被鄭軍一戟打在背上，所幸穿了三層最好的甲，沒有被當場砍死，但是也被打得吐血，當時趴在車上，大旗也被鄭軍奪走。好在晉軍人多，最終戰勝了鄭軍，奪走了所有的糧食。

這下好了，四家聯軍的糧食夠吃了，圍城更有信心了。

中行寅和范吉射又苦苦掙扎了一年，終於，在晉定公二十年（前492年）十月，朝歌被攻破，中行寅和范吉射落荒而逃，逃往邯鄲。

六卿變四卿

拿下了朝歌，也就等於中行家和范家實際上已經無法東山再起。智趙韓魏四家都鬆了口氣，但是最高興的不是他們，而是范皋夷。

四卿開會的時候，范皋夷來了。

「四位元帥，兩個叛賊已經沒戲了，那什麼，我的事情是不是該解決了？」范皋夷一臉媚笑，他的意思，是該讓他取代范吉射為卿，同時繼承范家的地盤。

「你，你的什麼事情？」智躒瞪了瞪眼，假裝不知道。

「智元帥，這，你怎麼忘了呢？就是讓我取代范吉射啊，咱們不是商量好的嗎？」

「是嗎？」智躒裝傻，然後故意去看韓不信和魏侈。

韓不信和魏侈哼哼吱吱，承認吧，不願意；不承認吧，又是說謊，畢竟當初大家是盟過誓的。

就在智躒、韓不信和魏侈無言以對的時候，趙簡子說話了。

「范皋夷，你還好意思說什麼取代范吉射？我們圍攻三年才拿下朝歌，就是因為有內奸向中行寅和范吉射提供情報，這次攻破朝歌之後，我們從城裏搜到了許多沒有燒毀的情報，嘿嘿，范皋夷，大量證據證明，你就是個奸細。本來，看在大家一起長大的份兒上，準備放過你。既然你自己要來找死，沒辦法，別怪我們不客氣。智元帥，范皋夷裏通外國，出賣情報，該當何罪？」趙簡子說得義正詞嚴，最後把球又踢給了智躒。

「斬無赦。」智躒眼睛都沒眨一下。

「該殺該殺。」韓不信和魏侈也在旁邊說。

「來人，把范皋夷拉出去砍了。」趙簡子下令。

范皋夷嚇傻了，直等到被拖到了門口，才想起來破口大罵：「狗日的趙鞅，你誣陷好人，你不得好死。」

罵人是沒有用的，被砍的還是范皋夷。

政治鬥爭中，當一個被利用的人失去了利用價值的時候，他也就失去了存在的價值。

想從實力派手中獲取實利，首先要看自己有多大實力。

這是一個歷史教訓。

范皋夷被砍，意味著范家從六卿中正式消失。

「那什麼，現在少了兩個卿，是不是要補上？大家認為梁嬰父怎麼樣？」智躒提出梁嬰父來，這顯然不是一個好的時機。

「不行。」趙簡子脫口而出，他恨死了梁嬰父，董安于的死就是因為梁嬰父。之後，趙簡子覺察到自己太過生硬，於是語氣緩和了一些說：「論功勞論實力，梁嬰父都不夠格啊，再說，處死了范皋夷，卻讓梁嬰父做卿，只怕會有閒話。」

「那，你們兩位看呢？」智躒轉頭去問韓不信和魏侈。

「我們也覺得不好，四卿就四卿吧。這些年來，六個卿有幾個幹活的？」韓不信和魏侈都支持趙簡子的意見，誰也不願意再多一個人分贓。

「既然大家都這麼認為，那就這樣吧。」智躒同意了，實際上，這個時候他也不願意讓梁嬰父作卿了。現在是朋友，誰知道什麼時候就是敵人了。

這，就是智躒選擇這個時機的原因了。他回去可以對梁嬰父說：「你的事情我提出來了，可是狗日的另外三家都反對，我也沒辦法。」

表面上，對得起朋友；實際上，對得起自己。而且，不得罪人。

智躒，也算是老奸巨猾了。

第二年秋收之後，趙簡子再次率軍出征，包圍了邯鄲。兩個月之後，拿下邯鄲。拿下邯鄲的第一件事情，就是把那五百戶衛國移民遷移到了晉陽。

　　說起來，這場戰爭最初不就是為了這五百戶移民嗎？

　　中行寅和范吉射再次出逃，這一次逃到了鮮虞。此後，鮮虞會合齊國攻打晉國，拿下了柏人（今河北隆堯縣西南）等幾塊地盤，又將中行寅和范吉射送到了柏人。

　　趙簡子沒客氣，發兵攻打柏人。這一回，中行寅和范吉射是徹底沒有了抵抗能力，直接逃到了齊國。

　　中行家和范家正式從晉國的版圖上抹去了。

　　而中行家和范家的滅亡，再次印證了那句話：誰倡狂，誰滅亡。

　　趙家拿到了邯鄲，因為那原本就是趙家的地盤，這個理由勉強成立。

　　而中行家和范家的地盤，全部退回公室，收歸國有。

　　最倡狂的兩家沒有了，其餘的四家形成了一個新的均衡。打破這個均衡，還需要時間。那麼在這段時間裏，再回頭看看吳國人在幹麼。

　　吳王闔閭十九年，也就是中行寅和范吉射逃往朝歌的第二年。在休息八年之後，吳王闔閭決定要報個小仇。報什麼小仇？討伐越國。

　　吳越之間一向有怨無恩，吳國人總是欺負越國人，占了越國許多地盤。而越國人對吳國人唯一一次報復就是上次吳王闔閭在郢都期間偷襲吳國。

　　為什麼這個時候想起來找越國人報仇了？原因很簡單：越王允常死了，兒子勾踐剛剛繼位。算起來，這是吳國人第三次趁別國國喪期間發起進攻了，前兩次都是打楚國，結果是兩次大敗。

　　吳王闔閭親自領軍，率領吳國大軍挺進到越國的檇（音最）里（今浙江嘉興縣南）。

　　在吳王壽夢之前，吳越的打法是一樣的，那就是群毆，打死一方為止。自從壽夢到中原學習了先進文化，之後晉國人楚國人齊國人先後來為吳國練兵，吳國現在的打法已經完全不一樣，講究陣形，使用

車戰。

吳越兩軍對壘，吳軍陣形整齊，號令統一，很有氣勢。再看看越軍，就是一幫犀利哥，一個個破衣爛衫，東斜西倒，齜牙亂叫。

越王勾踐一看，這仗沒法打，一打準輸。

「吳軍太整齊了，準備逃命吧。」勾踐實在沒信心，準備逃命。

「大王，他們不是就整齊嗎？不怕，派些兄弟過去，衝亂他們的陣形。」手下一位叫做靈姑浮的大將提出建議。

於是，越王勾踐找了幾十個亡命之徒，扛著兵器就衝了過去。

吳王闔閭一看，笑了，這種犀利哥打法早就被吳國淘汰了，老掉牙了。

「射箭！」吳王闔閭下令。

一陣亂箭，幾十名犀利哥就成了無名男屍。

再看吳軍陣形，紋絲不動。

勾踐看見，倒吸一口涼氣。這次，多派幾個犀利哥。

一百多名犀利哥衝上去了。

又是一陣亂箭，多數犀利哥成了無名男屍，還有十多名犀利哥衝到了吳軍陣前。可是，吳軍的大戟不客氣，將剩餘的犀利哥全部戳死在陣前。

再看吳軍陣地，還是整齊劃一。

勾踐傻眼了。

「大王，我還有一個辦法。」靈姑浮又來出主意。

三百名犀利哥，站成了三排，每個人都沒有長兵器，都只拿著短劍。

三百名犀利哥站好了隊，向吳國走去。佇列不算太整齊，但是還行。吳王闔閭不知道越國人要幹什麼，這幫人就算衝過來，這麼短的兵器，無非也是找死。

所以，吳王闔閭並沒有下令射箭。

三百犀利哥來到了吳軍陣地前，站住了。第一排中間一個犀利哥上前一步走，然後大聲說道：「兩國交鋒，我們違背了軍令，辜負了大

王對我們的期待。為此，只好以死謝罪。」

說完，犀利哥一刀把自己的脖子給抹了，重重地摔倒在地。

第一排的犀利哥們隨後也把刀架在了自己的脖子上，一起用力，都抹了脖子。整個一排犀利哥倒在地上。

「哇，太犀利了。」吳軍看得有點發呆，這樣的事情只在傳說中聽過，自從吳國人民從野蠻走向文明之後，這樣的事情就再也沒見過了。

第二排，一名犀利哥向前走了一步。

「兩國交鋒……」還是那一套，然後還是抹脖子自殺。

吳國人看傻了，越國人這是根本不把自己的命當命啊。

不知不覺，兩翼的吳軍忍不住向前湊，去看越國犀利哥們表演集體自殺。

第二排犀利哥們又都倒下了。

第三排照方抓藥，又是集體自殺。

「哎呦，越國人真野蠻。」「太恐怖了，太沒有人性了。」吳國人紛紛議論著。

等吳國人一邊感慨一邊準備站回自己位置的時候，他們卻發現，越國人已經衝到了近前。

越國人衝鋒是不擂鼓的，他們趁著吳國人聚精會神觀看越國犀利哥們表演集體自殺的當口，已經殺了過來。

吳軍手忙腳亂、措手不及，再加上剛才受到刺激而無法專心應對，於是陣形大亂。

在兇狠和不要命的程度上，越國人比吳國人有過之而無不及。

吳軍大敗，吳王闔閭被靈姑浮一戟砍在腳上，當場砍掉了右腳的大腳趾。撤退到七里之外的陘地，吳王闔閭竟然痛死了。

看來，趁人國喪之機發起進攻，是不會有好果子吃的。

犀利哥失靈

吳王闔閭死了，太子夫差繼位，就是吳王夫差。

吳王夫差繼位，做了兩件事情。

第一件，提升伯嚭為太宰，主持國政。這樣，伯嚭的地位已經高於伍子胥。

第二件，專門佈置了一個人在後宮，這個人每天只做一件事情，那就是每天站在後宮的門口，只要看見吳王夫差進出，就問他：「夫差，你忘掉越國人殺了你的父親嗎？」夫差就會回答：「噢，我不敢忘記。」

夫差用這個辦法來每天提醒自己要為父親報仇。

說來說去，吳國的強大，就是一部復仇史。

那麼，為什麼夫差重用伯嚭而不是伍子胥呢？

伍子胥是一個很驕傲的人，性子很直。他跟吳王闔閭之間不僅是君臣，還是朋友，平時說話比較隨便。所以，平時對夫差不夠恭敬。而伯嚭恰好相反，他很謹慎，也很善於察言觀色，祖上三代的教訓讓他決心要保護自己。所以，他對夫差一向很尊重，因為他知道夫差會是自己未來的主人。

其實，夫差的性格很像伍子胥，很強硬，很有韌性。可是，兩個這樣性格的人，是絕對不會相互欣賞的。

伯嚭當上了太宰，伍子胥很不高興，他對夫差很有看法。當然，對伯嚭也有看法。

吳王夫差二年（前494年），夫差要給父親報仇了。

吳王夫差親自率領大軍南下，越軍無法抵擋，因此吳軍一直殺到了越國會稽附近的夫椒（今浙江紹興縣東南），在這裏，吳越兩軍再次決戰。

兩軍決戰，還是吳軍齊整越軍雜亂。不過這一次，吳國人沒有給越國人搗亂的機會。

吳王夫差下令，佈陣之後，全體向後轉，管你越國人表演什麼，你就是大變活人，我這裏也看不見。之後三通戰鼓，轉身衝鋒。

這下，越王勾踐沒脾氣了。

吳軍集團作戰，戰鬥力極強，正面進攻，側面包抄；而越軍雜亂

無章，指揮不靈，根本不是吳軍的對手。一仗下來，越軍除了被殲的士卒之外，其餘四處奔逃，不見蹤影。大將靈姑浮戰死，越王勾踐拼命逃回。但是，都城諸暨城小難守，勾踐只能退守會稽山。這個時候，手下只剩下五千士卒。

吳軍隨後追到，屯兵會稽山下。

山下，吳軍三萬；山上，越軍五千。

要守，恐怕守不了多久；要投降，可是越國人從來就不投降。

怎麼辦？越王勾踐這叫一個愁。

下山決戰，越王勾踐知道那絕對就是送死。可是就這麼熬，也確實不是辦法。

「投降吧。」大夫文種建議，文種不是越國人，而是楚國人。這些年來勾踐也在招賢納士，因此從楚國還是有些人來投奔。

「這，我們越國人不投降的，死就死了。」勾踐不同意。

「投降吧。」大夫范蠡也這麼勸他，范蠡也不是越國人，也是楚國人，晉國裔楚國人。范蠡的父親原本是晉國范家的人，因為只是旁支，在晉國混得沒有前途，看到范家的架勢，知道范家沒什麼好結果，於是就到了楚國。到范蠡長大，看看在楚國也混不出個模樣來，就去了吳國，可是在吳國也不好混，前幾年知道越國招賢，就來到了越國。

對文種和范蠡這兩個國際人才，勾踐一向非常看重。從野蠻到文明，從落後到先進，超吳趕楚撐齊魯，就靠這哥倆了。

「投降？」看見范蠡也勸他投降，勾踐沒有剛才那麼堅決了。

看來，投降是文明和進步的一個部分。

「對，投降，投降怕什麼？當年周文王……」范蠡開始進行文明教育，講述了幾個從投降到崛起的故事，最後總結：「所以說，不挨罵，長不大；不投降，難稱王。」

勾踐聽得似懂非懂，懵懵懂懂，但是他聽明白了一件事：投降，今後還有機會；不投降，就沒機會了。

第一九二章
養馬嘗糞

吳王夫差沒有發起進攻，因為他知道越國人的性格。

越國人的性格就是：大不了是個死，老子跟你拼了。

所以，吳軍的策略就是：圍而不攻，等越國人下山拼命。

那麼，越國人會下山拼命嗎？一定會。

爭論

出乎吳國人意料的是，越國人沒有下山拼命。相反，越國人來投降了。

「咦，這不是越國人的性格啊。」不僅夫差，伍子胥和伯嚭都覺得奇怪。

等到越國的使者一開口說話，大家都明白了：哦，原來來投降的是楚國人。

使者是誰？文種。

「大王，我家主公勾踐派我文種來做使者，我們越國君臣實在不值得大王動手的，請大王允許我們投降。勾踐願意率領越國人民跟隨大王，越國的女子隨大王挑選，越國的寶物大王任取。簡單說吧，我們投降，只要大王不滅了我們。」文種話說得低三下四，文縐縐的，一看就不是土著越國人。

「投降？」夫差反問了一句，然後沒有說話。他有些猶豫，他知道越國這樣的國家，你要消滅他並不容易，而且，只要你不消滅他，他們就會跟你對抗到底，非常難纏。實際上，夫差怎樣看越國人，就像楚國人當初怎樣看吳國人。吳國人要想過安生日子，最好是讓越國人投降。可是，就這麼讓他們投降，是不是太便宜他們？

沒有等夫差想明白，伍子胥大聲說話了。

「不行，不能答應他們，我聽說『樹德莫如滋，去疾莫如盡』，治病就要除根，從前夏朝的時候，過國滅了夏朝，可是夏朝國君後相的夫人生了一個遺腹子少康，結果少康長大之後滅了過國，恢復了夏朝。越國人很難纏的，勾踐又很愛民、很能吃苦，這次放過他，他總有一天會向我們復仇的。」伍子胥說完，也不待夫差說話，轉頭喝令文種：「你滾回去吧，告訴勾踐，我們不接受投降。」

文種看看夫差，夫差向他擺擺手。

文種失望地走了。

夫差有點不高興，他感覺伍子胥沒有把自己放在眼裏。

文種帶回了壞消息。

「算了，不就是個死嗎？我們把老婆孩子都殺了，下山去跟他們拼了，多殺一個算一個。」勾踐聽說吳國人不准投降，準備下山拼命。

「大王，慢著，實在沒辦法了再拼命啊，現在還有辦法可想，別急。」范蠡急忙攔住了勾踐，他在吳國也待過，因此對於吳國的情況比較清楚。「我知道夫差並不信任伍子胥，他比較信任伯嚭，伯嚭這人很貪財。文種再辛苦一趟，咱們收拾點財寶，你悄悄給伯嚭送去，讓他去跟夫差求情。」

文種收拾了些財寶，二次下山，找到了伯嚭。禮物獻上，伯嚭非常高興。坐下來一聊，兩人都是郢都人，正宗老鄉。老鄉見老鄉，兩眼淚汪汪，就用楚國話交談起來。

「行了老鄉，這事情包在我身上了。」伯嚭應承下來，也不知道是看在財寶的份兒上，還是看在老鄉的面子上。

得了賄賂，伯嚭帶著文種去見吳王夫差。

「大王，還是讓越國人投降吧。你想想，要稱霸，就不要隨便滅別人的國家，當年齊桓公滅了誰了？再說了，越國人還有五千精兵，那要真拼起命來，說實話，咱們少說要搭進去一萬條人命，何必呢？」伯嚭早就想好了說辭，他知道夫差有稱霸的雄心，因此拿齊桓公出來說事。

「嗯，太宰說得有道理。」夫差點了點頭，可是沒等夫差再說下一

句話，伍子胥又開口了。

「大王，不能答應他們。吳越兩國山水相連，夾在三江之中，低頭不見抬頭見。所以，吳越兩國必有一亡。我聽說『陸人居陸，水人居水』，咱們能夠戰勝中原國家，但是沒法在那裏生活；而越國不一樣，他們也是山水國家，我們能占他們的地，能撐他們的船，那為什麼不滅了他們呢？」伍子胥的話是真有道理，雖然說得有些急。

夫差瞪了伍子胥一眼，他很不喜歡這樣的感覺。原本，他還在權衡利弊，可是現在，他決定了，他決定不聽伍子胥的，要讓伍子胥看看誰才是老大。

「文種，回去告訴勾踐，我們接受你們投降。」夫差對文種說。

「大王——」伍子胥急了，喊出聲來。

「我已經決定了，不必再說了。」夫差冷冷地說。

文種跪地謝恩。

伍子胥站起身來，一甩袖子，轉身出去了。

「越十年生聚，而十年教訓，二十年之外，吳其為沼乎！」（《左傳》）伍子胥一邊走，一邊氣哼哼地說：「越國人用十年休養生息，再用十年練兵，二十年之後，吳國就會成為廢墟了。」

聲音很大，夫差聽得非常清楚，他的臉色變得非常難看，嘴角抽動了一下，最終沒有說出話來。

伯嚭搖了搖頭，心說：「子胥啊，還沒有接受教訓啊。」

投降

越國投降，國家保住了。

但是，投降也沒有那麼簡單。夫差不是傻瓜，伯嚭也不是傻瓜。

作為投降的條件，勾踐夫婦必須前往吳國做吳王夫差的奴僕。

「那，那還不如跟吳國人拼了。」勾踐無法接受這樣的條件，自己堂堂國君，竟然要淪為奴僕，他對范蠡說：「范先生，你經常說士可殺而不可辱，我，我比士還高幾級吧。」

范蠡笑了，這話他確實說過。

「大王，您不是士啊。一個士，死了也就死了。可是您不一樣，您是一國之主，整個國家要靠您，您不是自己的，您是這個國家的，所以，您要忍辱負重。」范蠡隨後又開始講故事，一通故事講完，又聽得勾踐雲裏霧裏。

不管怎樣，勾踐接受了投降的條件。

帶著越國的財寶和美女們，吳軍撤軍了。

勾踐得到了三個月的安頓後院的時間，三個月後，將北上吳國，給吳王夫差當奴僕。

三個月很快過去，勾踐要北上為奴了。他也想不過去，可是那樣必然再次招來吳軍，到時候連投降的機會都不會有。所以，只能去。

「范先生，我去吳國了，太子還小，越國就拜託先生了。」勾踐囑託范蠡，讓他留在越國輔佐太子。

「大王，行軍打仗，出謀劃策，文種不如我；但是治理國家，親附百姓，我不如文種。我跟大王去吳國，讓文種輔佐太子吧。」范蠡說，他選擇去吳國做奴隸。

於是，勾踐夫婦帶著范蠡，乘船北上吳國了。

想到將要為奴，勾踐的心情十分糟糕，他獨坐船頭，一言不發。

突然，身邊傳來陣陣歌聲。這個時候，還有誰會唱歌？夫人。唱的什麼歌？悲歌。

歌詞是這樣的：

彼飛鳥兮鳶鳥，已回翔兮翕蘇。心在專兮素蝦，何居食兮江湖？徊復翔兮遊颺，去復返兮於乎！始事君兮去家，終我命兮君都。終來遇兮何幸，離我國兮去吳。妻衣褐兮為婢，夫去冕兮為奴。歲遙遙兮難極，冤悲痛兮心惻。腸千結兮服膺，於乎哀兮忘食。願我身兮如鳥，身翱翔兮矯翼。去我國兮心搖，情憤惋兮誰識？

不用翻譯，就能看出有多悲傷淒涼。

「別唱了。」勾踐大聲喊了起來，之後，一把抱住夫人，兩人抱頭

痛哭起來。

寒江，孤舟，悲聲，清影。

此情此景，或許要用李清照的《武陵春》來形容了：

風住塵香花已盡，日晚倦梳頭。物是人非事事休，欲語淚先流。

聞說雙溪春尚好，也擬泛輕舟。只恐雙溪舴艋舟，載不動，許多愁。

戴帽子工程

勾踐夫婦來到吳國，晉見吳王夫差。

「東海賤臣勾踐，誠蒙厚恩，得保須臾之命，不勝仰感俯愧。臣勾踐叩頭頓首。」勾踐跪在夫差面前，聲音有些發抖，不是害怕，是傷心。

夫差笑了笑，他喜歡這樣的感覺。

「大王。」沒有等夫差說話，有人說話了，夫差皺了皺眉頭，不用看，他知道說話的只能是伍子胥。「鳥飛於天，我們還要拿箭去射他。如今到了院子裏，這機會還要放過嗎？勾踐如果流竄到山裏，想抓可就難了，如今自己送上門來，殺了他。」

勾踐一聽，渾身發毛，弄來弄去，這是吳國人的詭計啊。

「嗯，人家講信用，說來就來。如果我們不講信用，今後怎麼在世界上混啊，咱們不能跟晉國一樣啊。」夫差瞥了伍子胥一眼，表示反對。

「是啊是啊，子胥不要只看到眼前，眼光要看遠點啊。」伯嚭在一旁附和。

伯嚭不說話也就罷了，他一說話，伍子胥就氣不打一處來，指著伯嚭的鼻子喝問：「伯嚭，你給我住口。想當年你可憐兮兮來到吳國，要不是我極力推薦，你能有今天？現在你只管貪污受賄，不顧國家利益，你就是吳國的『費無極』。」

伯嚭搖搖頭，苦笑一下，沒有說話。

「伍子胥，一碼是一碼，說那些有什麼意思。越國人投降的時候，你不是說越國人不守信用，勾踐肯定不會來嗎？現在人家來了，你又要殺人家。不來是不講信用，講信用你又殺人家，這跟蠻夷有什麼區

314

別？啊，對了，明天上朝的時候，大家都把帽子戴上。」夫差站在了伯嚭這一邊，說得伍子胥連聲歎氣，無話可說。

可是，戴帽子是怎麼回事？

原來，吳國雖然從壽夢開始學習中原文化，但是主要還是軍事和農耕方面。

後來伍子胥和孫武到吳國，也都是集中於軍事。伍子胥修建闔閭城，算是一大進步。但是，中原國家的禮儀制度、官職等等始終沒有被引進。

夫差對伍子胥不滿，很大一部分原因就是認為伍子胥在吳國就是為了報私仇，對吳國國內發展的貢獻不大。

而伯嚭與伍子胥出身不同，伯氏家族來自晉國，而且爺爺伯州犁是楚國太宰，在禮儀制度方面是楚國的權威。因此，伯嚭對中原禮儀不僅瞭解更多，也重視更多。夫差還在做太子的時候，兩人就經常談論中原的禮儀制度。

到夫差繼位，一門心思都在向越國報仇。現在征服了越國，夫差決心開始禮儀制度改革。而第一項，就是戴上帽子。

這個時候夫差提醒大家戴帽子，除了戴帽子本身之外，還有三層意思。第一，伯嚭是改革開放的設計師，今後大家聽他的，而不是聽伍子胥的；第二，咱們現在是文明人了，文明人要講信用；第三，越國人是蠻子，要讓蠻子看到他們跟文明人的區別。

這項舉措，簡稱為「戴帽子工程」。

養馬

勾踐在吳王夫差這裏得到了一份新工作：養馬。

居住條件不是太好：一間小屋，石頭砌成的。

家什也不是太好，或者說根本就沒有，地上鋪著草，就這麼睡。

簡單說，現在勾踐的待遇是勞改犯的待遇。

每天勾踐夫婦和范蠡幹的活就是養馬，給馬餵草餵水，收拾馬廄，而且，隨時有人看管。至於吃的，都是宮裏的剩飯剩菜。

　　「唉，早知道，還不如當個農民伯伯，至少還有自由，還能自己弄幾頓飯吃。」勾踐常常在半夜對著星星暗自感慨，屋頂有幾個大窟窿，可以看見星星。

　　三個人住在一個小石屋裏，勉強能夠躺下，連給勾踐做愛的空間都不夠。當然，此情此景，也沒有心情做愛了。

　　這樣的生活，什麼時候是個頭呢？

　　轉眼，三個月過去。對於勾踐來說，這三個月比三十年還要漫長。

　　吳王夫差召見越國人，於是越國三人組來見。勾踐夫婦跪在夫差的面前，不敢抬頭，范蠡則站在他們的身後。

　　「范蠡，我聽說好女人不嫁到破敗的家庭，好男人不去破滅的國家做官。現在越國幾乎亡國了，你和勾踐淪為奴隸。我現在想赦免你的罪過，跟我幹吧。」夫差看上了范蠡，要他棄越從吳。

　　勾踐不敢抬頭，他看不到范蠡的臉色。不過他相信范蠡一定會答應夫差，換了是自己，一定會的。

　　「臣聞亡國之臣，不敢語政，敗軍之將，不敢語勇。」（《吳越春秋》）范蠡首先貢獻了「敗軍之將不敢言勇」這個成語，然後態度堅決地說：「我現在是罪有應得，多謝大王的恩德，不過我還是願意跟勾踐在一起服侍大王。」

　　出乎在場所有人的意料，范蠡拒絕了。

　　「既然這樣，你還住回你的小屋去吧。」吳王夫差略略有些惱火，心說這范蠡有點給臉不要臉了。

　　「多謝大王。」范蠡說。他並沒有失望。

　　時間真快，又一轉眼，三年過去了。

　　三個春夏秋冬，勾踐夫婦和范蠡就在小石屋裏度過。每天幹同樣的活，吃同樣的飯。冬天來了，把地上的草鋪厚一些；下雨的時候，

用草蓋住屋頂的洞。

三年過去，三個人都成了養馬的高手。

三年時間，文種每隔三個月就派人到吳國來打探勾踐的消息，同時給伯嚭送來禮物和美女。

三年時間，吳王夫差似乎已經忘了自己這裏還有三個特殊的奴僕。

這一天，吳王夫差在後宮的高臺上望向馬廄，看見三個人一絲不苟地餵馬，他們的動作很嫻熟，配合很流暢，而且相處得非常和諧。

「這幾個養馬的是什麼人？」夫差覺得很奇怪，問身邊的伯嚭。

「勾踐啊。」伯嚭回答。

「噢，是勾踐。看上去，改造得不錯了啊。」夫差說道，隨後感慨，「唉，人生有幾個三年啊，他們也不容易。」

「是啊，大王，他們已經從心裏服了。我看，放了他們算了。」伯嚭趁機提出建議，拿人家手軟，越國人的禮物源源不斷，自己都不太好意思了。

「好，赦免他們。」夫差同意了。

希望破滅

吳王夫差要赦免越國人的消息很快傳了出來。

有兩個人非常著急，一個是勾踐，另一個是伍子胥。

「范先生，我聽說吳王準備釋放我們了，可是，會不會只是心血來潮說說呢？」勾踐偷偷地問范蠡，他既期盼又緊張。

「一定會的，三年我們都熬過去了，怕什麼？」范蠡安慰他。

另一邊，伍子胥去找夫差了。

「大王，俗話說：斬草不除根，春風吹又生。所以，我能向楚國報仇，大王能向越國報仇。如果放了勾踐，他就能向我們報仇啊。」伍子胥果然是來說這個的。

夫差原本還在猶豫是不是放勾踐，如今伍子胥來說這些，反而當即作了決定。

「照你這麼說，世上就沒有俘虜了。我聽說齊桓公、晉文公、楚莊王稱霸，也沒聽說他們殺了哪個國家的君主啊。你別管了，我決定了。」夫差一點也不給伍子胥面子，他越來越覺得這個老傢伙很討厭。

當令人討厭的老傢伙伍子胥走了之後，夫差下令：「讓勾踐他們明天來見我。」

勾踐心潮澎湃，久久不能平靜。

三年了，三年非人的生活，三年沒有性的生活，三年沒有人性的生活。現在，希望來了，回家的希望，自由的希望，睡上自家大床的希望。

「第一晚要給夫人，她陪了我三年，儘管她已經變得又老又醜還渾身馬糞的臭味。」勾踐已經在安排回國之後的生活了。

夫人也按捺不住心頭的喜悅，她用草繩把自己的頭髮捆出來一個花樣，美滋滋地想像著自己的模樣。不過隨後她把草繩撤了下來，她擔心自己收拾得太漂亮了，明天夫差會打她的主意。

只有范蠡不動聲色，他覺得事情沒有這麼簡單。

第二天，太陽照樣升起。

勾踐夫婦和范蠡依然去餵馬，然後等待著有人來領他們去見吳王夫差。

可是，沒有人來領他們。一直到天黑收工，也沒有人來。

晚上，月亮也照常升起。

勾踐失眠了，夫人也失眠了。

人之所以會從失望走到絕望，是因為中間曾經有希望。而希望破滅之後，失望就昇華為絕望。

勾踐哭了，夫人也哭了。

范蠡沒有哭，因為他沒有絕望。

吳王夫差為什麼臨時改變了主意？

忘了？聽了伍子胥的勸告？還是其他什麼原因？

勾踐在猜想，做了各種假設。

直到一個月之後，他才知道了原因：吳王三個月前就生了病，而在原定接見他們那一天的早上，病情突然加重。而且，一直到現在還沒有好。

「要是我能治他的病就好了。」勾踐在馬廄裏想，看著眼前的馬，他突然眼前一亮。

嘗糞

勾踐央求看守他們的人，向夫差提出探視的請求。

層層轉達之後，夫差竟然同意了勾踐的請求。

這一天，勾踐來到了夫差的臥室。

「大王玉體欠安，勾踐憂心如焚啊。」勾踐跪在夫差床前，深情地說，還擠出幾滴眼淚。

夫差看了，倒有點感動起來，這麼多大臣，還沒有人做到這一步的。

「難得你來看望我。」夫差有氣無力地說，也不知道自己這是什麼怪病，總之治了三個月，就是不好。

勾踐還要說話，突然夫差向內侍說：「拿盆來，大便。」

內侍急忙拿來了盆，兩個內侍扶著夫差起身，下了床，就在床邊解了大便，然後再扶上床去了。

一個小內侍端著便盆就要出去，勾踐急忙說：「且慢，讓我看看，我能看出大王的病來。」

小內侍顯然有點吃驚，不敢擅自作主，去看夫差。

「噢？你能看出來？」夫差也覺得奇怪。

「我從前學過醫。」勾踐說。但他實際上沒有學過醫。

「好，給他看看。」

便盆就放在勾踐的面前，一股糞臭撲鼻而來。勾踐仔細看了看，然後湊近了用鼻子狠狠地嗅了嗅，惡臭，帶著酸味。

換了別人，就該吐出來了。好在勾踐常年在馬廄工作，而且住處也是常年惡臭，此時還能忍受。

下一個步驟，難度更大了。

勾踐皺一皺眉頭，作出一副若有所思的樣子來。隨後毫不猶豫地用兩個手指伸進了便盆，捏起一塊大便來。

內侍們捏著鼻子，好奇地看著。夫差用胳膊撐起半個身子，也在好奇地看著。

勾踐把那塊大便放在鼻子邊上聞了聞，之後又放在了嘴邊，伸出舌頭舔了舔。

所有人都看得目瞪口呆，勾踐竟然嚐了夫差的大便。

勾踐點了點頭，似乎從大便中發覺了什麼。之後他把大便放回了便盆中，又用一個指頭蘸了一些小便，然後放進嘴裏嚐了嚐。

每個人都咽了一口口水，似乎自己也嚐了糞尿。

勾踐強忍住沒有嘔出來，為了這一天，他已經吃過馬糞喝過馬尿了，不過夫差的糞尿顯然比馬的要臭要噁心得多。

勾踐煞有介事地點了點頭，然後抬起頭來，很真誠地說：「恭喜大王賀喜大王，大王的病已經在好轉了，不出半個月，必然痊癒。」

夫差瞠目結舌，這世上竟然還有人靠嚐糞尿診病的，這醫生不是很辛苦？

「勾踐，你怎麼看出來的？還是，嚐出來的？」夫差問。

「大王，醫者講究的是望聞問切，其實，還有一個嚐字，只不過沒人願意嚐，所以就不提了。我的老師就教過我怎樣嚐，『順穀味、逆時氣者死，順時氣者生。今者臣竊嚐大王之糞，其惡味苦且楚酸。是味也，應春夏之氣。臣以是知之。』」（《吳越春秋》）勾踐說了，糞的味道

320

跟糧食的味道相搭配，如果與時氣一致，那就沒什麼問題；如果跟時氣相反，那就快死了。今天很榮幸嚐了嚐大王的糞便，味道苦而且酸，這個味道，就是春夏的味道。現在正好是二月末。所以啊，大王您就快痊癒了。

「嗯，不錯不錯。」夫差很高興，也很感動，就是親兒子也不會嚐自己的糞啊。

夫差當即下令，給勾踐改善住宿環境，從石屋搬到了一個大套間，有床有被，勾踐兩口子睡裏面，范蠡睡外面。

勾踐回到馬廄就吐了，吐得苦膽綠都出來了。

夫人和范蠡都來問怎麼回事，勾踐說了一遍，夫人哭了，范蠡面色有些凝重起來，他現在對勾踐更有信心，但是，也更擔心了。擔心什麼？

從那之後，勾踐總覺自己嘴裏有屎尿的味道，直到死都有這種感覺。

那麼，為什麼勾踐想到了這個法子呢？因為馬啟發了他，養了三年馬，他已經能夠從馬的糞便形態判斷馬的身體狀況。

放人

也不知道是勾踐的嚐糞診法真的很靈，還是命中註定勾踐能夠回國。半個月後，夫差的病如期痊癒了。

夫差高興，在文台設宴，招待大臣們。同時，特邀勾踐和范蠡參加。

伍子胥原本高高興興來赴宴，看見勾踐也在，轉身就走。

「子胥，子胥。」伯嚭叫了兩聲，伍子胥頭也不回，走了。

夫差面無表情，毫不在乎。

「哈哈，子胥這人，大概是覺得這幾個月也沒給大王出上力，心存慚愧，所以走了。唉，自尊心太強了。」伯嚭打個哈哈，找個臺階。

「也許是吧。」夫差接話，然後命令開席。

宴席上，夫差高興，給大家講了勾踐的嚐糞診法，大家一陣唏噓。

「太神了，有時間也教教我們，以後也可以為大王診病了。」有幾個大夫覺得這是拍馬屁的好法子，紛紛表態要學。

趁著夫差高興，勾踐和范蠡現場大拍馬屁，無非是祝吳王身體健康，萬壽無疆，人民幸福，祖國富強之類的套話。

當晚，盡歡而散。

第二天，伍子胥去找夫差了。

看見伍子胥，夫差就有些心煩，心說這老東西怎麼這麼討人嫌？

「大王，勾踐不是好人哪，伯嚭就是奸臣哪，你千萬不要聽他們的，千萬不要放勾踐回國啊，大王要迷途知返啊。」伍子胥說得語重心長。

「伍子胥啊，你說你，我病了三個月，你什麼時候來關心過我？什麼時候給我送過好吃的？可是你看看人家勾踐，雖然從前跟我們做對，可是後來全心全意投降我們，美女送過來，寶物送過來，自己親自來當奴僕，這也就算了，我病了，人家用嚐糞診法給我看病，親自嚐我的屎尿，這樣的忠心，你有嗎？你一直勸我殺了他，幸虧沒聽你的，我懷疑你是跟他有什麼私人恩怨。再說了，你總說人家伯嚭怎樣怎樣，可是人家在我面前從來沒說過你的壞話，人跟人的境界咋就差這麼遠呢？你啊，回家涼快去吧。」夫差沒有給伍子胥留情面，一番話，直接將伍子胥趕走了。

夫差決定，立即釋放勾踐。

勾踐走的那一天，吳王夫差親自送出蛇門。

「保重啊，不要背叛我們。」夫差叮囑。

「大王，永生永世，不敢忘記大王的恩德啊。」勾踐動情地說，心說我永遠也忘不了你臭屎的味道。

兩人依依不捨，送別而去。

「唉，好人哪。」夫差感慨，像送走了自己的兄弟。

勾踐登船而去，船到越國境內，看到自己的大好河山，勾踐忍不住放聲大哭起來。

（背景音樂：故鄉的雲。）

臥薪嘗膽

回到故鄉，回到故國，回到自己的大床。

勾踐感慨萬千，萬千感慨匯成兩個字：報仇。

「我要報仇。」勾踐對范蠡說。三年的共同養馬生涯，三年的同室而臥，勾踐對范蠡有一種特別的親近和信任。「告訴我該怎麼辦？」

「很簡單，伍子胥都已經告訴我們了。」范蠡說。

「怎麼，伍子胥告訴你了？」勾踐驚詫，難道伍子胥是我們的臥底？

「不錯，伍子胥說過，我們十年生聚，十年教訓，二十年就可以滅掉吳國。」

「二十年？太長了吧？」

「不長，從現在開始，大王祈禱夫差不要死得太早吧。」

「那，伍子胥還教給你什麼？」

「吳國伐楚，第一件事就是修建都城。如果我們有堅固的都城，也不至於一場敗仗就要投降。」

「好，你來操辦一切。」

范蠡，現在是越國改革開放的總設計師。

特別要提出，這個時候越國淪為吳國的屬國，因此，越國雖然沒有被滅，但是地盤都變成了吳國所封，吳王夫差只封給了越國一百里地。按《國語》，越國此時的地盤為「南至於句無（今浙江諸暨），北至於御兒（今嘉興），東至於鄞（今寧波），西至於姑蔑（今衢縣），廣運百里」。

那麼，原先屬於越國的地盤呢？要麼被吳國奪走，要麼處於三不管狀態：吳國無力管，越國無權管，當地無人管。

以區區百里的地盤，越國這個時候只能繼續裝孫子。

范蠡把越國都城從諸暨搬到了會稽，新都城分內外兩城。內城周

長一千一百二十二步，一圓三方。外城故意不築西北角，象徵臣服吳國，吳軍隨時進入。自然，這是用來忽悠吳國人的。

修建都城僅僅是一個方面，更重要的是實施積極的人口政策，也就是春秋越國版的計劃生育政策。

來看看越國的計劃生育政策：壯年男子不准娶老婦，老年男子不准娶壯妻。姑娘十七歲還不嫁人，她的父母就要論罪；小夥二十歲不娶妻，他的父母也要論罪。

有要生孩子的報告上去，公家派醫生守護。生了男孩，賞兩壺酒，一條狗；生了女孩，賞兩壺酒，一頭小豬。生三胞胎的，公家提供奶媽；生雙胞胎的，公家供給食物。

嫡子死了，免除三年徭役；庶子死了，免除三個月的徭役，而且勾踐一定親自哭著參加埋葬，像對待自己的兒子一樣。

除了計劃生育政策，還有養老福利政策和人才引進政策。

凡是鰥夫、寡婦、有病和貧弱的家庭，由公家供給其子女生活費用。對那些有才幹的人，提供他們整潔的住房，給他們穿好的，吃好的，讓他們切磋磨練以崇尚正義。對各地來投奔的士人，一定在廟堂裏以禮接待。勾踐還坐著裝載糧食和肉的船出行，遇到流浪的年輕人，給吃給喝，記下姓名安排工作。

勾踐自己以各種方法折磨自己，讓自己時刻不忘在吳國所受的侮辱和痛苦。他怎樣折磨自己？來看看兩種版本的說法。

按《吳越春秋》：越王念復吳仇非一旦也，苦身勞心，夜以接日。目臥，則攻之以蓼；足寒，則漬之以水。冬常抱冰，夏還握火。愁心苦志，懸膽於戶，出入嘗之，不絕於口。中夜潛泣，泣而復嘯。

簡單翻譯：勾踐日夜想著報仇，困了，就用蓼葉刺激自己的眼睛；腳冷，就用更冷的水去泡。冬天經常抱著冰，夏天總是烤火。門口掛著苦膽，進出都嘗一下。半夜經常哭泣，哭完了還對天長嘯。

基本上，《吳越春秋》比較誇張，勾踐自己神經衰弱也就罷了，估計把後宮所有人都要弄成神經病。

按《國語》：吳既赦越，越王勾踐反國，乃苦身焦思，置膽於坐，坐臥即仰膽，飲食亦嘗膽也。曰：「汝忘會稽之恥邪？」

簡單翻譯：勾踐苦思冥想怎樣報仇，座位上掛了一個苦膽，時常咬一口，吃飯的時候也要咬一口。經常對自己說：「你忘掉了會稽投降的恥辱了嗎？」

基本上，《國語》比較真實。

臥薪嘗膽，這個成語就出於這裏。

不過對於嘗膽，似乎不僅僅是激勵自己的意思。想來嚐糞的陰影總在勾踐心中，揮之不去，嘗膽也是為了壓制異味的心理安慰。

除此之外，勾踐親自下地幹活，夫人親自織布。不是自己種出的糧食就不吃，不是夫人親自織成的布就不穿。同時，宣佈整整十年在國內不收賦稅。

看得出來，勾踐復仇的決心遠遠大於當初夫差復仇的決心，同樣也大於伍子胥復仇的決心。

對內，勾踐苦心經營，臥薪嘗膽。對吳國，還要繼續裝孫子，拿出養馬嚐糞的精神來。

勾踐先後向吳王夫差進貢「葛布十萬，甘蜜九欓，文笋七枚，狐皮五雙，晉竹十廋」。同時也繼續賄賂伯嚭，結果吳王夫差一高興，把越國的封地增加到八百里；再一高興，把越國原來的地盤全部還給了越國，於是，越國的地盤超過了一千里。

計然之策

勾踐很努力，但是，僅僅有努力是不夠的。

兩年過去，越國的變化不算太大。

「大王，這樣下去，報仇大概要五十年了。」范蠡對勾踐說。

「什麼？只怕我也活不了五十年了。」勾踐瞪著眼說，有點急了。

「這樣下去不行。」

「那，那怎麼辦？我都自己下地種田了，還天天嚐苦膽，這都不

行，我，我可怎麼辦啊？」勾踐哭喪著臉說。他有報仇的決心，可是真沒有辦法，范蠡這麼說，讓他有些絕望。

「大王，有一個人很有才能，不妨請他來給大王出出主意。」范蠡這人這點好，提出問題的時候，多半有了解決問題的方法。

「快請來。」勾踐迫不及待地說。

計然，范蠡介紹的這個人叫計然。

計然也不是越國人，是蔡國人，不過，是晉文公的後人，晉國公子都流落在外國，計然的祖輩就到了蔡國。計然原本姓辛，字文子。博學多才，天文地理無所不通。不過此人性格內向，酷愛山水，不求功名。從蔡國到越國，也不過是遊山玩水。恰好遇上了范蠡，兩人一交談，范蠡大吃一驚，知道這是一個真正的高手，比自己還高的高手。

所以，范蠡把他推薦給了越王勾踐。

「先生請坐，您就是計，計然？」勾踐說話有一點結巴，為什麼？不是因為忘了嚐苦膽，而是覺得眼前這個人不像是個有學問的人。

這也難怪，計然這人外貌平平，甚至看上去有些木訥。

「是。」計然話不多。

勾踐哼哼唧唧沒有再說話，他對計然很失望。這也難怪，范蠡平時滔滔不絕，這與計然的沉默截然不同。

「大王，計然先生大智若愚，外訥內秀，有什麼問題，大王儘管問。」范蠡看見勾踐猶豫，趕緊說。

見范蠡這樣說，勾踐總算對計然有了一點信心。

「計然先生，我回國已經兩年，為了國家的強大，我臥薪嘗膽，甚至自己下地種田，老婆親自織布。可是為什麼不見什麼成效？請先生教我。」勾踐開始提問。

「大王錯了，你親自種地，不會比老農收穫得多；夫人親自織布，也不會比農婦織得好。你們這樣做，不過是做一時的榜樣，遇上天災，就什麼用也沒有了。所以，大王要做大王應該做的事情，你應該去瞭解這個世界的規律，應時而動，才能讓百姓富裕，國家強大。」計然不

拐彎抹角，直接開始批評。

勾踐一愣，再一想，竟然有豁然開朗的感覺。

「計然先生，您真是一席話點醒夢中人，繼續啊。」勾踐來了精神，說話也客氣了很多。

一旁，范蠡一邊點頭，一邊也聚精會神地聽。

「夫興師舉兵，必先內蓄五穀，實其金銀，滿其府庫，勵其甲兵。」（《吳越春秋》）計然開始了，他說首先要做的事情是有足夠的糧食儲備。「我們要藏富於民，稅賦要低。可是，大王免了稅，為什麼百姓還是不富有？糧食還是沒有儲備？因為免稅是錯誤的。」

勾踐眨眨眼，覺得有點不可思議。范蠡也眨眨眼，思考著。

「如果向百姓收取二十石糧食以下的稅，百姓就不會努力種糧，因為不用努力就夠吃了；向商人收取九十石糧食以上的稅，商人就無利可圖，就不會經商了。所以，稅賦應該在三十石到八十石之間，這樣農民就必須努力種田，而商人有利可圖，就會經商。那麼最後，農民的收入增加了，商人的利益增加了，國家的糧食庫存也增加了。」計然說到這裏，勾踐眼都直了，茅塞頓開。

「我怎麼就不會這麼思考問題呢？」范蠡喃喃自語，對計然十分佩服。

「種地不是傻種，要懂得自然的規律。月亮每十二年為一個週期，進行週期性循環時，大地萬物也會隨之變化……自然的週期是每隔六年一次豐收，每隔六年一次持平，十二年一次饑荒。如果處理不好，人民就會對你的統治沒有信心，離你而去。古代的聖人由於能早早預知自然界的變化，所以預先做好準備……」計然侃侃而談，都是勾踐從來沒有聽說過的道理。

「哇噻，從前以為有沒有文化都一個鳥樣，現在看來真不一樣。」勾踐在心裏說，從此對中原文化有了憧憬。

「越國國土狹小，如果單靠種地，恐怕很難富足。但是，我們越國的位置處在吳國、楚國和百越之間，這是三個完全不同的國家，我們如果經商，那將是快速致富的方法。」計然說起了經商，范蠡瞪大了眼

睛，他也對經商感興趣。

「旱則資舟，水則資車，物之理也……以物相貿易，腐敗而食之貨勿留，無敢居貴。論其有餘不足，則知貴賤。貴上極則反賤，賤下極則反貴。貴出如糞土，賤取如珠玉，財幣欲其行如流水……」（《史記》）計然說了一通原理，又舉了幾個例子，范蠡細心地記錄下來。

「先生，那，具體點，我們該怎麼做？」勾踐探出頭去，兩眼盯著計然，急急地問。

「好，我有七條經商策略，按照這七條去施行，應該可以幫助大王早日復仇成功。」計然說，還是那麼不急不慢的樣子。

「先生等等，我叫人來記錄下來。」勾踐生怕忘了，要喊人來記，旁邊范蠡急忙說：「大王，不要叫人了，我在記呢。」

勾踐這才發現范蠡在記，笑了笑。

計然七策是中國歷史上最著名的經商法則，按理說大家應該記住。

可惜的是，失傳了。

《史記·貨殖列傳》中，計然的出場在管仲之後，為第二位。而以經商而言，計然應該排在第一，中國商學的祖師爺非計然莫屬。後來范蠡運用計然的商學原理經商，富甲一方，成為中國歷史上最著名的商人陶朱公。

「計然之術」、「計然之策」是兩個應用不太多的成語，意思是發財的辦法，這兩個成語，就是來自計然七策。

至今，在浙江慈溪縣慈城鎮黃山村的計家山下，有一計然泉，想發財的人不妨去討口水來喝。

計然七策，讓勾踐和范蠡大開眼界。

「計先生，你太有才了，你來替我管理國家怎麼樣？」勾踐這時候已經是計然的鐵杆粉絲了，立即發出邀請。

「大王，我這人經商還行，別的不行。行軍打仗，外交辭令，設計謀劃，當機立斷，這些，范蠡最有能力。管理國家，安撫百姓，這些方面，文種最在行。所以，大王應該跟他們多溝通。」計然很謙虛，也很實在。

計然的話，讓勾踐想起范蠡當初的話來。從那以後，計然與范蠡、文種成為越王勾踐最倚重的三個人。

「計先生，覺得大王怎樣？」從勾踐那裏出來，范蠡問。

「堅忍不拔，一定會成功。不過，長頸鳥喙（音會，鳥獸的嘴），可與共患難，不可與共榮樂。」計然淡淡地說。

范蠡點了點頭，沒有說話。

折騰魯國

歷史往往沒有想像中那麼複雜，但是也沒有傳說中那麼簡單。

吳王夫差之所以接受越國的投降，還有一個很重要的原因：全力對付楚國。

就在夫差討伐越國的同時，楚國人就已經重新向吳國人發起了挑釁。

楚軍出動，包圍了吳國的保護國蔡國，在蔡國首都四周修築了高兩丈的隔離牆。九天之後，蔡國投降。

楚軍命令蔡國遷到楚國境內的長江和汝水之間，由於擔心吳軍來救，先行撤軍了。

　　吳軍從越國回來，夫差決定以牙還牙，於是出兵討伐楚國的屬國陳國。吳國沒有能夠拿下陳國，只是搶掠了一番，就回國了。

　　第二年，吳軍出兵前往蔡國，將蔡國搬遷到了吳國邊境的州來。所以，州來之後改名為下蔡。

　　吳王夫差七年（前 489 年），釋放了勾踐之後，夫差再次出兵伐陳。這一次，楚昭王親自率領楚軍救援陳國。不過，楚昭王病死在軍營，楚軍撤軍。而吳軍因為糧草不繼，也撤軍了。

　　「明年咱們再攻打陳國，一定要拿下來。」回到吳國，夫差發誓要拿下陳國。

　　「不，大王，不要再打陳國了。」伯嚭提出反對意見，這讓夫差有點驚奇，因為伯嚭一向都是無條件支持他的。

　　「為什麼？」

　　「陳國是個小國，我們拿下他們也沒有什麼好炫耀的，而拿不下他們，就會很丟人。所以，沒必要再打他們。」

　　「不打他們，那我們幹什麼？」

　　「我們要稱霸啊，我們這麼強的實力，不稱霸對不起自己啊。」

　　「說得對。」夫差來勁了，稱霸是他早就有的想法，不過一向沒有多大信心，也沒有想太深，如今伯嚭說出來，正觸動了他心頭那塊癢癢肉。

　　「大王，要稱霸，就不能跟陳國這種垃圾國家糾纏，甚至沒必要跟楚國這類半野蠻國家計較。要記住啊，咱們吳國是周朝正宗，咱們要讓中原諸侯服氣，楚國越國這樣的蠻子國家服不服其實沒關係。所以我建議，咱們的眼光放到北面，挺進中原。」伯嚭看夫差的表情，知道自己揣摩對了夫差的心思。

　　「那，先打誰？」

　　「咳，不一定就要先打誰啊。魯國就在咱們北面，一向跟咱們關係也不錯，這樣，咱們先去越魯國蹚蹚路。」

　　「那，你安排一下吧。」果然，夫差對這個建議很感興趣。

所以，提反對意見並不可怕，關鍵是要投其所好。

安排這樣的事，伯嚭很在行。

吳王夫差七年夏天，吳國大軍北上，駐紮在吳國北部邊界。隨後，伯嚭派出特使前往魯國。

「邀請我們大王來做客吧？」吳國特使對魯國國君魯哀公說。

「那，那就邀請吧。」沒辦法，魯哀公只好邀請吳王夫差在鄫地會面。現在哪個國家都能得罪，只有吳國得罪不起。

吳王夫差就這麼被邀請到了鄫地。

「你們要用百牢的享禮招待我們大王。」伯嚭提出要求。牢就是祭祀用的牛、羊、豬，百牢就是牛羊豬各一百頭。

魯國人一聽就傻眼了，因為即便是周天子，也只能享受十二牢的享禮。

「那，超標了吧？」魯國人解釋了一遍，他們為吳王準備的是十二牢，以為已經夠意思了。

其實，不用解釋，伯嚭早就知道。正因為知道，他才要求百牢，要讓夫差高興。

「超什麼標？以為我們什麼都不懂啊？當年范鞅在你們這裏享受了十一牢，以為我不知道？他能享受十一牢，我們大王怎麼不能享受百牢？」伯嚭強詞奪理。

沒辦法，魯國人答應用百牢來招待吳王夫差。

這就夠了嗎？伯嚭還要繼續耍威風。

「那什麼，你們的執政季康子怎麼不來啊？瞧不起我是嗎？」伯嚭還要讓夫差看看怎麼顯吳國的威風。

「那，那什麼，他，害怕。」孔子的弟子子貢回答，他是季康子的家臣，替主人找了個藉口。

「我們又不是蠻子，怕什麼怕？叫他來。」伯嚭不依不饒。

沒辦法，季康子也只好來了。

吳魯之會，吳王夫差感覺很爽。

「太宰，還是你博學多才，要不然，就算咱們實力強，也要被他們忽悠了。」回到吳國，吳王夫差誇獎伯嚭。

「大王，這不算什麼，咱們慢慢折騰他們。」伯嚭很得意，他在想，要是我祖爺爺我爺爺我伯父像我這樣把國君哄得高高興興，何至於被殺啊？

折騰齊國

吳王夫差從魯國回來僅僅兩個月，就找到了繼續折騰魯國的藉口。

原來，魯國出兵攻打了邾國，邾國人前來求救。

「現在晉國不行了，也就是吳國能主持正義，維護世界和平了。」邾國人找了兩頂高帽給夫差戴上。

夫差有些猶豫，畢竟剛剛去人家魯國那裏做過客，還享用了百牢。

「大王，討伐魯國。」夫差猶豫，伯嚭沒猶豫。

「為，為什麼啊？」夫差問。

「為什麼？大國欺負小國，就要打。」

對這個回答，夫差沒有想太明白，那吳國打魯國不算大國欺負小國嗎？

第二年春天，吳軍出動，攻打魯國。

以吳軍的戰鬥力，魯軍自然不是對手，吳軍連續攻占武城和東陽兩城，並抓獲了兩名魯國大夫。

魯國全國震動。

「不要再打了，嚇唬嚇唬他們就行了。」伯嚭又提出建議，他擔心再打下去，齊國和晉國會出手救援魯國。

於是，吳國主動提出講和，魯國自然求之不得，雙方結盟之後，吳軍撤軍。

「太宰，咱們這不是白折騰一趟？」夫差有點想不通。

「稱霸不能急，要多折騰幾次，他們才會真正服氣。」這是伯嚭的

理論。

問題是，折騰別人，實際上也就是折騰自己。

好像老天有意要幫助吳國稱霸，所以兩個月以後，吳國又找到了折騰魯國的藉口。

這次的藉口是齊國人幫著找到的。

原來，當初齊悼公還沒有繼位的時候到了一趟魯國，結果跟季康子的妹妹一見鍾情，發生了一夜情，季康子就把妹妹許配給了他，兩人就非法同居了。現在齊悼公即位了，派人到魯國接老婆回齊國，可是季康子發現妹妹竟然跟自己的叔叔搞亂倫，季康子怕事情被齊悼公發覺，於是就沒有讓妹妹去齊國。

齊悼公不知道這其中的原因，以為是大舅子故意刁難，因此發誓要把老婆搶回來，這才派人來吳國，請求吳國出兵，南北夾擊魯國，幫他把老婆搶回來。

「家務事，不好管吧？」夫差又有些猶豫。

「咱要當霸主啊，家務事更要管。」伯嚭說。實際上他就是想折騰魯國，炫耀武力。

雙方商量好，明年開春出兵，就這麼定了。

到了第二年春天，齊國又來特使了。

「大王，不用麻煩你們了，我們自己解決了。」齊國特使來通知吳國不用出兵了。

原來，秋天的時候，季康子把妹妹送到齊國去了，齊悼公倒是個情種，對季康子妹妹的緋聞一點也不在乎，十分寵愛。

按理說，人家的家務事解決，你這幫閒的也就可以歇著去了。可是，吳國人不這樣。

「什麼？去年請我們出兵，今年又變卦了，以為打發叫花子啊？不行，我要親自去向你們國君問問清楚。」夫差大怒，言下之意，你們不讓我們打魯國，我們就打你們。

齊國特使有點發懵，這是什麼邏輯啊？

等齊國特使走了，夫差問伯嚭：「太宰，我這麼對齊國人說對嗎？」

「恭喜大王，賀喜大王，大王的霸氣越來越重了。」伯嚭一邊笑，一邊拍馬屁。

「我知道了，霸氣就是不講理，哈哈哈哈……」夫差大笑起來。

「哈哈哈哈……」伯嚭也跟著大笑起來。

折騰吳國

這邊，吳王夫差在想著辦法折騰北方諸侯。

那一邊，越王勾踐也在想辦法折騰吳國。

在計然七策的指導下，越國很快恢復了元氣。

「我要報仇。」越王勾踐咬了一口苦膽，然後對自己的幾個心腹大臣說。

誰是越王勾踐的心腹大臣？范蠡、文種、計然。

「各位，現在我們用了計然的方法，國家已經富裕起來，老百姓也都很親和，我想向吳國人報仇了，大家看怎麼樣？」勾踐說。

一致反對。

理由很簡單：吳國還很強大，我們還不夠強大，而且，需要更好的機會。

「那我們就這麼等著？」勾踐有些失望。

「不然，吳國人現在正在北上與齊魯爭鋒，想要雄霸中原，這樣，必然招來晉國、齊國的不滿，而楚國是吳國的世仇，我們不妨暗中與楚國晉國齊國勾結，尋找時機，三面夾擊吳國。」范蠡從外交的角度提出一條建議。

勾踐沒有說話，他顯然還是不滿意。

「大王，我聽說『高飛之鳥，死於美食；深川之魚，死於芳餌』。要討伐吳國，恐怕要先投其所好，折騰他們，然後乘虛而入。」文種終於說話了。

「哦，說說看。」勾踐看看文種，表情輕鬆了一些。

「我想好了，一共是七條。第一是尊天地敬鬼神，以祈求它們賜福；二是用奇珍異寶迷惑夫差，用賄賂收買他們的大臣；三是想辦法拉高他們的物價，讓他們的老百姓一門心思追逐利益；四是選取美女讓夫差荒淫無度，不思進取；五是選取能工巧匠，幫他們建造大工程，消耗他們的財富；六是幫助沒有本事的吳國人擔任吳國重要的官職，削弱自身；七是離間吳國有見識的大臣，讓吳王遠離他們。這七條做到了，就可以攻打吳國了。」文種的辦法很具體，顯然思考了很長時間。

一致同意。

既然一致同意，那就開始實施。

第一件事簡單，在東郊建了一個廟祭祀太陽，給太陽神取個名字叫東皇公；在西郊建了一個廟祭祀月亮，給月亮神取個名字叫西王母。在會稽祭山神，在江州祭水神。

第二件事比較麻煩，按《吳越春秋》：「越王乃使木工三千余人入山伐木，一年，師無所幸。作士思歸，皆有怨望之心，而歌木客之吟。一夜天生神木一雙，大二十圍，長五十尋。陽為文梓，陰為楩楠，巧工施校，制以規繩，雕治圓轉，刻削磨礱，分以丹青，錯畫文章，嬰以白璧，鏤以黃金，狀類龍蛇，文彩生光。」

簡單地說，就是出動了三千木工，滿世界找了兩根巨木，然後精工製作。

木頭收拾好了，然後勾踐收拾了些金銀珠寶，在范蠡、文種的陪同下，率領五百隨從，由水路浩浩蕩蕩前往吳國進行國事訪問。

當然，兩根木頭同時從水上拉過去了。

這時候，正是吳國人準備攻打齊國的時候。

越國人的到來讓吳王夫差非常高興，這證明自己的對越政策是多麼成功，自己的人格魅力是多麼無敵。

越王勾踐以臣下的禮節拜見了吳王夫差，還饒有興致地參觀了當

年養馬的馬廄和住過的石屋，表示：吳越兩國要世世代代友好下去，子子孫孫友好下去。

兩國領導人還就共同關心的國際事務進行了交流，勾踐表示，越國人民支持吳國人民的爭霸事業，世界只有在吳王的領導下才能實現真正的和平。

吳王夫差對越王勾踐的到訪表示熱烈的歡迎和誠摯的感謝，重申：吳越兩國一衣帶水，和睦相處。兩國應該取長補短，共同發展。

作為友誼的象徵，越王勾踐代表越國人民向吳王夫差贈送了參天巨木兩棵，希望吳國就像這兩根木頭一樣屹立於世界的最高端。

吳王夫差表示，吳國人民不會辜負越國人的厚望，這兩根象徵兩國友好關係的木頭將會成為吳國標誌性建築姑蘇台的棟樑。

「我們要修建一座姑蘇台，要修成世界第一高臺，代表我們吳國人民有志氣有能力有力氣。」吳王夫差非常高興，真的非常高興，當即作出了這樣一個偉大的決定。

「我們越國全力支持，我們還會再運木頭過來。」越王勾踐也非常高興，也是真的非常高興，他看著吳王夫差，心中暗想：「修吧，折騰死你們，這兩根木頭就是你們的棺材板，姑蘇台就是你們的墳墓。」

狡猾的越國人給吳國這兩棵木頭的目的就是讓吳國人修建樓臺，超乎他們預料的是，吳國人不僅要修，還要修世界最高。

標誌性建築，往往就是墳墓的代名詞。

夫差高興，所有吳國的高層都高興，因為禮物人人有份。

只有一個人不高興，很不高興。

不用猜，這個人是伍子胥。

「是豢吳也夫？」伍子胥自言自語，什麼意思？這不是要養肥我們，然後再宰了我們嗎？

強烈的責任感讓伍子胥無法保持沉默，他要發言。

「越在我，心腹之疾也。」（《左傳》）伍子胥開門見山，首先貢獻了一個成語「心腹之患」，之後繼續：「他們表面上順服，實際上在悄

悄地做準備，我們要早一點下手才行。我們攻打齊國有什麼用？那塊土地也不適合我們。如果我們不滅掉越國，越國就會滅掉我們。《盤庚之誥》說：『對於叛逆，要斬草除根，不留後患。』如今大王反其道而行，還想稱霸，怎麼可能呢？」

夫差本來很高興，看見伍子胥發言，就有點不高興，又聽到這些陳詞濫調，更加不高興。

「伍子胥，總說這些，自己不煩嗎？這樣吧，就派你去趟齊國，如果你能說得齊國人主動臣服，我們就不討伐他們，怎麼樣？」夫差乾脆給伍子胥派了個活兒，算是眼不見心不煩。

伍子胥歎了一口氣，一片忠心不受待見，還給自己攬了個活兒。

越國人在吳國受到熱情招待，臨走，吳王夫差為他們設宴送行，別說，真有點依依不捨。

送行宴非常盛大，吳國的高層們都應邀參加，只有一個人沒來，那就是伍子胥，他也是眼不見心不煩。不過，他不來，夫差也高興。

酒肉、歌舞、自吹和互吹，國宴基本上就是這樣。

酒酣肉飽，吳王夫差開始談起自己的稱霸大業，說到了要討伐齊國。

「大王，外臣范蠡有個問題想問問。」范蠡弱弱地問。

「請講。」

「大王，吳國稱霸，今後少不了北上中原。可是，路途遙遠不說，中間還是山水相隔，輜重糧草運輸不便，不知大王有何良策？」范蠡提問，很專業。

「這個問題提得好，這確實是個傷腦筋的問題，這次討伐齊國之所以一再拖延，就是因為這個問題。范蠡，你有什麼好建議？」夫差問。他一向欣賞范蠡，心想他或許有辦法。

「大王，我有一個一勞永逸的辦法。」

「啊，快說。」夫差很感興趣，所有人都很感興趣。

「我們吳越人擅長水運，如果挖一條大溝，連通長江和淮河，那

麼，豈不是南北貫通，如履平地？今後要出兵中原，輕而易舉，雄霸天下，不費吹灰之力。」

范蠡說完，整個宴會廳一片寂然。

「啪！」吳王夫差用力地一拍桌子，大聲說道：「好主意，好主意。」

「好主意，好主意。」一片附和聲。

真的是好主意。

吳國人很高興，真的很高興。

越國人也很高興，也是真的很高興。

第一九五章
伍子胥的悲哀

　　姑蘇臺上烏棲時，吳王宮裏醉西施。吳歌楚舞歡未畢，青山欲銜半邊日。銀箭金壺漏水多，起看秋月墜江波。東方漸高奈樂何！

——唐・李白《烏棲曲》

　　越王巧破夫差國，來獻黃金重雕刻。西施醉舞花豔傾，妒月嬌娥恣妖惑。

　　姑蘇百尺曉鋪開，樓楣盡化黃金臺。歌清管咽歡未極，越師戈甲浮江來。

　　伍胥抉目看吳滅，范蠡全身霸西越。寂寞千年盡古墟，蕭條兩地皆明月。

　　靈岩香徑掩禪扉，秋草荒涼遍落暉。江浦回看鷗鳥沒，碧峰斜見鷺鷥飛。

　　如今白髮星星滿，卻作閒官不閒散。野寺經過懼悔尤，公程迫蹙悲秋館。

　　吳鄉越國舊淹留，草樹煙霞昔遍遊。雲木夢回多感歎，不惟惆悵至長洲。

——唐・李紳《姑蘇臺雜句》

　　南宮酒未銷，又宴姑蘇臺。美人和淚去，半夜閶門開。相對正歌舞，笑中聞鼓鼙。星散九重門，血流十二街。一去成萬古，臺盡人不回。時聞野田中，拾得黃金釵！

——五代・曹鄴《姑蘇臺》

標誌性建築和標誌性工程

越國人回去了。

吳國人開始動工了，舉世聞名的兩大工程。

第一大工程，姑蘇台。

姑蘇台，建在闔閭城外西南隅的姑蘇山上（今江蘇吳縣境內）。姑蘇山上原本有台，不過是烽火臺，吳王闔閭所建。現在，吳王夫差要把它建成吳國的標誌性建築，快樂的家園，淫蕩的樂園。

《吳越春秋》記載：「姑蘇之台，三年聚材，五年乃成，高見二百里。行路之人，道死巷哭，不絕嗟唏之聲，民疲士苦，人不聊生。」

姑蘇台高三百丈，寬八十四丈，有九曲路拾級而上，登上巍巍高臺可飽覽方圓二百里內湖光山色，其景冠絕江南，聞名天下。高臺四周還栽上四季之花，八節之果，橫亙五里。

標誌性建築的建造，苦了吳國的老百姓。

姑蘇台成為後人憑弔的絕佳所在，後世詠姑蘇台的詩詞極多，以上幾首不過順手抄來。

第二大工程，邗（音含）溝。

夫差在邗地（今江蘇省揚州市）修建邗城，以此為南端，開挖運河，南起邗城以南的長江，北經樊梁湖（今江蘇高郵附近）等一系列湖泊，折向東北，入射陽湖，再向西北經淮安入淮河。全長四百餘里。

邗溝至今依然在，不過已經是京杭大運河的一段。

四百里邗溝，耗時三年完成。

作為標誌性工程，邗溝是中國歷史上有記載的最早的運河。

偉大的標誌性建築和偉大的標誌性工程讓吳國人民痛苦萬端，越國人民暗自高興。

所以，當有人讚揚我們的標誌性建築或者標誌性工程的時候，他很可能不懷好意。

伐齊

吳王夫差十二年（前484年）夏天，邗溝建成。吳王夫差迫不及待，率軍由邗溝北上。抵達淮安，棄船登車，討伐齊國。同時，派遣大夫徐承率領水軍由海上入侵齊國。

魯國此前與齊國交惡，因此與吳軍會合，共同討伐齊國。

吳魯聯軍一舉攻占了齊國的博地（今山東泰安市南），隨後進軍艾陵（今山東萊蕪市東部）。在這裏，齊軍主力嚴陣以待。

吳魯聯軍與齊軍展開了決戰，齊軍由國書率領。

吳魯聯軍的中軍和下軍都是吳軍，把上軍留給了魯國人。

齊國人知道吳軍十分生猛，戰前唱挽歌寫遺書，準備戰死。

戰鬥開始，齊國人非常勇猛，結果魯軍根本抵擋不住。但是，吳國人比齊國人更猛，中軍和下軍先後獲勝，隨後前來支援魯軍，把齊國打得落花流水。

這一仗下來，吳軍繳獲戰車八百乘，殺死齊軍三千人，俘虜包括中軍主帥國書在內的齊軍將領六人，其中就包括那個所謂的孫武的爹陳書。

吳軍一點沒客氣，將俘虜全部殺死。

隨手，吳軍將繳獲的戰車全部送給了魯國。

正面戰場獲得全勝，但是，側面戰場上，吳軍水軍被齊軍擊敗，但是船頭一掉，向南侵入莒國，拿下了琅邪。

夫差並沒有乘勝追擊，他也沒有乘勝追擊的意思，很簡單，他要的只是齊國人服氣，而不是滅掉齊國。

於是，夫差主動派人前往齊國進行和平談判。齊國人這時候哪裡還有討價還價的資本？只得接受吳國的條件，與吳國盟誓，承認吳國的盟主地位。

吳國撤軍。

吳王夫差高高興興回到吳國，發現范蠡早已經在等候自己。

「哦，范先生在。」吳王夫差有些意外，同時也有些高興，他很喜歡范蠡這個人，甚至把他當成了半個吳國人來看。

「恭喜大王，賀喜大王，齊國服氣了，大王的霸業就在眼前啊。」范蠡先拍了一個常規的馬屁，直接送到了吳王夫差的心坎上。

「這裏也有越國人的功勞啊。」夫差說。他懷疑范蠡是不是專門來拍馬屁的。

「我家主公時刻紀念著大王的恩典，因此特地搜尋了兩個絕色美女派范蠡給大王送來，也算是錦上添花吧。」原來，范蠡是送美女來的。

「送來看看。」夫差說。他興致不算太大，因為後宮的越國美女已經不少，審美有些疲勞，再加上這一趟魯國和齊國都送了美女，還沒有來得及——臨幸呢。

不過，夫差的眼睛很快就睜得很大了。

他看見了誰？西施。

西施

三年前，勾踐派人在全國搜尋美女，結果在諸暨苧蘿山下找到兩名美女，兩個美女的家裏都是砍柴為生，這兩個女孩則是幫扶父親，在江邊浣紗。兩個美女，一個姓施，因家住村子的西頭，因此叫做西施，另一個美女叫做鄭旦，跟西施同一個村。

又是兩個天仙妹妹。

不用說，兩人是天生麗質、純潔美麗，不過有點土裏土氣。為此，勾踐特地在土城修了別宮，派出後宮最好的宮女去培訓她們，床上床下，屋裏屋外，言談舉止，都作了嚴格培訓。

整整三年，培訓結束。

這時候再看這兩個美女，舉止大方，談吐得體，妖嬈中不失單純，嬌嗔裏暗含風騷。舉手投足媚力發散，嬉笑怒罵秋波亂顫。讓你看一眼想兩眼，看兩眼想三眼，看三眼就想入非非。

勾踐不敢去看，他怕看了就想亡國。所以，他讓范蠡直接送到了

吳王夫差這裏，讓她們來亡夫差的國。

「哇噻，夥計。」吳王夫差看傻了眼，禁不住一邊流口水，一邊情不自禁把剛從魯國學來的口頭禪用了出來。

「勾踐，夠意思，夠意思。」吳王夫差讚不絕口地說。

從那之後，西施和鄭旦成了夫差的寵姬。

有了這樣的兩個美女，夫差什麼也不想幹了。他在姑蘇山建造春宵宮，築大池，池中設青龍舟，與西施和鄭旦玩鴛鴦浴；又建造了表演歌舞和歡宴的館娃閣、靈館等，西施擅長跳「響屐舞」，夫差又專門為她築「響屐廊」，用數以百計的大缸，上鋪木板，西施穿木屐起舞，裙繫小鈴，放置起來，鈴聲和大缸的迴響聲，「錚錚嗒嗒」交織在一起，使夫差如醉如癡。

從美貌來說，西施和鄭旦各有風采，不相上下。不過，西施更有心計，伶牙俐齒，更能討吳王夫差的歡心，再加上跳舞跳得好，因此比鄭旦更受寵。對此，鄭旦有些憂鬱。

時間不長，鄭旦憂鬱而死。這下，西施更加受寵。

關於西施，自然有許多傳說。

中國歷史上四大美女，西施排名第一。所謂沉魚落雁之容，閉月羞花之貌。沉魚的就是西施，說她在河邊浣紗的時候，魚兒看見她都自慚形穢，只能沉到水底玩偷窺。

如今的杭州西湖，就得名於西施，原名西子湖。

關於西施的唐詩宋詞更是海了去了，是個詩人都要寫上幾句。這裏隨便附上幾首。

家國興亡自有時，吳人何苦怨西施。西施若解傾吳國，越國亡來又是誰？

——唐·羅隱《西施》

豔色天下重，西施寧久微。朝為越溪女，暮作吳宮妃。賤日豈殊眾，貴來方悟稀。邀人傅脂粉，不自著羅衣。君寵益嬌態，君憐無是

非。當時浣紗伴，莫得同車歸。持謝鄰家子，效顰安可希。

——唐·王維《西施詠》

芳蘿妖艷世難偕。善媚悅君懷。後庭恃寵，盡使絕嫌猜。正恁朝歡暮宴，情未足，早江上兵來。捧心調態軍前死，羅綺旋變塵埃。至今想，怨魂無主尚徘徊。夜夜姑蘇城外，當時月，但空照荒台。

——宋·柳永《西施》

殺胥

　　夫差現在的心情超級好，窮兵黷武之外，還有美女可以夜夜笙歌，縱情聲色。算得上是事業有成，愛情有就。

　　可是，有一個人心情很不好，誰？

　　不用猜，還是伍子胥。

　　他又來了。

　　「臣聞五色令人目盲，五音令人耳聾。臣聞賢士國之寶，美女國之咎：夏亡以妹喜，殷亡以妲己，周亡以褒姒。」（《吳越春秋》）太直接了，伍子胥太直接了，直接把西施說成了亡國的女人，把吳王夫差比成了商紂王周幽王。

　　夫差很不高興，心說你屎殼郎鑽到牛糞裏，不活動活動顯不出你來是吧？我事業這麼好，泡幾個小妞你也要來管？你老了泡不動了嫉妒了是吧？

　　「別說這些了，自古英雄愛美人，這有什麼啊？人家勾踐為了我好，到處找美女給我，你呢？還是別說了，回家休息去吧。」夫差也沒給好臉，揮手打發了伍子胥。

　　氣哼哼，伍子胥回家了。

　　沒過幾天，夫差在文台設宴慶功，全體大夫參加，不得請假。

　　酒過三巡，大家高興，於是，夫差開始行賞。

　　「寡人聞之，君不賤有功之臣，父不憎有力之子。今太宰嚭為寡人

344

有功，吾將爵之上賞。」（《吳越春秋》）夫差把一等獎頒給了伯嚭，並讚揚他就是自己的管仲。

大家一同叫好，都說這是實至名歸。

伯嚭清了清嗓子，準備發表獲獎感言。還沒等他說話，有人大聲開口了。

「於乎，哀哉！遭此默默，忠臣掩口，讒夫在側；政敗道壞，諂諛無極；邪說偽辭，以曲為直，舍讒攻忠，將滅吳國；宗廟既夷，社稷不食，城郭丘墟，殿生荊棘。」（《吳越春秋》）說話的又是伍子胥，大意是忠臣受壓抑，奸臣受獎賞，吳國就要完蛋，宗廟都將不保。

肅靜，驚人的肅靜，大家用驚詫的目光看著伍子胥，再用迷惑的目光去看夫差。

夫差的臉色氣得鐵青，猛地一拍桌子，喝道：「老臣多詐，為吳妖孽。乃欲專權擅威，獨傾吾國。寡人以前王之故，未忍行法，今退自計，無沮吳謀。」（《吳越春秋》）夫差的話也是毫不留情，大意是你這個老東西專門說我們吳國的壞話，想要獨掌大權。看在我爹的面子上，今天不跟你計較，你自己回去好好反省吧。

伍子胥站起身來，說道：「我都是為了吳國好，可是你不識好人心。你要是殺了我，你就是夏桀商紂這一類昏君了。你好好反思吧，我，我辭職不幹了！」

說完，伍子胥轉身就走。

慶功宴的美好氣氛被伍子胥破壞了，吳王夫差早已經沒有了好心情，早早地散了宴席。

伯嚭沒有走，他有話要對夫差說。

「大王，伍子胥這個人剛愎自用，好猜疑，不知道報恩。他現在對大王怨氣很重，很可能要成為禍患。這次大王討伐齊國，他極力阻攔。現在我們得勝而歸，他又很惱火很羞愧，結果是惱羞成怒。現在大王在中原爭霸，而他在吳國，自以為是先王的老臣，如果外面勾結諸侯，內部串聯同黨，大王，恐怕要有所防備啊。」伯嚭的話像一顆顆鋼針，

插在夫差的心頭。

　　說實話，夫差也有這樣的顧慮。不過，當初自己能夠立為太子，伍子胥出了不少力，因此夫差一直忍著，總是下不了決心。

　　見夫差下不了決心的樣子，伯嚭又說了。

　　「大王，我聽說上次伍子胥出使齊國是帶著他兒子去的，之後把兒子就留在了齊國，託付給了鮑牧。這件事情，說明他已經在做準備了。」這件事，伯嚭倒沒有冤枉伍子胥，他確實把兒子留在了齊國，因為他認定吳國將要滅亡。

　　關於這件事，夫差也是知道的。如今伯嚭這裏說出來，他才感到事情確實有些嚴重了。再想想宴會上伍子胥的惡言相向，夫差終於下定了決心。

　　「伍子胥，你不仁，休怪我不義。」夫差一咬牙一跺腳一拍桌子一瞪眼。

　　伍子胥的面前是一把寶劍，這把劍的名字叫做屬鏤。伍子胥很熟悉這把劍，因為這是吳王闔閭的劍，吳王闔閭愛劍，常常拿出來給伍子胥欣賞。

　　後來，吳王闔閭死後，這把劍就成了吳王夫差的。

　　現在，吳王夫差派人把這把劍送到了伍子胥這裏，同時帶了一句話：「子以此死。」(《史記》)

　　「什麼？」伍子胥驚詫，他不是怕死，他只是沒有想到自己會這樣死。

　　伍子胥手握寶劍，光著腳站在院子裏，撩起了衣服，對天狂呼。

　　「蒼天啊大地啊，我幫助你父親當上了王，雄霸天下。當初你多立太子的時候，我以死相爭幫你爭取。可是如今你忘恩負義，恩將仇報，信任奸佞小人伯嚭，反而要賜我死，天理何在？哈哈哈哈……」伍子胥大罵之後，放聲狂笑。

　　笑完，伍子胥對家人說：「我死之後，一定在我的墳墓上種一顆梓樹，等它長大了，越國人就來了；把我的眼睛摳出來，掛在東門之上，

我要看著越國人怎樣攻陷吳國。」

說完，伍子胥橫劍自殺。

吳王夫差知道了伍子胥的臨終遺言，勃然大怒。於是，派人把伍子胥的屍體運來，割下頭顱，掛在高樓上，詛咒說：「日月炙汝肉，飄風飄汝眼，炎光燒汝骨，魚鱉食汝肉。汝骨變形灰，有何所見？」（《吳越春秋》）

吳王夫差，真夠狠哪。

隨後，把伍子胥的屍體裝在鴟（音赤）夷（皮口袋）中，投到了江裏。

後來，吳國人為伍子胥建祠，祠所在的山改名為胥山，在今無錫境內。

據傳說，吳國人為了不讓伍子胥的屍體被魚吃掉，划著船，包了粽子扔進江中餵魚，後來在江浙一帶每逢五月初五就划龍舟包粽子。至今，這成為端午節風俗的來源之一。

伍子胥死得很冤嗎？可以說是，因為他是為了國家好。但是，也可以說不是，因為他的性格決定了他只能是這樣的命運。

所以，有的時候我們要問：夫差可以放過殺父仇人勾踐，為什麼卻不放過恩人伍子胥？

所以，有的時候我們要想想伯嚭的那句話：我們家連續三代被殺，也許該反思的是我們自己。

伍子胥的能力不需要多說，伍子胥的毅力也不需要多說，伍子胥的直率也不需要多說，伍子胥的忠誠也不需要多說。因為，說得夠多了。

說說伍子胥的性格。

恩將仇報不是夫差的專利，伍子胥也未嘗不是如此，吳王僚如果在天有靈，也會這樣罵伍子胥的。

俗話說世道輪迴，報應不爽。伍子胥鞭屍楚平王受到普遍譴責，

而自己的屍體也與楚平王一樣蕩然無存。

其實，伯嚭對伍子胥的性格評價是很準確的：剛暴、少恩、猜賊。他很多疑，很強暴，為了目的不擇手段，並且很自我。在對夫差和對伯嚭的態度上，總是以恩公自詡，說話不留餘地、不講策略，這一點令人難以忍受，這也是伯嚭講他壞話，夫差要殺他的主要原因。

對於吳國的貢獻，不用說伍子胥是巨大的。但是，所有這些貢獻，主要基於他向楚國報仇的需要，而確實不是為了吳國。譬如，吳國的官制一直沒有記載，吳國人從夫差開始才戴帽子，才開始向中原文化靠近。顯然，伍子胥對於吳國經濟文化的貢獻不足一提，他的能力都用在了幫助吳國消滅楚國上。吳國在楚國的種種暴行，導致吳軍在大好形勢下敗退回吳國，伍子胥難辭其咎。

吳國的窮兵黷武與伍子胥有很大關係，因此夫差窮兵黷武本身也是受到了伍子胥的影響。

伍子胥的性格造就了他的成就，但是也造成了他自身的悲劇。如果方法得當，他原本可以幫助夫差遏制越國，可是他的性格卻恰恰促使夫差掉進越國人的陷阱。

至死，伍子胥還沒有反思，還在抱怨。

第一九六章
夫差爭霸

伍子胥死了，越國君臣暗中慶賀。

就在伍子胥自殺的當年，越國遭遇天災，糧食歉收。

「計然，這個時候我們都該感謝你啊。雖然收成不好，可是我們儲備足夠，能夠自力更生渡過難關，都是你的功勞啊。」這天上朝，勾踐當眾表揚計然。

散朝之後，文種留下來沒有走。

「文大夫，有什麼事？」勾踐問。

「大王，你不該表揚計然。」文種說。

「啊，為什麼？」勾踐有點糊塗了，還有點不高興，難道文種嫉妒計然了。

文種笑了。

前期準備

越國人來向吳國求援了，說是越國糧食歉收，老百姓食不果腹，懇請吳國發揚愛心和霸主的慷慨大方，支援越國一些糧食。來年豐收，一定歸還。

其實，吳國收成也就一般，餘糧也不多。

夫差召集會議，討論這個問題。

大臣們各自發表意見，有說給的，有說不給的。

「太宰，你怎麼看？」夫差還是猶豫，所以問問伯嚭。

「我聽說『鄰國有急，千里馳救』。這才是霸主的風範，不就一點糧食嗎？我們自己勒一勒褲腰帶也就過去了。」伯嚭暗中收了不少好處，所以建議借糧，反正，也不用他勒褲腰帶。

「好，借給越國一萬石。」夫差決定了，反正，也不用他勒褲腰帶。

第
一
九
六
章

夫
差
爭
霸

就這樣，越國從吳國借到了糧食。

為什麼越國要向吳國借糧食？

一切都是文種的計策。

文種要掏空吳國。

從吳國借來了糧食，文種發給了百姓。實際上，倉庫裏有的是糧食。

第二年，越國糧食豐收，而吳國歉收。

「該把糧食還給吳國人了。」文種說。於是，越國也準備了一萬石糧食還給吳國。

吳國人很高興，看來越國人很講信用。

在越國人還來的糧食裏，有一部分米粒非常大，看上去顏色透亮而且顆粒飽滿。

「這些糧食好，我們用來作種子吧。」吳國人於是把這些大顆粒的糧食發給大家作種子。

這下，吳國人上當了。

原來，這些大顆粒的糧食並不是什麼高產糧、雜交稻之類，這是越國人蒸過的，然後在石粉裏過了一遍，看上去跟普通糧食沒有兩樣。

可想而知，當年，吳國依然歉收，因為很多地裏什麼也沒有長出來。

吳國遇上了饑荒。

原準備向越國人借糧，可是越國人先跑來借糧了，說越國也遇上了饑荒。

誰也沒有借給誰。

但是越國人吃得很好，因為實際上他們又豐收了。

這一年，是吳王夫差十三年（前483年）。

吳國饑荒，民怨沸騰。

而越國正在熱火朝天地練兵。

范蠡不知道從哪裡找來了一個少女，這個少女別看年紀輕輕，可

是劍術高明，據說是從一個老猿那裏學到的。范蠡請她來為越軍教授劍術，這就是中國歷史上著名的「越女劍」。

關於「越女劍」，見於《吳越春秋》，應是最早關於劍術的記載。越女，應該就是劍術的祖師奶。

同時，范蠡還從楚國挖來一個射箭的高手，此人名叫陳音，箭法十分高明，就在楚軍中教授箭法。

後來陳音死了，勾踐十分傷心，將他隆重安葬，所葬之地，叫做陳音山。

除此之外，排兵佈陣，統一號令等，都是范蠡親自操練。

越軍，已經操練合格，隨時可以戰鬥。

「各位，轉眼，離我們被吳軍擊敗已經十一年了，多蒙大家的努力，我們現在的實力應該能夠報仇了。」越王勾踐按捺不住，準備出兵了。

沒有人反對，實際上大家早就等著這一天的到來。

這個時候，大家都看范蠡，因為他是軍隊的主帥。

「大王，現在打固然可以，不過，要等到明年夏天更好。」范蠡說。

「為什麼？」

「最新線報，夫差已經定下明年夏天在黃池（今河南封丘縣境內，時屬衛國）與晉國人相會，決定誰是盟主，吳軍主力必然北上。吳晉之間可能有一戰，如果有，那將是兩敗俱傷，我們從後乘虛而入，與晉國人一起滅掉吳國；如果沒有，我們也可以乘虛而入，搶掠一番。」范蠡果然是個帥才，練兵和情報工作兩不誤。

勾踐點點頭，從現在開始，他要倒計時了。

黃池會

越國人已經悄悄地舉起了刀，只要機會來到，便會毫不猶豫地砍過去。

吳國人全然不知，他們現在想的，就是爭霸。

魯國人很討厭吳國人，他們覺得吳國人就是一群蠻子；魯國人也

很討厭晉國人，他們覺得晉國人就是一群騙子。

突然有一天，魯國人覺得如果讓蠻子和騙子在一起的話，是不是會發生什麼很有趣的事情？於是，魯國人來忽悠蠻子和騙子了。

「大王，吳國的實力那是沒得說，可是要當霸主，還要讓晉國人服氣。晉國人服了，那大家就都服了。我們幫你們約會晉國人，談一談這個問題怎麼樣？」魯國人來忽悠吳國人。

「好啊好啊，他們不服的話，打一仗也行啊。」吳王夫差允諾。

之後，魯國人又去了晉國。

「晉國大哥，別怪我們這麼多年沒來進貢了。不是我們不想來，不敢來啊。不是怕你們，是怕吳國人啊，這些蠻子很不講理啊，連齊國也不是他們的對手。他們派我們來約你們見面，說你們要是不敢見面就是孫子。大哥，你們的實力比吳國強多了，不用怕他們。你們要是也不敢碰他們，那沒辦法，我們就真不敢再認你們這個盟主了。」魯國人又來忽悠晉國人。

這時候的晉國，智躒已經死了，趙簡子為中軍帥。

「誰怕誰啊，去。」趙簡子說，他是打狼出身的，怕誰？

之後，魯國人又去忽悠王室，結果把王室也給忽悠進來了。

吳王夫差十四年夏天，黃池。

周敬王的大夫單平公、晉定公、吳王夫差、魯哀公在黃池相會了。

這次會議，被稱為世界權力峰會。

不出意料，吳軍主力和晉軍主力都來到了黃池，隨時準備戰鬥。

這次會見，魯哀公出任相禮，也就是主持人，充當臨時東道主的角色。單平公作為王室代表，主要是監督會談過程，做一個見證人。真正會談的主角，是晉定公和吳王夫差。晉定公的助手是趙簡子，吳王夫差的助手是伯嚭。

首先，魯哀公致歡迎詞；隨後，單平公代表王室預祝這次峰會圓滿成功，同時表示這次峰會大家都是一家人，都是周朝正宗，所以希望叔叔大爺們今後匡扶王室，共建周朝大業。

晉定公和吳王夫差也都講了話，假惺惺地表達了對王室的尊重以及對對方的敬仰，希望大家兄弟今後多多走動。

　　魯國人搞了一整套周禮給大家玩，結果過了將近十天，還沒進入正題。

　　眼看六月下旬來的，現在已經是七月初了，大家還在緬懷過去、憧憬未來，就是不說說誰才是老大。

　　夫差有點待不住了，吳軍的糧草快沒有了。

　　「這中原人怎麼這麼磨磨嘰嘰，難道放個屁也要等三天？」夫差待得膩了，儘管這次出來是帶著西施來的。

　　「是啊，趕明我催催老魯，這又不是聯歡會，告訴他再不進入正題，咱們就到魯國去做客了。」伯嚭急忙說，他要去威脅魯國。

　　兩人正說話，突然有使者從國內來到，緊急求見。

　　「進來。」夫差下令。

　　噩耗，使者帶來的是噩耗。

　　「報大王，越國人偷襲我國。」使者的第一句話，就讓吳王夫差眼前一黑，差一點摔倒在地。

　　「什麼？越國？勾踐？偷襲我國？」夫差瞪大了眼睛，也瞪大了嘴巴，似乎不相信使者的話。

　　「什麼情況？快說。」伯嚭也很緊張，大聲問。

　　原來，吳軍主力隨同夫差北上以後，越軍出動四萬七千人，兵分兩路偷襲吳國。吳國由太子友鎮守闔閭城，兵力不多。太子友建議固守待援，而王孫彌庸主張出戰並且擅自出動，太子友只得隨後出動，結果首戰吳軍大勝越軍第一路人馬。

　　越軍第二路由越王勾踐親自率領，范蠡指揮。受首戰大勝的鼓舞，太子友率軍出擊，誰知這一次他們遇上了越軍主力，遭遇慘敗，太子友和王孫彌庸均戰死。

　　隨後，越軍攻佔闔閭城外城，焚燒了姑蘇台。

　　「啊——」吳王夫差幾乎崩潰。

「大王，立即撤軍嗎？」伯嚭問，他有點慌亂。

夫差拔出了劍，一把好劍。

「不。」夫差堅決地說，隨後，劍揮出。

自殺？他才不會自殺。

劍影之中，七個人倒在地上，七個使者。

「大王，好劍法。」伯嚭喝彩，按理說，這個時候拍這樣的馬屁有點不合時宜，可是習慣了，順口就說了出來。

「殺了他們，就沒有人知道越國人襲擊了我們。既然來了，我們就當上盟主再回去。」夫差咬著牙說，殺人滅口，就為了當盟主。

「大王，有氣魄。」伯嚭說。他原本有點擔心，擔心吳王夫差會殺了自己，因為事實已經證明伍子胥是對的。可是現在看來，自己很安全。

爭霸

七月六日，盟誓的日子終於到了。

除了楚國秦國越國，各諸侯國都已經來到。

歃血為盟，晉國和吳國為誰先誰後發生了爭執，因為誰先歃血誰就是盟主。原本還兄弟兄弟這麼叫著，好像大家很親切，到了這個時候，誰也不認誰這個親戚了。

「在所有姬姓的國家中，我們的祖上太伯是老大，吳國該先歃血。」伯嚭代表吳王夫差發言。

「不行，歷來，只要是盟會，我們就是姬姓國家的老大。」趙簡子針鋒相對。

爭吵開始，公說公有理，婆說婆有理，誰也不能說服誰，眼看著天都黑了，還沒有結果。

最後誰有理？誰有實力，誰就有理。

「算了，天都黑了。既然誰也不服誰，回去整理軍隊，明天中午我們決一死戰，就知道誰是老大了。」趙簡子發怒了，心說這些蠻子跟我們爭，打爛他們。

吳國人怕這個？楚國都被我們打爛了，你們晉國有什麼了不得？

於是，不歡而散，各自回去，準備戰鬥。

看來，范蠡當初的預測是正確的。

吳王夫差很憤怒，也很不服。可是回到大帳，禁不住有些發慌了，畢竟家裏頭被越國人圍著呢，如果這一仗打敗了，估計連國家帶老命就都交待了。

到了這個時候，必須要徵求大夫們的意見了。

緊急會議召開，吳王夫差向大夫們透露了越軍偷襲吳國的事情，隨後問大家：「現在我們有兩個選擇，要麼立即撤軍回國，不跟晉國人盟誓；要麼不跟晉國人爭，讓他們當盟主算了，哪個好一些？」

大夫們一個個目瞪口呆，無言以對。

還好，這個時候，還有一個保持清醒的人。

「大王，這兩種選擇都不好，都會損壞我們的名聲。越國人會認為我們失敗了，更有信心對抗我們。齊、宋這些國家也會趁火打劫，在我們回國的路上偷襲我們。而且，如果讓晉國當盟主，肯定就要帶領我們去朝見周天子。那樣的話我們去又沒時間，不去又說不過去，豈不是很糟糕。所以，我們一定要盟誓並且當上盟主。」這個頭腦清醒的人是王孫雒，分析利弊，說得頭頭是道。

「可是，晉國人要跟我們爭，有什麼辦法？」夫差問他。

「現在，這裏離晉國近，晉國人有退路，而我們沒有退路。所以，我們比晉國人玩命。大王要激勵士卒，振奮大家的精神，讓大家都不怕死。那樣晉國人看見我們的氣勢，必然害怕，就不敢跟我們決戰，而把盟主讓給我們。之後，我們就可以專心回國，去對付越國人了。」王孫雒想得周到，要置之死地而後生。

當晚，吳王夫差下令吳軍黃昏前餵飽馬，半夜時分全軍穿好鎧甲，縛住馬嘴，以火照明，一百名士卒排成一行，共排成一百行。每十行由一名下大夫率領，豎著旌旗，提著戰鼓，挾著兵書，拿著鼓槌。

一百行由一名將軍率領，豎著日月旗。一萬人組成一個方陣，都穿著白色的戰衣，打著白色的旗幟，披著白色的鎧甲，帶著白羽毛製作的箭，遠看像一片白色的茅草花。吳王親自拿著鉞，身旁樹著白色軍旗在方陣中間站立。

左軍也像中軍這樣列陣，但都穿著紅色的下衣，打著紅色的旗幟，披著紅色的鎧甲，帶著紅羽毛製作的箭，遠看像一片鮮紅的火焰。

右軍也像中軍這樣列陣，但都穿著黑色的下衣，打著黑色的旗幟，披著黑色的鎧甲，帶著黑羽毛製作的箭，遠看像一片黑色的烏雲。

中軍「望之如荼」，左軍「望之如火」，右軍「望之如墨」，《國語》如此記載。

如火如荼，這個成語就來自這裏。

吳軍左中右三軍共三萬人，氣勢十足向晉軍營地進發，雞叫時就擺好陣勢，距晉軍只有一里路。天還沒有大亮，吳王便拿起鼓槌親自擂鼓，敲響了銅鉦和金鐸，三軍一起響應，齊聲吶喊鼓動，聲浪震動天地。

晉軍剛剛起床，聽到不遠處的吶喊聲，不禁有些膽怯。晉軍急忙加強戒備，修繕營壘，趙簡子也有些害怕，於是派大夫董褐前去吳軍問話。

「大王，咱們不是說好了中午決戰嗎？再說了，我們覺得大家都是姬姓國家，還是應該友好協商。你看，你們這麼大早就到我們的軍營前，這不是違反約定了嗎？也不友好啊。」董褐弱弱地問，他也怕。

「別扯了，你們當盟主，還是我們當盟主，今天就要見個分曉。你現在就回去問問你們國君什麼意思。」夫差表現得很強橫，心裏其實也在打鼓。

董褐被嚇住了，不敢再說什麼，轉身要走。

「慢著，你不是說我們違反約定了嗎？那是我們行軍司馬的過錯，我讓他來向你賠罪。」夫差攔住了董褐，然後命令手下軍吏把司馬茲和他的五個手下給抓來。

片刻，司馬茲和他的五個手下被抓來了，跪在吳王夫差的面前。

「你們得罪了晉國的客人，現在，向他謝罪。」夫差下令，一人發了一把刀。

六個人毫不猶豫，揮刀自殺，血濺當場。

董褐嚇傻了，這吳國人真是不把命當一回事啊。

戰戰兢兢，董褐回到了晉軍大營。

「怎麼樣？」趙簡子急忙問。

董褐把過程說了一遍，聽得趙簡子也有點發憷。

「我看吳王的氣色不太好，估計國內出了什麼事。被逼到困境的人都很瘋狂，不要跟他們鬥了，讓他做盟主算了。」董褐找個臺階，提個建議。

「嗯，好吧，不過，總不能就這麼服軟，太沒面子了，提個什麼要求給他們吧。」趙簡子表示同意，可是又覺得沒面子。

「那，提什麼要求？」

「你看著辦吧，現在就去。」趙簡子把這個艱巨的任務又派給了董褐。

董褐又去了吳軍陣地，不過這回沒有那麼害怕，畢竟是來服軟的。

可是，提什麼條件呢？如果條件太苛刻，吳國人不答應怎麼辦？如果條件太虛，回去趙簡子責備怎麼辦？

眼看走到了夫差的戰車前，董褐眼前一亮，有了主意。

「大王，您的部隊太牛了，我們國君根本不敢出來。他派我來告訴大王，你們就是盟主，我們承認了。可是呢，既然做了盟主，就要守周禮啊，那麼，怎麼能有兩個王呢？您應該是吳伯而不是吳王，如果您不自稱吳王，而是自稱吳公的話，那我們真就沒話說了，我們就心甘情願讓您先歃血了。」董褐的主意不錯，這樣晉國也有面子。

「那行，我就吳公吧。」吳王夫差順坡下驢，答應得爽快。

當天，諸侯們歃血為盟，吳王夫差第一，晉定公第二。

現在，吳王夫差成了聯合國的盟主。

盟主的第一道命令是：大家都回國去吧。

各國雖然困惑，但是都挺高興，誰願意待在這裏？

吳軍第二天撤軍，但是撤軍之前，越國侵略吳國的消息已經傳了過來。

「大王，現在各國都知道事情的真相了，我擔心齊國和宋國趁機攔截我們。」王孫雒提出擔憂。

「沒關係，你和勇獲率領步兵先走，假裝路過宋國，嚇唬嚇唬他們。」吳王夫差是個有辦法的人。

於是，王孫雒和勇獲率領步兵先行，在宋國焚燒了宋國國都外城，嚇得宋國人不敢出來。吳軍大部隊隨後通過，進入吳國後，順邗渠南下。

等吳軍回到都城，越軍早已經帶著戰利品回越國了。

　　回到闔閭城，大家都感覺踏實了些。從實際情況看，越國人也就是搶掠了外城，燒了姑蘇台，搶走了夫差的大船，其餘的，倒說不上太大的損失。最大的損失是人，太子死了。

　　夫差有些氣悶，召集大臣們來商討對策。

　　「狗日的勾踐，原來一直在忽悠我們，我們去討伐他們怎樣？」夫差問大家。

　　大夫們中，有支持的，有反對的。

　　「大王，我們連年災害，百姓們連飯都快沒得吃了。我看，我們還是先整好自己再說吧。」伯嚭提出反對意見，他懷疑吳軍已經不是越軍的對手。

　　「唉，」夫差歎了一口氣，有氣無力地說，「算了，冤冤相報何時了啊。我們也欺負越國十多年了，也差不多了。再說，現在我們已經是盟主了，何必再跟他們計較呢？和平吧。」

　　夫差心裏也明白，如果真的跟越國開戰，吳國是消耗不起的。

　　於是，出乎越國的意料，吳國人沒有來報復，竟然派人來講和。

　　「也好，我們現在也沒有把握戰勝他們，那就和平吧。」范蠡建議。

　　於是，吳越兩國簽署了互不侵犯協定。

　　和平了，和平來得很意外。

楚昭王

　　吳越之間的仇恨似乎在一夜之間敉平了。

　　可是，仇恨在另一個地方發酵、膨脹。

　　哪裡？楚國。

　　這段仇恨，與吳國有關，與伍子胥有關。

世界上有很多事情值得去思索的，譬如太子建。

太子建很冤枉嗎？如果我們對比太子建和他的弟弟們，就會發現，太子建沒有當上楚王或許是這個國家的幸運。太子建貪婪而不顧後果，忘恩負義而不擇手段，結果被鄭國人殺死。

太子建有四個弟弟，按照排行，分別是子西、子期、子珍和子閭。楚平王薨之後，囊瓦曾經準備廢掉太子子珍，讓子西繼位，被子西嚴詞拒絕，結果才是太子子珍繼位，也就是楚昭王。後來吳軍侵入楚國，子西和子期全力輔佐楚昭王，楚國得以復國（見第一八七章）。

到吳王夫差六年（前 489 年），吳國討伐陳國。作為陳國的保護國，楚國由楚昭王親自率軍前往救援。抵達前線之後，那一天，天上有兩塊鳥狀雲彩，在太陽的兩側飄過。楚昭王不知道這意味著什麼，聽說周王太史很靈，於是派人去問。周太史確實很有學問，告訴楚國人：「這是楚王的凶兆，不過，我有辦法把這個災難轉移到楚國的令尹和司馬身上。」令尹是誰？子西；司馬是誰？子期。

「不行，他們是我的哥哥，怎麼能害他們？」楚昭王拒絕了。

之後，楚國人占卜，占卜的結果是黃河河神作祟，應該去祭祀黃河。

「怎麼可能？我們楚國只有長江和漢水，我怎麼可能得罪黃河河神？」楚昭王又拒絕了。

對此，孔子讚不絕口：「楚昭王通大道矣。」

不過，通大道的楚昭王還是死在陳國前線。

臨死，楚昭王請來三個兄弟交代後事。

「我的兒子太小了，擔當不了楚王的重任。子西哥哥，你來當楚王吧。」楚昭王要把寶座傳給哥哥。

子西拒絕了。

「子期哥哥，那麼你當楚王吧。」

子期也拒絕了。

「子閭，兩個哥哥都不當，你當吧。」

子閭也拒絕了。

楚昭王再次提出要求，到第五次的時候，子閭答應了。

當天，楚昭王薨了。

現在，該子閭當楚王了。

「兩位哥哥，當初之所以答應大王，是因為不這樣他就死不瞑目。現在他安心而去了，我們就共同扶立太子吧。」子閭不肯當楚王。

兄弟三人於是隱瞞了楚昭王的死訊，悄悄撤軍。回到楚國，立了楚昭王的太子熊章為楚王，就是楚惠王。

看看這四兄弟，再看看太子建，確實不可同日而語。

回想當年楚平王廢太子建，恐怕並不就是費無極從中挑撥這麼簡單。蒼蠅不叮沒有縫的雞蛋，大致就是說太子建這樣的人。

白公勝

楚惠王二年，子西突然想起哥哥太子建還有個兒子在吳國，也不知道混得怎麼樣了。一打聽，混得一般。

子西和沈尹戌的兒子葉公沈諸梁關係很好，於是跟沈諸梁商量：「我想把公孫勝從吳國召回來，你覺得怎麼樣？」

「我聽說公孫勝這個人好詐而且喜歡惹禍，只怕他回來會引發動亂啊。」沈諸梁反對，公孫勝的事情他大概知道一些。

「我倒聽說他這人說話算數，而且非常勇敢。把他安置在吳楚邊界，不是可以保衛國家？」子西的看法又不一樣。

「令尹，周仁之為信，率義之為勇（《左傳》）。切近仁愛才是信，合乎道理才是勇。說了什麼都要去做，不擇手段不顧後果，這不是信，也不是勇。公孫勝就是這樣的人，他還四處招募亡命之徒，一定是在圖謀不軌。把他召回來，您一定會後悔的。」沈諸梁說。

看來，對一個人的性格，從不同的角度去看，結論是不同的。

「不，再怎麼說，他也是我侄子。」

最終，子西沒有聽從勸告，派人悄悄去吳國接公孫勝。

公孫勝過得怎麼樣？

不爽，很不爽，非常不爽。

自從奶奶來了之後，祖孫二人也算是相依為命。不過，與伍子胥的關係變得非常冷。為什麼與伍子胥變得疏遠？說起來，原因不少。

當初吳國討伐楚國，公孫勝就曾經私下找到伍子胥，請求讓自己回去做楚王，被伍子胥以吳王不同意推脫了，實際上公孫勝知道，伍子胥要滅掉楚國或者摧毀楚國，根本不考慮公孫勝的問題。後來吳軍拿下郢都，伍子胥鞭屍楚平王，公孫勝非常不滿，畢竟那是他的親爺爺。

公孫勝有一點跟伍子胥非常像，那就是把仇恨記得很深，他始終記得當年怎樣逃出鄭國，當然，不是伍子胥一路上照顧他保護他那一段，那是恩，他不在乎。他記得的是父親太子建被鄭國人所殺的那一段，這個殺父之仇他一直記在心間，發誓要報。

所以，當吳軍拿下楚國之後，公孫勝派人去向伍子胥請求討伐鄭國，為太子建報仇。可是，伍子胥拒絕了，這讓公孫勝傷心透頂，也絕望透頂。

「伍子胥，不靠你，你看我能不能報仇。」公孫勝發誓，從那之後，再沒有去找過伍子胥。

而伍子胥也感覺到公孫勝的不滿，於是，基本上不再往來。

兩年前，奶奶死了，公孫勝更加感到孤獨無助。於是，公孫勝開始在吳國招納亡命之徒，準備報仇，他要刺殺鄭國國君。

就在這個時候，楚國來人了。

「太好了，我回去。」公孫勝毫不猶豫，他早就不想在吳國待了，他恨這個國家。

「那，要不要先跟伍子胥道個別？」使者問。畢竟，這是人之常情。

「不用理他，走。」公孫勝用很不屑的語氣說，連使者都有些驚訝。

就這樣，公孫勝悄悄回到了楚國。

後來公孫勝偷偷回到楚國的事情被伍子胥知道了，伍子胥大罵公孫勝的良心被狗吃了。而夫差知道之後，對伍子胥再添不滿。

公孫勝回到楚國，子西非常高興，對這個侄子也很照顧，把巢地

作他的封邑，級別為公，稱為白公。從現在開始，公孫勝就成了白公勝。

「叔，我有一個要求。」白公勝只高興了一下，就開始提要求。

「你說。」

「鄭國人殺了我爹，我要為我爹報仇，請求討伐鄭國。」白公勝的腦子裏只有報仇，對別的不感興趣。

「這，你也看到了，國家現在百廢待興，還沒有走上正軌，等等吧。放心，你爹也是我哥哥，哥哥的事情我不會忘記的。」子西沒有答應，但是也沒有拒絕。

就這樣，白公勝到了巢地，這裏是楚吳邊境，白公勝率領著楚軍防禦吳軍。

看來，朋友變敵人和敵人變朋友都是很簡單的事情。

不過，在白公勝的心裏，想著的始終是向鄭國人報仇。

沒多久，白公勝又去找子西，要求討伐鄭國。

這一次，子西答應了，但是說要看時機。

實際上，這個時機是很難等到的，鄭國可不像蔡國那麼簡單，以楚國現在的實力，打鄭國沒有什麼勝算。何況，只要楚國打鄭國，吳國就幾乎可以肯定會救鄭國。

又過了一段時間，恰好是晉國內亂，鄭國支援中行家和范家，等到中行家和范家戰敗，晉國討伐鄭國，鄭國只得向楚國求救。

救，還是不救？當然要救。理由很簡單，首先，如果晉國滅了鄭國，對楚國非常不利；其次，如果楚國不救，鄭國會向吳國求救，吳國出兵，楚國當然不願意見到；第三，從國際道義出發，也應該救。

子西率領楚軍救鄭國，晉國撤軍了，於是，楚和鄭國順勢結盟。

從國家利益來說，子西的做法完全正確。

誰是仇人？

可是，白公勝不這麼想，他在想什麼？

「狗日的子西，他在忽悠我，楚國沒有一個好東西。」這是白公勝

的想法，他認為子西騙他回來只有一個目的，那就是利用他對抗吳國。

「鄭人在此，仇不遠矣。原來鄭國人就在我身邊，仇人就在眼前。」白公勝認定子西就是鄭國人一夥的，所以，他就是仇人。不僅子西，子期也是鄭國人一夥的，也是仇人。

既然確定了子西和子期就是仇人，而且就在眼前，那報仇的第一個目標重新鎖定：子西和子期。

白公勝開始準備，除了從吳國帶來的一幫亡命之徒以外，又繼續招納勇士。按照白公勝的計畫，只需要找夠五百名亡命之徒，就能動手了。

「怎麼樣，有沒有信心？」白公勝有一個得力助手，這人叫石乞，是從吳國帶來的勇士，招人的任務主要由他在負責。

「很難，這年頭，誰不怕死？不過呢，市場上有一個殺豬的叫熊宜僚，這人厲害，如果他肯來，頂得上五百人了。」石乞推薦了一個人，基本上，這人屬於專諸級別的。

白公勝一聽，石乞對這人這麼推崇，一定是個能人。

於是，白公勝和石乞就來到了市場，找到了熊宜僚。隨便一交談，白公勝就發現這個人確實厲害，氣質不俗，心理素質非常好，而且還很聰明。

「怎麼樣，跟我幹，事成之後，楚國的司馬就由你來幹了。」利誘。

「不幹，我覺得殺豬就挺好。」拒絕利誘。

「不幹？那我先殺了你。」威脅。

白公勝的寶劍就放在了熊宜僚的脖子上，冷冷地散發出寒氣。

熊宜僚沒有看那把劍，也沒有說話，只是用眼斜視著白公勝。

拒絕威脅。

白公勝有點傻眼。

「主公，算了，放過他吧。他不貪圖利祿，不怕威脅，也就不會出賣我們去獲得好處，我們走吧。」石乞建議。

借坡下驢，白公勝走了，不過，他真的很喜歡這個人。

這一天，白公勝正在磨劍，子平來了，他路過這裏。

「勝哥，磨劍幹什麼？準備對付吳國人？」子平問。子平是誰？子期的兒子。

「我這人一向以直率聞名，如果不告訴你，那就徒有虛名了，所以告訴你吧，我要殺你父親。」白公勝毫不掩飾地說，一點不像開玩笑。

可是，世界上的事情就是這樣，你越是說實話，別人就越認為你在說假話；你越是說假話，別人就越相信你。所以，為什麼有的時候騙子不用高明的騙術就能成功，那是因為他說了被騙的人想聽的話。換言之，受騙的多半都屬於自己騙自己。

「勝哥，說笑吧。」子平笑了，他當然不相信，世上哪有這樣傻的人？

「愛信不信，反正我告訴你了。」白公勝又說，懶得搭理他。

搭訕了幾句，子平很沒趣地走了。

回到郢都，子平把這事情告訴了子西。

「哈哈哈哈，他就像個蛋，在我的羽翼下孵化成長，等我老死了，楚國的令尹、司馬還不隨他挑？」子西覺得很好笑，一點也不懷疑。

後來白公勝聽說了子西的話，咬牙切齒地對石乞說：「兄弟，我要是讓這老東西善終的話，我就不是我娘養的。」

恩將仇報

轉眼，伍子胥被殺；轉眼，黃池會；轉眼，到了吳王夫差十七年（前 479 年）。

夏天的時候，楚國和吳國的邊防部隊發生了衝突，結果白公勝率領的楚軍取得了勝利。

機會來了。

白公勝派人向楚惠王提出請求，請求把繳獲的吳軍裝備獻給楚惠王。楚惠王很高興，於是同意了。

白公勝率領三百搬運工，帶著繳獲的吳軍的裝備，來到了郢都，

然後上朝廷進獻吳軍裝備。對於這件事情,從楚惠王到子西和子期都很重視,畢竟這麼多年來沒有在吳國人身上占過便宜了,確實值得慶賀。再說了,這是白公勝的功勞,大家都為他高興。所以,那一天,子西、子期都到場了,要給白公勝捧場。

可是,白公勝的三百搬運工來到朝廷,迅速換上了吳軍的裝備,變成了三百精兵。

變化突然,沒有人有準備。

白公勝輕而易舉占領了朝廷,楚惠王被劫持為人質,子西、子期被殺。

子西臨被殺,仰天長歎:「我真是瞎了我的狗眼啊,怎麼弄了這麼個白眼狼回來啊。」

白公勝不是白眼狼,而是中山狼,子西就是現實版的東郭先生。

子西死的時候用衣服掩住臉,表示死後沒臉見人;子期是個武將,奮起抵抗,終因寡不敵眾,英勇犧牲。

殺了子西、子期,下一步怎麼辦?白公勝沒想好。

白公勝的座右銘是:摸著石頭過河。

「主公,殺了楚王,燒了倉庫,然後你自己當楚王。」石乞的方案比較簡單,屬於土匪風格。

「不行,殺了楚王,會激起公憤;燒了倉庫,怎麼防守啊?」白公勝反對,想了想,想起一個辦法來。

白公勝率領著手下那點人馬,出其不意闖到了子閭家裏,把子閭給抓來了。

「你當楚王。」白公勝下令,連商量都免了。

「我不當。」子閭不幹。

「不當,不當就殺你。」

「殺我也不當。」

白公勝一刀把小叔叔又給砍了,就這麼簡單。

砍了三個叔叔,可是問題還沒解決。

白公勝命令把楚惠王給關進後宮的倉庫，石乞親自看守大門。

自古以來，倉庫看似安全，實際上最不安全，因為不知道有多少人想盡辦法要進入倉庫。宮裏的太監們早就挖了一個地道，平時進去偷點東西方便。此時楚惠王被關在裏面，太監們挺高興，一個叫做公陽的小太監下半夜悄悄順著地道鑽了進去，楚惠王還小，公陽把他背了出來，悄悄地送到楚昭王夫人那裏，藏了起來。

第二天給楚惠王送飯的時候，才發現人丟了，白公勝非常惱火，下令立即搜查，哪裡去搜？宮裏藏人的地方太多了，白公勝的手下又不熟，再加上人手不多，多數人要守宮門。所以，找了一天，杳無蹤影。

這下麻煩大了，人質沒了。

「那什麼，現在除了被殺的這幾個，誰的官最大？」白公勝問。一打聽，令尹和司馬都死了，現在是左尹管修的官最大。

管修是誰？說起來，是管仲的後人，因為齊國內亂，來到了楚國避難，被楚昭王封在了陰地，所以是陰姓的得姓始祖，因為人品能力都不錯，被子西提拔為左尹。

白公勝又搞了一次突然襲擊，把管修給抓來了。

「你，現在開始是令尹了，給我召集軍隊，準備討伐鄭國。」白公勝不管別的了，要召集軍隊討伐鄭國，報殺父之仇。

「你是誰？你有什麼資格命令我？」管修不買他的賬。

「你不聽我的？我殺了你。」

「殺了我也不聽。」

白公勝又殺了管修。

白公勝就在朝廷裏折騰，也折騰不出個名堂來。

楚國的公卿們逃的逃，看熱鬧的看熱鬧，竟然沒有人來討伐白公勝，這三百多號人就占領了朝廷一個多月。

終於，有人率軍殺到了。誰？沈諸梁。

沈諸梁正在蔡國，聽說白公勝占了朝廷，他並沒有行動。等到聽說白公勝殺了管修，這才決定動手，因為他知道管修的人品好比當年

的伯郤宛，殺管修是要引發公憤的。

沈諸梁在方城山外召集了人馬，然後殺奔郢都。

來到郢都北門的時候，有人對他說：「你為什麼不戴上頭盔呢？你要是被叛軍一箭射死了，豈不是要讓大家絕望？」

沈諸梁一想，有道理，於是戴上了頭盔。

剛戴好，又來一個人，對他說：「你為什麼要戴著頭盔呢？百姓看見你，心裏就踏實了，可是你用頭盔把臉遮起來，好像很怕死的樣子，不是讓老百姓失望嗎？」

沈諸梁又一想，這話也有道理，於是把頭盔又摘了下來。

進了郢都，遇上了箴尹固，也帶著人馬去朝廷，一問，竟然是去支援白公勝。

「喂，沒有子西和子期，楚國早就完蛋了。如今白公勝造反，你不去平叛，還去幫他，你不想活了？你全家都不想活了？」沈諸梁質問他。

箴尹固一聽，有道理啊。

「那，那我跟你。」箴尹固變主意了。

俗話說：聽人勸，吃飽飯。

沈諸梁和箴尹固都能聽人勸，跟白公勝形成鮮明對照。

兩路人馬殺到，總兵力超過三千，而白公勝還是那幾個死黨。戰鬥時間不長，白公勝的人馬就抵擋不住了，於是逃到一座山上，沈諸梁率兵團團包圍。

「爹啊，我給你報仇了。」白公勝對天長嘯，覺得殺了子西和子期就算是給爹報了仇，隨後，找了一棵歪脖樹，上吊自殺了。

白公勝死後，石乞把他的屍體藏了起來。

沈諸梁的隊伍很快攻上山頭，石乞被活捉。

「快說，白公勝的屍體藏到哪裡了？不說的話，把你煮來吃了。」沈諸梁審問石乞。

石乞笑了，能跟白公勝幹的人，當然不是尋常人。

「嘿嘿，造反這活兒，成功了就是卿，不成功就是死，這是當然的結局，招不招有什麼區別？燒開水吧。」石乞眼睛都沒眨一下，想得夠

明白，骨頭夠硬。

這個道理沈諸梁也懂，所以沒有再威脅他，直接燒了開水把他給煮了。

平定了叛亂，沈諸梁找到楚惠王。

「葉公，你當令尹吧。」楚惠王雖然小，也知道自己能重新當上王是靠人家沈諸梁。

「不當。」沈諸梁拒絕，讓子西的兒子子國擔任令尹。

「那，當司馬？」

「不當。」沈諸梁又找到子期的兒子子寬擔任司馬。

之後，沈諸梁回到封地葉，當他的葉公去了。

葉公好龍的故事說的是沈諸梁，似乎葉公是個廢物；其實恰恰相反，葉公絕對是個人物。

此次白公勝叛亂，只不過三百號人，而且沒有內部策應和外部支援，就能夠輕易殺死令尹和司馬，並且占據朝廷一個多月，而首都沒有人出來討伐。由此可見，楚國已經是一盤徹頭徹尾的散沙。

大國衰落啊，衰落得不成樣子了。

第一九八章

吳亡

楚國內亂，吳王夫差有了想法。

「我要趁楚國內亂討伐他們，各位看怎麼樣？」夫差提出來，吳國已經很多年不打仗，又想起來了。

「好啊好啊好啊。」伯嚭為首，一致通過，大家只管拍馬屁。

事情就這麼定了。

吳王夫差養了一幫各國來的人，叫做舍人，暫時沒有安排工作，都住在王宮附近一個院子裏。

這天早上，夫差去這個院子看望大家，看見一個叫少孺子的舍人手拿彈弓在那裏轉，衣服弄得很濕。

「喂，你過來，衣服怎麼弄這麼濕？」吳王夫差覺得這人太不注意個人衛生了。

「我早上打鳥，被露水沾濕了。」少孺子回答。

「打著了嗎？」

「剛要打，結果發現一個現象，我正思考呢。」

「什麼現象？」

「園中有樹，其上有蟬。蟬高居悲鳴，飲露，不知螳螂在其後也；螳螂委身曲附，欲取蟬，而不知黃雀在其旁也；黃雀延頸欲啄螳螂，而不知彈丸在其下也。此三者皆務欲得其前利，而不顧其後之有患也。」少孺子說了這樣一番話，意思是：蟬在樹上飲露水，卻不知道螳螂在後面；螳螂準備捕蟬，卻不知道黃雀就在旁邊；黃雀準備吃螳螂，卻不知道我在後面用彈弓瞄著他。我說的這三樣，都是只看見眼前的利益，卻不顧身後的危險。

「善哉。」吳王夫差說了這兩個字，然後決定不攻打楚國了，因為他知道越國也許正惦記著吳國呢。

這一段，出自《說苑》。

螳螂捕蟬，黃雀在後。這個成語，就出於這裏。

笠澤之戰

螳螂捕蟬，黃雀在後。

明白這個道理當然很好，但是，螳螂沒有捕蟬的時候，黃雀就不在後面了嗎？

黃雀要吃螳螂，和螳螂捕不捕蟬沒有關係。

吳王夫差顯然沒有明白這個道理。

從黃池回來之後，吳王夫差實際上作了反思，他並不認為自己當初放過勾踐就是錯誤的，自己的錯誤在於對外戰爭太頻繁了，國家沒有休養生息的機會，這才給了越國人機會。

「休養吧。」夫差決定休養生息，於是馬放南山，士兵們都放回家種地去了。

《吳越春秋》記載：「吳王還歸自池，息民散兵。」

那麼，夫差自己幹什麼？跑馬打獵，享受西施並且和西施一同享受。

他不擔心越國嗎？不擔心。

根據駐越國地下辦事處的情報，越王勾踐現在也在跑馬打獵，耽於酒色。

於是，夫差安心地享受生活。

跟夫差一樣，吳國的大臣們也都開始享受生活。

窮兵黷武，固然是不對的；忘記戰爭，也是危險的。

可是，夫差又一次低估了勾踐，低估了越國人。

一切都是范蠡的詭計，他讓勾踐跑馬打獵，但不要真正沉湎在狩獵上；讓勾踐飲酒尋歡，但不要真正沉湎在酒色上；讓勾踐和臣僚們大吃大喝，但不要忘記國家的正事。所有這些，都是做一個假像給夫差。

與此同時，范蠡讓計然想辦法，通過越國的商人在吳國買空賣空，哄抬吳國的糧價，攫取吳國的財富。

所以，儘管吳國不打仗了，卻依然無法恢復元氣。一來是吳王夫差缺乏具體的辦法，二來是越國人在暗中搞鬼。

黃池之會之後四年，吳國竟然年年鬧饑荒，到吳王夫差十八年春天，也就是白公勝叛亂的第二年，越王勾踐決定討伐吳國。

吳越大軍在笠澤（今吳淞江）隔水紮營。

這是吳越兩軍主力在夫椒之戰後的首次對決，雙方都很小心。這一場戰爭，很可能決定今後的命運。

吳軍在失去孫武和伍子胥之後，戰術水準明顯下降。

而越軍由范蠡指揮，戰術水準在吳軍之上。

黃昏時分，范蠡派出上下兩軍分頭去上游五里和下游五里，悄悄渡河。到下半夜，上下兩軍打著火把，擂鼓前進，夜戰吳軍。

吳軍什麼時候夜戰過？多年不打仗，大家都心慌。

「越軍兩路夾擊我們，趕快，我們分兩路迎擊。」吳王夫差下令，也是慌了，深更半夜的，本來應該固守大營，等待天亮。

吳越兩軍兩側開戰，完全靠火把照明，根本看不清人。因此，雖然吳軍人數多，可是有勁使不上。

這個時候，范蠡命令越軍中軍悄悄過河，之後派遣五千敢死隊襲擊吳軍中軍。為什麼說襲擊？因為沒有擂鼓，完全出其不意。

吳軍中軍受攻，一下子亂了陣腳，這等於被越國人分割包圍了。

吳軍一亂，越軍中軍擂響了戰鼓，隨後衝鋒。

黑夜之中，吳軍被衝得七零八落，也不知道來了多少越國人，也不知道自己是不是被包圍。

崩潰，吳軍崩潰。

天亮的時候，滿地的死屍，都是吳軍士兵。

「撤軍。」勾踐下令。

這一仗，吳軍主力大半被殲，不過按照范蠡的說法，這時候越國還不具備滅掉吳國的力量。所以，越軍撤軍。

最後的忽悠

吳王夫差二十年（前476年），越軍入侵楚國。不過，這只是范蠡的計策，用來麻痹吳國人。等楚軍救兵一到，越軍主動撤退。

這一年，從時間上算，已經不是春秋，而是戰國的第一年。不過，要把吳越之間的恩怨講完，需要占用戰國幾年時間。

第二年，吳國再受天災，百姓竟然到了吃野菜和到海邊撿牡蠣等充饑的地步。別以為那是海鮮，古時候沒人愛吃那個。

「可矣。」范蠡知道已經到了和吳國人清算一切的時間了。

秋收結束，越軍全軍出動，討伐吳國。這一次，吳軍根本不是楚軍的對手，五戰連敗。到十一月，越軍包圍了闔閭城。

越軍並沒有攻城，按照范蠡的策略，就是兩個字：圍城。

越軍沒有攻城，吳軍來約戰了。

「回去，我們不打。」范蠡拒絕。

一天之內，吳國使者來了五次，要求決戰。范蠡毫不動搖，拒絕了五次。

「范先生，打吧，難道還怕他們？」勾踐有點沉不住氣了，他想決戰了。

「大王，出兵之前咱們不是商量好了嗎？只圍不打。怎麼到了戰場上就變卦呢？得到了時機就不能怠慢，時機一失就不會再來。上天賜予而不接受，災難反而會降臨到自己的頭上。進退變化之中如果拿不準主意，一定會後悔的。」范蠡還是很堅決，《國語》原話是這樣的：「得時無怠，時不再來，天予不取，反為之災。」

時不再來，這個成語出於這裏。

天予不取，反受其害。這句名言，同樣來自這裏。

「好吧。」勾踐同意范蠡的看法。

范蠡的策略是非常有道理的，從當時的情況看，吳軍儘管連敗，但是戰鬥力還在，此時背城一戰，一定死拼，越軍未必就能取得勝利。

再則，吳國比越國大，越軍拿下闔閭城，很難避免當年吳軍在郢都所做的事情，反而會激起吳國人的憤慨，逼迫吳國人團結起來驅逐越國侵略者。

所以，范蠡一邊包圍闔閭城，用時間來消磨吳軍的士氣；另一邊，闔閭城以外的地區，賑濟吳國百姓，來感化他們，用時間來同化他們。

以時間換空間，就是這個意思。

那麼，范蠡不擔心吳國人向其他國家求救？

當時天下有能力救吳國的其實只有三個國家，楚國、秦國和晉國，楚國和秦國都是吳國的敵人，自然不會救他們。那麼，晉國呢？

吳王夫差知道，這樣被包圍下去就只有死路一條了，因為越國人耗得起，自己耗不起。

到了這個時候，唯一的辦法就是求援了，求誰？算來算去也只有晉國，其餘的大國楚秦齊都是仇人。

於是，吳國特使前往晉國求救。

「哎呦，盟主有難，八方支援啊。」趙簡子當場表態，可是，隨後說了：「可是，實在不好意思，你看，我們國君剛剛去世，國家還在喪期，不能打仗啊。」

一個「可是」，葬送了吳國的希望。

其實，就算晉定公沒死，晉國人也不會來救吳國的。

「那什麼，這樣吧，為了表達我們對盟主的敬意和我們不能救盟主的愧意，我把飲食標準再降低一檔。」趙簡子假模假樣很慚愧的樣子，因為國君死了，飲食標準已經降低了。

「元帥，您這樣懲罰自己，讓吳王知道了，一定很感動啊。」一個叫楚隆的手下急忙拍起了馬屁，其實他知道趙簡子每天晚上躲在暗室吃好東西。

「真的？那你去趟吳國，跟他說說。」趙簡子挺得意，於是派楚隆跟著吳國使者去了吳國。

到了闔閭城外，到處是越軍包圍，吳國使者偷偷溜進了城。楚隆

不怕，他去找到了勾踐。

「大王，吳國這樣的流氓國家，早就該收拾他們了。聽說貴國討伐他們，中原各國歡欣鼓舞。我國特地派我來看看這裏的情況，看有什麼需要我們幫忙的，再看看吳國人有多悲慘，好讓大家更高興一點。」

見人說人話，見鬼說鬼話。

「那行，你進去看看吧。」勾踐一聽挺高興，放他進了包圍圈裏。

於是，楚隆來見吳王夫差。

「大王，您受苦了。」楚隆說著，眼淚都快下來了。之後，把趙簡子怎樣自責、怎樣降低伙食標準等等說了一遍。

夫差不是傻瓜，聽他忽悠，心說：「你就忽悠吧，忽悠死我們，看你們今後忽悠誰去。」

不管怎樣，夫差還算客氣地接待了他，臨行，送了他一小盒珍珠，讓他帶給趙簡子，算是補償他降低飲食標準的損失。

吳王夫差絕望了。

說起來，這也是晉國最後一次忽悠吳國了。

夫差之死

越軍圍城，轉眼圍了三年。

吳王夫差二十三年十一月（前473年），闔閭城終於崩潰了，城中的軍民不顧一切，開了城門，蜂擁出來投降。

不投降沒辦法了，城裏早已經斷了糧，別說老鼠，就是死人都給吃光了。

吳王夫差帶領著一幫親信近臣，逃上了姑蘇山。

從會稽山到姑蘇山，造化弄人。

到了這個時候，吳王夫差也只能投降了。

「太宰，太宰呢？」夫差想派伯嚭去，他跟越國人關係好。

伯嚭還在嗎？還在就不是伯嚭了。

沒辦法，夫差只好派王孫雒去向越國投降了。

「大王，過去我們在會稽得罪了貴國。現在越王如果肯赦免我們的話，我們願意臣屬於大王，永永遠遠不敢背叛。」王孫雒說得很悲涼很誠懇，文種在一旁看著，不由想起自己當初在吳軍大營懇求吳王夫差的場景。

看見王孫雒，勾踐突然有點心軟，他跟王孫雒還比較熟，很喜歡他。

「這個……」勾踐有些猶豫，似乎想要答應他。畢竟，仇恨已經過去很多年，而三年圍城消磨掉的不僅是吳軍的士氣，也包括勾踐心頭的仇恨。

「大王，我聽說聖人的成功，由於他能利用天時。得了天時還不成功，上天就轉到相反的方面去了。現在大王遲遲不能決斷，難道忘記了在會稽蒙受的恥辱嗎？忘記了在吳國的三年了嗎？」范蠡一看勾踐要犯糊塗，急忙阻止。不過，當年吃屎的事情就不好當這麼多人面前說了。

「好吧，你回去吧，我們不接受投降。」勾踐於是拒絕了王孫雒。

雖然被拒絕了，王孫雒還是從勾踐的猶豫中看到了希望。

於是，一次又一次，王孫雒往返於姑蘇山和越軍大營。

王孫雒的措辭越來越謙卑，禮節越來越恭敬，勾踐真有些受不了了，文種則早已經走開了不忍心去看，要不是范蠡在旁邊盯著，早就答應了吳國的求和。

「范先生，你看他們怪可憐的，答應他們吧。」勾踐把范蠡拉到了內室，跟他商量。

「大王，這時候別犯糊塗啊。我問你，誰讓我們一早就上朝，很晚才下班？不是吳國嗎？誰跟我們爭奪三江五湖的利益，不也是吳國嗎？我們辛辛苦苦謀劃了十多年，大王臥薪嘗膽，現在卻要前功盡棄，怎麼可以呢？不能答應他們。」范蠡都說得急了，生怕勾踐出了岔子。

「那，我都不好意思拒絕人家了，你去跟他們說吧。」勾踐知道范蠡是對的，可是怕控制不住自己。

說起來，勾踐也算是性情中人了。

范蠡左手提著鼓，右手拿著鼓槌，出來見王孫雒。

「過去上天給越國降下災禍，讓越國落在吳國的手中，而吳國卻不接受。現在上天叫我們報復吳國。我們大王怎敢不聽從上天的命令，而聽從吳王的命令呢？不好意思，你回去吧。」范蠡說話可不像勾踐那麼猶猶豫豫。

「尊敬的范先生，古人有句話說：『不要助天作惡。』現在我們吳國的稻和蟹都被我們吃得絕種，您還要助天作惡，不怕遭厄運嗎？」王孫雒急了，他恨死了范蠡，可是還要竭力地壓抑住。

「尊敬的王孫啊，越國在周朝連子爵都混不上，所以只能住在東海岸邊，和黿鼉魚鱉相處，同水邊的蝦蟆共居。我們雖然看上去像個人，實際上跟禽獸沒什麼區別，您說的道理，我們聽不懂。」范蠡懶得跟王孫雒糾纏，乾脆這樣說。

「那好吧，范先生一定要助天為惡，想要遭受厄運，我也沒有辦法。請讓我再見越王一面，向他告辭。」王孫雒是個聰明人，他知道跟范蠡再說下去毫無意義，所以想找勾踐作最後的努力。

「別這樣，大王已經把這事情委託我了，你要再糾纏，那我就要得罪了。」范蠡發出威脅。

絕望，王孫雒帶著絕望，回了姑蘇山。

王孫雒一走，范蠡沒有通報勾踐，立即下令準備攻打姑蘇山。

戰鼓響起，勾踐才知道越軍要進攻了。

儘管從前勾踐的腦海裏都是在吳國受屈辱的畫面，可是到了這個時候，望著姑蘇山，勾踐卻有些感傷。他想起夫差不管怎樣還是放過了自己，而且後來對自己也不錯，自己回越國之後，吳國也並沒有欺負過越國，可以說還是真心與越國友好的。

「唉，夫差其實是個好人哪。」勾踐心想，他動了惻隱之心。

吳軍就要開始進攻，勾踐知道，一旦戰鬥開始，結果就是玉石俱焚，姑蘇山上將是一片屍體，有夫差的，也會有王孫雒的。

「請范先生。」勾踐突然作了一個決定，派人去請范蠡。

「大王，要不要親自指揮？」范蠡來了，他問，隊伍已經準備好了。

「范先生，不要進攻。雖然不准他們投降，可是我決定給夫差一條生路。」勾踐說。

范蠡沒有說話，其實他料到了。

「給他一塊地，給他幾百家百姓，讓他善終吧。」勾踐說。這是他決定的事情，即便范蠡反對，他也不會聽從了。

范蠡並沒有反對，這是可以接受的方案。

姑蘇山上，充斥著絕望的氣氛。

山下的戰鼓聲越來越密。

要麼戰死，要麼自殺，沒有第三個選擇。

夫差是準備自殺的，繩子已經準備好了。

就在這個時候，勾踐的使者到了。

難道，絕處逢生了？夫差的心頭又燃起一點希望，大家的心頭都燃起了一點希望。

「大王，我家大王心懷慈悲，決定在甬東（今浙江定海縣境內）給大王一塊地，享受三百家的稅賦，安度晚年。」使者說話還很客氣。

夫差笑了，苦笑，這不是他的希望。

「多謝越王了，我老了，不能為大王效力了。」吳王夫差拒絕了活命的希望，他決定去死。

臨上吊之前，夫差哭了。

「如果死了也就死了，那還好；如果死後有知，我還有什麼臉去見伍子胥呢？」夫差放聲大哭，到了這個時候，他終於明白伍子胥是對的。

臨死才明白，不知是幸運還是不幸。

所有人都哭了，所有人都想起伍子胥來。

可是，晚了，一切都太晚了。

吳王夫差自縊身亡，吳國大臣們下山投降。而越王勾踐也很感傷，隆重安葬了吳王夫差。

至此，越國滅亡了吳國。

吳國，從轟轟烈烈征服楚國，到窩窩囊囊被越國所滅，僅僅三十三年。

關於春秋五霸，吳王夫差一向被認為是第四霸。但是，與前面的齊桓公、晉文公、楚莊王和晉悼公對照，夫差完全不具備霸主的條件。

國家在他手中滅亡，這是最大的敗筆。

黃池盟會是夫差的稱霸宣言，可惜的是，那時候首都正被越國包圍。從黃池回國，不是凱旋，而是逃跑。

一個更大的區別是，前面的四個人並不僅僅靠武力來征服諸侯，更多的是靠信用，他們都具備超凡的個人魅力。因此，諸侯對他們是心悅誠服，而吳王夫差完全靠武力欺壓諸侯。

所以，夫差不是春秋霸主，頂多是春秋強主。

伯嚭

越國滅了吳國，吳國的臣民們都成了越國的臣民。

現在，有兩個人要特別處理。

一男一女，男的是伯嚭，女的是西施。

說起來，一個算內奸，一個算特務，都是對越國有功的人。

西施是從姑蘇山上下來的。

基本上，夫差後宮的女人剩得不多了，剩下的也都瘦得不像樣子，唯有西施的氣色不錯，依然那麼風華絕代的樣子，顯然是跟夫差吃小灶的。

處置俘虜都由范蠡來完成，一般的士兵和大臣都被釋放回家，做良民去了。西施這樣國家級的人物，范蠡不敢自己處置，所以請示了越王勾踐。

「那什麼，先送回會稽，請夫人看管，等我回去再說。」越王勾踐

就這麼打發了西施，並沒有說怎樣處置。

　　就這樣，西施暫時被放下。

　　伯嚭不是從姑蘇山下來的，他就沒有上山，而是隨著難民跑回了自己的封地。

　　等到夫差自殺之後，伯嚭自動出現了。

　　「恭喜大王賀喜大王，罪臣伯嚭請求處置。」伯嚭來找越王勾踐來了，實際上是來投靠新的主人。

　　大家都很討厭他，只有一個人勉強和他打了個招呼，這人是文種，兩人的交往比較多。

　　看見伯嚭，勾踐倒有點尷尬。這個人是個佞臣，貪污受賄什麼都幹，而且背叛自己的君主和國家；可是話說回來，他又是勾踐和越國的救命恩人，沒有他幫助，越國早就沒了。

　　勾踐不知道該說什麼，愣愣地發呆。

　　「伯嚭，你這個小人，這個時候，還有臉出來見我們大王？」范蠡沒客氣，開口斥責他。

　　伯嚭看了范蠡一眼，並不惱火，滿臉堆笑地說：「此言差矣，對越國的功勞，只怕我也不比你小啊。」

　　勾踐這個時候說話了：「太宰，說起來呢，你是我們的恩人。可是，換句話說，你就是吳國的禍端。那麼，你說你來想要什麼？我怎麼敢用你呢？」

　　勾踐的意思，你走了就算了，別在這裏待著了。

　　「大王，大家都以為吳國是我禍害的，其實不然。我不過是吳王的一個謀臣，決斷都在吳王那裏。當初在會稽我勸吳王與大王您講和，那是為了您好，也是為了吳國好，難道那時候我就想吳國亡國？吳國之所以亡國，那是吳王窮兵黷武、不體恤百姓的結果，與我有什麼關係？越國不滅吳國，楚國也會滅吳國。

　　再說了，大王您有今天，那也是我伯嚭的功勞嗎？當然不是，那是大王高瞻遠矚，堅忍不拔的結果。在座的各位跟我一樣，都不過是

為大王做了些微薄的工作。換了別人，就算是當初我同樣為他出力，他能夠有今天嗎？

說我害了吳國，那是在抬舉我，我有這麼大能力嗎？

說來說去，大王有今天，是大王的英明；吳王有今天，是吳王的無能。在座各位如果把吳國滅亡的責任推給我，實際上就是在把越國強盛的功勞歸到自己頭上。

大王如此英明，過去能為大王效力，我深感榮幸之至；如果今後還能為大王效勞，那是我的福分。如果大王鄙視我嫌棄我，我也無怨無悔。」

伯嚭的一番話，說得滿座鴉雀無聲。

有道理嗎？沒有道理嗎？

的確，吳國的滅亡，與伯嚭有多大關係呢？

「太宰，你說得太有道理了。人要懂得感恩，我宣佈，從今天起，你就是越國的太宰。除了原有封邑保留之外，另有封賞。」勾踐宣佈，他很欣賞伯嚭剛才說的那段話。

伯嚭，還是太宰，越國的太宰。

關於伯嚭，史書上的記載矛盾頗多。

《史記》吳太伯世家：越王滅吳，誅太宰嚭。

《史記》越王勾踐世家：越王乃葬吳王而誅太宰嚭。

《史記》伍子胥列傳：越王勾踐遂滅吳，殺王夫差；而誅太宰嚭，以不忠於其君，而外受重賂，與己比周也。

《吳越春秋》：越王謂太宰嚭曰：「子為臣不忠無信，亡國滅君。」乃誅嚭並妻子。

上面這些記載都說伯嚭被誅殺，真是這樣嗎？

謊言一大堆。

來看看真相。

《國語》：對伯嚭的下落沒有記載。

《左傳》哀公二十二年：冬十一月丁卯，越滅吳。請使吳王居甬

東，辭曰：「孤老矣，焉能事君？」乃縊。越人以歸。

《左傳》哀公二十四年：季孫懼，使因大宰嚭而納賂焉，乃止。

大宰嚭就是伯嚭。

越滅吳在哀公二十二年，兩年之後，魯哀公到越國訪問，想要通過越國的幫助剷除三桓。在越國，越王勾踐的太子適郢非常喜歡魯哀公，想把自己的女兒嫁給他。客居越國的魯國人公孫有山於是給季孫通風報信，季孫就派人給伯嚭送了很多賄賂，請他幫忙阻止了這件事。

這段記錄明確地說明以下事實：首先，越國滅了吳國兩年後，伯嚭依然是太宰，當然不是吳國的，而是越國的；其次，伯嚭的風格還沒有變，還是喜歡受賄；第三，伯嚭很受勾踐信任，所以他才能替季孫把事情辦成。

這段記載出於《左傳》，因為事關魯國，所以可信度毋庸置疑。

所以，伯嚭不僅沒有死，還過得很滋潤。

對於伯嚭，也許不用太過苛責。如果你的祖上三代都在同一個地方摔倒，你也會換一條道走走。從這個角度說，伯嚭是善於反思的，反思也是成功的。

那麼，為什麼包括司馬遷在內的史家都要篡改這段歷史呢？

因為需要。

因為什麼需要？

因為歷史的需要。

歷史，常常被歷史篡改。

稱霸

滅了吳國，越國聲名大振。

按照早就確定的計畫，越軍北上，沿著當年吳軍北上的路線挺進中原。

中原震恐，因為吳軍的實力大家見過，如今越軍比吳軍還要強橫，誰能抵擋？

越軍挺進到了宋國的彭城，不過，他們不是來打宋國的。

「要稱霸，就要顯示武力；顯示武力，是為了不動用武力。」這是范蠡告訴勾踐的，他們都對稱霸感興趣。

早在一年前，范蠡就已經派人去了魯國，越國人和吳國人一樣，認定魯國的地位最適合作為召集人，與魯國修好是稱霸的條件之一。

魯國人當然願意當這個召集人。

所以，當越軍北上的時候，魯國的使節已經出發，召集全世界諸侯到彭城參加盟會。

諸侯們去了嗎？誰敢不去？

於是，彭城大會，晉國、楚國、齊國、宋國、鄭國等國家全部參加。盟會上沒有任何爭議，大家一致推舉越王勾踐為盟主。勾踐採納了范蠡的建議，同樣邀請王室代表出席，宣佈向周朝王室進貢，自稱越公而不是越王。周元王任命勾踐為伯，賜了一塊祭祀用的肉。

現在，從法理上、實力上，越王勾踐都是盟主。

越王勾踐，春秋第五霸，名正言順的春秋第五霸。這一年，是越王勾踐二十五年（前472年）

所以，春秋五霸應該為：齊桓公、晉文公、楚莊王、晉悼公、越王勾踐。

當上了盟主，勾踐決定給小弟們發紅包了。

淮上的那塊地原本是楚國和吳國爭奪了許多年的，後來一直在吳國控制之下，現在，越王勾踐無條件給了楚國人。

吳國還從宋國手裏搶了不少地盤，勾踐全部還給了宋國。

此外，為了對魯國的組織工作表示感謝，泗水以東的一百多里地都給了魯國。

「哇，越大哥好慷慨。」得到了好處的國家這麼說，沒得到的也這樣說。

勾踐真的這麼慷慨嗎？真這麼慷慨。

為什麼這麼慷慨？這是有原因的。

越國的地盤本來就沒有吳國大，現在地盤驟然擴大，管理上怕顧不過來，送出去幾塊地，什麼也不影響，這是第一；第二，用這幾塊地拉攏幾個鄰國，對於還不穩定的新的越國來說，是合算的；第三，把原先吳國的地盤肢解掉，可以有效防範吳國人的造反。

這個主意，當然還是范蠡給出的。

范蠡

越國大軍浩浩蕩蕩，回到了越國。越國人民舉國沸騰，這下算是發了戰爭財了。二十年前被搶走的現在都搶回來了，還要多。

回到越國的第二天，還沒有來得及論功行賞，就有人來報，說是計然突然得了神經病，時哭時笑，整天胡言亂語。

「怎麼剛剛滅了吳國，計先生就瘋了？真是命中無福啊。」勾踐有些奇怪，派人去看了，說是確實瘋了，誰都不認識了。

沒辦法，勾踐下令給了計然兒子一塊地，給計然養老。

那計然為什麼瘋了呢？范蠡最清楚，典型的裝瘋。

早年計然曾經對范蠡說過勾踐不能共富貴，范蠡始終有些懷疑。不過兩件事讓范蠡相信了計然的判斷，一件是勾踐竟然嚐了夫差的糞，這說明勾踐做事已經沒有心理底線，他什麼都做得出來；另一件是勾踐任命伯嚭為越國太宰，這等於告訴大家他現在需要的是什麼樣的人，也就告訴了大家他現在不需要什麼樣的人。

范蠡是個聰明人，他知道自己應該怎樣去做。早在彭城的時候，范蠡就想過一走了之，可是想起來還有一件事必須要回來做，這才跟著越軍回來了。

什麼事？風流韻事。

為色忘命，即便范蠡這樣的人，也是如此。

范蠡早就看上了西施，早到什麼時候？

《吳地書》中說：「嘉興縣南一百里有語兒亭，勾踐令范蠡取西施

以獻夫差，西施于路與范蠡潛通，三年始達于吳，遂生一子。至此亭，其子一歲能言，因名語兒亭。」

也就是說，在西施培訓的三年期間，范蠡已經跟西施上了床，還生了一個孩子，孩子還很聰明。這樣說來，吳王夫差娶的竟然是個孩子他媽。

這個說法太玄，不足信。

但是不管怎樣，范蠡是看上了西施。並且，就在西施培訓的三年時間裏，已經利用職權之便，與西施有了一腿。

滅了吳國，勾踐把西施送回了自己的後宮，交給夫人看管。夫人不太高興，畢竟西施風情萬種，對自己是個威脅，怎麼辦？找個藉口殺了她？有說法，夫人把西施沉到了西湖。不過，這個說法不被採信。

范蠡自然知道西施的處境非常危險，於是在越軍北上之前就派人回來，找到了夫人，請她把西施留下來給自己處置。勾踐夫人當年在吳國跟范蠡也是一個屋子睡了三年，感情沒得說，既然范蠡這樣說了，知道范蠡有想法有辦法，於是好好養著西施。

現在，范蠡回來了。

范蠡有什麼辦法？最簡單的辦法。

「夫人，你把西施偷運出宮，交給我，然後就沒事了。」范蠡去見夫人，出了這麼個主意。

夫人一聽，這叫什麼主意啊？最傻的主意啊，沒一點技術含量啊。

「那，大王問起來怎麼說？」夫人問。

「就說西施是亡國的禍水，留著不吉祥，所以給沉到湖裏去了。」

「就這麼簡單？大王怪罪怎麼辦？」

「不會，大王不是好色的人。否則，根本就不會送回來了。」

於是，當天晚上，西施被送出了後宮，由范蠡接回家中。

范蠡說得沒錯，過了很長時間，勾踐才想起來問一問西施的事情，夫人照著范蠡教的話說了，勾踐點點頭，覺得夫人做得挺好。

范蠡得到了西施，盼這一天盼了十多年了，終於得償心願。

如果說在認識西施之前是幫助勾踐打吳國的話，那麼在認識西施之後，范蠡就純粹是為了自己打吳國了，因為唯有拿下吳國，才能得到美人。

美人已在手，下一步怎麼辦？

一個字：走。

范蠡走，明走不暗走。

「大王，我聽說君憂臣勞，君辱臣死。當初大王受辱，而我沒有去死，就是為了今天滅掉吳國。如今大功告成了，我也沒臉在大王身邊待下去了。」范蠡去找勾踐，直言要走。

「別這樣，是不是聽到什麼人說你壞話了？誰要是敢說你壞話，我就殺他全家。范先生，你一定要留下來，我把國家一半的稅賦都分給你。如果你不留下來，我就殺了你，還殺你全家。」勾踐有些吃驚，之後極力挽留，最後那兩句話，半認真半開玩笑。

「我知道大王的意思了，您可以按照你的命令執行，我按照我的想法去做。」范蠡笑了，也是半認真半開玩笑的樣子。

幾天之後，范蠡失蹤了，全家不知去向。

《越絕書》曰：「西施亡吳國後，復歸范蠡，同泛五湖而去。」

才子佳人，終成眷屬。

據《史記》：「范蠡乃裝其輕寶珠玉，自與其私徒屬乘舟浮海以行。」

范蠡幹什麼去了？棄官從商了。如今官員辭職經商被稱為「下海」，就是從「乘舟浮海」而來。

范蠡後來運用計然七策，到處發財，先後改名鴟夷子皮、陶朱公和范伯，在齊國、楚國都是富甲一方。

要權有權，霸主越國的頭號權臣；要錢有錢，最富的齊國的頭號財主；要美女有美女，中國第一美女西施。

不貪污，不受賄，不拍馬屁，不貪戀權貴。

范蠡的一生，是偉大的一生，是光榮的一生，是富裕的一生，也

是快樂的一生。

范蠡的一生，一個字：值。

丟了范蠡，越王勾踐悲痛欲絕。於是，命令工匠用上等的金屬製成范蠡的像，每天禮拜。命令大夫們每十天也要禮拜一次。

同時，把會稽山四周三百里土地劃為范蠡的封地，發誓說：「後代子孫，有敢侵占范蠡這塊封土的，讓他在越國不得善終，天地神靈，四方的官長都可以為我的話作證。」

文種

滅吳的三大功臣中，計然回家養老，范蠡人間蒸發，就只剩下了文種一個人。

三人當中，勾踐最信賴的是范蠡，最佩服的是計然，最不放心的是文種。文種這人的性格跟伍子胥有些類似，說話不太講究場合，也不太講究策略，因此勾踐總覺得他居功自傲。范蠡人間蒸發之後，勾踐心情非常糟糕，看見文種更不高興。

「怎麼走的不是文種，是范蠡呢？」勾踐有的時候這樣自言自語。

實際上，范蠡在走之前曾經讓人給文種送來一封信，信上這樣寫：「蜚鳥盡，良弓藏；狡兔死，走狗烹。越王為人長頸鳥喙，可與共患難，不可與共樂。子何不去？」（《史記》）

鳥盡弓藏，兔死狗烹，這兩個成語，出於這裏。

看了這封信，文種也就明白了計然是在裝瘋，范蠡為什麼要走。不過，文種捨不得，辛辛苦苦打拼來的地位和財產，怎麼能說走就走呢？

可是，文種很快發現勾踐對自己的態度越來越差，而且越來越不信任。

終於有一天，文種決定先請個病假，看看形勢再決定下一步怎麼辦。

病假很容易就請到了，但是，沒等文種想明白下一步，越王勾踐

就派人來了。

文種的面前是一把寶劍，這把劍的名字叫做屬鏤。文種很熟悉這把劍，因為這是吳王闔閭的劍。吳王闔閭死後，這把劍就成了吳王夫差的劍。勾踐滅吳之後，這把劍就成了勾踐的劍。

這把劍，就是伍子胥自殺的那把劍。

現在，越王勾踐派人把這把劍送到了文種這裏，同時也讓使者帶了幾句話：「子教寡人伐吳七術，寡人用其三而敗吳。其四在子，子為我從先王試之。」

陰陽怪氣的語氣，配上陰陽怪氣的話。

勾踐的話什麼意思？你教給我對付吳國的七條計策，只用了三條就成功了。剩下的四條啊，你去教給我爹試試吧。

勾踐的爹在哪裡？地下。

文種自殺了。

三大功臣都已經煙消雲散，勾踐實際上就已經無力稱霸了。

所以，在勾踐隨後的時光裏，越國沒有再發生對外戰爭。

不過，勾踐還是做了一件事情，一件有些奇怪的事情。

勾踐對於越國的地理位置不太滿意，他希望越國是一個中原國家，而不是一個蠻夷國家。於是，勾踐決定遷都。

勾踐遷都的原則是：越往北越好。

越國最北的地方在琅邪（今山東膠南市），原本這裏是莒國的地盤，後來被吳國從海上侵占，越國滅吳國之後，就繼承了下來。基本上，算是一塊飛地。

勾踐不管這些，反正莒國隨時可滅掉。於是，勾踐出動戰船三百艘，從海上抵達琅邪，在這裏建造都城。勾踐之後，越國的都城就在琅邪了。

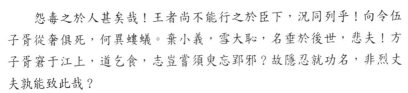

第二〇〇章
越亡

怨毒之於人甚矣哉！王者尚不能行之於臣下，況同列乎！向令伍子胥從奢俱死，何異螻蟻。棄小義，雪大恥，名垂於後世，悲夫！方子胥窘于江上，道乞食，志豈嘗須臾忘郢邪？故隱忍就功名，非烈丈夫孰能致此哉？

——《史記‧伍子胥列傳》

吳越春秋的歷史，就是一部復仇史。

仇恨的力量是超乎想像的，就像上面太史公所說的「怨毒之於人甚矣哉」。從巫臣到伍子胥到伯嚭，再到夫差、勾踐和白公勝，仇恨是他們前進的動力，報仇則是他們奮鬥的目標。

在這個報仇的過程中，忍受屈辱成為一種歷練，伍子胥過昭關，沿街乞討；勾踐養馬嘗糞，臥薪嘗膽，都成為千古傳奇，所以太史公說「故隱忍就功名，非烈丈夫孰能致此哉」。

但是，仇恨往往令人失去理智，失去判斷，失去更遠大的目標。

吳國，在幾個仇恨者的幫助下迅速崛起，但是崛起的只是軍事，這為他們窮兵黷武創造了條件，也就為他們的滅亡創造了條件。

迅速崛起，快速滅亡，吳國經歷的是一個「速食式」強國過程，之後灰飛煙滅。

那麼，越國呢？在仇恨中強大起來的越國呢？

越國也無法逃脫這樣的命運。

越國滅亡

關於越國的滅亡，歷來也是一個迷局。

按《史記》，越國亡於楚威王和齊威王年間，可是，楚威王和齊威

王不在同一年代，所以，這個說法自相矛盾。

如果越國亡於楚威王年間，應該是在楚威王七年（前333年），這距離勾踐稱霸已經一百四十年。一百四十年間，當時第一大國越國竟然無聲無息地度過，實在不可思議。何況，在《史記》楚世家中，根本沒有記載楚國滅越國這段歷史，而如此大事竟然沒有記載，也實在是匪夷所思。

根據《史記》，楚簡王元年（前431年），楚國滅莒。莒國距離楚國很遠，要滅莒必須跨越越國，並且，越國首都琅邪在莒國以北，越國本土在莒國以南，越國可以容忍中間夾著一個莒國，但是絕對不會容忍中間夾著一個楚國。

所以，楚越之戰似乎應該在楚簡王元年，楚國戰勝越國，順手滅掉了莒國，之後攻占越國首都琅邪。

也正是因為越國在幾十年間迅速滅亡，所以歷史上的記載很少。

暫且放下這個年代的迷局，來看看越國怎樣滅亡。

越王勾踐稱霸之後，遷都琅邪。

此時，各諸侯國都是亂作一團，忙於內部權爭，國際爭端相對較少。而勾踐也無心討伐，因此就在海邊頤養天年。

勾踐死後，越國首都依然在琅邪。

也不知道傳了幾輩，到了無疆為越王，決定重新稱霸。

越國大軍集結在淮水一帶，準備北上討伐齊國。

此時的齊國國君是齊宣公，眼看著無緣無故被討伐，急忙派人前往越國，忽悠越國人。

「大王，沒事討伐我們幹什麼啊？有什麼意義啊？得楚國者得天下啊，您要是不打楚國，既不能稱王，也不能稱霸啊。」齊國特使沒懷好意，想把戰火引到楚國人那邊去。

「我們不是不想打楚國啊，可是現在楚軍兵力集中，不好打啊。我們原本想讓你們各國牽制楚國兵力，我們好打楚國。可是現在齊國和秦國支持晉國的魏家和韓家內戰，沒辦法，我們只好先討伐你們，解

決你們的問題。」看來，越王無疆也不是沒有考慮這個問題。

齊國使者一看，還得繼續深入地忽悠才行。

「大王，越國之強，天下無雙啊，難道您還等著我們跟您一同出兵，南北夾擊，才敢跟楚國人交手？那我告訴你，韓家和魏家那是絕對不敢出兵攻打楚國的，因為他們地盤太小，一旦戰敗，可能就無家可歸了。」齊國特使用激將法。

「那當然不會，我們並不期望你們攻打楚國啊，你們做做樣子，吸引他們的一部分兵力就行了。」越王無疆開始上套了。

「那不就對了？楚國人現在兵分九路，圍攻晉國，威脅齊魯，兵力分散在三千七百里，這還不夠？大王非要等到晉國和楚國打起來再出兵的話，猴年馬月了。這當口，楚軍主力都在北方，越軍可以從南邊進攻，拿下仇、龐、長沙和澤陵，那都是楚國產糧食和出木材的地方，多實惠？再說了，楚惠王剛死，國家還不安定，多好的時機？要稱王稱霸啊，趕緊打楚國去吧。」齊國使者一通忽悠，忽悠得越王無疆頻頻點頭。

就這樣，越王決定趁火打劫，不攻打齊國，攻打楚國去了。

越國東征，楚國急忙調集三軍迎戰。

幾十年不打仗，越軍的戰鬥力早已經不行了，而楚軍時不時打個小仗，面對北方諸強，戰備始終沒有放鬆。因此，兩軍交戰，勝負立判，越軍潰敗，越王無疆被活捉。

隨後，楚軍乘勝進攻，北邊順道拿下莒國，進而占領越國首都琅邪，南面占領了原先吳國的地盤，並且將越國的北部平原占領。

越國王族逃入山中、海邊，分散為多個國家，有的稱王，有的稱君，楚國無意掃蕩他們，而他們也已經無法對楚國構成威脅。

越國就這樣滅亡了，不過越國殘餘一直到秦朝統一中國時還存在。

越國，從勾踐稱霸到被楚國所滅，只延續了四十二年。

曹國滅亡

越國的滅亡，根本原因在於不自量力。當初越王勾踐能夠稱霸，得益於勾踐臥薪嘗膽的決心，更重要的得益於計然、范蠡和文種的全力輔佐，而這兩個條件無疆都不具備。

在春秋結束之前，實際上還有一個國家因為不自量力而自尋死路，這個國家就是曹國。

有一年，曹國一個大夫做夢，夢見一幫人在曹國的祖廟裏商量怎麼滅了曹國，正商量呢，曹國的始祖振鐸從牌位裏出來了。

「各位老大，給點面子，等公孫強出現了再說吧。」振鐸懇求大家再給自己子孫一段時間。

不知道為什麼，大家就同意了振鐸的請求。

這個大夫夢醒過來之後，出了一頭的汗。

一大早，大夫就讓家裏人到處去找夢裏所說的公孫強，可是沒找到。

臨死，這個大夫告訴自己的兒子：「一旦聽說我們國家由公孫強執政了，趕緊離開曹國。」

到魯哀公七年（前488年），曹國國君叫曹伯陽，他喜歡打鳥，結果在曹國邊境上遇上了一個打鳥的高手，一問名字，公孫強。

曹伯陽沒做過那個夢，自然不知道這公孫強是國家的凶兆。兩人切磋打鳥的技術，很有共同語言。說起治理國家，公孫強一套一套的，說得曹伯陽很佩服他。

「你就是我的管仲啊。」曹伯陽高興，等於也在表揚自己就是齊桓公。

公孫強被曹伯陽作為超級人才提拔為司城，執掌國政。

公孫強喜歡談論齊桓公、晉文公和楚莊王，告訴曹伯陽要立志稱霸。同時，公孫強還有著作，講述怎樣從一個小國成為霸主。

曹伯陽非常高興，想想看，曹國這麼多年以來在世界上只能裝孫子，要是能稱霸，不是爽大了。

「咱們攻打齊國還是攻打晉國？」曹伯陽被公孫強忽悠得血脈賁

張，躍躍欲試。

「別這樣，那是第二步了，不能一口吃個胖子啊。咱們啊，先把宋國給吞併了。」公孫強還挺穩重，不過呢，宋國也比曹國大十倍。

於是，曹伯陽和公孫強率領曹國軍隊討伐宋國。

宋國雖然打不過鄭國，但是什麼時候也不會怕曹國啊。結果，宋國軍隊一個反衝鋒，把曹國人打回了老窩，之後進攻曹國。

宋國打曹國，鄭國不願意了，鄭國人想：「宋國是我們的死敵，他們再占領了曹國，豈不是對我們不利？」

於是，鄭國出兵攻打宋國，宋軍急忙從曹國撤軍了。

到這個時候，曹伯陽和公孫強就應該看到自己的斤兩了。可是，這兩位不認為是鄭國人救了自己，而認為這是老天爺在幫助自己。

於是，曹國又來攻打宋國。

第二年春天，宋國人實在太惱火了，再次出兵。又是一個反衝鋒，曹國人又回到了老窩。宋國人包圍了曹國首都。

攻打了幾天，宋靈公擔心鄭國人又要來攻打宋國，於是下令撤軍。

大軍拔營撤退，大夫子肥殿後。

子肥子肥，長得比較肥，城上的曹軍就在城頭上辱罵子肥，什麼髒話都罵出來了，還脫褲子給他看屁股。

子肥氣得滿臉通紅，蹲地上不走了。

宋國大軍走出一段路了，有人給宋靈公報告，說是子肥沒跟上來。於是，宋靈公親自帶著人回來找，看見子肥正蹲在那兒生氣呢。

「子肥，怎麼回事？」

「他們罵我。」子肥指指城頭上的曹國人。

「罵什麼？」

「什麼都罵，連我娘都罵，我娘又沒有得罪他們，嗚嗚嗚嗚……」子肥哭了。

城頭上，曹國人看見子肥在下面哭，哈哈大笑，然後罵得更帶勁了。

「太不文明了，打仗就打仗，幹什麼罵人？還罵人老娘。狗日的，

非滅了你們不可。」宋靈公也很生氣，命令大軍立即返回，攻城。

曹國人猝不及防，他們知道宋國人一向是最講信用最講仁義的，撤軍了就不會回來，即便攻城，也要等你準備好了再攻，所以，曹國人看見宋國人走了，都下城喝酒去了，誰都沒想到宋國人又回來了。

這一次，宋靈公氣急了，也不管你準備好防守沒有，開始進攻。

本來就宋軍人多，曹軍人少，曹軍還走了很多，而宋軍對於曹國人罵人都很氣憤。所以，戰鬥很快結束。

曹國就這樣被滅了，曹伯陽和公孫強雙雙被宋國人殺死。

所以，罵人不是個好習慣。

陳國滅亡

趁火打劫也不是個好習慣。

歷史上，吳國三次在楚王的喪期攻打楚國，結果每次都戰敗；而越國無彊在楚王的喪期攻打楚國，結果鬧得是國破身亡。

也是在春秋末期，一個國家也是因為趁火打劫而滅亡。這個國家，就是陳國。

陳國在被楚平王恢復之後，對楚國也算是感恩戴德。到吳王闔閭討伐楚國，占領了郢都，曾經命令陳國背叛楚國，可是那時候陳國立場堅定，不怕威脅，站在了楚國一邊。

此後，吳國多次討伐陳國，倒也沒有把陳國怎麼樣。

本來站隊一直很堅定，也很正確。可是終於到了一天，就因為動了一點貪念，前功盡棄了。

白公勝作亂的那一年，陳潛公覺得現在楚國很差勁，已經不可怕了。既然已經不可怕了，為什麼不趁火打劫一下呢？

於是，陳國趁著楚國內亂，竟然入侵楚國，搶了楚國的麥子。

等到楚國平定了叛亂，開始回頭算賬的時候，第一個就想起陳國來了。

「趁火打劫？奶奶的，搶他們的麥子。」楚惠王的要求不高，派子

西的兒子公孫朝率領楚軍去搶陳國的麥子。

本來，如果陳國就認了不要麥子了，楚國人割了麥子也就回去了。可是陳國人不幹，出兵跟楚國人對抗。結果一仗下來，陳軍主力就泡了湯。公孫朝一看，既然這樣，一不做二不休，別只搶糧食了。

於是，楚國大軍一口氣滅了陳國。

這一年，是魯哀公十七年（前478年），也就是春秋結束的前兩年。

一個不自量力，一個趁火打劫，曹國和陳國這兩個小國就算結束了他們的歷史使命。那麼，是不是安分守業、老老實實就能得以善終呢？

弱小就要挨打，弱小就要被滅。

這才是真理。

詮釋這個道理的是蔡國人。

蔡國人自從被吳國遷到了下蔡，徹底明白自己不過是大國的下酒菜。從那之後，蔡國人老老實實做人，再也沒有過非分之想。

可是這樣就能逃脫被滅的命運嗎？

陳國被滅三十三年之後，楚國人終於還是來了。

就這樣，蔡國滅亡了。

這就是春秋

周敬王四十三年，魯哀公十八年，齊平公四年，晉定公三十五年，秦悼公十四年，楚惠王十二年，宋景公四十年，衛莊公四年，蔡成侯十四年，鄭聲公二十四年，燕孝公十六年，吳王夫差十九年，越王勾踐二十年。

這一年，就是春秋的最後一年。

從周元王元年（前770年）到周敬王四十三年（前477年），春秋歷時二百九十三年。近三百年來，你方唱罷我登臺，各路諸侯各顯其能。

春秋五霸，歷來說法不一，除了齊桓公、晉文公和楚莊王之外，

其餘人選各執己見，宋襄公、秦穆公、吳王夫差、越王勾踐，以及鄭莊公、楚成王爭奪剩下的兩個席位。不過，綜合打分之後，晉悼公作為黑馬勝出，越王勾踐則昂首入選。

這樣，《說春秋》的春秋五霸就是：齊桓公姜小白，晉文公姬重耳，楚莊王熊侶，晉悼公姬周，越王勾踐。

整個春秋，最震撼的故事排名前三的是重耳流亡、伍子胥報仇和勾踐滅吳。仇恨的力量太大太毀滅，毀滅了對手，也可能毀滅自己。

春秋第一能人當屬管仲，第二名則是范蠡，范蠡的故事沒有完，第六部仍有繼續。第三名有得一爭，在子產、祭足和狐偃之間產生。

三百年來，霸主更替，沒有一個國家能夠將霸主地位維持到下一個君主。

所謂成也蕭何敗也蕭何。

齊國得益於管仲的改革開放，國家富裕百姓富足，但是人民安於享樂，於是齊桓公之後就再也無力稱霸。晉國民風彪悍人才輩出，可是晉文公之後，權爭激烈；晉悼公之後，全面腐敗。內閣制是晉國強盛和人才輩出的法寶，但是也是權力鬥爭氾濫的溫床，晉國權力鬥爭的殘酷令人歎為觀止，權力鬥爭的技巧成為隨後幾千年的範本。楚國原本擁有一個強勢的中央集權，可是，地盤的擴大和時間的推移同樣讓這個疆域第一大的國家成為一盤散沙，在國際鬥爭和國內叛亂中不堪一擊。至於吳越兩國，因仇恨而強大，因殘忍而無敵，這註定了東南之地不過是春秋歷史的匆匆過客，只留下一段段可歌可泣的英雄故事。

現在，除了吳越已經交代之外，來看看春秋最後一年的國際格局。

晉國：貌似強大，實際上政出多門，無暇外顧。智趙韓魏四卿忙於化公為私，假公濟私，瓜分這個國家，也就是正在搞 MPO（管理層收購），化國有為私有。這個國家人才眾多，不過都不為國家效力，而是效力於四大家族。其中，智家實力最強。

事實證明，晉國的內閣制太過超前。

楚國：貌似強大，貌似楚王集權，實際上楚王早已經沒有了威

權。在楚國，政令基本上出不了郢都，各地方各自為政。王子王孫等既得利益階層人數太多，而人才根本沒有上升的通道，令尹司馬等等都是王族。人才要麼被壓制，要麼投奔敵國。吳越的崛起，都是楚國人才的貢獻。

楚國十天被吳國所滅，楚昭王逃難無人保護，處處遇險，十分悲慘；白公勝三百人就能政變，而偌大的郢都無人出面。

事實證明，楚國的王權制有些落伍。

對於晉國和楚國來說，儘管疆域廣闊，但是如果沒有一個好的治理，國家大未必就是好事。

這裏也提出一個問題：大國怎樣治理？

齊國：有財力沒軍力，人民富足但是國家不強。此外，陳家虎視眈眈，也在積極籌畫 MPO。

秦國：地處偏僻，多年來變化不大，國君集權維持得較好。

宋國、鄭國、衛國：大國的衰落讓他們的日子好過一些了，但是這樣的好日子還能過多久呢？他們也不知道。

諸侯混戰，人民凋零。

世界失去王道，進而失去霸道。那麼，這個世界該走向何方，國家怎樣求存，人民如何求生？

春秋末期，這些問題引發了人們的思考。於是，中國歷史上的思想爆發近在眼前。老子、孔子、墨子，他們在思考拯救自己和拯救世界。子產、晏子、叔向，他們在尋找在夾縫中生存的辦法。

於是，聖賢迭出。進而，百家爭鳴。

春秋，中華文明開始奠基。

霸主更替，於是群雄並起。

英雄末路，於是思想者登臺。

「道可道，非常道；名可名，非常名。」

說春秋之五：吳越興亡

作　　　者	賈志剛
發　行　人	林敬彬
主　　　編	楊安瑜
編　　　輯	王聖美
內　頁　編　排	于長煦
封　面　設　計	王雋夫
出　　　版	大旗出版　行政院新聞局北市業字第1688號
發　　　行	大都會文化事業有限公司
	11051台北市信義區基隆路一段432號4樓之9
	讀者服務專線：(02)27235216
	讀者服務傳真：(02)27235220
	電子郵件信箱：metro@ms21.hinet.net
	網　　址：www.metrobook.com.tw
郵　政　劃　撥	14050529 大都會文化事業有限公司
出　版　日　期	2012年01月初版一刷
定　　　價	250元
I S B N	978-986-6234-34-7
書　　　號	History-28

Chinese (complex) copyright © 2011 by Banner Publishing, a division of
Metropolitan Culture Enterprise Co., Ltd.
4F-9, Double Hero Bldg., 432, Keelung Rd., Sec. 1,
Taipei 11051, Taiwan
Tel:+886-2-2723-5216　Fax:+886-2-2723-5220
Web-site: http://www.metrobook.com.tw
E-mail: metro@ms21.hinet.net

國家圖書館出版品預行編目資料

說春秋之五：吳越興亡／賈志剛著. -- 初版. --
臺北市：大旗出版：大都會文化, 2012.01
　　面；　公分. --（History；28）

ISBN 978-986-6234-34-7（平裝）

1. 春秋史

621.62　　　　　　　　　　　　　100023223

大都會文化　讀者服務卡

書名：**說春秋之五：吳越興亡**

謝謝您選擇了這本書！期待您的支持與建議，讓我們能有更多聯繫與互動的機會。

A. 您在何時購得本書：＿＿＿＿年＿＿＿＿月＿＿＿＿日

B. 您在何處購得本書：＿＿＿＿＿＿＿＿書店，位於＿＿＿＿＿＿(市、縣)

C. 您從哪裡得知本書的消息：

　　1.□書店　2.□報章雜誌　3.□電台活動　4.□網路資訊

　　5.□書籤宣傳品等　6.□親友介紹　7.□書評　8.□其他

D. 您購買本書的動機：（可複選）

　　1.□對主題或內容感興趣　2.□工作需要　3.□生活需要

　　4.□自我進修　5.□內容為流行熱門話題　6.□其他

E. 您最喜歡本書的：（可複選）

　　1.□內容題材　2.□字體大小　3.□翻譯文筆　4.□封面　5.□編排方式　6.□其他

F. 您認為本書的封面：1.□非常出色　2.□普通　3.□毫不起眼　4.□其他

G. 您認為本書的編排：1.□非常出色　2.□普通　3.□毫不起眼　4.□其他

H. 您通常以哪些方式購書：(可複選)

　　1.□逛書店　2.□書展　3.□劃撥郵購　4.□團體訂購　5.□網路購書　6.□其他

I. 您希望我們出版哪類書籍：（可複選）

　　1.□旅遊　2.□流行文化　3.□生活休閒　4.□美容保養　5.□散文小品

　　6.□科學新知　7.□藝術音樂　8.□致富理財　9.□工商企管　10.□科幻推理

　　11.□史地類　12.□勵志傳記　13.□電影小說　14.□語言學習（＿＿＿語）

　　15.□幽默諧趣　16.□其他

J. 您對本書(系)的建議：

＿＿＿＿＿＿＿＿＿＿＿＿＿＿＿＿＿＿＿＿＿＿＿＿＿＿＿＿＿＿＿＿＿＿＿

K. 您對本出版社的建議：

＿＿＿＿＿＿＿＿＿＿＿＿＿＿＿＿＿＿＿＿＿＿＿＿＿＿＿＿＿＿＿＿＿＿＿

讀者小檔案

姓名：＿＿＿＿＿＿＿　性別：□男 □女　生日：＿＿＿年＿＿＿月＿＿＿日

年齡：□20歲以下 □21～30歲 □31～40歲 □41～50歲 □51歲以上

職業：1.□學生 2.□軍公教 3.□大眾傳播 4.□服務業 5.□金融業 6.□製造業

　　　7.□資訊業 8.□自由業 9.□家管 10.□退休 11.□其他

學歷：□國小或以下 □國中 □高中／高職 □大學／大專 □研究所以上

通訊地址：＿＿＿＿＿＿＿＿＿＿＿＿＿＿＿＿＿＿＿＿＿＿＿＿＿＿＿＿＿＿

電話：（H）＿＿＿＿＿＿＿＿（O）＿＿＿＿＿＿＿　傳真：＿＿＿＿＿＿＿

行動電話：＿＿＿＿＿＿＿＿＿　E-Mail：＿＿＿＿＿＿＿＿＿＿＿＿＿＿

◎謝謝您購買本書，也歡迎您加入我們的會員，請上大都會文化網站 www.metrobook.com.tw
登錄您的資料。您將不定期收到最新圖書優惠資訊和電子報。

說春秋
吳越興亡
之五

北 區 郵 政 管 理 局
登記證北台字第9125號
免 貼 郵 票

大都會文化事業有限公司

讀 者 服 務 部 　　　收

11051台北市基隆路一段432號4樓之9

寄回這張服務卡〔免貼郵票〕
您可以：
◎不定期收到最新出版訊息
◎參加各項回饋優惠活動